€ 18,-

~~1995~~

€ 9.96

Die Herzöge Albrecht Friedrich und Georg Friedrich von Preußen und das Bistum Ermland (1568–1618)

Bearbeitet von Stefan Hartmann

VERÖFFENTLICHUNGEN
AUS DEN
ARCHIVEN PREUSSISCHER KULTURBESITZ

Herausgegeben von
Werner Vogel und Iselin Gundermann

Band 39

Die Herzöge Albrecht Friedrich und Georg Friedrich von Preußen und das Bistum Ermland (1568–1618)

Regesten aus dem Herzoglichen Briefarchiv
und den Ostpreußischen Folianten
mit ergänzenden Schriftstücken bis 1699

Bearbeitet
von

STEFAN HARTMANN

1994

BÖHLAU VERLAG KÖLN WEIMAR WIEN

Redaktion: Iselin Gundermann

Die Deutsche Bibliothek – CIP-Einheitsaufnahme

Die Herzöge Albrecht Friedrich und Georg Friedrich von Preussen und das Bistum Ermland : (1568 –1618) ; Regesten aus dem Herzoglichen Briefarchiv und den Ostpreussischen Folianten ; mit ergänzenden Schriftstücken bis 1699 / bearb. von Stefan Hartmann. – Köln ; Weimar ; Wien : Böhlau, 1994

(Veröffentlichungen aus den Archiven Preussischer Kulturbesitz ; Bd. 39)

ISBN 3-412-06094-1

NE: Hartmann. Stefan [Berab.]: Preussischer Kulturbesitz: Veröffentlichungen aus den ...

Satz und Druck: Danuvia Druckhaus Neuburg GmbH, 86633 Neuburg/Donau
Buchbinderische Verarbeitung: Berufsbildungswerk Josefsheim Bigge, Olsberg
Gedruckt auf chlor- und säurefreiem Papier

Printed in Germany

ISBN 3-412-06094-1

Inhalt

Verzeichnis der Abkürzungen

Abt.	Abteilung
Art.	Artikel
Bd.	Band
betr.	betreffend
Bl.	Blatt
bzw.	beziehungsweise
D.	Datum
d.	der
d. h.	das heißt
Dr.	Doktor
F.	Fürstlich
f.	folgend
Fol.	Folio
geb.	geboren
gen.	genannt
GStAPK	Geheimes Staatsarchiv Preußischer Kulturbesitz
HA	Hauptabteilung
HBA	Herzogliches Briefarchiv
Hl.	Heilig
hrg.	herausgegeben
J.	Jahr
K.	Kasten
M.	Monat
Nr.	Nummer
o.	ohne/oder
OBA	Ordensbriefarchiv
o. g.	oben genannt
Ostpr. Fol.	Ostpreußischer Foliant
Pr.	Preußisch
r.	rectus
Reg.	Regest
Reg.-Nr.	Regesten-Nummer
S.	Seite
s.	siehe
St.	Sankt
StA	Staatsarchiv
T.	Tag
u.	und
u. a.	unter anderem
v.	versus
vgl.	vergleiche
z. B.	zum Beispiel

Vorwort

Der vorliegende Band knüpft an die in den Bänden 31 und 37 der „Veröffentlichungen aus den Archiven Preußischer Kulturbesitz“ abgedruckten 1898 Regesten an und erfaßt den Zeitraum vom Tode Herzog Albrechts (1568) bis zum Ende des 17. Jahrhunderts, wobei die Regierung des schwachsinnigen Herzogs Albrecht Friedrich und die in seinem Namen ausgeübte Regentschaft Herzog Georg Friedrichs von Brandenburg-Ansbach den Schwerpunkt bilden. Damit ist die Regestierung der Abteilung C 1 „Ermland“ des Herzoglichen Briefarchivs abgeschlossen. Der hier vorgestellte Band beruht auf der Auswertung der Kästen 477—493 des Herzoglichen Briefarchivs, wobei die zur Abteilung C 1 a „Ermländisches Domkapitel“ gehörenden Briefe nicht aufgenommen worden sind. Sie müssen bei der noch ausstehenden Regestierung dieser Abteilung berücksichtigt werden. Für die Gegenüberlieferung der herzoglichen Kanzlei wurden die Ostpreußischen Folianten 61 und 62 sowie 73—77 herangezogen.
Wie die beiden vorausgehenden Bände gibt auch dieser Teil Aufschluß über die vielfältigen Beziehungen zwischen den Herzögen bzw. deren Oberräten und dem Bistum Ermland. Neben den Bischöfen, die sich häufig durch Koadjutoren oder Statthalter vertreten ließen, waren das ermländische Domkapitel in Frauenburg, die Landvögte, Landpröpste, Burggrafen und Räte der Städte Allenstein, Braunsberg, Guttstadt, Heilsberg, Mehlsack und Wormditt wichtige Ansprechpartner der herzoglichen Seite. Besonders breit ist die Korrespondenz zur Zeit der Bischöfe Martin Kromer (1579—1589) und Simon Rudnicki (1605—1621) dokumentiert. Ersterer hatte bereits seit 1569 als Koadjutor des zumeist in Rom weilenden Kardinals Stanislaus Hosius die Geschicke des Ermlands bestimmt. Die ständigen Krisen im Ostseeraum, die durch den wachsenden Gegensatz zwischen Polen und Schweden bedingt waren und in den militärischen Auseinandersetzungen beider Seiten in Livland ihren Niederschlag fanden, ließen ein enges Zusammenwirken der ermländischen Bischöfe und der herzoglichen Regierung in Königsberg als unabdingbar erscheinen. Den Auftakt für die Verschlechterung der politischen Großwetterlage bildete der dänisch-schwedische Krieg, der im Stettiner Frieden von 1570 beendet wurde, ohne allerdings stabile Verhältnisse im Ostseeraum herbeizuführen. Durch die Beteiligung Kromers an diesem Vertragswerk wurde eine direkte Beziehung zum Ermland und zu Preußen insgesamt hergestellt. Gravierender als diese Ereignisse war der Verlauf des schwedisch-polnischen Krieges (1600—1635), der zunächst in Livland und in seiner dritten Phase in Preußen ausgetragen wurde. Die beherrschende Kraft war hier der Schwedenkönig Gustav II. Adolf, der im Juli 1626 vor Pillau erschien und nach dessen Fall den Marsch in das Königliche Preußen und in das Ermland antrat, ohne daß ihm die Regierung in Königsberg den Durchzug durch das Herzogtum verwehren konnte. Im Verlauf dieser Operationen kam es zur schwedischen Besetzung des Küstenstrichs von Memel bis Braunsberg, des Hafens von Frauenburg einschließlich der Haffküste und des Weichselwerders, die im Frieden von Stuhmsdorf (1635) teilweise geräumt wurden. Zahlreichen Belegen in den Regesten ist zu entnehmen, daß das Ermland unter den Auseinandersetzungen zwischen schwedischen und polnischen Truppen besonders zu leiden hatte. Immer wieder kam es zu

Übergriffen marodierender Soldateska, die sich auch auf das benachbarte Herzogtum auswirkten. Hinzu kam die instabile Situation der polnischen Adelsrepublik, die von inneren Unruhen erschüttert wurde. Obwohl Polen zur Zeit König Sigismunds III. zum letzten Mal große Erfolge gegen die Russen erzielte — erwähnt wird in den Regesten die Eroberung der Festung Smolensk —, wurde der Handlungsspielraum der Krone durch die unbotmäßigen Adligen zunehmend eingeschränkt. Noch bedenklicher war der Verlust der Kontrolle über große Teile des Heeres, die sich in Konföderationen zusammenschlossen und eigenmächtig Besetzungen und Requirierungen vornahmen. Im Herzogtum Preußen waren die Verhältnisse kaum günstiger. Unter trüben Vorzeichen hatte 1568 die Regierung des schwachsinnigen Herzogs Albrecht Friedrich begonnen. Das Machtvakuum nutzten die Stände zu einer ungehemmten Erweiterung ihrer Privilegien aus, was die vormundschaftliche Regierung der Oberräte zeigte. Erst mit dem Auftreten Georg Friedrichs, des wohl bedeutendsten Vertreters des damaligen hohenzollernschen Gesamthauses, begann ein neuer Wind in Preußen zu wehen. Er drängte den Einfluß der Stände zurück, ordnete die Verwaltung und Finanzen des Herzogtums und erreichte mit der pfandweisen Überlassung Piltens sogar Einfluß in Kurland. 1578 erlangte er beim polnischen König Stefan Bathory die Belehnung mit Preußen und die Anerkennung des Herzogtitels. In Martin Kromer fand er einen ähnlich energischen Verhandlungspartner, der im Ermland die Autorität des bischöflichen Landesherrn festigte. In ihrer Korrespondenz kommen immer wieder Themen zur Sprache, die für das beiderseitige Verhältnis von Bedeutung waren. An erster Stelle sind hier die ungelösten Grenzfragen zu nennen, die Ursache für langwierige Differenzen waren. Dabei handelte es sich vor allem um den Verlauf der Grenze zwischen den herzoglichen Ämtern Rastenburg, Seehesten, Ortelsburg, Neidenburg, Hohenstein und Mohrungen einer- und den bischöflichen bzw. domkapitularischen Ämtern Rössel, Bischofsburg, Wartenburg und Allenstein andererseits, der erst kurz vor Beginn des Dreißigjährigen Krieges endgültig festgelegt werden konnte. Daran hatten der Stuhmer Hauptmann Fabian von Zehmen und der herzogliche Rat Dr. Johann Derschau großen Anteil, wie den Ausführungen der Regesten zu entnehmen ist. Die Grenzregulierung erwies sich insofern als schwierig, als Untertanen beider Seiten die Vermessungs- und Revisionsarbeiten behinderten und gewaltsame Überfälle auf die benachbarten Grenzdörfer unternahmen. Besonders die herzoglichen Adelsfamilien Dohna, Eulenburg und Schlubhut traten hier wenig rühmlich hervor.

Weitere, die beiderseitigen Beziehungen belastende Probleme waren Handels- und Wirtschaftsfragen, die in der unterschiedlichen Auslegung der Landesordnung von 1529 begründet waren. Der 1598 erzielte Vergleich zwischen dem Herzogtum und dem Bistum hatte zwar die Differenzen wegen des Besuchs der Wochenmärkte beseitigt und eine relative Freiheit des beiderseitigen Handelsverkehrs gewährleistet, dennoch kam es in der Folgezeit immer wieder zu Streitigkeiten in dieser Sache, wie am Konflikt zwischen Heiligenbeil und Braunsberg deutlich wird.

Auch die von Kromer intensiv in seinem Bistum betriebene Gegenreformation trug nicht dazu bei, die Barrieren zum Herzogtum abzubauen. Im Zuge der Rekatholisierung des Ermlands kam es immer wieder zur Abwanderung bischöflicher Landeskinder in das benachbarte Fürstentum Preußen, deren Auslieferung der Bischof kategorisch verlangte. In ihrer geschwächten Lage mußten die Landesherren dieses Territoriums — seit 1605 waren das die brandenburgischen Kurfürsten — dem von der polnischen Krone gestützten Katholizismus Zugeständnisse machen. Vor allem Kurfürst Johann Sigismund (1608-1619) mußte vorsichtig gegenüber Polen taktieren, weil er wegen seines Übertritts zum Kalvinismus keine Unterstützung seitens der lutherischen Stände des Herzogtums Preußen hatte. Er gestattete daher den Bau einer katholischen Kirche in Königsberg, die 1614—1616 in der Freiheit Sackheim errichtet wurde. Der Kurfürst, der die Kirche mit 1000 Gulden jährlich dotierte, hatte das Recht, die Pfarrer zu präsentieren. Der ermländische Bischof nahm dagegen das Visitationsrecht wahr.

Den Regesten ist zu entnehmen, mit welchen Schwierigkeiten der Bau und die Unterhaltung dieser Kirche verbunden gewesen sind. Peinlich genau wurde von ermländischer Seite auf die Einhaltung der kurfürstlichen Verpflichtungen geachtet. Kurfürst Johann Sigismund und seinem Sohn Georg Wilhelm war bewußt, daß jeder noch so geringfügige Anlaß ein Eingreifen von polnischer Seite nach sich ziehen konnte. Sie hatten dabei nicht nur auf die Abwehr von Eingriffen der ermländischen Bischöfe in die Religionsangelegenheiten des Herzogtums zu achten, sondern mußten auch die ablehnende Einstellung der lutherischen Bevölkerung Königsbergs gegenüber den Katholiken berücksichtigen. Die in den Regesten belegten Differenzen wegen der Königsberger katholischen Kirche waren selbst zu Beginn der Regierung des Großen Kurfürsten (1641) noch nicht behoben. Das zeigt die Beschwerde des ermländischen Bischofs Szyszkowski an die Oberräte über die behinderte Religionsausübung der Katholiken in Königsberg, die auch den damaligen polnischen König Władysław IV. zur Intervention veranlaßte. Die Mitglieder der katholischen Gemeinde waren weniger Königsberger Bürger als Angehörige des Ritter- und Bürgerstandes aus Polen und dem Großfürstentum Litauen, die sich aus Handelsgründen in der preußischen Residenzstadt aufhielten.

Neben diesen zentralen Problemen kommen zahlreiche andere Fragen wie Erb- und Teilungssachen herzoglicher und ermländischer Untertanen, die Handhabung eines einheitlichen Rechts in Nachlaßangelegenheiten, die Rückforderung entlaufener Untertanen, die Bekämpfung der wachsenden Kriminalität, die Beseitigung von Stromsperren, die Reparierung von Brücken und Verkehrswegen und die Erstellung einer „Preußischen Chronik“ durch Lucas David zur Sprache.

Belege für die fortschreitende Polonisierung des ermländischen Bischofstuhls und der bischöflichen Amtsträger sind die seit dem Tode Georg Friedrichs (1603) nahezu ausschließlichen Korrespondenzen in lateinischer Sprache, die vereinzelt durch polnischsprachige Dokumente ergänzt werden. Das Deutsche ist weitgehend auf den Briefverkehr mit den Städten des Bistums, z. B. Braunsberg, beschränkt, was darauf hindeutet, daß dort die deutsche Bevölkerung vorherrschte.

Nach dem Tode Bischof Simons (1621) und noch stärker nach dem Frieden von Stuhmsdorf (1635), der die langwierigen kriegerischen Verwicklungen beendete, nimmt der Umfang des Briefwechsels zwischen dem Herzogtum und dem Bistum drastisch ab und beschränkt sich schließlich im wesentlichen auf den Austausch von Glückwünschen anläßlich des Regierungsantritts neuer ermländischer Bischöfe. Forscher, die sich für die zweite Hälfte des 17. Jahrhunderts interessieren, müssen auf die Abteilung „Ermland“ des Etatsministeriums Königsberg und die aus Merseburg nach Berlin gelangten „Alten Repposituren“, vor allem Repositur 9 „Polen“, zurückgreifen.

Zuletzt sei noch eine formale Bemerkung angefügt: Während Anfang 1583 der Gregorianische Kalender im Ermland und im Königlichen Preußen eingeführt wurde, blieb

im Herzogtum der alte Julianische Kalender bis zum 22. August/2. September 1612 in Kraft. Um die Anordnung der Regesten nach dem chronologischen Prinzip zu gewährleisten, sind in diesem Zeitraum die Ausgänge der herzoglichen Kanzlei in der Datierung nach dem alten und dem neuen Stil angegeben, während die der Bischöfe und ihrer Amtsträger nur nach dem neuen Stil datiert sind.
Die Regesten Nr. 2878—2900 betreffen Nachträge zu den Bänden 1—3 der Abteilung C 1 „Ermland".

Stefan Hartmann

Nr. 1899

1568 Juni 6, Heilsberg

Bischof Stanislaus von Ermland an die Regenten des Herzogtums Preußen:

Empfang der durch Boten übersandten Nachricht von dem beabsichtigten Kriegszug etlicher deutscher Fürsten gegen die Lande Preußen und wegen der Gesandten des Markgrafen Georg Friedrich von [Brandenburg-Ansbach]; der Bischof hat nur einem unter dem 2. Mai [1568] datierten Brief aus Krakau entnommen, daß der vom polnischen König [Sigismund II. August] an den kaiserlichen Hof entsandte Orator Crassinius [Krasinski] von der Absicht des Herzogs von Mecklenburg [Johann Albrecht], nach Preußen zu ziehen, berichtet haben soll; von entsprechenden Plänen anderer Fürsten ist [Hosius] nichts bekannt; Eintreffen des königlichen Kämmerers mit Mandaten an den Brester Woiwoden und den Danziger Kastellan [Jan Kostka] wegen deren Absendung an den Heiligenbeiler Landtag; ruhige Lage am königlichen Hof, der keine Kunde von möglichen Bedrohungen hat; die deutschen Fürsten stoßen „mit Kriegsgeschrey“ an fast allen Orten zusammen und dürften dabei wohl Preußen und Polen zweifellos vergessen; Mißfallen über die Behinderung der Gesandten des Markgrafen Georg Friedrich; [Hosius] kann ohne Befehl des Königs die Thorner nicht zum Durchzug der besagten Gesandten veranlassen; er will in dieser Sache umgehend einen Boten an den Monarchen schicken und hat vor zwei Stunden ein Schreiben an die [in Thorn] befindlichen Räte [Georg Friedrichs] abgesandt, in dem er sie um Verständnis für die „geringe Verweilung“ bittet und darauf hinweist, daß wegen der gefährlichen Zeitläufte in Germanien niemand ohne schriftliche Bewilligung der Obrigkeit der Paß und Durchzug gestattet werde.

Behändigte Ausfertigung
1 Bogen 23 x 33 cm, S. 1-3 beschrieben, Unterschrift des Bischofs, S. 4 Außenadresse, Inhalts- und Kanzleivermerk.
Siegel des Bischofs
HBA C 1 Nr. 1899. — Altsignatur: 1/12/194; K. 477.

Beilage

1568 April 13, Wien

Kaiser Maximilian II. an König Sigismund II. August von Polen:

Bereitschaft zur Beseitigung der Differenzen zwischen dem Deutschen Orden und dem polnischen König, deren Anlaß die preußischen Lande sind; Hinweis auf die Verhandlungen des Römischen Kaisers Karl V. und seines Bruders Ferdinand mit dem Administrator des Hochmeisteramts in Preußen [Wolfgang Schutzbar, gen. Milchling] im Jahre 1549, die wegen vieler Hindernisse und Komplikationen keinen Effekt gebracht haben; der Kaiser will als Mediator einen Ausweg aus diesen Dissensen finden, falls der polnische König damit einverstanden ist; Absicht [Maximilians] zur Aufnahme neuer Verhandlungen mit dem Orden, soweit das mit dem Status des Römischen Reiches im Einklang steht.

Lateinisch
Abschrift
1 Bogen 21 x 32 cm, S. 1—2 beschrieben.

Journalvermerk:

Schreiben des Bischofs wegen einer möglichen Bedrohung der Lande Preußen und der Gesandten des Markgrafen Georg Friedrich.

Ostpr. Fol. 14322, Bl. 1 r.

Nr. 1900

1568 Juni 9, Königsberg

Regenten des Herzogtums Preußen an Bischof Stanislaus von Ermland:

Dank für die beruhigenden Nachrichten des Bischofs; Herzog Erich von Braunschweig soll in Lübeck 4000 Pferde bestellt haben; ein von ihm Bevollmächtigter soll dort Hauptleute anwerben, was auch in Mecklenburg geschehe; keine genaue Kenntnis von dem Zweck dieser Kriegsrüstungen; die Regenten können die Meinung des Bischofs vom Zwist der deutschen Fürsten untereinander nicht teilen, weil außerhalb der Niederlande von einer „Kriegsempörung" nichts bekannt ist; Hoffnung auf die Unterstützung des Kaisers bei der Abwendung einer Bedrohung der Lande Preußen; nach Auffassung der Regenten muß man jedoch mit derartigen „Pacificationes" vorsichtig sein, weil diese oft dazu dienen, „dem feindlichen Willen einen Deckel zu machen"; Dank für die Bereitschaft des [Hosius], sich beim polnischen König für die in Thorn angehaltenen markgräflichen Gesandten zu verwenden; vor sieben Wochen ist ein Brief des Herzogs Heinrich von Liegnitz eingetroffen, in dem dieser dem neuen Herzog [Albrecht Friedrich] und dessen Land und Leuten seine Hilfe zusichert; auf Befehl des Königs soll ohne sein Wissen keinem Fürsten oder Herrn der Zugang in „diese Lande" gestattet werden; wegen des bevorstehenden Landtages in Heiligenbeil kann [Albrecht Friedrich] jetzt nicht seine Reise zum polnischen König antreten.

Reinkopie
Ostpr. Fol. 73, S. 497—501.

Nr. 1901

1568 Juni 10, Heilsberg

Bischof Stanislaus von Ermland an die Regenten des Herzogtums Preußen:

Erneuerung seiner Versicherung, daß weder vom Kaiser noch von den deutschen Fürsten eine Bedrohung der Lande Preußen zu befürchten sei; Herzog Erich von Braunschweig wirbt Kriegsvolk nicht gegen „diese Lande" an, sondern will es dem König von

Spanien [Philipp II.] zuführen; der Kaiser benötigt Kriegsvolk viel eher in Deutschland, wo kein Gehorsam mehr herrscht, als für einen Zug gegen [Preußen]; der Herzog von Mecklenburg wolle nur Schrecken einjagen, ohne Taten folgen zu lassen „sed vana est sine viribus ira"; Erwartung der Rückkehr des in der Sache der angehaltenen markgräflichen Räte an den königlichen Hof gesandten Boten; [Hosius] will den Bescheid des Monarchen den Regenten umgehend zur Kenntnis bringen; Unterrichtung von der bevorstehenden Reise des Herzogs von Liegnitz nach Preußen auf der vor kurzem beendeten Tagfahrt in Marienburg; Einverständnis mit den Bemühungen der Regenten, diesen Besuch zu verhindern, weil dieser nichts Positives bewirke und überdies Unkosten bereite.

Behändigte Ausfertigung
1 Bogen 23 x 33 cm, S. 1—3 beschrieben, Unterschrift des Bischofs, S. 4 Außenadresse, Inhalts- und Eingangsvermerk vom 11. Juni 1568.
Siegel des Bischofs
HBA C 1 Nr. 1901. — Altsignatur: 1/12/214; K. 477.

Journalvermerk:

Schreiben des Bischofs wegen einer von außen zu befürchtenden Bedrohung der Lande Preußen.

Ostpr. Fol. 14322, Bl. 1 r. u. v.

Nr. 1902

1568 Juni 17, Heilsberg

Bischof Stanislaus von Ermland an die Regenten des Herzogtums Preußen:

Der an den königlichen Hof entsandte Diener hat das Antwortschreiben des Monarchen in der Sache der markgräflichen Gesandten nicht mitgebracht; dieses wird ein anderer am Hof weilender bischöflicher Diener in zwei oder drei Tagen nach [Heilsberg] bringen.

Behändigte Ausfertigung
1 Bogen 22 x 33, 5 cm, S. 1 beschrieben, Unterschrift des Bischofs, S. 4 Außenadresse, Inhalts- und Kanzleivermerk.
Siegel des Bischofs
HBA C 1 Nr. 1902. — Altsignatur: 1/12/215; K. 477.

Journalvermerk:

Schreiben des Bischofs wegen Verzögerung der Antwort vom königlichen Hof.

Ostpr. Fol. 14322, Bl. 1 v.

Nr. 1903

1568 Juni 18, Heiligenbeil

Regenten des Herzogtums Preußen an den Rat zu Braunsberg:

Der Bürger Moritz Wegener soll auf Befehl des Bischofs die Stadt Braunsberg binnen drei Tagen verlassen; Bitte um Verlängerung der Frist für [Wegener] auf zwei Monate oder wenigstens bis zur Zeit nach dem Jahrmarkt, damit er seine Angelegenheiten ordnen und sich nach einem anderen Wohnsitz umsehen kann.

Reinkopie
Ostpr. Fol. 73, S. 505—507.

Nr. 1904

1568 Juni 20, Heiligenbeil

Regenten des Herzogtums Preußen an den Rat zu Braunsberg:

Erneuerung der Bitte, dem Moritz Wegener, der sich inzwischen im Herzogtum niedergelassen hat, ausreichend Zeit zur Regelung seiner Angelegenheiten einzuräumen.

Reinkopie
Ostpr. Fol. 73, S. 507—508.

Nr. 1905

1568 Juni 29, Heilsberg

Bischof Stanislaus von Ermland an die Regenten des Herzogtums Preußen:

Absendung seines Sekretärs, des pommerellischen Archidiakons und Domherrn zu Wladislaw (Włocławek), Krakau, Frauenburg und Płock Valentinus Kusiborski (Kuczborski) in verschiedenen Angelegenheiten an die Regenten; Bitte an die Adressaten, dem Bevollmächtigten in allen Punkten Glauben zu schenken.

Behändigte Ausfertigung
1 Bogen 21 x 32 cm, S. 1 beschrieben, Unterschrift des Bischofs, S. 4 Außenadresse, Inhalts- und Kanzleivermerk, Zusatz: „Überreicht den 1. Julii zum Heiligenpeill".
Siegel des Bischofs
HBA C 1 Nr. 1905. — Altsignatur: 1/12/203; K. 477.

Journalvermerk:

Kredenzschreiben des Bischofs für seinen Sekretär [Kuczborski].

Ostpr. Fol. 14322, Bl. 1 v.

Nr. 1906

1568 Juli 3, Heiligenbeil

Regenten des Herzogtums Preußen an Bischof Stanislaus von Ermland:

Empfang der Werbungen des bischöflichen Sekretärs Valentin Kusiborski in den strittigen Grenzsachen; keine Möglichkeit einer umgehenden Regelung, weil nach Auskunft der königlichen Kommissarien um Bartholomei (24. August) ein Reichstag in der Krone Polen stattfinden wird, an dem herzogliche Bevollmächtigte teilnehmen müssen; Bereitschaft zur Abordnung von Bevollmächtigten im kommenden Herbst oder immer, wenn es möglich sein wird, an die strittigen Grenzorte.

Reinkopie
Ostpr. Fol. 73, S. 509—510.

Nr. 1907

1568 Juli 4, Heiligenbeil

Regenten des Herzogtums Preußen an Eckhart von Kempen:

Bericht des herzoglichen Untertans Asmus Baumgartner über den Kauf des Georg von Ungern gehörenden Gutes Falkenhorst im Amt [Preußisch] Holland durch [Kempen]; Bezug auf den Konsens des inzwischen verstorbenen Herzogs [Albrecht] für Baumgartner, Falkenhorst neben anderen Gütern Ungerns käuflich zu erwerben; Bitte an [Hosius], dem Baumgartner zu seinem Besitz zu verhelfen und zuzulassen, daß er darüber nach eigenem Gutdünken verfügen kann.

Reinkopie
Ostpr. Fol. 73, S. 510a—510c.

Nr. 1908

1568 Juli 7, Heiligenbeil

Regenten des Herzogtums Preußen an Eckhart von Kempen:

Keine Möglichkeit, zum Schreiben [Kempens] in der Sache von [Falkenhorst] Stellung zu nehmen, weil Baumgartner gegenwärtig verreist ist; Bitte um Verständnis für diese Verzögerung.

Reinkopie
Ostpr. Fol. 73, S. 510c.

Nr. 1909

1568 Juli 8, Rössel

Bischof Stanislaus von Ermland an die Regenten des Herzogtums Preußen:

Keine Erfüllung seiner Erwartung, daß die Regenten Mittel und Wege zur raschen Erledigung der Grenzangelegenheiten finden würden; trotz der von [Albrecht Friedrich] beabsichtigten Abordnung von drei Gesandten auf den kommenden Reichstag der Krone Polen dürften im Herzogtum genügend Räte vorhanden sein, die man in diesem Grenzhandel gebrauchen könne; auch bei einer Ausschreibung des Reichstags auf Bartholomei (24. August) würde dieser kaum vor Michaelis (29. September) beginnen; Bitte um Ansetzung eines Termins zur Berichtigung der Grenzen vier oder fünf Tage nach Bartholomei, weil dieses Werk zur Förderung der „gemeinen Einigkeit" wichtig sei.

Behändigte Ausfertigung
1 Bogen 21 x 32 cm, S. 1—3 beschrieben, Unterschrift des Bischofs, S. 4 Außenadresse, Inhalts- und Kanzleivermerk.
Siegel des Bischofs
HBA C 1 Nr. 1909. — Altsignatur: 1/12/204; K. 477.

Journalvermerk:

Schreiben des Bischofs wegen Vorverlegung des Termins in Grenzsachen.

Ostpr. Fol. 14322, Bl. 1 v.

Nr. 1910

1568 Juli 12, Heiligenbeil

Regenten des Herzogtums Preußen an Bischof Stanislaus von Ermland:

Verständnis für den Wunsch des Bischofs nach Beschleunigung der Grenzangelegenheiten; obwohl [Albrecht Friedrichl auf dem kommenden Reichstag vor allem um die Belehnung mit dem Herzogtum [Preußen] nachsuchen muß, Bereitschaft zur Absendung herzoglicher Kommissarien an die strittigen Orte; die Grenzbesichtigung soll acht Tage nach Bartholomei stattfinden; Bitte um Nachricht, an welchem Ort mit der Grenzrevision begonnen werden soll.

Reinkopie
Ostpr. Fol. 73, S. 510c—513.

Nr. 1911

1568 Juli 19, Heiligenbeil

Regenten des Herzogtums Preußen an Eckhart von Kempen:

Übersendung der Gegenantwort Asmus Baumgartners in der Angelegenheit des Gutes Falkenhorst; daraus ergibt sich, daß er Falkenhorst durch redlichen Kauf von Georg von Ungern erworben hat; Ungern ist daher zum Verkauf des Gutes an [Kempen] nicht berechtigt gewesen; [Kempen] soll sich wegen seiner Grenzen so mit den Elbingern regulieren, daß weder Herzog [Albrecht Friedrich] noch Baumgartner dadurch benachteiligt werden.

Reinkopie
Ostpr. Fol. 73, S. 513—514.

Nr. 1912

1568 August 5, Heiligenbeil

Regenten des Herzogtums Preußen an Bischof Stanislaus von Ermland:

Übermittlung des bischöflichen Vorschlags wegen der Grenzrevision durch den königlichen Sekretär Sulikowski; nach Auffassung der Regenten sollen sich die Kommissarien des Bischofs nach Rössel und die des Herzogs nach Rastenburg begeben, wodurch sie nicht weit voneinander entfernt seien und leicht beschließen könnten, an welchem Ort die Grenzbesichtigung beginnen solle.

Reinkopie
Ostpr. Fol. 73, S. 519—520.

Nr. 1913

1568 August 9, Heiligenbeil

Regenten des Herzogtums Preußen an Bischof Stanislaus von Ermland:

Erfordernis einer Verschiebung der am 31. August vorgesehenen Grenzrevision auf den 13. September wegen der diesjährigen Verzögerung der Ernte.

Reinkopie
Ostpr. Fol. 73, S. 522.

Nr. 1914

1568 August 10, Schmolainen

Bischof Stanislaus von Ermland an die Regenten des Herzogtums Preußen:

Einverständnis mit dem Vorschlag der Regenten, die Grenzrevision am 13. September zu beginnen; Bereitschaft zur Absendung seiner Kommissarien an die strittigen Orte.

Behändigte Ausfertigung
1 Bogen 21, 5 x 32 cm, S. 1 beschrieben, Unterschrift des Bischofs, S. 4 Außenadresse, Inhalts- und Kanzleivermerk.
Siegel des Bischofs
HBA C 1 Nr. 1914. — Altsignatur: 1/12/205; K. 477.

Journalvermerk:

Einverständnis des Bischofs mit dem angesetzten Grenztag.

Ostpr. Fol. 14322, Bl. 2 r.

Nr. 1915

1568 August 16, Heilsberg

Bischof Stanislaus von Ermland an die Regenten des Herzogtums Preußen:

Befürwortung des Beginns der Grenzrevision zwischen Rössel, Rastenburg und Seehesten, weil dort die meisten Mängel vorhanden sind; Absicht zur Absendung seiner Kommissarien an die „gedachten Stellen", was auch von der herzoglichen Seite erwartet wird.

Behändigte Ausfertigung
1 Bogen 21 x 32 cm, S. 1—2 beschrieben, Unterschrift des Bischofs, S. 4 Außenadresse, Inhalts- und Kanzleivermerk.
Siegel des Bischofs
HBA C 1 Nr. 1915. — Altsignatur: 1/12/195; K. 477.

Journalvermerk:

Schreiben des Bischofs mit der Bitte um den Beginn der Grenzrevision in den Ämtern Rastenburg, Seehesten und Rössel.

Ostpr. Fol. 14322, Bl. 2 r.

Nr. 1916

1568 August 20, Heiligenbeil

Regenten des Herzogtums Preußen an Bischof Stanislaus von Ermland:

Bitte um die Aufnahme der Grenzrevision im Neidenburgischen beim Besitz der von Baltze, der an das ermländische Dorf Korken angrenzt; der Bischof möge seine Bevollmächtigten nach Korken schicken, während der Herzog Kommissarien zu den von Baltze im Neidenburgischen senden wolle; zunächst soll die Besichtigung des „Hohlen Grundes" stattfinden.

Reinkopie
Ostpr. Fol. 73, S. 526a—526c.

Nr. 1917

1568 August 21, Heiligenbeil

Regenten des Herzogtums Preußen an Bischof Stanislaus von Ermland:

Übersendung neuer Nachrichten aus Livland; Bitte um gemeinsame Maßnahmen gegen das Übel der Freibeuter; der Bischof soll an den polnischen König und den Danziger Kastellan [Jan Kostka] schreiben, um eine Beseitigung dieser Gefahr zu erreichen; König [Sigismund II. August] habe wegen der Lande Livland eine Konföderation mit dem dänischen König [Friedrich II.] geschlossen und müsse bei einer feindlichen Einnahme der Insel Ösel nicht nur in Livland, sondern auch in [Preußen] Schaden und Nachteil befürchten.

Reinkopie
Ostpr. Fol. 73, S. 527—529.

Nr. 1918

1568 August 23, Heilsberg

Bischof Stanislaus von Ermland an die Regenten des Herzogtums Preußen:

Mißfallen wegen der häufigen Veränderung des Grenztages und -ortes; Befremden über den Vorschlag, die Grenzrevision zwischen dem Besitz der von Baltze und dem ermländischen Dorf Korken beginnen zu lassen, weil die Mängel am größten zwischen Rastenburg und Rössel seien; Bitte um Festhalten an dieser zuvor einstimmig angenommenen Entscheidung und um eine baldige endgültige Erklärung in dieser Sache.

Behändigte Ausfertigung
1 Bogen 21 x 29, 5 cm, S. 1—2 beschrieben, Unterschrift des Bischofs, S. 4 Außenadresse, Inhalts- und Beantwortungsvermerk vom 25. August 1568.
Siegel des Bischofs
HBA C 1 Nr. 1918. — Altsignatur: 1/12/206; K. 477.

Journalvermerk:

Mißfallen des Bischofs wegen der häufigen Änderung des Grenztages.

Ostpr. Fol. 14322, Bl. 2 r.

Nr. 1919

1568 August 25, Heiligenbeil

Regenten des Herzogtums Preußen an Bischof Stanislaus von Ermland:

Begründung der Verschiebung des Grenztages mit der Verzögerung der Ernte, wodurch die armen Leute großen Schaden erleiden; Bitte um Zustimmung zu ihrem letzten Vorschlag, die Grenzrevision [bei Korken] beginnen zu lassen.

Reinkopie
Ostpr. Fol. 73, S. 530—531.

Nr. 1920

1568 August 27, Heiligenbeil

Regenten des Herzogtums Preußen an das Kapitel zu Frauenburg:

Klage Lucas Knobelsdorffs über das Umpflügen, Zertreten und Verschlammen seines Getreides durch die Einwohner des Dorfes Seefeld; außerdem hat der Schulze von Seefeld 15 Eichen aus den Gütern [Knobelsdorffs] und seines Bruders ohne deren Wissen weggeführt; hinzu kommt, daß der Kapitelsuntertan Franz Khune auf freier Straße einen Überfall auf Knobelsdorff verübt hat, der nur durch das Dazwischenkommen anderer gerettet worden ist; Bitte um Respektierung der jetzigen Grenzen, die bis zu ihrer Besichtigung durch die beiderseitigen Kommissarien unverrückt bleiben sollen, und um gebührende Entschädigung [Knobelsdorffs] für die an ihm verübten Exzesse.

Reinkopie
Ostpr. Fol. 73, S. 533—538.

Nr. 1921

1568 August 31, Heilsberg

Bischof Stanislaus von Ermland an die Regenten des Herzogtums Preußen:

Mitgefühl für die gefährliche Lage des Herzogs Magnus, Bruders des dänischen Königs [Friedrich II.]; Absendung seines Dieners mit Briefen und der Zeitung über [Magnus] an den Danziger Kastellan [Jan Kostka] und den polnischen König [Sigismund II.

August]; [Kostka] spricht nur von drei Freibeuterschiffen, die bereits wieder abgesegelt sein sollen; der von den Regenten nach [Heilsberg] gesandte Bote hat einen Unfall erlitten und wird angemessen ärztlich betreut; kein Verständnis für die von den Regenten gewünschte Veränderung der Stelle, an der die Revision der strittigen Grenzen beginnen soll; erneutes Ersuchen an diese, bei dem einstimmig getroffenen Beschluß zu verbleiben und die Grenzrevision zwischen Rössel und Rastenburg in Angriff zu nehmen; Eingang eines königlichen Schreibens, das das Mißfallen des Monarchen über seine mangelhafte Unterrichtung von den Vorgängen in Livland zum Ausdruck bringt; Bereitschaft [Sigismunds II. August] zur Unterstützung von Herzog Magnus; Weiterleitung königlicher Mandate nach Marienburg; Hinweis auf ein Schreiben des Königs an den Rat der Stadt Danzig.

Behändigte Ausfertigung
2 Bogen 23 x 34 cm, S. 3—6 beschrieben, Unterschrift des Bischofs, S. 8 Außenadresse, Inhalts- und Eingangsvermerk vom 4. September 1568.
Siegel des Bischofs
HBA C 1 Nr. 1921. — Altsignatur: 1/12/218; K. 477.

Journalvermerk:

Schreiben des Bischofs wegen der Lage des Herzogs Magnus und in Grenzsachen.

Ostpr. Fol. 14322, Bl. 2 v.

Nr. 1922

1568 September 2, Heilsberg

Christoff von Troschke, Landvogt des Stifts Ermland und Hauptmann zu Seeburg, an die Regenten des Herzogtums Preußen:

Klage des Heilsberger Rats über den Diebstahl einer Taube in Gestalt des Heiligen Geistes und eines Marienbildes aus der dortigen Pfarrkirche; Gesuch um Ansetzung eines Rechtstages gegen den der Tat bezichtigten Lucas Gabriel; Bitte [Troschkes] an den Kneiphofer Rat, den beklagten Gabriel am 18. August zum Erscheinen in Heilsberg zu veranlassen; der Rat zu Kneiphof will dagegen den [Gabriel] vor sein Forum fordern, weil er dem dortigen Gerichtszwang unterworfen sei; trotz erneuter Vorladung [Gabriels] durch den Heilsberger Rat ist dieser Zitation keine Folge geleistet worden; [Troschke] stellt daher den Antrag auf Überstellung des Gabriel am 14. Oktober nach Heilsberg; Hinweis auf das bisherige Verfahren, das in der Auslieferung von Tätern an diejenige Herrschaft besteht, unter deren Jurisdiktion das Verbrechen begangen worden ist.

Behändigte Ausfertigung
1 Bogen 20, 5 x 31 cm, S. 1—3 beschrieben, Unterschrift des Ausstellers, S. 4 Außenadresse, Inhalts- und Eingangsvermerk vom 4. September 1568.
Siegel des Ausstellers
HBA C 1 Nr. 1922. — Altsignatur: 1/12/198; K. 477.

Beilage

[o. D. u. O.]

Auslieferung von Verbrechern aus dem Bistum Ermland in das Herzogtum Preußen und umgekehrt:

1. Auslieferung von zwei Bienern [Beutnern], die in Elbing einen Diebstahl begangen haben, an das dortige Gericht.
2. Überstellung eines Scharfrichters, der in Bischofsburg zwei Morde verübt hat, an das Gericht dieser Stadt.
3. Ausfolgung eines Danziger Korkenmachers an die Stadt Braunsberg.
4. Aburteilung eines nach Königsberg geflüchteten Diebs durch die Stadt Braunsberg.
5. Ahndung eines 1546 zur Zeit des Bischofs Johannes [Dantiscus] an dessen Koch Merten Pole begangenen Diebstahls in Heilsberg, obwohl sich der Täter nach Königsberg begeben hat.
6. Bestrafung eines gewissen Schreckensteyn, der in Wormditt einen Danziger Bürger bestohlen hat, durch das dortige Gericht.
7. Überstellung einer des Feuerlegens in Rössel beschuldigten Magd aus Marienburg an die Stadt Rössel.
8. Aburteilung eines in Ortelsburg inhaftierten Kirchendiebs durch das zuständige Gericht in Bischofsburg.
9. Ausfolgung eines Mannes, der seinen Knecht im Seeburgischen erschossen hat, aus Hohenstein.
10. Auslieferung eines bischöflichen Untertans aus dem Wartenburgischen, der in Hohenstein zwei Pferde gestohlen hat, an das Gericht dieser Stadt.
11. Bestrafung eines nach Liebstadt geflüchteten Brandstifters durch das Gericht in Wormditt.
12. Überstellung eines Diebs, der einem Heilsberger Fleischer 50 Mark entwendet hat, aus Bartenstein an das dortige Gericht.
13. Auslieferung eines wegen Diebstahls gesuchten Stallknechts von Bartenstein an die Stadt Heilsberg.
14. Aburteilung eines Schneidergesellen, der einem Heilsberger Bürger einen Beutel mit Geld abgeschnitten und sich nach Bartenstein begeben hat, durch das Heilsberger Gericht.
15. Bestrafung eines bischöflichen Untertans aus Lindelack in Bartenstein wegen seines dort begangenen Verbrechens.

Abschrift
1 Bogen 20 x 29 cm, S. 1—2 beschrieben.

Journalvermerk:

Bitte des Landvogts Christoff von Troschke um Überstellung des Kirchendiebs Lucas Gabriel nach Heilsberg.

Ostpr. Fol. 14322, Bl. 2 v.

Nr. 1923

1568 September 3, Allenstein

Eustachius Ludwig von der Demuth, Burggraf zu Allenstein, an die Regenten des Herzogtums Preußen:

Ermordung und Beraubung eines älteren Manns und eines jungen Gesellen aus Łomża, die in Elbing Ochsen verkauft haben, zwischen Allenstein und Passenheim auf offener Straße; deren Prinzipal Lyffky aus Łomża bittet um Hilfe bei der Verfolgung der flüchtigen Räuber und Mörder, die vielleicht ins Herzogtum Preußen entwichen sind; Gesuch [Demuths] an die Regenten, dem Petenten die gewünschte Unterstützung zu gewähren.

Behändigte Ausfertigung
1 Bogen 23 x 34 cm, S. 1—2 beschrieben, Unterschrift des Ausstellers, S. 4 Außenadresse, Inhalts- und Kanzleivermerk.
Siegel des Ausstellers
HBA C 1 Nr. 1923. — Altsignatur: 2/37/18; K. 477.

Journalvermerk:

Bitte des Allensteiner Burggrafen um Unterstützung für Lyffky bei der Verfolgung von Mördern und Räubern.

Ostpr. Fol. 14322, Bl. 3 r.

Nr. 1924

1568 September 5, Heiligenbeil

Regenten des Herzogtums Preußen an Christoff von Troschke, Stiftsvogt des Ermlands:

Hinweis auf das übliche Verfahren nach den aufgerichteten Verträgen, wonach die Aburteilung eines Verbrechers vor dem Gericht erfolgt, wo dieser ansässig ist; weil Lucas Gabriel in der Stadt Kneiphof zu Recht sitzt, ist das dortige Gericht für dessen Verurteilung zuständig; das Kneiphofer Gericht soll aber [Troschke] oder dem Heilsberger Rat auf deren Anklage oder Begehren Recht widerfahren lassen und den Täter schleunigst aburteilen.

Reinkopie
Ostpr. Fol. 73, S. 546—548.

Nr. 1925

1568 September 5, Heiligenbeil

Regenten des Herzogtums Preußen an Bischof Stanislaus von Ermland:

Der polnische König [Sigismund II. August] unterstützt den sich in einer bedrückten Lage befindenden Herzog Magnus von Holstein; der Feind hat bereits das Haus Sonnenburg und einen guten Teil des Landes erobert; ungenügende Kenntnis des Herzogs von Kurland [Gotthard Kettler] von diesen Ereignissen; sonst hätte er den polnischen König davon unterrichtet; Begründung des Vorschlages einer Aufnahme der Grenzrevision im Neidenburgischen, weil man an einem besser gelegenen und bequemen Ort eher als an anderen Stellen, wo die Verhältnisse unklarer seien, anfangen könne; Bereitschaft der Regenten, dem Wunsche des Bischofs zu entprechen und die herzoglichen Kommissarien am 13. September ins Rastenburgische abzuordnen, damit der Grenzhandel gütlich beigelegt werden kann; Dank für die Pflege des verunglückten herzoglichen Boten.

Reinkopie
Ostpr. Fol. 73, S. 549—553.

Nr. 1926

1568 September 8, Heilsberg

Bischof Stanislaus von Ermland an die Regenten des Herzogtums Preußen:

Dank für die ihm durch Boten überbrachten neuen Zeitungen und Bereitschaft zu deren umgehenden Weiterleitung an den polnischen König.

Behändigte Ausfertigung
1 Bogen 23 x 34 cm, S. 1 beschrieben, Unterschrift des Bischofs, S. 4 Außenadresse, Inhalts- und Kanzleivermerk.
Siegel des Bischofs
HBA C 1 Nr. 1926. — Altsignatur: 1/12/196; K. 477.

Journalvermerk:

Dank des Bischofs für die ihm überbrachten neuen Zeitungen.

Ostpr. Fol. 14322, Bl. 3 r.

Nr. 1927

1568 September 14, Heilsberg

Bischof Stanislaus von Ermland an die Regenten des Herzogtums Preußen:

Klage Melchior Schulmanns über den Hauptmann des Amtes Brandenburg [Anthonius von Borcke]; Vertreibung [Schulmans] von dem Gut Groß Pikarten, das ihm und seinen Erben von Herzog Albrecht eigentümlich eingeräumt worden ist, worüber eine Handfeste Auskunft gibt; der Hauptmann von Brandenburg hat kürzlich etliche Hufen des genannten Gutes mit „gewappneter Hand“ und vielen gerüsteten Bauern in Besitz genommen; Ersuchen des Bischofs an die Regenten um Abstellung dieser „unrechten Gewalt“ und um Klaglosstellung [Schulmans].

Behändigte Ausfertigung
1 Bogen 23 x 34 cm, S. 1—2 beschrieben, Unterschrift des Bischofs, S. 4 Außenadresse, Inhalts- und Kanzleivermerk.
Siegel des Bischofs
HBA C 1 Nr. 1927. — Altsignatur: 1/12/207; K. 477.

Nr. 1928

1568 September 14, Heilsberg

Bischof Stanislaus von Ermland an den herzoglichen Kanzler Johann von Kreytzen:

Ankunft des aus Portugal stammenden Bernardinus Bareto de Britto, der dem Bischof aus Litauen empfohlen worden ist; Bitte an den Kanzler, dem genannten Britto, der in seine Heimat zurückkehren will, einen Platz in einem in Kürze von Königsberg absegelnden Schiff zu verschaffen.

Behändigte Ausfertigung
1 Bogen 23 x 34 cm, S. 1 beschrieben, Unterschrift des Bischofs, S. 4 Außenadresse, Inhalts- und Kanzleivermerk.
Siegel des Bischofs
HBA C 1 Nr. 1928. — Altsignatur: 1/12/208; K. 477.

Journalvermerk:

Fürbitte des Bischofs für Bernardinus Bareto de Britto.

Ostpr. Fol. 14322, Bl. 3 r.

Nr. 1929

1568 September 15, Heilsberg

Bischof Stanislaus von Ermland an die Regenten des Herzogtums Preußen:

Klage seines Hofdieners Bernhardt Pakus, dessen Mutter und deren Bruder Felix Knobelsdorff trotz eines langwierigen Prozesses beim herzoglichen Hofgericht kein Urteil bezüglich des ihnen nach dem Kulmer Recht zustehenden Gutes Glansen erlangen konnten; Bitte des [Hosius] an die Regenten, den Supplikanten zu ihrem Recht zu verhelfen.

Behändigte Ausfertigung
1 Bogen 23 x 34 cm, S. 1 beschrieben, Unterschrift des Bischofs, S. 4 Außenadresse, Inhalts- und Kanzleivermerk.
Siegel des Bischofs
HBA C 1 Nr. 1929. — Altsignatur: 1/12/209; K. 477.

Journalvermerk:

Verwendung des Bischofs für seinen Diener Bernhardt Pakus.

Ostpr. Fol. 14322, Bl. 3 r.

Nr. 1930

1568 Oktober 8, Heiligenbeil

Regenten des Herzogtums Preußen an Bischof Stanislaus von Ermland:

Bezug auf den auf freier Straße im Allensteinischen begangenen Mord an zwei Ochsentreibern durch Friedrich von Lacken und dessen Gehilfen aus dem Gebiet [Preußisch] Holland; von den Tätern konnte bisher nur ein Biener [Beutner] in Mohrungen festgenommen werden; nach dessen Aussage soll sich Friedrich von Lacken in Pommerellen aufhalten und dort umherreiten; Bitte an [Hosius], der den Generalbefehl über den Königlichen Teil Preußen hat, den pommerellischen Woiwoden [Achatius von Zehmen] zur Fahndung nach dem Übeltäter zu veranlassen.

Reinkopie
Ostpr. Fol. 73, S. 586—587.

Nr. 1931

1568 Oktober 9, Königsberg

Regenten des Herzogtums Preußen an Bischof Stanislaus von Ermland:

Hinweis auf die beiliegende Beschwerde des Hofmeisters des Erbtruchseß Hans Jacob, Freiherrn zu Waldburg, eines Untertans der Stadt Landsberg; Bitte um Freigabe des angehaltenen Hopfens samt Wagen und Pferden des Hofmeisters.

Reinkopie
Ostpr. Fol. 73, S. 587—588.

Nr. 1932

1568 Oktober 9, Heilsberg

Bischof Stanislaus von Ermland an die Regenten des Herzogtums Preußen:

Beschwerde des Braunsberger Hauptmanns Michel von Pröck (Proike) wegen des noch immer ausstehenden Endurteils in seinem Prozeß bei den herzoglichen Hofräten; Bitte um baldige Ansetzung eines Rechtstages für den Hauptmann zwecks Fällung eines Endurteils in dessen Streitsache.

Behändigte Ausfertigung
1 Bogen 23, 5 x 33, 5 cm, S. 1—2 beschrieben, Unterschrift des Bischofs, S. 4 Außenadresse, Inhalts- und Kanzleivermerk.
Siegel des Bischofs
HBA C 1 Nr. 1932. — Altsignatur: 1/12/210; K. 477.

Journalvermerk:

Bitte des Bischofs um Beschleunigung des Rechtsverfahrens für Michel von Pröck.

Ostpr. Fol. 14322, Bl. 3 r.

Nr. 1933

1568 Oktober 10, Heilsberg

Bischof Stanislaus von Ermland an die Regenten des Herzogtums Preußen:

Weiterleitung des Schreibens der Regenten in der Sache des Mörders Friedrich von Lacken an den pommerellischen Woiwoden [Achatius von Zehmen].

Behändigte Ausfertigung
1 Bogen 23 x 33 cm, S. 1 beschrieben, Unterschrift des Bischofs, S. 4 Außenadresse, Inhalts- und Eingangsvermerk vom 11. Oktober 1568.
Siegel des Bischofs
HBA C 1 Nr. 1933. — Altsignatur: 1/12/217; K. 477.

Journalvermerk:

Schreiben des Bischofs wegen des Mörders Friedrich von Lacken.

Ostpr. Fol. 14322, Bl. 3 v.

Nr. 1934

1568 Oktober 11, Königsberg

Regenten des Herzogtums Preußen an den Propst zu Allenstein:

Bitte um Überprüfung der Angelegenheit des eines Totschlags bezichtigten Caspar Stossell auf Grundlage der beigefügten Kundschaften.

Reinkopie
Ostpr. Fol. 73, S. 588—589.

Nr. 1935

1568 Oktober 17, Allenstein

Eustachius Ludwig von der Demuth, Burggraf zu Allenstein, an die Regenten des Herzogtums Preußen:

Hinweis auf sein Schreiben (Nr. 1923) wegen des im Frauenburger Kapitelsgebiet auf freier Straße verübten frevelhaften Mordes; einer der daran beteiligten Übeltäter ist in Mohrungen ergriffen und inhaftiert worden; gemäß der üblichen Verfahrenspraxis, die die Überstellung der Täter an diejenigen Gerichte beinhaltet, die für den Ort der Tat zuständig sind, soll der Verbrecher zur Aburteilung an das burggräfliche Gericht in Allenstein ausgeliefert werden, was bisher wider alles Recht verweigert worden ist; umgekehrt haben sich Untertanen des Kapitels im Mohrungischen den vom dortigen Amtmann verfügten Strafen unterwerfen müssen; Gesuch an die Regenten um Ausfolgung des Täters oder anderenfalls um Begründung der verweigerten Überstellung.

Behändigte Ausfertigung
1 Bogen 21 x 31 cm, S. 1—2 beschrieben, Unterschrift des Ausstellers, S. 4 Außenadresse, Inhalts- und Kanzleivermerk.
Siegelspuren
HBA C 1 Nr. 1935. — Altsignatur: 2/37/19; K. 477.

Journalvermerk:

Schreiben des Allensteiner Burggrafen wegen Überstellung eines in Mohrungen inhaftierten Verbrechers.

Ostpr. Fol. 14322, Bl. 3 v.

Nr. 1936

1568 Oktober 22, Königsberg

Regenten des Herzogtums Preußen an Eustachius Ludwig von der Demuth, Burggrafen zu Allenstein:

Bezug auf das an den Amtmann von [Mohrungen] gerichtete Auslieferungsersuchen [von der Demuths]; keine Kenntnis von einer Vereinbarung über die gegenseitige Ausfolgung von Übeltätern; derartige Überstellungen erfolgen nicht auf der Grundlage von Recht und Landesgewohnheiten, sondern allein aus freundnachbarlichem Willen; Befehl an den herzoglichen Amtmann, jedem zur Gerechtigkeit gegenüber dem gefangenen Verbrecher zu verhelfen, der darauf Anspruch hat; [von der Demuth] soll daher in Mohrungen sein Recht suchen; in anderen Gerichtshändeln, die mit Geldbußen oder sonstigen geringeren Strafen verbunden sind, soll grundsätzlich nach Landesbrauch verfahren werden.

Reinkopie
Ostpr. Fol. 73, S. 598—601.

Nr. 1937

1568 Oktober 25, Königsberg

Regenten des Herzogtums Preußen an Bischof Stanislaus von Ermland:

Übersendung neuer Zeitungen an den Bischof, die „Leute von draußen" an die Regenten geschickt haben.

Reinkopie
Ostpr. Fol. 73, S. 601.

Nr. 1938

1568 Oktober 31, Heilsberg

Bischof Stanislaus von Ermland an die Regenten des Herzogtums Preußen:

Dank für die übersandten Zeitungen, die ihm gestern in Wormditt zugestellt worden sind; obwohl kaum anzunehmen ist, daß in der jetzigen Jahreszeit Kriegsvolk angenommen oder Krieg geführt wird, hat [Hosius] diese Nachrichten umgehend durch seinen Diener an den König weiterleiten lassen.

Behändigte Ausfertigung
1 Bogen 23 x 33 cm, S. 1 beschrieben, Unterschrift des Bischofs, S. 4 Außenadresse, Inhalts- und Kanzleivermerk.
Siegel des Bischofs
HBA C 1 Nr. 1938. — Altsignatur: 1/12/211; K. 477.

Journalvermerk:

Dank des Bischofs für die ihm zugegangenen neuen Zeitungen.

Ostpr. Fol. 14322, Bl. 3 v.

Nr. 1939

1568 Dezember 3, Frauenburg

Prälaten, Domherren und Kapitel des Stifts Ermland an die Regenten des Herzogtums Preußen:

Erinnerung an die Grenzregulierung zwischen den herzoglichen Ämtern Hohenstein und Neidenburg einer- und dem Gebiet Allenstein andererseits; Bericht des Landpropstes Samson von Worein über den vor einigen Wochen erfolgten Einfall des Neidenburger Hauptmanns [Caspar von Aulack] in das Gebiet Allenstein; dieser habe sich ereignet, als die herzoglichen und kapitularischen Kommissarien, zu denen [Samson von Worein] gehört habe, im Kammeramt Rössel mit der Grenzerörterung befaßt gewesen seien; Verletzung der Grenze zwischen den Seen Leissen und Czerwonke durch den Neidenburger Hauptmann, die vor drei Jahren im Beisein des Hans Jacob Truchseß zu Waldburg reguliert worden sei; nach Auffassung des Kapitels hat [Aulack] die Grenze vorsätzlich verletzt, worauf das von ihm mitgeführte zahlreiche Volk hindeutet; Bitte um Abstellung dieser unrechtmäßigen Nötigung und um Veranlassung des Hauptmanns zur Restitution des von ihm verursachten Schadens.

Behändigte Ausfertigung
1 Bogen 21 x 33 cm, S. 1—3 beschrieben, Unterschrift der Aussteller, S. 4 Außenadresse, Inhalts- und Eingangsvermerk vom 6. Dezember 1568.
Siegel der Aussteller
HBA C 1 Nr. 1939. — Altsignatur: 1/12/216; K. 477.

Journalvermerk:

Beschwerde des Domkapitels über den gewaltsamen Einfall des Hauptmanns von Neidenburg.

Ostpr. Fol. 14322, Bl. 3 v.

Nr. 1940

1568 Dezember 12, Königsberg

Regenten des Herzogtums Preußen an Bischof Stanislaus von Ermland:

Beschwerde der zum Hospital in Landsberg gehörigen Untertanen von Zandersdorf über ihre bischöflichen Grenznachbarn in Plausen; letztere haben die alte Grenze zwischen dem Bistum Ermland und dem Fürstentum Preußen überschritten und den [Zandersdorfern] in den Wäldern durch Abholzung großen Schaden verursacht; Bitte an [Hosius] um Abordnung zweier oder mehrerer seiner Räte zum Verhör der Sache, was auch die herzogliche Seite in gleicher Weise tun will.

Reinkopie
Ostpr. Fol. 73, S. 652—655.

Nr. 1941

1568 Dezember 13, Frauenburg

Prälaten, Domherren und Kapitel des Stifts Ermland an die Regenten des Herzogtums Preußen:

Beschwerde eines Mehlsacker Bürgers, der im Amt Bartenstein von einem Bauern Gerste gekauft hat, über die während der Rückfahrt erfolgte Beschlagnahmung seines Getreides in Landsberg; obwohl das Kapitel ein derartiges Verkaufen und Umherfahren seiner Untertanen mit Mißfallen betrachtet, bittet es um Freigabe des Getreides; der Getreidekauf des [Mehlsacker Bürgers] sei dessen Einfalt und nicht der Absicht, Gesetze zu übertreten, zuzuschreiben.

Behändigte Ausfertigung
1 Bogen 21 x 33 cm, S. 1—3 beschrieben, Unterschrift der Aussteller, S. 4 Außenadresse, Inhalts- und Kanzleivermerk.
Siegel der Aussteller
HBA C 1 Nr. 1941. — Altsignatur: 1/12/199; K. 477.

Journalvermerk:

Verwendung des Kapitels für einen Mehlsacker Bürger, dessen im Bartensteinschen gekauftes Getreide in Landsberg angehalten worden ist.

Ostpr. Fol. 14322, Bl. 4 r.

Nr. 1942

1568 Dezember 16, Elbing

Bischof Stanislaus von Ermland an die Regenten des Herzogtums Preußen:

Der bischöfliche Untertan Jonas Taubenecker (von Dobeneck) hat seinen Knecht, der ihn in Balga mutwillig angegriffen hat, in Notwehr getötet; Bitte um Gewährung eines Geleits für [Taubenecker], damit dieser seine Angelegenheit mit den Angehörigen des Entleibten regeln kann.

Behändigte Ausfertigung
1 Bogen 21 x 32 cm, S. 1 beschrieben, Unterschrift des Bischofs, S. 4 Außenadresse, Inhalts- und Kanzleivermerk.
Siegel des Bischofs
HBA C 1 Nr. 1942. — Altsignatur: 1/12/215; K. 477.

Journalvermerk:

Gesuch des Bischofs um Gewährung eines Geleits für Jonas von Dobeneck.

Ostpr. Fol. 14322, Bl. 4 r.

Nr. 1943

1568 Dezember 16, Königsberg

Regenten des Herzogtums Preußen an das Kapitel zu Frauenburg:

Bitte um Verständnis für die Verzögerung ihrer Antwort auf die Klage des Kapitels über den Einfall des Neidenburger Hauptmanns Caspar von Aulack, weil dieser erst um eine Stellungnahme ersucht werden muß.

Reinkopie
Ostpr. Fol. 73, S. 651—652.

Nr. 1944

1568 Dezember 18, Königsberg

Regenten des Herzogtums Preußen an das Kapitel zu Frauenburg:

Bezug auf die Beschwerde des Kapitels wegen der Beschlagnahme der von einem Mehlsacker Bürger erkauften Gerste in Landsberg; Bereitschaft des dortigen Hofmeisters zur Freigabe des Getreides, falls der im Bistum [Ermland] festgehaltene Hopfen des Landsberger Untertans Valten Till gleichfalls losgegeben wird.

Reinkopie
Ostpr. Fol. 73, S. 660—663.

Nr. 1945

1568 Dezember 19, Frauenburg

Bischof Stanislaus von Ermland an die Regenten des Herzogtums Preußen:

Absicht zur Entsendung seiner Kommissarien an die zwischen den Plausenern und Zandersdorfern strittige Stelle, die die Beschaffenheit dieser Sache erforschen sollen; in Frauenburg hat [Hosius] von dem Einfall des Neidenburger Hauptmanns in das Allensteinische Gebiet erfahren; auf den entsprechenden Protest des Kapitels sei bisher nichts erfolgt; Erwartung der Veranlassung des Hauptmanns zur Restitution der von ihm verursachten Schäden; Beschwerde der Stadt Braunsberg über die Hinderung ihrer Bürger beim Besuch der freien Wochenmärkte in Landsberg durch die dortige Torwache; in den bischöflichen Städten seien dagegen die Landsberger oder andere herzogliche Untertanen niemals am Marktbesuch gehindert worden; Bitte um Veranlassung der Landsberger zur Aufhebung dieser Maßnahmen; anderenfalls werde ein entsprechendes Marktverbot für herzogliche Untertanen in den Städten des Bistums erlassen.

Behändigte Ausfertigung
1 Bogen 21 x 32 cm, S. 1—3 beschrieben, Unterschrift des Bischofs, S. 4 Außenadresse, Inhalts- und Eingangsvermerk vom 31. Dezember 1568.
Siegel des Bischofs
HBA C 1 Nr. 1945. — Altsignatur: 1/12/212; K. 477.

Journalvermerk:

Schreiben des Bischofs in verschiedenen Beschwerdesachen.

Ostpr. Fol. 14322, Bl. 4 r.

Nr. 1946

1568 Dezember 28, Heilsberg

Bischof Stanislaus von Ermland an die Regenten des Herzogtums Preußen:

Bericht der Dorfschaft Plausen über ihre Auseinandersetzung mit den Zandersdorfern; die Plausener haben das Holz auf ihrem Grund und nicht jenseits der Grenze abgehauen; nach ihrer Darstellung sind die von Zandersdorf über die nie strittig gewesenen Grenzen eingefallen und haben den von Plausen ihre Pferde, Schlitten und alles, was diese mitgeführt haben, auf gewaltsame Weise entwendet; trotz der vielen ungelegenen Ursachen will der Bischof am 4. Januar [1569] seine Kommissarien zur Besichtigung der besagten Grenze abordnen; falls diesem Termin auf herzoglicher Seite nicht entsprochen werden kann, wird der Vorschlag eines neuen Zeitpunkts erbeten.

Behändigte Ausfertigung
1 Bogen 20, 5 x 32 cm, S. 1—3 beschrieben, Unterschrift des Bischofs, S. 4 Außenadresse, Inhalts- und Beantwortungsvermerk vom 1. Januar 1569.
Siegel des Bischofs
HBA C 1 Nr. 1946. — Altsignatur: 1/12/197; K. 477.

Journalvermerk:

Schreiben des Bischofs wegen Besichtigung der strittigen Grenze zwischen Plausen und Zandersdorf.

Ostpr. Fol. 14322, Bl. 4 r.

Nr. 1947

1569 Januar 1 [Königsberg]

Regenten des Herzogtums Preußen an Bischof Stanislaus von Ermland:

Wegen der Kürze der Zeit und anderer Verpflichtungen Bitte um Verschiebung der Grenzbesichtigung zwischen Zandersdorf und Plausen auf den 14. Januar [1569]; an diesem Tag sollen die „Irrungen“ verhört und möglichst entschieden werden.

Konzept
1 Bogen 21 x 30 cm, S. 1—3 beschrieben, S. 4 Empfänger-, Datums- und Registraturvermerk.
HBA C 1 Nr. 1947. — Altsignatur fehlt; K. 1221.
Reinkopie: Ostpr. Fol. 73, S. 687—689.

Nr. 1948

1569 Januar 2 [Königsberg]

Regenten des Herzogtums Preußen an Bischof Stanislaus von Ermland:

Übermittlung eines an [Hosius] gerichteten königlichen Schreibens durch eigenen Boten an diesen.

Konzept
1 Blatt 20, 5 x 29 cm, S. 1 beschrieben, S. 2 Empfänger-, Datums- und Registraturvermerk.
HBA C 1 Nr. 1948. — Altsignatur fehlt; K. 1221.
Reinkopie: Ostpr. Fol. 73, S. 689—690.

Nr. 1949

1569 Januar 3, Heilsberg

Bischof Stanislaus von Ermland an die Regenten des Herzogtums Preußen:

Der Bischof hat bereits zwei seiner Räte an den Ort der Grenzstreitigkeit zwischen Plausen und Zandersdorf geschickt; sie haben berichtet, daß die Plausener die Grenze nicht überschritten, sondern nur dasjenige Holz weggeführt haben, das zum Zweck der Grenzräumung gefällt werden mußte; diese Grenzräumung habe in den Wäldern der Plausener und nicht in denen der Zandersdorfer stattgefunden; die Differenzen zwischen beiden Dörfern hätte ein nach Zandersdorf gesetzter Schulze verursacht; die Abordnung beiderseitiger Kommissarien zur Untersuchung der Angelegenheit sei daher nicht erforderlich; dennoch wolle er [Hosius] seine Bevollmächtigten am 14. Januar dort hinschicken, damit die „gute Nachbarschaft" gefördert werde.

Behändigte Ausfertigung
1 Bogen 21 x 31 cm, S. 1—3 beschrieben, Unterschrift des Bischofs, S. 4 Außenadresse, Inhalts- und Eingangsvermerk vom 6. Januar 1569.
Siegel des Bischofs
HBA C 1 Nr. 1949. — Altsignatur: 1/12/223; K. 478.

Journalvermerk:

Schreiben des Bischofs wegen Untersuchung des Grenzstreits zwischen Plausen und Zandersdorf.

Ostpr. Fol. 14322, Bl. 6 r.

Nr. 1950

1569 Januar 8, Heilsberg

Bischof Stanislaus von Ermland an die Regenten des Herzogtums Preußen:

Das dem Bischof übersandte königliche Schreiben bezieht sich auf das Gesuch [Albrecht Friedrichs], die Grenzregulierung zwischen dem Herzogtum Preußen und dem Stift [Ermland] bis zum Eintreten der Mündigkeit dieses Fürsten zu verschieben; der König [Sigismund II. August] stellt es dem Bischof anheim, dieses zu akzeptieren, oder — im Falle der Ablehnung — seinen Standpunkt gegenüber dem Monarchen zu begründen; nach einer Beratung mit dem Frauenburger Kapitel will der Bischof hier seine Meinung kundtun; weil die Grenze zwischen Plausen und Zandersdorf unstrittig ist, soll dem Burggrafen zu Rössel nur eine Person zur Grenzbesichtigung zugeordnet werden.

Behändigte Ausfertigung
1 Bogen 20, 5 x 32 cm, S. 1—3 beschrieben, Unterschrift des Bischofs, S. 4 Außenadresse, Inhalts- und Eingangsvermerk vom 10. Januar 1569.
Siegel des Bischofs
HBA C 1 Nr. 1950. — Altsignatur: 1/12/224; K. 478.

Beilage

1568 Dezember 31, Rössel

Burggraf Baltzer Ludewich zu Rössel an Bischof Stanislaus von Ermland:

Auf Befehl des Bischofs hat er mit Baltzer Bartsch die Grenze zwischen Plausen und Zandersdorf besichtigt; alle Grenzzeichen sind dort gut erhalten; die Plausener haben das Holz nur zwecks Räumung der Grenze gefällt; der Vogt hat ihnen das Wegführen dieses Holzes gestattet; die Zandersdorfer können nicht nachweisen, daß in ihren Wald ein Einfall geschehen sei.

Abschrift
1 Blatt 21 x 31 cm, S. 1 beschrieben.

Journalvermerk:

Schreiben des Bischofs wegen der Grenzregulierung zwischen dem Stift Ermland und dem Herzogtum im allgemeinen und der Streitigkeiten zwischen Plausen und Zandersdorf im besonderen.

Ostpr. Fol. 14322, Bl. 6 v.

Nr. 1951

1569 Januar 9 [Königsberg]

Regenten des Herzogtums Preußen an Bischof Stanislaus von Ermland:

Ansetzung eines Tages für den Heiligenbeiler Bürger Lorentz Has wegen seines Kirchenlehens in Braunsberg; wegen des kurzfristig angesetzten Termins kann diesem [Has] nicht nachkommen; Bitte der Regenten um Verlängerung der dem [Has] gewährten Frist, damit er sich auf den Rechtstag entsprechend vorbereiten kann.

Konzept
1 Bogen 21, 5 x 30 cm, S. 1—2 beschrieben, S. 4 Empfänger-, Datums- und Registraturvermerk.
HBA C 1 Nr. 1951. — Altsignatur fehlt; K. 1221.
Reinkopie: Ostpr. Fol. 73, S. 693—696.

Nr. 1952

1569 Januar 20, Heilsberg

Bischof Stanislaus von Ermland an die Regenten des Herzogtums Preußen:

Nach dem Bericht der jüngst zu Heilsberg auf der Tagfahrt versammelt gewesenen Untertanen sollen Reiter, die niemand zu Diensten angenommen hat, „in diesen Landen“ umherstreifen; Bitte an die Regenten um Mitteilung, welche Bewandtnis es mit diesen Reitern habe, damit man sich danach richten könne.

Behändigte Ausfertigung
1 Bogen 21 x 31, 5 cm, S. 1 beschrieben, Unterschrift des Bischofs, S. 4 Außenadresse, Inhalts- und Eingangsvermerk vom 23. Januar 1569.
Siegel des Bischofs
HBA C 1 Nr. 1952. — Altsignatur: 1/12/234; K. 478.

Journalvermerk:

Schreiben des Bischofs wegen der umherstreifenden fremden Reiter.

Ostpr. Fol. 14322, Bl. 5 r.

Nr. 1953

1569 Januar 22, Heilsberg

Bischof Stanislaus von Ermland an die Regenten des Herzogtums Preußen:

Ausbleiben der herzoglichen Bevollmächtigten am 14. Januar an der strittigen Stelle zwischen Plausen und Zandersdorf; die Plausener haben nur aus ihren „befugten Wäldern" das Holz weggeführt und nicht die Grenze überschritten; Wegnahme von zwei Pferden durch die Zandersdorfer; Ersuchen um gebührende Bestrafung der aus Zandersdorf stammenden Täter; Beschwerde über die fehlende Bereitschaft auf herzoglicher Seite, die Grenzverträge einzuhalten, zumal in die Güter des Frauenburger Kapitels ein Einfall nach dem anderen geschieht; Hoffnung auf den Schutz seitens des Königs, zu dem [Hosius] in Kürze ziehen wird.

Behändigte Ausfertigung
2 Bogen 20, 5 x 32 cm, S. 3—6 beschrieben, Unterschrift des Bischofs, S. 8 Außenadresse, Inhalts- und Eingangsvermerk vom 23. Januar 1569.
Siegel des Bischofs
HBA C 1 Nr. 1953. — Altsignatur: 1/12/228; K. 478.

Journalvermerk:

Beschwerde des Bischofs über die fortlaufenden Grenzverletzungen durch die herzogliche Seite; Absicht, sich darüber beim König zu beschweren.

Ostpr. Fol. 14322, Bl. 6 v.

Nr. 1954

1569 Januar 23, Heilsberg

Bischof Stanislaus von Ermland an den Königsberger Burggrafen Christoph von Kreytzen:

Rechtsstreit des Braunsberger Hauptmanns Michel von Pröck, der zusammen mit seinem Schwager Eustachius Kinsing sein ererbtes Gut Mokinen (Markiehnen?) lange Zeit ungestört besessen hat, mit denen von Bartenstein; obwohl ihm das Bartensteiner Landgericht den Besitz zugesprochen hat, haben sich die Bartensteiner auf den Herzog [Albrecht Friedrich] berufen, bei dem die Sache noch anhängig sei; Bitte um Beendigung des „Handels" und um Klaglosstellung des Petenten.

Behändigte Ausfertigung
1 Bogen 20, 5 x 31 cm, S. 1—2 beschrieben, Unterschrift des Bischofs, S. 4 Außenadresse, Inhalts- und Kanzleivermerk.
Siegel des Bischofs
HBA C 1 Nr. 1954. — Altsignatur: 1/12/235; K. 478.

Journalvermerk:

Schreiben des Bischofs wegen Michel von Pröck und Eustachius Kinsing.

Ostpr. Fol. 14322, Bl. 5 r.

Nr. 1955

1569 Januar 25 [Königsberg]

Regenten des Herzogtums Preußen an Bischof Stanislaus von Ermland:

Empfang der bischöflichen Schreiben vom 20. und 22. Januar [1569]; keine Kenntnis von umherstreifenden Reitern; lediglich Georg Pudewils (Podewils) habe dem Oberstleutnant Ernst Weiher oder dessen Befehlshaber etliche Hofleute im Fürstentum zur Verfügung gestellt; Verbot an [Pudewils], in diesen gefährlichen Zeiten das Land zu entblößen; gemäß gemeinem Ausschreiben an alle Ämter darf sich niemand bei Verlust seiner Lehen und Güter aus dem Lande begeben, was auch dem König zur Kenntnis gebracht worden ist; das Ausbleiben der herzoglichen Kommissarien am 14. Januar ist auf das bischöfliche Schreiben vom 8. Januar zurückzuführen, daß die Grenze zwischen Plausen und Zandersdorf richtig sei und der ganze Handel nur auf dem weggeführten Holz beruhe; gleichwohl habe der Hofmeister im Interesse der Armen von Landsberg zwei gute Männer am 14. Januar an den besagten Ort geschickt, die mit den bischöflichen Bevollmächtigten die Dinge schlichten und in Ordnung bringen sollten; die Plausener seien keineswegs so unschuldig, weil sie auch auf der Zandersdorfer Seite Holz weggeführt hätten; dennoch wolle man den Beschwerdepunkten des Bischofs entsprechen, falls sich die Zandersdorfer nicht richtig verhalten hätten; Mißfallen der Regenten über die von herzoglichen Untertanen verübten Einfälle in die Besitzungen des Frauenburger Domkapitels; die Stellungnahme zum gewaltsamen Vorgehen des Neidenburger Hauptmanns [Caspar von Aulack] im Allensteinischen konnte bisher nicht erfolgen, weil sich die Regenten hier zunächst sachkundig machen müssen; Bereitschaft zur Aufrechterhaltung der beiderseitigen guten Nachbarschaft; Bitte um Verschiebung der Grenzregulierung zwischen dem Herzogtum und dem Stift [Ermland] bis zum Eintreten der Mündigkeit [Albrecht Friedrichs]; Übersendung des Gegenberichts der Landsberger zu den Vorwürfen des Bischofs; die Regenten sind an der Erhaltung der gegenseitigen Marktfreiheit herzoglicher und bischöflicher Untertanen interessiert.

Konzept
2 Bogen 21 x 30 cm, S. 1—8 beschrieben, S. 8 Empfänger-, Datums- und Registraturvermerk.
HBA C 1 Nr. 1955. — Altsignatur fehlt; K. 1221.
Reinkopie: Ostpr. Fol. 73, S. 702—713.

Nr. 1956

1569 Januar 26, Heilsberg

Bischof Stanislaus von Ermland an die Regenten des Herzogtums Preußen:

Im Bistum ist fremden Kaufleuten niemals die Hantierung auf öffentlichen Jahr- und Wochenmärkten verboten worden; falls solches doch geschehen ist, will [Hosius] seine

Mandate „retractieren" und gänzlich abschaffen; nach dem Bericht der Untertanen zu Heilsberg können dort nicht nur die Landsberger, sondern jedermann die Jahr- und Wochenmärkte ungehindert besuchen; dagegen ist das „Kaufschlagen" gemäß der Landesordnung auf den Dörfern grundsätzlich verboten, weil sonst dadurch die Städte in „äußersten Verderb" geraten; so ist ein bischöflicher Untertan, der sich ohne Genehmigung des Bischofs in Landsberg niedergelassen und heimlich in ermländischen Dörfern Getreide aufgekauft hat, angemessen bestraft worden; Bitte um baldige Stellungnahme der Regenten zu den kürzlich verübten Einfällen in die Güter des Frauenburger Domkapitels.

Behändigte Ausfertigung
1 Bogen 21 x 32 cm, S. 1—3 beschrieben, Unterschrift des Bischofs, S. 4 Außenadresse, Inhalts- und Eingangsvermerk vom 29. Januar 1569.
Siegel des Bischofs
HBA C 1 Nr. 1956. — Altsignatur: 1/12/225; K. 478.

Journalvermerk:

Schreiben des Bischofs wegen der freien Markthantierung und der Einfälle in domkapitularisches Gebiet.

Ostpr. Fol. 14322, Bl. 7 r.

Nr. 1957

1569 Januar 30 [Königsberg]

Regenten des Herzogtums Preußen an Bischof Stanislaus von Ermland:

Bezug auf die Differenzen zwischen Plausen und Zandersdorf; weil die Plausener auf der Zandersdorfer Seite Holz gefällt und weggeführt haben, muß die Angelegenheit untersucht werden; Bitte um Abordnung bischöflicher Kommissarien zur Besichtigung der Sache, was auch die Regenten durch die Entsendung des Rastenburger Hauptmanns tun wollen; sie sind willens, den für Landsberg zuständigen Hofmeister zur Einhaltung der freien Hantierung in diesem Ort zu veranlassen; auch im Herzogtum ist das Aufkaufen und Umherfahren auf den Dörfern nicht gestattet; bisher hat der Hauptmann von Neidenburg keine Stellungnahme zu seinem Einfall in die domkapitularischen Güter abgegeben.

Konzept
1 Bogen, 1 Blatt 21, 5 x 30, 5 cm, S. 1—4 beschrieben, S. 6 Empfänger-, Datums- und Registraturvermerk.
HBA C 1 Nr. 1957. — Altsignatur fehlt; K. 1221.
Reinkopie: Ostpr. Fol. 73, S. 717—720.

Nr. 1958

1569 Januar 31 [Königsberg]

Regenten des Herzogtums Preußen an das Domkapitel zu Frauenburg:

Bezug auf die beiliegende Supplikation Gabriel Pelkitts aus Leip, der seinen Sohn Domnick an das Kapitel geschickt hat; Bitte an die Domherren, dem Petenten gegenüber dem ihm mit Schulden verhafteten Caspar Greuel zum Recht zu verhelfen.

Konzept
1 Bogen 21 x 30 cm, S. 1—2 beschrieben, S. 4 Empfänger-, Datums- und Registraturvermerk.
HBA C 1 Nr. 1958. — Altsignatur fehlt; K. 1221.
Reinkopie: Ostpr. Fol. 73, S. 721.

Nr. 1959

1569 Februar 2, Heilsberg

Bischof Stanislaus von Ermland an die Regenten des Herzogtums Preußen:

Keine Bereitschaft zur erneuten Absendung seiner Kommissarien zwecks Untersuchung des Zwistes zwischen Plausen und Zandersdorf, weil der vormalige Termin von der herzoglichen Seite nicht eingehalten worden ist und er [Hosius] in Kürze zum königlichen Hof aufbrechen will.

Behändigte Ausfertigung
1 Bogen 21 x 31 cm, S. 1 beschrieben, Unterschrift des Bischofs, S. 4 Außenadresse, Inhalts- und Eingangsvermerk vom 4. Februar 1569.
Siegel des Bischofs
HBA C 1 Nr. 1959. — Altsignatur: 1/12/226; K. 478.

Journalvermerk:

Schreiben des Bischofs wegen der Differenzen zwischen Plausen und Zandersdorf.

Ostpr. Fol. 14322, Bl. 7 r.

Nr. 1960

1569 März 4, Königsberg

Regenten des Herzogtums Preußen an den Propst zu Allenstein:

Der Einfall des Neidenburger Hauptmanns ins Allensteinische hängt damit zusammen, daß die dortigen Beutner [Bienenwärter] rechtswidrig die Grenze überschritten und sich auf herzoglichem Boden stehende Beuten [Bienenkörbe] angeeignet haben; Bitte um Respektierung der alten Grenze und Malzeichen durch die Untertanen des Domkapitels.

Reinkopie
Ostpr. Fol. 73, S. 741—744.

Nr. 1961

1569 März 4, Königsberg

Regenten des Herzogtums Preußen an den Rat zu Braunsberg:

Hinweis auf die beiliegende Supplikation Lorenz Benickes, der Anspruch auf das väterliche Erbteil seines Weibes erhebt; Bitte um Klaglosstellung des Petenten.

Reinkopie
Ostpr. Fol. 73, S. 744.

Nr. 1962

1569 Mai 16 [Königsberg]

Regenten des Herzogtums Preußen an das Kapitel zu Frauenburg:

Bitte um Ausfolgung des nach Karschau entwichenen und dort als Rademacher tätigen Wentzel an Merten Meltzer; dieser hatte für den Wentzel, der wegen Kirchenraubes in Petersdorf gefänglich inhaftiert gewesen war, eine Bürgschaft geleistet, wobei sich der Kirchenräuber verpflichtet hatte, jederzeit zur Verfügung zu stehen; diese Zusage ist aber von Wentzel, der sich jetzt Caspar nennen soll, nicht eingehalten worden, wodurch Meltzer zur Zahlung der von dem Räuber gestohlenen 170 Mark verpflichtet werden soll.

Konzept
1 Blatt 21 x 30, 5 cm, S. 1—2 beschrieben, S. 2 Empfänger-, Datums- und Registraturvermerk.
HBA C 1 Nr. 1962. — Altsignatur fehlt; K. 1221.
Reinkopie: Ostpr. Fol. 73, S. 782—783.

Nr. 1963

1569 Juni 2, Heilsberg

Bischof Stanislaus von Ermland an den Königsberger Burggrafen Christoph von Kreytzen:

Bitte um Überlassung etlicher „bewehrter Elends Klauen“, die im Herzogtum leichter als im Bistum zu erlangen sind.

Behändigte Ausfertigung
1 Bogen 21 x 33 cm, S. 1 beschrieben, Unterschrift des Bischofs, S. 4 Außenadresse, Inhalts- und Kanzleivermerk.
Siegel des Bischofs
HBA C 1 Nr. 1963. — Altsignatur: 1/12/233; K. 478.

Journalvermerk:

Bitte um Übersendung etlicher „Elends Klauen".

Ostpr. Fol. 14322, Bl. 5 r.

Nr. 1964

1569 Juni 7, Königsberg

Regenten des Herzogtums Preußen an den Rat zu Braunsberg:

Klage des Kürschnerhandwerks zu Heiligenbeil über den ihm verweigerten Verkauf seiner Waren auf den Braunsberger Jahrmärkten; dieses Verbot wird mit damit begründet, daß die Heiligenbeiler Kürschner auch seidene Mützen verkaufen, worüber sich das Braunsberger Schneiderhandwerk beschwert; weil nach Auffassung der Regenten jedem Fremden der Verkauf seiner Waren, sofern diese nicht „falsch" sind, erlaubt ist und das Recht der Kürschner, seidene Mützen zu fertigen, im ganzen Fürstentum nicht angefochten wird, soll der Braunsberger Rat künftig auf dieses handelsbeschränkende Verbot verzichten.

Reinkopie
Ostpr. Fol. 73, S. 791—792.

Nr. 1965

1569 Juni 8, Heilsberg

Bischof Stanislaus von Ermland an den Königsberger Burggrafen Christoph von Kreytzen:

Beschwerde über Melchior Lesgewang, der in Grünau im Heilsberger Kammeramt gegen den Willen des Bischofs eine Mühle errichten will; obwohl [Hosius] den am Bau beteiligten Bauern die Einstellung ihrer Arbeit befohlen hat, werden diese unter Strafandrohung von der Hausfrau des Lesgewang dazu herangezogen; Bitte an die Regenten, die Frau des Lesgewang solange zur Unterbrechung des Mühlenbaus zu veranlassen, bis sie nachweisen kann, auf welches Recht sich dieser Bau auf bischöflichem Boden gründet.

Behändigte Ausfertigung
1 Bogen 21, 5 x 32 cm, S. 1—2 beschrieben, Unterschrift des Bischofs, S. 4 Außenadresse, Inhalts- und Beantwortungsvermerk vom 9. Juni 1569.
Siegel des Bischofs
HBA C 1 Nr. 1965. — Altsignatur: 1/12/229; K. 478.

Journalvermerk:

Schreiben des Bischofs wegen des widerrechtlichen Lesgewangschen Mühlenbaus in seinem Territorium.

Ostpr. Fol. 14322, Bl. 5 r.

Nr. 1966

1569 Juni 8 [Königsberg]

Regenten des Herzogtums Preußen an Bischof Stanislaus von Ermland:

Supplik des Rudauer Pfarrers Petrus John wegen seines vom Heilsberger Gericht in Haft genommenen Schwagers; weil sich der Pfarrer und dessen Verwandtschaft mit dem genannten Gericht in der Güte vergleichen wollen, bitten die Regenten nach erfolgter Bürgschaftsleistung um Aussetzung der Haft des Schwagers bis zur endgültigen Entscheidung der Sache.

Konzept
1 Bogen 21 x 30, 5 cm, S. 1—2 beschrieben, S. 4 Empfänger-, Datums- und Registraturvermerk.
HBA C 1 Nr. 1966. — Altsignatur fehlt; K. 1221.
Reinkopie: Ostpr. Fol. 73, S. 793—794.

Nr. 1967

1569 Juni 9 [Königsberg]

Regenten des Herzogtums Preußen an Bischof Stanislaus von Ermland:

Befehl an die Frau Lesgewangs — ihr Mann befindet sich mit dem Herzog [Albrecht Friedrich] in Lublin —, den Mühlenbau in Grünau bis zur Rückkehr ihres Gemahls einzustellen oder einen rechtskräftigen Nachweis für ihr Vorhaben zu erbringen; anderenfalls wollen die Regenten für die Befolgung ihres Reskriptes sorgen.

Konzept
1 Bogen 21 x 30, 5 cm, S. 1—2 beschrieben, S. 4 Empfänger-, Datums- und Registraturvermerk.
HBA C 1 Nr. 1967. — Altsignatur fehlt; K. 1221.
Reinkopie: Ostpr. Fol. 73, S. 794—795.

Nr. 1968

1569 Juni 14 [Königsberg]

Regenten des Herzogtums Preußen an Bischof Stanislaus von Ermland:

Bereitschaft der Hausfrau Lesgewangs zur Einstellung des Mühlenbaus in Grünau bis zur Rückkehr ihres Mannes; dieser werde seine Berechtigung mit „Briefen und Siegeln" belegen; sie bittet jedoch um die Erlaubnis zur Vollendung des Baus, weil dieser in zwei Tagen abgeschlossen sei; Unterstützung dieses Antrags durch die Regenten, weil Lesgewang zweifellos nach seiner Rückkehr die erforderlichen Nachweise erbringen werde.

Konzept
1 Bogen 21 x 30, 5 cm, S. 1—2 beschrieben, S. 4 Empfänger-, Datums- und Registraturvermerk.
HBA C 1 Nr. 1968. — Altsignatur fehlt; K. 1221.
Reinkopie: Ostpr. Fol. 73, S. 795—797.

Nr. 1969

1569 Juni 16, Heilsberg

Bischof Stanislaus von Ermland an die Regenten des Herzogtums Preußen:

Einverständnis des Bischofs mit der Vollendung des Lesgewangschen Mühlenbaus in Grünau; wenn Melchior Lesgewang sein Recht nachweisen kann, soll ihm das weitere Bauen gestattet werden.

Behändigte Ausfertigung
1 Bogen 21 x 32 cm, S. 1 beschrieben, Unterschrift des Bischofs, S. 4 Außenadresse, Inhalts- und Kanzleivermerk.
Siegel des Bischofs
HBA C 1 Nr. 1969. — Altsignatur: 1/12/232; K. 478.

Journalvermerk:

Schreiben des Bischofs wegen des Lesgewangschen Mühlenbaus in Grünau.

Ostpr. Fol. 14322, Bl. 5 v.

Nr. 1970

1569 Juni 22, Heilsberg

Bischof Stanislaus von Ermland an die Regenten des Herzogtums Preußen:

Hinweis auf die inzwischen erfolgte Räumung der strittigen Grenzabschnitte zwischen Rastenburg und Ortelsburg einer- und den Kammerämtern Rössel und Bischofsburg andererseits; Beschwerde der Bischofsburger Bürgerschaft über Eingriffe der Ortelsburger Eingesessenen in ihren Besitz und Wald; Bitte um Ansetzung eines Tages zur Besichtigung dieser „zwistigen Örter", an der sich die Amtleute von Rastenburg, Ortelsburg, Seeburg und Rössel beteiligen sollen.

Behändigte Ausfertigung
1 Bogen 21 x 30 cm, S. 1—2 beschrieben, Unterschrift des Bischofs, S. 4 Außenadresse, Inhalts- und Beantwortungsvermerk vom 27. Juni 1569.
Siegel des Bischofs
HBA C 1 Nr. 1970. — Altsignatur: 1/12/230; K. 478.

Journalvermerk:

Schreiben des Bischofs wegen Besichtigung der strittigen Grenzabschnitte zwischen bischöflichen und herzoglichen Ämtern.

Ostpr. Fol. 14322, Bl. 5 v.

Nr. 1971

1569 Juni 28 [Königsberg]

Regenten des Herzogtums Preußen an Bischof Stanislaus von Ermland:

Befehl an die Hauptleute von Rastenburg und Ortelsburg, an einem bestimmten Tag an den strittigen Grenzabschnitten zu erscheinen und diese gemeinsam mit den bischöflichen Bevollmächtigten zu besichtigen.

Konzept
1 Bogen 20, 5 x 30 cm, S. 1—3 beschrieben, S. 4 Empfänger-, Datums- und Registraturvermerk.
HBA C 1 Nr. 1971. — Altsignatur fehlt; K. 1221.
Reinkopie: Ostpr. Fol. 73, S. 797—798.

Nr. 1972

1569 Juli 3 [Königsberg]

Regenten des Herzogtums Preußen an Bischof Stanislaus von Ermland und mutatis mutandis an den Marienburger Woiwoden Fabian von Zehmen:

Einer vom Adel, Matz Rabe, hat in der Nacht den Sohn des Halbbruders seines Vaters, einen siebenjährigen Knaben, im Schlaf erstochen; wegen der Absicht des Täters zur Flucht ins Stift [Ermland], wo er um bischöfliches Geleit ersuchen werde, Bitte um dessen Ergreifung und gefängliche Inhaftierung, damit die Verwandtschaft des ermordeten Knaben ihr Recht erlangen könne.

Konzept
1 Bogen 21, 5 x 32 cm, S. 1—2 beschrieben, S. 4 Empfänger-, Datums- und Registraturvermerk.
HBA C 1 Nr. 1972. — Altsignatur fehlt; K. 1221.
Reinkopie: Ostpr. Fol. 73, S. 801—802.

Nr. 1973

1569 Juli 4, Heilsberg

Bischof Stanislaus von Ermland an die Regenten des Herzogtums Preußen:

Beschwerde Hans Gansorowskis über die Gilgenburger; Ersuchen des [Hosius] um Freilassung Gansorowskis aus dem Gefängnis, da man die Berechtigung der über ihn verhängten Strafe nicht einsehen könne, und um seine angemessene Behandlung.

Behändigte Ausfertigung
1 Bogen 21 x 31, 5 cm, S. 1 beschrieben, Unterschrift des Bischofs, S. 4 Außenadresse, Inhalts- und Kanzleivermerk.
Siegel des Bischofs
HBA C 1 Nr. 1973. — Altsignatur: 1/12/231; K. 478.

Beilage

[o. D. u. O.]

Beschwerde Hans Gansorowskis über die Stadt Gilgenburg:

Etliche Adlige, der Bürgermeister, Rat und die Gerichtsverwandten der Stadt Gilgenburg haben ihn auf Befehl des dortigen Hauptmanns Quirin von der Oelsnitz unter dem Vorwand einer von ihm verübten Gewalttat in Eisen gelegt, seine Füße mit Ketten gefesselt und in das unterste Gefängnis geworfen, wo er zwei Wochen verbracht hat; [Gansorowski] ist beim Versuch, zwei mit bloßen Waffen miteinander kämpfende Männer — einer war der Diener des Gilgenburger Hauptmanns und der andere ein Auswärtiger — zu trennen, von Gilgenburger Stadtknechten und Bürgern vom Roß gezogen und unter Schmähungen zum Bürgermeister geführt worden, der ihn geschlagen und ins Gefängnis geworfen hat; trotz der von einigen Adligen angebotenen Bürgschaftsleistung mußte [Gansorowskil vor allem auf Veranlassung des Hauptmanns Quirin von der Oelsnitz in der Haft verbleiben; Quirin von der Oelsnitz hege einen alten Groll gegen seine Familie und habe die adlige Ehre des inzwischen verstorbenen Vaters des [Gansorowski] unbedacht beleidigt; Bitte des Petenten um Entlassung aus der Haft und um Schutz vor „unbilliger" Gewalt.

Abschrift
1 Bogen 21, 5 x 30 cm, S. 1—4 beschrieben.

Journalvermerk:

Verwendung des Bischofs für den in Gilgenburg inhaftierten Hans Gansorowski.

Ostpr. Fol. 14322, Bl. 5 v.

Nr. 1974

1569 Juli 6 [Königsberg]

Regenten des Herzogtums Preußen an Bischof Stanislaus von Ermland:

Übersendung der Supplik Hans Gansorowskis an den Gilgenburger Hauptmann Quirin von der Oelsnitz, der nach Ansicht der Regenten sich jenem gegenüber so verhalten werde, daß kein Grund für eine weitere Beschwerde bestehen dürfte.

Konzept
1 Blatt 21 x 32 cm, S. 1 beschrieben, S. 2 Empfänger-, Datums- und Registraturvermerk.
HBA C 1 Nr. 1974. — Altsignatur fehlt; K. 1221.
Reinkopie: Ostpr. Fol. 73, S. 806—807.

Nr. 1975

1569 Juli 7, Heilsberg

Bischof Stanislaus von Ermland an die Regenten des Herzogtums Preußen:

Keine Gewährung eines Geleits für den flüchtigen Mörder Mattes Rabe; wegen der Ergreifung und Inhaftierung des Täters sollen sich die Regenten an den bischöflichen Landvogt wenden.

Behändigte Ausfertigung
1 Bogen 21, 5 x 31 cm, S. 1 beschrieben, Unterschrift des Bischofs, S. 4 Außenadresse, Inhalts- und Kanzleivermerk.
Siegel des Bischofs
HBA C 1 Nr. 1975. — Altsignatur: 1/13/84; K. 478.

Journalvermerk:

Schreiben des Bischofs wegen des flüchtigen Mörders Mattes Rabe.

Ostpr. Fol. 14322, Bl. 5 v.

Nr. 1976

1569 August 14, Heilsberg

Bischof Stanislaus von Ermland an Herzog Albrecht Friedrich:

Kredenzbrief für den in verschiedenen Angelegenheiten an den Herzog entsandten Frauenburger Domherrn und Mehlsacker Landpropst Johann Leoman.

Behändigte Ausfertigung
1 Bogen 20 x 32 cm, S. 1 beschrieben, Unterschrift des Bischofs, S. 4 Außenadresse, Inhalts- und Eingangsvermerk vom 18. August 1569.
Siegel des Bischofs
HBA C 1 Nr. 1976. — Altsignatur: 1/13/83; K. 478.

Journalvermerk:

Kredenzbrief für Johann Leoman.

Ostpr. Fol. 14322, Bl. 6 r.

Nr. 1977

1569 August 19, Königsberg

Werbung des bischöflichen Gesandten Johann Leoman in Königsberg und deren Beantwortung:

Empfang Leomans beim Herzog im Beisein Caspar Lehndorffs, Wentzel Schacks und Hieronymus Rodes; nach Überreichen seines Kredenzbriefes übermittelt [Leoman] die Glückwünsche des Bischofs zur gesunden und glücklichen Wiederkehr Herzog Albrecht Friedrichs aus Lublin und zu dessen Belehnung mit dem Fürstentum Preußen; kein Zweifel des [Hosius] an dem Weiterbestehen des freundnachbarlichen Verhältnisses zwischen dem Herzogtum und dem Bistum während seiner Reise nach Rom; Bereitschaft des Bischofs, die Anliegen des Herzogs beim Kaiser [Maximilian II.] oder anderenorts zu fördern; Hoffnung auf eine baldige Behebung der beiderseitigen Grenzprobleme; Vorschlag zur Abordnung von Kommissarien zwecks Besichtigung der strittigen Grenzabschnitte im kommenden Herbst; Klage der bischöflichen Untertanen in den Städten über das Ausfuhrverbot für Getreide und Milchspeise im Herzogtum; Ersuchen des Bischofs um Wiederherstellung der freien Zufuhr gemäß der Landesordnung; die herzogliche Seite begründet das besagte Ausfuhrverbot mit den auf dem jüngsten Landtag in Heiligenbeil geäußerten Klagen über den von den Bauern getätigten Warenverkauf im Bistum, während nichts auf die Märkte der herzoglichen Städte gelangt; jeder Untertan muß daher zunächst seinen ihm nächstgelegenen Marktort aufsuchen und kann erst dann in das Bistum fahren; diese Bestimmung gilt nur für Kaufmannswaren, wozu auch Gerste und Hopfen gehören, weil die Heiligenbeiler zumeist vom Brauwerk leben; Zusage der Fürsorge für das Stift [Ermland] während der Abwesenheit des Bischofs; Dank für die vom Bischof zusagte Verwendung beim Kaiser; Bereitschaft zur gemeinsamen Besichtigung der strittigen Grenzen mit den bischöflichen Verordneten; die Untertanen sollen zur Bewahrung von Friede, Freundschaft und Ruhe „bis zum Austrag der Sachen" angehalten werden; der Status quo des gegenwärtigen Besitzstandes soll bis zur endgültigen Regelung erhalten bleiben; die Zufuhrpraxis soll sich nach alten Verträgen, Gebräuchen und Gewohnheiten richten; Bitte an den Bischof, den Herzog durch Übersendung neuer Zeitungen auf dem laufenden zu halten.

Reinkopie
Ostpr. Fol. 109, Bl. 127 r. — 136 r.

Nr. 1978

1569 August 21, Wartenburg

Bischof Stanislaus von Ermland an Herzog Albrecht Friedrich:

Dank für die seinem Gesandten Johann Leoman erteilte gnädige Antwort; Hoffnung auf Ansetzung eines Tages zur Besichtigung der strittigen Grenzen nach Ablauf des Augusts, der möglichst bald dem bischöflichen Statthalter [Martin Kromer] mitgeteilt werden soll.

Behändigte Ausfertigung
1 Bogen 20, 5 x 32 cm, S. 1—2 beschrieben, Unterschrift des Bischofs, S. 4 Außenadresse, Inhalts- und Kanzleivermerk.
Siegel des Bischofs
HBA C 1 Nr. 1978. — Altsignatur: 1/12/227; K. 478.

Journalvermerk:

Schreiben des Bischofs wegen seines Gesandten Johann Leoman und der vorzunehmenden Grenzbesichtigung.

Ostpr. Fol. 14322, Bl. 6 r.

Nr. 1979

1569 September 10 [Königsberg]

Herzog Albrecht Friedrich an Martin Kromer, Statthalter in Heilsberg und Domherr zu Frauenburg:

Der herzogliche Untertan Bastian Kobersee soll am 15. September vor dem Statthalter in Heilsberg erscheinen, um dort die Klage des Guttstadter Kapitels anzuhören; wegen

Verhinderung [Kobersees] an diesem Tage soll ihm ein anderer Termin eingeräumt werden.

Konzept
1 Bogen 19 x 28, 5 cm, S. 1—2 beschrieben, S. 4 Empfänger-, Datums- und Registraturvermerk.
HBA C 1 Nr. 1979. — Altsignatur fehlt; K. 1221.
Reinkopie: Ostpr. Fol. 73, S. 835—836.

Nr. 1980

1569 September 15, Heilsberg

Martin Kromer, Statthalter des Bistums Ermland und königlicher Sekretär, an Herzog Albrecht Friedrich:

Die Abgesandten des Guttstadter Kapitels sind am 15. September vor ihm [Kromer] in der Erwartung, dort Sebastian Kobersee zu treffen, erschienen; dessen Nichterscheinen hat ihnen große Unkosten und die Versäumnisse der Kirchendienste beschert; dennoch hat [Kromer] dem Ersuchen des Herzogs um Anberaumung eines späteren Termins entsprochen und dafür den 6. Oktober angesetzt; [Kromer] hat bereits Herzog Albrecht bei der Kanzlei des polnischen Königs und beim Kaiser Ferdinand I. Dienste geleistet und ist gewillt, das auch für [Albrecht Friedrich] zu tun; in der Anlage übersendet er ein Schreiben des Königs, das ihm vor wenigen Tagen behändigt worden ist.

Behändigte Ausfertigung
1 Bogen 21 x 33 cm, S. 1—2 beschrieben, Unterschrift des Statthalters, S. 4 Außenadresse, Inhalts- und Kanzleivermerk.
Siegel des Statthalters
HBA C 1 Nr. 1980. — Altsignatur: 1/12/220; K. 478.

Journalvermerk:

Schreiben des Statthalters wegen der Angelegenheit von Sebastian Kobersee.

Ostpr. Fol. 14322, Bl. 6 r.

Nr. 1981

1569 September 23, Königsberg

Herzog Albrecht Friedrich an Christoff Troschke, Landvogt zu Seeburg:

Bitte um baldige Klaglosstellung des Friedrich Schwarz, der sich in Kürze außer Landes begeben will.

Reinkopie
Ostpr. Fol. 73, S. 842—843.

Nr. 1982

1569 September 24 [Königsberg]

Herzog Albrecht Friedrich an Martin Kromer:

Dank für die Übersendung des königlichen Schreibens und die Anberaumung eines neuen Termins für Sebastian Kobersee am 6. Oktober; Glückwünsche an [Kromer] für die von ihm übernommene Verwaltung des Bistums Ermland.

Konzept
1 Bogen 21, 5 x 31, 5 cm, S. 1—3 beschrieben, S. 4 Empfänger-, Datums- und Registraturvermerk.
HBA C 1 Nr. 1982. — Altsignatur fehlt; K. 1221.
Reinkopie: Ostpr. Fol. 73, S. 843—845.

Nr. 1983

1569 Oktober 2, Neuhausen

Herzog Albrecht Friedrich an Martin Kromer:

Klage des Kneiphofer Buchhändlers Moritz Gütich über die Beschlagnahme aller seiner Bücher in Heilsberg, weil sich darunter ein Traktat gegen die Jesuiten befunden habe, das zufällig in den Bücherkasten gelangt sei; Bitte des Herzogs an [Kromer] um Rückgabe der beschlagnahmten Bücher an den Petenten, was zur Bewahrung der freundlichen Nachbarschaft diene.

Konzept
1 Bogen 21, 5 x 31 cm, S. 1—2 beschrieben, S. 4 Empfänger-, Datums- und Registraturvermerk.
HBA C 1 Nr. 1983. — Altsignatur fehlt; K. 1221.
Reinkopie: Ostpr. Fol. 73, S. 849—851.

Nr. 1984

1569 Oktober 13, Heilsberg

Martin Kromer, Statthalter des Bistums Ermland, an Herzog Albrecht Friedrich:

Keine Erfüllung des herzoglichen Wunsches nach Ansetzung einer Grenzbesichtigung strittiger Orte nach Ablauf des Augusts wegen des lang andauernden feuchten Wetters; Bitte um Verschiebung der Grenzrevision bis zum kommenden Frühling, wenn die Witterungsverhältnisse besser und die Tage länger sind; bis dahin sollen die Untertanen der Ämter Seehesten, Rastenburg, Ortelsburg, Hohenstein und Neidenburg ihren alten Besitzstand bewahren und auf Grenzverletzungen verzichten, über die sich die domkapitularischen Amtleute in Rössel, Bischofsburg, Wartenburg und Allenstein beklagen; Ersuchen des Statthalters um die Beseitigung der den freien Lauf der Alle hemmenden Wehre, die herzogliche Untertanen dort errichtet haben.

Behändigte Ausfertigung
1 Bogen 21 x 32 cm, S. 1—3 beschrieben, Unterschrift des Statthalters, S. 4 Außenadresse, Inhalts- und Kanzleivermerk.
Siegel des Statthalters
HBA C 1 Nr. 1984. — Altsignatur: 1/12/221; K. 478.

Journalvermerk:

Schreiben des Statthalters wegen der Regelung von Grenzstreitigkeiten und der Verstellung der Alle.

Ostpr. Fol. 14322, Bl. 7 r.

Nr. 1985

1569 Oktober 13 [Neuhausen]

Herzog Albrecht Friedrich an Martin Kromer:

Empfang der Antwort des Statthalters wegen der in Heilsberg beschlagnahmten Bücher Moritz Guttichs; der Herzog nimmt die von [Hosius] und dessen Vorgängern auf dem ermländischen Bischofsstuhl erlassenen Gebote und Verbote bezüglich des Einführens und Feilhaltens von Büchern im Stift zur Kenntnis; [Guttich] habe dagegen nicht verstoßen, weil der besagte Traktat nicht verkauft, sondern in einem verschlossenen Kasten verwahrt worden sei; die darin enthaltenen Bücher habe er nicht zum Verkauf im Bistum, sondern vielmehr zu dem im Fürstentum [Preußen] vorgesehen; im Herzogtum erfolge keine Beschlagnahme katholischer Bücher, die der Augsburgischen Konfession zuwider seien; Erneuerung der Forderung nach Rückgabe der konfiszierten Bücher an [Guttich].

Konzept
1 Blatt 21 x 31 cm, S. 1—2 beschrieben, S. 2 Empfänger-, Datums- und Registraturvermerk.
HBA C 1 Nr. 1985. — Altsignatur fehlt; K. 1221.
Reinkopie: Ostpr. Fol. 73, S. 859—863.

Nr. 1986

1569 Oktober 17 [Neuhausen]

Herzog Albrecht Friedrich an Martin Kromer:

Festhalten an seiner dem bischöflichen Gesandten Johann Leoman gegebenen Zusage einer Grenzbesichtigung; Befehl an die Ämter Rastenburg, Seehesten, Ortelsburg,

Hohenstein und Neidenburg, die dortigen Untertanen bis zur Entscheidung der Grenzfragen zur Einhaltung ihres jetzigen Besitzstandes zu veranlassen, wobei ein entsprechendes Verfahren im Bistum erwartet wird; die an Untertanen seit der Ordenszeit verliehenen Privilegien und Begnadigungen sollen respektiert werden; die nicht mit „Briefen und Siegeln" bekräftigten Wehre in der Alle müssen abgerissen werden, was auch die bischöfliche Seite bei den Wehren ihrer Untertanen praktizieren muß, damit überall die „Gleichheit" eingehalten wird.

Konzept
1 Bogen 20 x 29 cm, S. 1—4 beschrieben, S. 4 Empfänger-, Datums- und Registraturvermerk.
HBA C 1 Nr. 1986. — Altsignatur fehlt; K. 1221.
Reinkopie: Ostpr. Fol. 73, S. 863—867.

Nr. 1987

1569 November 8, Heilsberg

Martin Kromer, Statthalter des Bistums Ermland, an Herzog Albrecht Friedrich:

Dank für die herzogliche Zustimmung zur Verschiebung der Grenzbesichtigung bis ins kommende Frühjahr; Befehl an die bischöflichen Amtleute, sich gemäß den alten Gebräuchen zu verhalten; [Kromer] erkennt zwar an, daß [Albrecht Friedrich] keine durch Privilegien geschützte Wehre abreißen lassen kann, bezieht sich aber auf Herzog [Albrecht], der derartige Wehre als der Landesordnung widersprechende Hemmungen der Stromfreiheit habe beseitigen lassen; [Albrecht Friedrich] solle hier dem Beispiel seines Vaters folgen; er [Kromer] will seinerseits die an einigen Orten von bischöflichen Untertanen verursachte Verstellung der Ströme unterbinden; weil der polnische König [Sigismund II. August] die Könige von Dänemark [Friedrich II.] und Schweden [Johann III.] miteinander vergleichen will, soll [Kromer] nach Rostock geschickt werden; Bitte des Statthalters an den Herzog, das Stift während seiner Abwesenheit in Schutz und Schirm zu nehmen.

Behändigte Ausfertigung
1 Bogen 21 x 32 cm, S. 1—3 beschrieben, Unterschrift des Statthalters, S. 4 Außenadresse, Inhalts- und Beantwortungsvermerk vom 12. November 1569.
Siegel des Statthalters
HBA C 1 Nr. 1987. — Altsignatur: 1/12/222; K. 478.

Journalvermerk:

Schreiben des Statthalters wegen der Grenzbesichtigung, der Verstellung der Flüsse und seines Aufbruchs nach Rostock.

Ostpr. Fol. 14322, Bl. 7 r.

Nr. 1988

1569 November 13 [Neuhausen]

Herzog Albrecht Friedrich an Martin Kromer:

Dank für [Kromers] Bereitschaft zu einem gleichartigen Vorgehen in der Grenzfrage; der Bezug des Statthalters auf die Landesordnung ist nicht stichhaltig, weil keiner sich dadurch seine Rechte schmälern lassen wolle; wer Privilegien oder Verschreibungen für Wehre besitze, könne von der Landesherrschaft nicht an deren Errichtung gehindert werden; Zusage der Fürsorge für das Bistum [Ermland] während der Abwesenheit des Statthalters.

Konzept
1 Bogen 21 x 32 cm, S. 1—3 beschrieben, S. 4 Empfänger-, Datums- und Registraturvermerk.
HBA C 1 Nr. 1988. — Altsignatur fehlt; K. 1221.
Reinkopie: Ostpr. Fol. 73, S. 881—884.

Nr. 1989

1570 [o. M. u. T.], Warschau

Mandate König [Sigismunds II. August] wegen Handhabung des Appellationsrechtes und des Vorgehens Kromers gegen Sebastian Kobersee und Melchior Lesgewang:

In bestimmten Fällen können Untertanen des Herzogs [Albrecht Friedrich] an die polnische Krone appellieren; Adlige können sich an den König wenden, wenn sie vom Herzog in Leib, Ehre und Besitz angetastet werden; umgekehrt ist auch, wenn Adlige gegen die legitime Rechtsordnung verstoßen, die Berufung an die Krone statthaft; wenn sich in privaten Streitigkeiten Supplikanten auf die „Pacta" berufen und nicht angehört werden, was auch für Bürgerliche gilt, können sie gleichfalls den königlichen Gerichtshof anrufen; [Kromer] soll Sebastian Kobersee in seinem Fischerei- und Jagdrecht bis zur Rückkehr des [Hosius] belassen, das er gemäß der ihm verliehenen alten Privilegien ausübt; auch den Mühlenbau Melchior Lesgewangs soll er nicht verbieten, den der Bischof im Beisein der [Frauenburger] Domherren Eduard von Kempen, Andreas Lehmann, Bartholomäus Plemięcki und Caspar Hannow gestattet hat.

Abschrift
Lateinisch
1 Bogen 21 x 32 cm, S. 1—3 beschrieben, S. 4 Inhalts- und Kanzleivermerk.
HBA C 1 Nr. 1989. — Altsignatur fehlt; K. 478.

Nr. 1990

1570 Februar 25, Heilsberg

Martin Kromer, Statthalter des Bistums Ermland, an Herzog Albrecht Friedrich:

Klage des Rösseler Rates über die bisher nicht erfolgte Rückgabe etlicher Eichenbohlen, die er vor mehreren Jahren dem damaligen Hauptmann zu Seehesten, Christoff Zweiffel, geliehen hat; Bitte [Kromers] an den Herzog, die Rösseler mit der Lieferung entsprechend großer Bohlen zu entschädigen.

Behändigte Ausfertigung
1 Bogen 21 x 32 cm, S. 1—2 beschrieben, Unterschrift des Statthalters, S. 4 Außenadresse, Inhaltsvermerk, Vermerk über ein Schreiben der herzoglichen Kanzlei an Seehesten vom 14. März 1570.
Siegel des Statthalters
HBA C 1 Nr. 1990. — Altsignatur: 1/12/240; K. 478.

Journalvermerk:

Schreiben des Statthalters wegen der dem Rat zu Rössel vorenthaltenen Eichenbohlen.

Ostpr. Fol. 14322, Bl. 8 r.

Nr. 1991

1570 März 6 [Neuhausen]

Herzog Albrecht Friedrich an den Rat zu Braunsberg:

Beschwerde des Leinewebers Fabian Furenhamer über den Braunsberger Goldschmied Stefan Ludowich; Begehren des Herzogs an den Rat, den besagten Goldschmied zur Zahlung der dem Petenten zustehenden 20 Mark zu veranlassen.

Reinkopie
Ostpr. Fol. 73, S. 931—932.

Nr. 1992

1570 März 13, Heilsberg

Martin Kromer, Statthalter des Bistums Ermland, an Herzog Albrecht Friedrich:

Bitte um Förderung des Anliegens des bischöflichen und Kapitelsuntertans Hans Ganserowski.

Behändigte Ausfertigung
1 Bogen 20 x 31 cm, S. 1 beschrieben, Unterschrift des Statthalters, S. 4 Außenadresse, Inhalts- und Kanzleivermerk.
Siegel des Statthalters
HBA C 1 Nr. 1992. — Altsignatur: 1/12/238; K. 478.

Journalvermerk:

Schreiben des Statthalters wegen Hans Ganserowski.

Ostpr. Fol. 14322, Bl. 8 r.

Nr. 1993

1570 März 15 [Neuhausen]

Herzog Albrecht Friedrich an den Rat zu Wartenburg:

Bezug auf die Supplikation Lorentz Hamermeisters aus dem Ortelsburgischen, dessen Hirte aus dem Dienst entlaufen ist und sich im Dorf Ruscheinen aufhalten soll; Bitte um Ausfolgung des Hirten an den Petenten.

Reinkopie
Ostpr. Fol. 73, S. 935—936.

Nr. 1994

1570 März 16 [Neuhausen]

Herzog Albrecht Friedrich an Martin Kromer:

Zusage der umgehenden Förderung des Anliegens von Hans Ganserowski.

Konzept
1 Bogen 21 x 30 cm, S. 1—2 beschrieben, S. 4 Empfänger-, Datums- und Registraturvermerk.
HBA C 1 Nr. 1994. — Altsignatur fehlt; K. 1222.
Reinkopie: Ostpr. Fol. 73, S. 937—938.

Nr. 1995

1570 April 6 [Neuhausen]

Herzog Albrecht Friedrich an Martin Kromer:

Fürsprache für Venthur Orges, Bürger der Altstadt Königsberg, in dessen Auseinandersetzung mit dem bischöflichen Untertan Bartholomäus N. wegen eines im Amt Wartenburg gelegenen freien kölmischen Gutes.

Konzept
1 Bogen 21 x 31 cm, S. 1—2 beschrieben, S. 4 Empfänger-, Datums- und Registraturvermerk.
HBA C 1 Nr. 1995. — Altsignatur fehlt; K. 1222.
Reinkopie: Ostpr. Fol. 73, S. 944—946.

Nr. 1996

1570 April 8, Heilsberg

Martin Kromer, Statthalter des Bistums Ermland, an Herzog Albrecht Friedrich:

Bitte um Veranlassung des Hauptmanns zu Seehesten um Rückgabe der einem bischöflichen Untertan ausgespannten und weggenommenen Pferde.

Behändigte Ausfertigung
1 Bogen 21 x 31 cm, S. 1 beschrieben, Unterschrift des Statthalters, S. 4 Außenadresse, Inhalts- und Kanzleivermerk.
Siegel des Statthalters
HBA C 1 Nr. 1996. — Altsignatur: 1/12/241; K. 478.

Journalvermerk:

Schreiben des Statthalters wegen Rückgabe der im Seehestenschen ausgespannten Pferde.

Ostpr. Fol. 14322, Bl. 8 r.

Nr. 1997

1570 April 20 [Neuhausen]

Herzog Albrecht Friedrich an Martin Kromer:

Bitte um Befriedigung der Ansprüche Urban Perkuns auf die Erbschaft seines Weibes.

Konzept
1 Blatt 20 x 32 cm, S. 1 beschrieben, S. 2 Empfänger-, Datums- und Registraturvermerk.
HBA C 1 Nr. 1997. — Altsignatur fehlt; K. 1222.
Reinkopie: Ostpr. Fol. 73, S. 948—949.

Nr. 1998

1570 Mai 2, Heilsberg

Martin Kromer, Statthalter des Bistums Ermland, an Herzog Albrecht Friedrich:

Erinnerung an die Zusage des Herzogs, bis zur endgültigen Erörterung der Grenzsachen seine Untertanen zur Einhaltung ihres bisherigen Besitzstandes zu veranlassen;

dennoch hat der Amtmann von Seehesten im Rösseler Kammeramt Asche brennen lassen, wobei einem Bauern die Asche weggenommen und dessen Weib gebunden worden ist; der Täter ist zwar danach in Rössel gefänglich inhaftiert worden, hat aber die Flucht ergriffen und dient nun im Amt Seehesten als Waldknecht, wobei er in den bischöflichen Wäldern umherstreift und sich mancherlei Übergriffe erlaubt; Bitte um eine herzogliche Verfügung an das Amt Seehesten zwecks Abstellung dieser Exzesse.

Behändigte Ausfertigung
1 Bogen 20, 5 x 31 cm, S. 1—3 beschrieben, Unterschrift des Statthalters, S. 4 Außenadresse, Inhalts- und Beantwortungsvermerk vom 9. Mai 1570.
Siegel des Statthalters
HBA C 1 Nr. 1998. — Altsignatur: 1/12/242; K. 478.

Journalvermerk:

Schreiben des Bischofs wegen der Übergriffe des Amtmanns von Seehesten.

Ostpr. Fol. 14322, Bl. 8 r.

Nr. 1999

1570 Mai 2, Heilsberg

Martin Kromer, Statthalter des Bistums Ermland, an die herzoglichen Räte:

Bezug auf sein Schreiben an den Herzog (Nr. 1998) wegen der Übergriffe des Hauptmanns von Seehesten und Bitte um Förderung dieses Anliegens bei [Albrecht Friedrich], damit diesem Übel gesteuert werden kann; [Kromer] hat diesen Brief dem bei ihm weilenden königlichen Sekretär Demetrius Solikowski übergeben, der ihn dem Herzog persönlich überbringen wird.

Behändigte Ausfertigung
1 Bogen 20 x 31 cm, S. 1—2 beschrieben, Unterschrift des Bischofs, S. 4 Außenadresse, Inhalts- und Kanzleivermerk.
Siegel des Statthalters
HBA C 1 Nr. 1999. — Altsignatur: 1/12/248; K. 478.

Journalvermerk:

Kromer bittet die Räte um Förderung seines Anliegens beim Herzog, das er diesem in einem gleichzeitigen Schreiben dargelegt hat.

Ostpr. Fol. 14322, Bl. 8 r.

Nr. 2000

1570 Mai 9 [Neuhausen]

Herzog Albrecht Friedrich an Martin Kromer:

Einhaltung seiner Zusage hinsichtlich der Grenzfrage; sollte der Hauptmann von Seehesten dagegen verstoßen haben, wird die Abstellung derartiger Exzesse erfolgen.

Konzept
1 Bogen 20, 5 x 30 cm, S. 1—3 beschrieben, S. 4 Empfänger-, Datums- und Registraturvermerk.
HBA C 1 Nr. 2000. — Altsignatur fehlt; K. 1222.
Reinkopie: Ostpr. Fol. 73, S. 960—961.

Nr. 2001

1570 Mai 25 [Neuhausen]

Herzog Albrecht Friedrich an Martin Kromer:

Der beiliegende Bericht des Seehestener Amtmanns Andreas Jonas erhellt, daß die besagte Asche nicht im Bistum, sondern auf herzoglichem Grund und Boden gebrannt worden ist; dabei sei niemand Gewalt zugefügt worden; Begehren an den Statthalter, die Verbreiter dieser unwahren Nachricht gebührend zu bestrafen und den bischöflichen Untertanen das Aschebrennen im Herzogtum zu verbieten.

Konzept
1 Bogen 21 x 30, 5 cm, S. 1—2 beschrieben, S. 4 Empfänger-, Datums- und Registraturvermerk.
HBA C 1 Nr. 2001. — Altsignatur fehlt; K. 1222.
Reinkopie: Ostpr. Fol. 73, S. 969—970.

Nr. 2002

1570 Juni 5 [Neuhausen]

Herzog Albrecht Friedrich an [Martin Kromer] Statthalter zu Heilsberg:

Bitte an [Kromer], dem herzoglichen Untertan Erhardt Heckelmann zu dem ihm zustehenden Anteil an der Hinterlassenschaft des Mehlsacker Pfarrers zu verhelfen; die Testamentarien hatten [Heckelmann] an den Statthalter zur Erlangung des Konsenses verwiesen.

Konzept
1 Bogen 20 x 30 cm, S. 1—2 beschrieben, S. 4 Empfänger-, Datums- und Registraturvermerk.
HBA C 1 Nr. 2002. — Altsignatur fehlt; K. 1222.
Reinkopie: Ostpr. Fol. 73, S. 975—976.

Nr. 2003

1570 Juni 12 [Neuhausen]

Herzog Albrecht Friedrich an [Martin Kromer] Statthalter zu Heilsberg:

Klage Hans Moselefskys über die ihm von den Kindern des Bruders seiner Großmutter in den Weg gelegten Hindernisse bei Erlangung seines mütterlichen Erbteils an dem im Bistum Ermland gelegenen Gut Warglis; Fürbitte des Herzogs zwecks Klaglosstellung des Petenten.

Konzept
1 Blatt 21,5 x 31, 5 cm, S. 1—2 beschrieben, S. 2 Empfänger-, Datums- und Registraturvermerk.
HBA C 1 Nr. 2003. — Altsignatur fehlt; K. 1222.
Reinkopie: Ostpr. Fol. 73, S. 977.

Nr. 2004

1570 Juni 29 [Neuhausen]

Herzog Albrecht Friedrich an Martin Kromer und mutatis mutandis an das Kapitel zu Frauenburg:

Klage Melchior Lesgewangs über das Einreißen und Abbrechen seiner auf bischöflichem Grund gelegenen Mühle auf Veranlassung des Statthalters; [Lesgewang] hatte seinerzeit vom Bischof im Beisein etlicher Herren des Frauenburger Domkapitels die Genehmigung zu diesem Bau erhalten; wegen dieser klaren Rechtslage soll [Kromer] nach „Mitteln und Wegen" trachten, um [Lesgewang] zur gebührenden Entschädigung und zur ungehinderten Durchführung seines Mühlenbaus zu verhelfen.

Konzept
1 Bogen 21, 5 x 31, 5 cm, S. 1—3 beschrieben, S. 4 Empfänger-, Datums- und Registraturvermerk.
HBA C 1 Nr. 2004. — Altsignatur fehlt; K. 1222.
Reinkopie: Ostpr. Fol. 73, S. 984—986.

Nr. 2005

1570 Juni 30 [Neuhausen]

Herzog Albrecht Friedrich an Martin Kromer:

Klage über den Einfall des Stiftsvogtes Christoff Troschke mit der Mannschaft von drei oder vier Dörfern und dem ganzen Städtchen Bischofsburg ins Herzogtum, wo er den in der Nähe der Grenze wohnenden armen Leuten das Getreide habe zertreten und ihnen androhen lassen, wenn sie nicht von der Grenze weiter zurückgingen, sie gebunden wegzuführen; Ersuchen an [Kromer], den Stiftsvogt dafür zur Rechenschaft zu ziehen, damit die gegenseitige Vereinbarung, den Status quo im Besitzstand bis zur endgültigen Regelung der Grenzfrage zu bewahren, anerkannt bleibe.

Konzept
1 Bogen 21 x 32 cm, S. 1—3 beschrieben, S. 4 Empfänger-, Datums- und Registraturvermerk.
HBA C 1 Nr. 2005. — Altsignatur fehlt; K. 1222.
Reinkopie: Ostpr. Fol. 73, S. 986—988.

Nr. 2006

1570 Juli 3, Seeburg

Christoff Troschke an Martin Kromer, Statthalter des Bistums Ermland:

Er hat nicht die Einwohner von drei oder vier Dörfern sowie der Stadt Bischofsburg, sondern nur zwei Waldknechte und einen Schulzen mit etlichen ortskundigen Bauern mitgeführt; Zurückweisung der ihm von herzoglicher Seite angelasteten Grenzverletzung und des Vorwurfs, Übergriffe gegen herzogliche Untertanen verübt zu haben; die gegen ihn erhobenen Anschuldigungen beruhen mehr auf Haß und Neid als auf der Wahrheit, was die auf dem Heilsberger Schloß befindlichen Waldknechte bezeugen können; Bitte an [Kromer], ihn beim Herzog entsprechend zu entschuldigen, dem er [Troschke] „allen Gehorsam“ erzeigen will.

Ausfertigung
1 Bogen 23 x 33 cm, S. 1—2 beschrieben, Unterschrift des Ausstellers, S. 4 Außenadresse und Inhaltsvermerk.
Siegel des Ausstellers
HBA C 1 Nr. 2006. — Altsignatur: 1/12/236 (II); K. 478.

Nr. 2007

1570 Juli 4, Wartenburg

Martin Kromer, Statthalter des Bistums Ermland, an Herzog Albrecht Friedrich:

Empfang des Melchior Lesgewang betreffenden Schreibens, der sowohl bischöflicher als herzoglicher Untertan ist; Verwunderung über dessen unbegründete Ausführungen; Erwartung [Kromers], daß sich Lesgewang mehr auf seine Pflichten als ein „Ehrlicher vom Adel“ besinnt als sich in unberechtigten Anschuldigungen zu ergehen; kein Verständnis dafür, daß der Herzog Lesgewangs Schreiben, das einer „Absage“ gleichkommt, angenommen und dieses ihm [Kromer], der als Statthalter des Bischofs fungiert, hat zustellen lassen, weil auch [Albrecht Friedrich] den Ungehorsam seiner

Untertanen nicht hinnimmt; die unwahren Vorwürfe Lesgewangs haben sich durch das Befragen der seinerzeit anwesend gewesenen Zeugen bestätigt; dieser hat kein Recht, sich auf Verträge zu berufen, weil die Sache zwischen der Landesherrschaft und den Untertanen verhandelt worden ist; dem Verbot des Mühlenbaus ist die Zerstörung der Mühle gefolgt, wobei das Bauholz inzwischen verfault ist; [Hosius] hat Lesgewang zur Erfüllung seiner Verpflichtungen und zur Zahlung seines rückständigen Zinses aufgefordert; erst dann könne man sehen, was mit dem Mühlenbau vorzunehmen sei; bald danach hat der Bischof von dem Domherrn Bartholomäus von Clement erfahren, daß Lesgewang zu diesem Mühlenbau nicht berechtigt sei; dennoch hat [Lesgewang] den Mühlenbau vor wenigen Tagen wieder aufgenommen und so die Anweisungen des Statthalters mißachtet; Absicht [Kromers], sich über dessen „beschwerliche und absagliche Supplication" an gebührendem Ort zu beschweren.

Behändigte Ausfertigung
1 Bogen 21 x 32 cm, S. 1—3 beschrieben, Unterschrift des Statthalters, S. 4 Außenadresse, Inhalts- und Kanzleivermerk.
Siegel des Statthalters
HBA C 1 Nr. 2007. — Altsignatur: 1/12/237; K. 478.

Journalvermerk:

Schreiben des Statthalters wegen der unbegründeten Vorwürfe Melchior Lesgewangs.

Ostpr. Fol. 14322, Bl. 8 v.

Nr. 2008

1570 Juli 4 [Neuhausen]

Herzog Albrecht Friedrich an den Landpropst zu Allenstein:

Unterstützung der Bitte Jacob Eisacks um Ausfolgung seines in die [Allensteiner] Landpropstei entlaufenen Knechtes.

Reinkopie
Ostpr. Fol. 73, S. 993.

Nr. 2009

1570 Juli 5 [Neuhausen]

Herzog Albrecht Friedrich an [Martin Kromer] Statthalter zu Heilsberg:

Klage Christoff Albrechts von Kunheim über seine bei Androhung einer Geldstrafe von 100 Ungarischen Gulden erfolgte Zitation vor den Statthalter nach Heilsberg, weil er seinen ihm entlaufenen Untertan gefänglich inhaftiert hat; Bitte des Herzogs um Verzicht auf diese Maßnahme, weil [Kunheim] die Gerichtsbarkeit über diesen wie über alle seine anderen Untertanen ausübt und sich daher nicht rechtswidrig verhalten hat.

Konzept
1 Bogen 21, 5 x 31 cm, S. 1—2 beschrieben, S. 4 Empfänger-, Datums- und Registraturvermerk.
HBA C 1 Nr. 2009. — Altsignatur fehlt; K. 1222.
Reinkopie: Ostpr. Fol. 73, S. 994—995.

Nr. 2010

1570 Juli 8, Rössel

Martin Kromer, Statthalter des Bistums Ermland, an Herzog Albrecht Friedrich:

Mißfallen über die nachgiebige Haltung der herzoglichen Kanzlei gegenüber dem Hauptmann von Seehesten; Beharren auf seinen bisher geäußerten Anschuldigungen gegen diesen; beide Parteien haben die Respektierung des Besitzstandes auf ihrer Seite der Grenze vereinbart, was der Hauptmann von Seehesten mißachtet habe; die Beschwerde des Herzogs über den Stiftsvogt Christoff Troschke hat [Kromer] diesem zur Kenntnis gegeben, der darüber einen umfassenden Bericht erstattet hat (Nr. 2006); weil [Albrecht Friedrichl das darauf bezügliche Schreiben nicht unterschrieben hat, vermutet [Kromer], daß dafür mehr die herzogliche Kanzlei als der Fürst selbst verantwortlich sei; Bitte an [Albrecht Friedrich], den Landvogt zu entschuldigen und ihm darin Glauben zu schenken, daß er sich in allen Fällen freundnachbarlich gegenüber den herzoglichen Untertanen verhalten wolle; nach [Troschkes] Angaben hat der Amtmann zu Ortelsburg ein neues Dorf angelegt und damit die „kenntlichen Grenzen" verletzt; Bitte um Aussetzung dieses Vorhabens und um Belassung aller Siedlungen im „vorigen Stande" bis zur Rückkehr des Bischofs; anderenfalls will er [Kromer] nach Mitteln und Wegen trachten, um derartige Grenzverletzungen zu verhindern; Kenntnis des Statthalters von dem Überpflügen der beiderseitig bestätigten Grenze durch Rastenburgische Amtsuntertanen zwischen Klausdorf und Junkern, das schleunigst abgestellt werden möge.

Behändigte Ausfertigung
1 Bogen 20, 5 x 32 cm, S.1—3 beschrieben, Unterschrift des Statthalters, S. 4 Außenadresse, Inhalts- und Beantwortungsvermerk vom 14. Juli 1570.
Siegel des Statthalters
HBA C 1 Nr. 2010. — Altsignatur: 1/12/236 (I); K. 478.

Journalvermerk:

Schreiben des Statthalters wegen verschiedener Grenzfragen.

Ostpr. Fol. 14322, Bl. 8 v.

Nr. 2011

1570 Juli 19 [Neuhausen]

Herzog Albrecht Friedrich an [Martin Kromer] Statthalter zu Heilsberg:

Beschwerde der Kastenherren und Vorsteher des gemeinen Kastens des Bartensteiner Armenhospitals wegen der bei Franz von Baysen ausstehenden Schulden; Bitte des Herzogs um Klaglosstellung der Petenten.

Konzept
1 Bogen 21 x 32 cm, S. 1—2 beschrieben, S. 4 Empfänger-, Datums- und Registraturvermerk.
HBA C 1 Nr. 2011. — Altsignatur fehlt; K. 1222.
Reinkopie: Ostpr. Fol. 73, S. 996—997.

Nr. 2012

1570 Juli 20, Frauenburg

Prälaten, Domherren und Kapitel des Stifts Ermland an Herzog Albrecht Friedrich:

Stellungnahme zu der Supplikation Melchior Lesgewangs um Erstattung der durch den Abbruch seines Mühlenbaus verursachten Schäden und um Gewährleistung des ungehinderten Wiederaufbaus der Mühle; Erinnerung an eine entsprechende Verhandlung der Sache im Beisein einiger Kapitelsmitglieder vor Abreise des Bischofs; keine Kenntnis der Aussteller vom weiteren Verlauf der Angelegenheit; nach ihrer Auffassung hat [Kromer] nur Maßnahmen ergriffen, die er als rechtmäßig verantworten kann.

Behändigte Ausfertigung
1 Bogen 22 x 32 cm, S. 1—2 beschrieben, Unterschrift der Aussteller, S. 4 Außenadresse, Inhalts- und Eingangsvermerk vom 22. Juli 1570.
Siegel der Aussteller
HBA C 1 Nr. 2012. — Altsignatur: 1/12/244; K. 478.

Journalvermerk:

Schreiben des Domkapitels in der Sache Melchior Lesgewangs.

Ostpr. Fol. 14322, Bl. 8 v.

Nr. 2013

1570 August 31 [Königsberg]

Herzog Albrecht Friedrich an Martin Kromer:

Keine Kenntnis der seinerzeit an der Grenzräumung beteiligten herzoglichen Kommissarien von einem Stillstand des Aschebrennens bis zur endgültigen Erörterung der

Grenzsache; auch sein Vater [Herzog Albrecht] hat das Aschebrennen ausdrücklich gestattet; nach eingegangenen Berichten ist Christoff Troschke mit vielen Leuten und Pferden in das neu angelegte Dorf im Ortelsburgischen eingefallen, die das dortige Getreide zertreten haben; dennoch gibt sich der Herzog mit der Entschuldigung [Kromers] zufrieden, weil dank dem milden Wetter das Getreide sich rasch wieder erholen konnte und der Schaden begrenzt blieb; die besagte Siedlung heißt zwar Neudorf, ist aber bereits vor mehreren Jahren angelegt worden und befindet sich ausschließlich auf herzoglichem Grund und Boden; Absicht [Albrecht Friedrichs], diesen Ort solange zu verteidigen und zu schützen, bis seine Besitzrechte widerlegt werden können; auch die Untertanen des im Rastenburgischen gelegenen Dorfs Junkern haben nur an den Stellen gepflügt, die sie von alters her im Besitz haben; dagegen haben die bischöflichen Klausdorfer zwischen „beiden Grenzräumungen" gepflügt", was ihnen der Statthalter untersagen soll; er [Albrecht Friedrich] hat die dem bischöflichen Gesandten Johann Leoman gegebenen Zusagen eingehalten; er will seinen Rastenburger Hauptmann zur Besichtigung des strittigen Ortes abordnen, wo er sich mit dem stiftischen Amtmann vergleichen soll; Rechtfertigung des Verhaltens seiner Kanzlei, die nicht gegen sein Wissen gehandelt hat.

Konzept
3 Bogen 20 x 32 cm, S. 1—10 beschrieben, S. 12 Empfänger-, Datums- und Kanzleivermerk.
HBA C 1 Nr. 2013. — Altsignatur fehlt; K. 1222.
Reinkopie: Ostpr. Fol. 73, S. 1007—1015.

Nr. 2014

1570 Oktober 11 [Königsberg]

Herzog Albrecht Friedrich an Eckert von Kempen:

Beschwerde des Zintener Kämmerers Dietrich von Kanitz über [Kempen] wegen Vorenthaltung etlicher seiner Bauern; weil gemäß der Landesordnung jedem seine entlaufenen Bauern ausgefolgt werden müssen, soll [Kempen] dafür unverzüglich sorgen.

Reinkopie
Ostpr. Fol. 73, S. 1023—1024.

Nr. 2015

1570 November 12 [Königsberg]

Herzog Albrecht Friedrich an Martin Kromer:

Bitte um Klaglosstellung des Friedländer Bürgers Michel Werdermann gemäß dessen beiliegender Supplikation.

Konzept
1 Blatt 21, 5 x 32 cm, S. 1—2 beschrieben, S. 2 Empfänger-, Datums- und Registraturvermerk.
HBA C 1 Nr. 2015. — Altsignatur fehlt; K. 1222.
Reinkopie: Ostpr. Fol. 73, S. 946—948.

Nr. 2016

1570 Dezember 13, Stettin

Martin Kromer, Koadjutor des Stifts Ermland, an Herzog Albrecht Friedrich:

Hinweis auf seine Tätigkeit als polnischer Gesandter bei den Friedensverhandlungen zwischen Dänemark, Schweden und Lübeck, die dank „göttlicher Hilfe" zum Abschluß gebracht worden sind; [Kromer] hat zusammen mit seinem Kollegen Johann Demetrius Solikowski die Einbeziehung Herzog [Albrecht Friedrichs] und dessen Untertanen in diesen Friedensvertrag erreicht; nach seiner Rückkehr will er dem Herzog genauer über den Verlauf der Verhandlungen berichten.

Behändigte Ausfertigung
1 Bogen 20, 5 x 31 cm, S. 1—2 beschrieben, Unterschrift des Koadjutors, S. 4 Außenadresse, Inhalts- und Eingangsvermerk vom 29. Dezember 1570.
Siegel des Koadjutors
HBA C 1 Nr. 2016. — Altsignatur: 1/12/239; K. 478.

Journalvermerk:

Schreiben des Koadjutors wegen des zwischen Dänemark, Schweden und Lübeck geschlossenen Friedens.

Ostpr. Fol. 14322, Bl. 8 v.

Nr. 2017

1571 Januar 25, Seeburg

Martin Kromer, Koadjutor des Stifts Ermland, an Herzog Albrecht Friedrich:

Rückkehr [Kromers] von Stettin über Großpolen und Warschau in das Stift Ermland, wo ihm in Seeburg der bischöfliche Untertan Franz Quoß eine Petition in der Angelegenheit seines Sohnes Hans, der Hans von Eulenburg entleibt hat, überreicht hat; Bitte um Erteilung eines Geleitsbriefes für Hans Quoß, damit dieser ungehindert vom Herzogtum ins Bistum und umgekehrt reisen kann; der besagte Quoß hält sich zur Zeit in Bartenstein auf.

Behändigte Ausfertigung
1 Bogen 23 x 34 cm, S. 1—3 beschrieben, Unterschrift des Koadjutors, S. 4 Außenadresse, Inhalts- und Kanzleivermerk.
Siegel des Koadjutors
HBA C 1 Nr. 2017. — Altsignatur: 1/12/245; K. 478.

Postskript

[o. D. u. O.]

Bereitschaft [Kromers], unmittelbar nach seiner Ankunft in [Heilsberg] den Herzog vom Verlauf der Friedensverhandlungen in Stettin zu unterrichten.

1 Blatt 19, 5 x 12 cm, S. 1 beschrieben.

Journalvermerk:

Schreiben des Koadjutors wegen des Geleits für Hans Quoß.

Ostpr. Fol. 14322, Bl. 10 r.

Nr. 2018

1571 Februar 1 [Königsberg]

Herzog Albrecht Friedrich an Martin Kromer, Statthalter zu Heilsberg:

Das Geleit für Hans Quoß kann nur mit Zustimmung der Verwandten des Herrn von Eulenburg erteilt werden, wofür außerdem ausreichende Kaution und Bürgschaft erforderlich sind; falls diese Voraussetzungen erfüllt sind, soll der Bartensteiner Bürgermeister Christoff Werner dem [Quoß] den Geleitsbrief aushändigen.

Konzept
1 Blatt 21 x 30 cm, S. 1 beschrieben, S. 2 Empfänger-, Datums- und Registraturvermerk.
HBA C 1 Nr. 2018. — Altsignatur fehlt; K. 1223.
Reinkopie: Ostpr. Fol. 74, S. 14—16.

Nr. 2019

1571 Februar 14, Heilsberg

Martin Kromer, Koadjutor des Stifts Ermland, an Herzog Albrecht Friedrich:

Entschuldigung für die bisher unterbliebene Zusendung der in Stettin zwischen Dänemark und Schweden geführten Friedensverhandlungen; [Kromer] hat in Warschau den herzoglichen Rat Schach getroffen, der ihm angeboten hat, bei seiner Rückreise in [Heilsberg] vorzusprechen; der Koadjutor wollte ihm bei dieser Gelegenheit die für den

Herzog bestimmten Papiere mitgeben; da Schach aber inzwischen schon vorbei gezogen ist und er [Kromer] annimmt, daß [Albrecht Friedrich] besagte Unterlagen schon von anderer Seite erhalten hat, meint der Koadjutor auf deren Zusendung verzichten zu können.

Behändigte Ausfertigung
1 Bogen 22 x 33 cm, S. 1 beschrieben, Unterschrift des Koadjutors, S. 4 Außenadresse, Inhalts- und Kanzleivermerk.
Siegel des Koadjutors liegt lose bei.
HBA C 1 Nr. 2019. — Altsignatur: 1/12/246; K. 478.

Journalvermerk:

Schreiben des Koadjutors wegen der unterbliebenen Zusendung der dänisch-schwedischen Friedensverhandlungen an den Herzog.

Ostpr. Fol. 14322, Bl. 10 r.

Nr. 2020

1571 Februar 21 [Königsberg]

Herzog Albrecht Friedrich an Martin Kromer:

Bitte um Übersendung einer korrekten Abschrift der gesamten Friedensverhandlungen zwischen Dänemark und Schweden zwecks deren Hinterlegung in der herzoglichen Kanzlei; der Herzog hat bisher nur „stückweise" Nachrichten von diesen Verhandlungen erhalten.

Konzept
1 Bogen 21 x 32 cm, S. 1—2 beschrieben, S. 4 Empfänger-, Datums- und Registraturvermerk.
HBA C 1 Nr. 2020. — Altsignatur fehlt; K. 1223.
Reinkopie: Ostpr. Fol. 74, S. 22—23.

Nr. 2021

1571 Februar 21 [Königsberg]

Herzog Albrecht Friedrich an Bischof Stanislaus von Ermland:

Den Hauptmann zu Preußisch Eylau, Caspar von Lehndorff, hat [Hosius] durch den Schäffer von Heilsberg, Johann von Hatten, um Überlassung etlicher Elensklauen ersucht; der Herzog überschickt dem Bischof eine weiße Bernsteinschachtel mit Elensfüßen und ein gleichfalls auf Elensfüßen stehendes Trinkgeschirr; Übermittlung von Nachrichten aus Livland, das Herzog Magnus [von Holstein] mit Hilfe der Moskowiter „sehr tyrannisiert", weshalb das „arme Land" nicht zu Ruhe und Frieden kommen kann.

Konzept
1 Bogen 21 x 32 cm, S. 1—2 beschrieben, S. 4 Empfänger-, Datums- und Registraturvermerk.
HBA C 1 Nr. 2021. — Altsignatur fehlt; K. 1223.
Reinkopie: Ostpr. Fol. 74, S. 24—26.

Nr. 2022

1571 März 1, Heilsberg

Martin Kromer, Koadjutor des Stifts Ermland, an Herzog Albrecht Friedrich:

Keine Möglichkeit einer Übersendung der gesamten Friedenshandlung zwischen Schweden und Dänemark, weil er diese bereits der königlichen Kanzlei überantwortet hat; dagegen übersendet er eine Abschrift des Friedensschlusses; den Vertrag zwischen Schweden und Lübeck hat [Kromer] bisher nicht erhalten; er sagt zu, diesen unmittelbar nach Erhalt nachzureichen.

Behändigte Ausfertigung
1 Bogen 22, 5 x 33 cm, S. 1 beschrieben, Unterschrift des Koadjutors, S. 4 Außenadresse, Inhalts- und Kanzleivermerk.
Siegel des Koadjutors
HBA C 1 Nr. 2022. — Altsignatur: 1/12/247; K. 478.

Beilage

1570 Dezember 13, Stettin

Friedensvertrag zwischen Dänemark und Schweden:

Beförderung der Friedensverhandlungen zwischen Dänemark und Schweden durch die Könige von Frankreich [Karl IX.] und Polen [Sigismund II. August] sowie den Kurfürsten [August] von Sachsen, die am 1. Juli 1570 in Stettin aufgenommen worden sind; Bezug auf den dänisch-schwedischen Bündnisvertrag von Brömsebro vom 14. September 1541; gegenseitiger Verzicht auf die Erstattung der Kriegskosten; Dänemark und Schweden führen künftig in ihren Wappen die „drei Kronen", was bereits zur Zeit Christians III. von Dänemark und Gustavs I. von Schweden im Gebrauch gewesen ist; am 1. Januar 1571 soll der „behandelte und bewilligte Compromis" in Kraft treten; die Könige von Dänemark [Friedrich II.] und Schweden [Johann III.] verzichten auf ihre „angemaßte Gerechtigkeit" gegenüber der anderen Seite; die Grenzen zwischen Halland, Schonen, Blekingen und Schweden sollen der Grenzziehung zur Zeit Christians III. und Gustavs I. entsprechen; die von alters her bestehenden Grenzen zwischen den

Königreichen Norwegen und Schweden bleiben unverändert; jeder Adlige und sonstige Untertan wird an seine „rechte Herrschaft und Obrigkeit“ verwiesen; alle Gefangenen — gleich welcher Nationalität — sollen ohne weitere Bedingungen aus ihrer Haft entlassen werden; Dänemark tritt an Schweden das Haus Elsburg mit allen Zubehörungen ab, wozu auch das dortige Geschütz gehört; dagegen gibt Schweden die zu Norwegen gehörigen Gebiete „Jempterland und Herdalen“ sowie die gekaperten dänischen Kriegsschiffe „Jägermeister“, „Hercules“, „Leve“, „Davidt“, „Hector“, „Hirsch“, „Morian“ und „Bär“ mit allem darauf befindlichen Geschütz am 19. April 1571 in Stockholm zurück; weil Elsburg erheblich größeren Wert als Jempterland und Herdalen besitzt, zahlt die schwedische der dänischen Krone zusätzlich 150 000 Taler, von denen die erste Hälfte bei der Abtretung Elsburgs und die zweite im Laufe der Jahre 1572 und 1573 fällig wird; zögert Dänemark die Abgabe von Elsburg hinaus, muß es 200 000 Taler an Schweden zahlen; Anspruch des dänischen Königs [Friedrich II.] auf die in schwedischer Hand befindlichen Stifte Ösel und Reval, das Kloster Padis und das Haus Sonnenburg, die Herzog Magnus innegehabt hat; die schwedische Seite unterstreicht dagegen ihren begründeten Rechtsanspruch auf diese Besitzungen, weil Herzog Magnus mit dänischer Unterstützung Schweden bekriegt und mit Hilfe der Moskowiter in Livland eingefallen ist; beide Vertragspartner erkennen den Hoheitsanspruch des Heiligen Römischen Reiches über Livland an; die entsprechenden Formalitäten werden am 24. Juni 1571 in Rostock geregelt; die von Herzog Magnus besessenen Gebiete sollen in die Friedensregelung einbezogen werden; nach Abschluß dieses Friedensvertrages sollen die aus der Narvaer Schiffahrt entstandenen Differenzen einvernehmlich geregelt werden; Schweden verzichetet auf Stadt und Schloß Pernau; Unterbindung von Schand- und Schmähgedichten, wodurch die Kriegsleute und Untertanen beider Seiten „gröblich verletzt“ worden sind; wenn ein Vertragspartner die Artikel dieses Abkommens verletzt, soll der „beschwerte Teil“ umgehend seine Protestation einlegen und die beklagte Seite innerhalb von vier Monaten die „Beschwerungen“ abschaffen; der Friedensvertrag soll vom dänischen und schwedischen König sowie dem Herzog Karl von Södermanland unterschrieben werden; Hinweis auf die 1568 in Roskilde erfolgte Absprache zwischen Dänemark und Schweden; in diesen Frieden soll der Römische Kaiser [Maximilian II.] insoweit einbezogen werden, als dadurch sein Verhältnis zu Frankreich, England, Spanien und Schottland nicht berührt wird; einbezogen werden auch die Kurhäuser Pfalz und Brandenburg, Herzog Julius von Braunschweig, Herzog Wilhelm von Lüneburg, alle Herzöge von Pommern und Schleswig-Holstein, die Herzöge Ulrich von Mecklenburg, Albrecht Friedrich in Preußen und Gotthard von Kurland sowie die Bürgermeister und Ratsherren der Stadt Lübeck; Noteln der Konfirmation des Vertrages durch König Friedrich II. von Dänemark und König Johann III. von Schweden.

Abschrift
6 Bogen 21 x 32 cm, S. 1—23 beschrieben.
Druck: O. Rydberg: Sveriges Traktater, Bd. IV, Stockholm 1888, Nr. 60, S. 380ff.

Journalvermerk:

[Kromer] übersendet den im Dezember 1570 in Stettin geschlossenen dänisch-schwedischen Friedensvertrag in Abschrift an den Herzog.

Ostpr. Fol. 14322, Bl. 11 r.

Nr. 2023

1571 März 4 [Königsberg]

Herzog Albrecht Friedrich an [Martin Kromer] Statthalter zu Heilsberg:

Dank für das Schreiben des Statthalters vom 1. März mit der beiliegenden Abschrift des dänisch-schwedischen Friedensvertrages.

Konzept
1 Blatt 21 x 18, 5 cm, S. 1 beschrieben, S. 2 Empfänger-, Datums- und Registraturvermerk.
HBA C 1 Nr. 2023. — Altsignatur fehlt; K. 1223.
Reinkopie: Ostpr. Fol. 74, S. 38—39.

Nr. 2024

1571 März 16 [Königsberg]

Herzog Albrecht Friedrich an Christoff Troschke, Vogt des Stifts Ermland:

Ersuchen an [Troschke], der Gericht in Rössel halten will, um Klaglosstellung des herzoglichen Dieners Jacob Schilegalle, dem in einer Rösseler Herberge etliches Geld und sonstiges Gut entwendet worden ist.

Reinkopie
Ostpr. Fol. 74, S. 48—50.

Nr. 2025

1571 April 2 [Königsberg]

Herzog Albrecht Friedrich an Franz Quoß in Seeburg:

Bezug auf das von Franz Quoß wegen dessen Sohnes Hans an den Obermarschall gerichtete Schreiben; weil der besagte „Handel“ noch nicht abgeschlossen worden ist, hat der Herzog erneut an die Verwandtschaft des entleibten Eulenburg geschrieben, was aus der beiliegenden Abschrift hervorgeht.

Reinkopie
Ostpr. Fol. 74, S. 55.

Nr. 2026

1571 April 5 [Königsberg]

Herzog Albrecht Friedrich an [Martin Kromer] Statthalter zu Heilsberg:

Bitte um Lieferung von Holz aus den bischöflichen Wäldern an den Mühlenmeister zu Bartenstein, weil der Herzog seinerseits zum Bedarf der Braunsberger die Lieferung von Holz aus dem Balgaschen gestattet.

Konzept
1 Blatt 21 x 32 cm, S. 1 beschrieben, S. 2 Empfänger-, Datums- und Registraturvermerk.
HBA C 1 Nr. 2026. — Altsignatur fehlt; K. 1223.
Reinkopie: Ostpr. Fol. 74, S. 55—56.

Nr. 2027

1571 April 7 [Königsberg]

Herzog Albrecht Friedrich an Eckhart von Kempen und mutatione an den Amtsverwalter zu Preußisch Holland:

Abordnung königlicher Kommissarien zur Besichtigung der Landesgrenze zwischen Maibaum und Kersau im Tolkemitschen und dem Kempenschen Gut Neumünster im Amt Preußisch Holland; diese Besichtigung, an der auch herzogliche Kommissarien teilnehmen, ist auf den 7. Mai festgesetzt worden; [Kempen] soll zu diesem Termin persönlich erscheinen und „billige Örterung" von den beiderseitigen Kommissarien erwarten.

Reinkopie
Ostpr. Fol. 74, S. 59—61.

Nr. 2028

1571 April 9, Heilsberg

Martin Kromer, Koadjutor des Bistums Ermland, an Herzog Albrecht Friedrich:

Der Heilsberger Burggraf soll den herzoglichen Untertanen die Stellen zeigen, wo sie zum Bedarf der Mühle in Bartenstein Holz hauen und wegführen dürfen.

Behändigte Ausfertigung
1 Bogen 20, 5 x 32 cm, S. 1 beschrieben, Unterschrift des Koadjutors, S. 4 Außenadresse, Inhalts- und Kanzleivermerk.
Siegel des Koadjutors
HBA C 1 Nr. 2028. — Altsignatur: 1/12/149; K. 478.

Journalvermerk:

Schreiben des Koadjutors wegen des Holzschlagens im Bistum für die Mühle in Bartenstein.

Ostpr. Fol. 14322, Bl. 10 r.

Nr. 2029

1571 April 21, Rom

Bischof Stanislaus von Ermland an Herzog Albrecht Friedrich:

Dank für die Übersendung von weißem Bernstein und Elensklauen nach Heilsberg; Nachricht vom Abschluß eines Bündnisses zwischen den drei christlichen Potentaten, dem Papst [Pius V.], dem König von Spanien [Philipp II.] und den Herren von Venedig gegen die Türken, die im vergangenen Herbst das Königreich Zypern überfallen haben; diese Konföderation soll jedoch noch nicht beschlossene Sache sein, weil die Venezianer mit dem Erbfeind Frieden geschlossen haben sollen.

Behändigte Ausfertigung
1 Bogen 21 x 28 cm, S. 1—3 beschrieben, Unterschrift des Bischofs, S. 4 Außenadresse, Inhalts- und Kanzleivermerk.
Siegel liegt lose bei.
HBA C 1 Nr. 2029. — Altsignatur: 1/12/155; K. 478.

Journalvermerk:

Schreiben des Bischofs wegen der übersandten Geschenke und des christlichen Bündnisses gegen die Türken.

Ostpr. Fol. 14322, Bl. 10 v.

Nr. 2030

1571 Mai 9, Heilsberg

Martin Kromer, Koadjutor des Bistums Ermland, an Herzog Albrecht Friedrich:

Beschwerde des Guttstadter Bürgers Andres Steinson wegen Annullierung seines Handels durch das Gericht zu Sensburg laut beiliegender Supplikation; Fürbitte des Koadjutors an den Herzog um Verweis der Sache an das Bartensteiner Gericht zwecks ordentlicher und rechtlicher Führung des Prozesses, weil das Ansuchen [Steinsons] der Billigkeit entspricht.

Behändigte Ausfertigung
1 Bogen 21 x 32 cm, S. 1—2 beschrieben, Unterschrift des Koadjutors, S. 4 Außenadresse, Inhalts- und Kanzleivermerk.
Siegel des Koadjutors
HBA C 1 Nr. 2030. — Altsignatur: 1/12/150; K. 478.

Beilage

1571 Mai 5, Guttstadt

Andres Steinson, Bürger zu Guttstadt, an Martin Kromer:

Steinson hat vor einigen Jahren dem Schotten Hans Henrichson etliche Waren anvertraut, die er in seinem Namen verkaufen sollte; [Henrichson] ist 1565 auf dem Herbstjahrmarkt in Bischofsburg mit einem anderen Schotten in Streit geraten und hat, nachdem er diesen verletzt hatte, die Flucht ergriffen; spätere Rückkehr [Henrichsons] unter der Behauptung, ihm seien 50 Gulden gestohlen worden; [Steinson] beharrt dagegen auf völliger Entschädigung für den Verlust seiner Waren und fordert 45 Rheinische Gulden, die zu 30 Preußischen Groschen gangbarer Münze gerechnet werden; trotz verbindlicher Zusage [Henrichsons], seine Schuld zu tilgen, bleibt die Zahlung aus; der Schotte begibt sich nach Sensburg, wo er das Bürgerrecht besitzt; [Steinson] hat einen Arrestbrief des dortigen Rats gegen [Henrichson] erwirkt und dessen Zitation nach Sensburg Folge geleistet; Behauptung [Henrichsons], er habe ihm [Steinson] die Waren schon in Bischofsburg bezahlt; der Schotte hat in Sensburg nur einen Kasten mit Waren hinterlegt, deren Wert etwa drei Gulden ausmacht; das Sensburger Gericht hat [Steinson] die Einsichtnahme in besagten Kasten abgeschlagen; obwohl dieser glaubwürdige Zeugen vorbringt, fällt das Sensburger Gericht kein Endurteil und annulliert den Prozeß; daraufhin Beschwerde [Steinsons] beim bischöflichen Großvogt Christoff Troschke und dem Guttstadter Rat über die ihm zuteil gewordene Rechtsverkürzung; die entsprechenden Gesuche des Vogtes schlägt das Sensburger Gericht ab; Bitte [Steinsons] an den Koadjutor, den Verweis der Sache von Sensburg nach Bartenstein zu bewirken, wo „deutsche und rechtsverständige Leute" sind.

2 Bogen 21 x 31 cm, S. 1—7 beschrieben.

Journalvermerk:

Bitte des Koadjutors um Verweis der Sache Andres Steinsons von Sensburg nach Bartenstein.

Ostpr. Fol. 14322, Bl. 10 v.

Nr. 2031

1571 Mai 22, Seeburg

Franz Quoß an den herzoglichen Obermarschall Joachim von Borcke:

Beim Begräbnis der Frau von Schlieben hat der Hauptmann zu Brandenburg [Anton von Borcke] mit den Herren zu Eulenburg und deren Verwandtschaft über den Fall des

Hans [Quoß] gesprochen, damit dieser aus der Haft entlassen und die Sache zu einem guten Ende gebracht werden kann; die Eulenburgs sind mit einer gütlichen Regelung einverstanden, sofern der Herzog zustimmt; Bitte des Franz Quoß an [Borcke], beim Herzog ein gnädiges Schreiben an den Schatzmeister [Jan Kostka] zwecks Freilassung seines Sohnes zu erwirken.

Behändigte Ausfertigung
1 Bogen 21 x 32 cm, S. 1—2 beschrieben, Unterschrift des Ausstellers, S. 4 Außenadresse, Inhalts- und Kanzleivermerk.
Siegelspuren
HBA C 1 Nr. 2031. — Altsignatur: 3/29/4; K. 478.

Nr. 2032

1571 Mai 30, Heilsberg

Martin Kromer, Koadjutor des Bistums Ermland, an Herzog Albrecht Friedrich:

Weil die Eulenburgs ihre Zustimmung zu einer gütlichen Regelung der Sache des Hans Quoß von der Entscheidung des Herzogs abhängig machen, bittet [Kromer] diesen um einen positiven Bescheid, weil Hans Quoß seine Tat nicht aus Mutwillen, sondern vielmehr in Notwehr verübt hat.

Behändigte Ausfertigung
1 Bogen 21, 5 x 32 cm, S. 1 beschrieben, Unterschrift des Koadjutors, S. 4 Außenadresse, Inhalts- und Kanzleivermerk.
Siegel des Koadjutors
HBA C 1 Nr. 2032. — Altsignatur: 1/12/151; K. 478.

Journalvermerk:

Fürbitte des Koadjutors für Hans Quoß.

Ostpr. Fol. 14322, Bl. 10 v.

Nr. 2033

1571 Juni 2 [Königsberg]

Herzog Albrecht Friedrich an Martin Kromer:

Der Herzog hat inzwischen an den Schatzmeister [Jan Kostka] und an die Verwandtschaft des entleibten Eulenburg geschrieben, um den Fall des Hans Quoß gütlich zum Abschluß zu bringen.

Konzept
2 Blatt 22 x 32 cm, S. 1—2 beschrieben, S. 4 Empfänger-, Datums- und Registraturvermerk.
HBA C 1 Nr. 2033. — Altsignatur fehlt; K. 1223.
Reinkopie: Ostpr. Fol. 74, S. 74—78.

Nr. 2034

1571 Juni 7 [Königsberg]

Herzog Albrecht Friedrich an Eckert von Kempen, Domherrn zu Frauenburg:

Weil die herzoglichen Kommissarien nicht zu der für den 15. Juni vereinbarten Besichtigung der Landesgrenze zwischen Maibaum, Kersau und Neumünster kommen können, soll [Kempen] die bischöflichen Bevollmächtigten von der Verschiebung dieses Termins auf den 28. Juni unterrichten.

Reinkopie
Ostpr. Fol. 74, S. 80—81.

Nr. 2035

1571 Juni 9, Heilsberg

Martin Kromer, Koadjutor des Bistums Ermland, an Herzog Albrecht Friedrich:

Beschwerde über herzogliche Untertanen vom Adel aus den Ämtern Bartenstein, Eylau und Rastenburg, die über die Grenzen im Bistum jagen und hetzen und dabei das Getreide der armen Leute vernichten und manchem Gewalt zufügen; so habe Hans Schlubhut mit etlichen seiner Nachbarn aus dem Bartensteinschen nicht nur die Ochsen auf dem Felde gehetzt, sondern auch einen Bauern aus Krekollen mit „bloßer Wehr“ verfolgt, der nur mit knapper Not der Lebensgefahr entgangen sei; desgleichen hätte Jost Ostaw aus Schönwiese im Eylauschen den bischöflichen Untertanen zu Jogothen durch Hetzen, Reiten und Fahren großen Schaden an Getreide und Saat verursacht; Bitte um Beseitigung dieser Übergriffe auf Gebiete fremder Jurisdiktion.

Behändigte Ausfertigung
1 Bogen 20 x 32 cm, S. 1—2 beschrieben, Unterschrift des Koadjutors, S. 4 Außenadresse, Inhalts- und Kanzleivermerk.
Siegel des Koadjutors
HBA C 1 Nr. 2035. — Altsignatur: 1/12/152; K. 478.

Postskript

[o. D. u. O.]

Eingang neuer Zeitungen über die Rüstungen des Deutschmeisters zum Zug ins Preußenland und nach Livland.

1 Blatt 19, 5 x 12 cm, S. 1 beschrieben.

Beilagen

I. [o. D. u. O.]

Petition der Gemeinde Krekollen an Martin Kromer:

Am 26. Mai [1571] haben Hans Schlubot und N. Kuchenmeister die bestellten Äcker der Gemeinde Krekollen mit Hunden und Pferden zertreten, wobei auch das Vieh beschädigt worden ist; als sie der Bauer Titz darauf hinwies, daß es genüge, die Äcker zu zertreten und das Vieh verschont werden möchte, sind sie ihm mit Büchsen und bloßen Wehren nachgejagt, wobei er sich nur mit knapper Not hat retten können; Bitte um Abstellung dieser Exzesse.

Abschrift
1 Blatt 21 x 32 cm, S. 1 beschrieben.

II. [o. D. u. O.]

Petition der Gemeinde Jogothen an Martin Kromer:

Klage über Jost Ostaw aus Schönwiese im Eylauschen, der die Saat und das Getreide in ihrer Feldmark mit Hetzen, Reiten, Gehen und Fahren beschädigt und darüber hinaus dem Schulzen von Jogothen seine auf der bischöflichen Seite der Elme gefangenen Fische weggenommen hat; Bitte an den Koadjutor um Schutz und Schirm gegen derartige Übergriffe und um Veranlassung des Ostaw zur Erstattung der von ihm angerichteten Schäden.

Abschrift
1 Bogen 20, 5 x 32 cm, S. 1 beschrieben.

Journalvermerk:

Beschwerde des Koadjutors über die Übergriffe herzoglicher Adliger auf bischöfliche Dörfer.

Ostpr. Fol. 14322, Bl. 10 v.

Nr. 2036

1571 Juni 9, Frauenburg

Eggert von Kempen an Herzog Albrecht Friedrich:

Der bei der Grenzbesichtigung zwischen Maibaum, Karsau und Neumünster als königlicher Commissarius fungierende Marienburger Landrichter Andres Lock ist an dem vom Herzog vorgeschlagenen Termin, dem 25. Juni, wegen einer Reise an den königlichen Hof verhindert; er erklärt sich aber dazu bereit, die Visitation am 16. Juli vorzunehmen; Bitte [Kempens] um Verschiebung der Grenzbesichtigung bis zu diesem Zeitpunkt.

Behändigte Ausfertigung
1 Bogen 22 x 33, 5 cm, S. 1—2 beschrieben, Unterschrift des Ausstellers, S. 4 Außenadresse, Inhalts- und Kanzleivermerk.
Siegel des Ausstellers
HBA C 1 Nr. 2036. — Altsignatur: 1/12/156; K. 478.

Journalvermerk:

Schreiben Kempens wegen der erforderlichen Verschiebung der Grenzbesichtigung auf den 16. Juli.

Ostpr. Fol. 14322, Bl. 11 r.

Nr. 2037

1571 Juni 10 [Königsberg]

Herzog Albrecht Friedrich an Eggert von Kempen, Domherrn zu Frauenburg:

Zustimmung zur erbetenen Verschiebung der Grenzbesichtigung auf den 16. Juli und zur Absendung seiner Kommissarien an diesem Tage.

Reinkopie
Ostpr. Fol. 74, S. 83—84.

Nr. 2038

1571 Juni 13 [Königsberg]

Herzog Albrecht Friedrich an das Kapitel zu Frauenburg:

Bitte an das Kapitel, dem Mühlhausener Bürger Greger Wille, der sich über die Frauenburger beschwert, zum Recht zu verhelfen.

Konzept
1 Bogen 20, 5 x 30 cm, S. 1—2 beschrieben, S. 4 Empfänger-, Datums- und Registraturvermerk.
HBA C 1 Nr. 2038. — Altsignatur fehlt; K. 1223.
Reinkopie: Ostpr. Fol. 74, S. 86—88.

Nr. 2039

1571 Juni 13 [Königsberg]

Herzog Albrecht Friedrich an Martin Kromer, Statthalter des Bistums Ermland:

Bereitschaft zur Nachforschung nach Übergriffen preußischer Adliger auf Dörfer und Bauern des Bistums; Eingang zahlreicher Nachrichten über die Praktiken des Deutschmeisters gegen die „ganzen Lande Preußen" und die Danziger, die allerdings noch nicht verwirklicht worden sind; der Deutschmeister werde „alles Unglück und böse Anschläge uff seinen eigenen Kopf kehren und wenden".

Konzept
1 Blatt 20, 5 x 31 cm, S. 1—2 beschrieben, S. 2 Empfänger-, Datums- und Registraturvermerk.
HBA C 1 Nr. 2039. — Altsignatur fehlt; K. 1223.
Reinkopie: Ostpr. Fol. 74, S. 88—90.

Nr. 2040

1571 Juli 5 [Königsberg]

Herzog Albrecht Friedrich an Martin Kromer, Koadjutor des Bistums Ermland:

Anweisung seiner Untertanen zum freundnachbarlichen Verhalten gegenüber denen des Bistums, was auch diese ihrerseits praktizieren sollen.

Konzept
1 Blatt 21 x 32 cm, S. 1 beschrieben, S. 2 Empfänger-, Datums- und Registraturvermerk.
HBA C 1 Nr. 2040. — Altsignatur fehlt; K. 1223.
Reinkopie: Ostpr. Fol. 74, S. 110.

Nr. 2041

1571 August 4, Heilsberg

Martin Kromer, Koadjutor des Bistums Ermland, an Herzog Albrecht Friedrich:

Empfang des herzoglichen Schreibens vom 5. Juli mit den beigefügten Gegenberichten Jost Ostaws und Hans Schlubhuths; die vom Koadjutor eingeholten Erkundigungen haben erbracht, daß Hans Schlubhuth mit einem Haufen Hunden oberhalb des Dorfes Krekollen von Bischofswalde durch die Wintersaat geritten ist und diese verdorben und zertreten hat; dann hat er dem Getreide im Sommerfeld großen Schaden zugefügt, was einem Bauern namens Bendict Titze, der gerade die Zäune hinter seinem Gehöft ausgebessert hat, aufgefallen ist; als ihn dieser auf die durch das Hetzen verursachten Schäden an Getreide und Vieh aufmerksam macht, jagt ihm Schlubhuth mit seinen Konsorten nach, wobei sich [Titze] nur mit Mühe retten kann; diesen Vorgang können der Pfarrer von Krekollen, ein Bauer mit Namen Bendict Gerke und andere Dorfbewohner bezeugen; darüber hinaus hat ein Diener N. Kuchmeisters, Germiß, einen Bauernknecht, indem er ihm sein Rohr vor die Brust gehalten hat, in Angst und Schrecken versetzt; am folgenden Tag fügt Schlubhuth auf dem Lauterhagenschen Feld den armen Leuten

Schaden zu; Jost Ostaw hat dem Schulzen von Jegothen sein Handnetz weggenommen und vom bischöflichen Gut Nerwigk zwei „Pfluggewende" [Ackerstreifen, der mit der Pflugrichtung in Beziehung steht] diesseits der Elme in Besitz genommen; Ersuchen [Kromers] an den Herzog, diese Übergriffe künftig zu unterbinden, weil ein solches Verhalten der guten Nachbarschaft nicht dienlich ist.

Behändigte Ausfertigung
2 Bogen 21 x 32 cm, S. 3—6 beschrieben, Unterschrift des Koadjutors, S. 8 Außenadresse, Inhalts- und Beantwortungsvermerk vom 8. August 1571.
Siegel des Koadjutors
HBA C 1 Nr. 2041. — Altsignatur: 1/12/153; K. 478.

Journalvermerk:

Beschwerde des Koadjutors über Hans Schlubuth und Jost Ostaw.

Ostpr. Fol. 14322, Bl. 11 r.

Nr. 2042

1571 August 8, Neuhausen

Herzog Albrecht Friedrich an Martin Kromer, Koadjutor zu Heilsberg:

Empfang des Schreibens von [Kromer] mit dem Datum vom 4. August wegen der Übergriffe Hans Schlubutts und Jost Ostaus; weil dieses Schreiben von den Gegendarstellungen besagter Adliger abweicht, will sie der Herzog persönlich verhören und vor allem den Ostau zur Rückgabe des von ihm widerrechtlich genommenen Guts an die Gemeinde Jogotten veranlassen; der Koadjutor soll seinerseits den bischöflichen Untertanen jeglichen Mutwillen verbieten, damit zwischen allen Teilen Ruhe, Frieden und freundliche Nachbarschaft erhalten bleibe.

Konzept
1 Blatt 21, 5 x 32 cm, S. 1 beschrieben, S. 2 Empfänger-, Datums- und Registraturvermerk.
HBA C 1 Nr. 2042. — Altsignatur fehlt; K. 1223.
Reinkopie: Ostpr. Fol. 74, S. 121—122.

Nr. 2043

1571 August 9 [Neuhausen]

Herzog Albrecht Friedrich an [Martin Kromer] Statthalter zu Heilsberg:

Gemäß der Zusage des Statthalters, das Holzschlagen zugunsten der Bartensteinschen Mühle im Bistum zu gestatten, Bitte um Lieferung von Holz aus dem Seeburgischen;

der Herzog will seinerseits das Holzschlagen in seinen Wäldern für den Bedarf der Mühle in Braunsberg erlauben.

Konzept
1 Blatt 22 x 31, 5 cm, S. 1 beschrieben, S. 2 Empfänger-, Datums- und Registraturvermerk.
HBA C 1 Nr. 2043. — Altsignatur fehlt; K. 1223.
Reinkopie: Ostpr. Fol. 74, S. 123.

Nr. 2044

1571 September 2, Heilsberg

Martin Kromer, Koadjutor des Bistums Ermland, an Herzog Albrecht Friedrich:

Hinweis auf seine mehrfachen Beschwerden über die Verstellung des freien Stroms der Alle mit Wehren; die Bartensteiner haben oberhalb ihrer Stadt die Alle mit zahlreichen Wehren verbaut, woraus künftig großer Nachteil erwachsen kann, wenn man das nicht verhindert; Bitte um Beseitigung dieser Wehre, die nicht nur die bischöflichen, sondern auch die herzoglichen Untertanen schädigen.

Behändigte Ausfertigung
1 Bogen 21 x 32 cm, S. 1—2 beschrieben, Unterschrift des Koadjutors, S. 4 Außenadresse, Inhalts- und Beantwortungsvermerk vom 11. September 1571.
Siegel des Koadjutors
HBA C 1 Nr. 2044. — Altsignatur: 1/12/154; K. 478.

Journalvermerk:

Schreiben des Koadjutors wegen der Verstellung der Alle mit Wehren.

Ostpr. Fol. 14322, Bl. 11 r.

Nr. 2045

1571 September 11 [Neuhausen]

Herzog Albrecht Friedrich an Martin Kromer:

Keine Kenntnis von der Verstellung der Alle durch die Bartensteiner; keine Möglichkeit, denjenigen, die seit alters her zur Aufstellung von Wehren berechtigt sind, dieses zu verbieten; die anderen herzoglichen Untertanen haben ein entsprechendes Verbot erhalten, das auch der Koadjutor bei seinen Untertanen, die die Alle mit steinernen Wehren verstellt haben, praktizieren soll.

Konzept
1 Blatt 21 x 31 cm, S. 1 beschrieben, S. 2 Empfänger-, Datums- und Registraturvermerk.
HBA C 1 Nr. 2045. — Altsignatur fehlt; K. 1223.
Reinkopie: Ostpr. Fol. 74, S. 131—132.

Nr. 2046

1571 Oktober 1, Frauenburg

Prälaten, Domherren und Kapitel des Stifts Ermland an Herzog Albrecht Friedrich:

Beschwerde der Anna, Witwe des Jörgen von Ganshorn, über das vom Amtmann von Neidenburg veranlaßte Wegtreiben etlicher Ochsen aus ihrem im Amt Hohenstein gelegenen Gut Lichtenhayn (Lichteinen); Bitte des Kapitels um Restitution des entwendeten Viehs an die Klägerin.

Ausfertigung
1 Bogen 20, 5 x 33 cm, S. 1—3 beschrieben, Unterschrift der Aussteller, S. 4 Außenadresse.
Siegelspuren
HBA C 1 Nr. 2046. — Altsignatur: 4/20; K. 478.

Nr. 2047

1571 Oktober 17 [Insterburg]

Herzog Albrecht Friedrich an Martin Kromer:

Kredenzbrief für Albrecht Truchseß von Wetzhausen und Dr. Hieronymus Roth, die in der Sache Melchior Lesgewangs an den Koadjutor abgefertigt worden sind.

Konzept
1 Blatt 20, 5 x 32 cm, S. 1 beschrieben, S. 2 Empfänger-, Datums- und Registraturvermerk.
HBA C 1 Nr. 2047. — Altsignatur fehlt; K. 1223.
Kurzbetreff: Ostpr. Fol. 74, S. 139.

Nr. 2048

1571 Oktober 18, Insterburg

Herzog Albrecht Friedrich an Martin Kromer:

Bitte an den Koadjutor, dem herzoglichen Untertan Merten Klein gegenüber dessen Schuldnern in Heilsberg zum Recht zu verhelfen.

Konzept
1 Blatt 20, 5 x 32 cm, S. 1 beschrieben, S. 2 Empfänger-, Datums- und Registraturvermerk.
HBA C 1 Nr. 2048. — Altsignatur fehlt; K. 1223.
Reinkopie: Ostpr. Fol. 74, S. 139.

Nr. 2049

1571 Dezember 5, Lötzen

Herzog Albrecht Friedrich an Hans Quoß:

Mißfallen über das ungebührliche Verhalten des [Quoß] gegenüber seinem Herbergswirt in Bartenstein; im Falle künftiger Unfreundlichkeiten gegen diesen oder andere herzogliche Untertanen soll [Quoß] bestraft werden; wenn er sich seinerseits über andere beschweren will, soll er beim Bartensteiner Rat oder Hauptmann bzw. beim Herzog selbst Recht suchen.

Reinkopie
Ostpr. Fol. 74, S. 149—150.

Nr. 2050

1571 Dezember 6 [Lötzen]

Herzog Albrecht Friedrich an Eckert von Kempen, Domherrn zu Frauenburg:

Ersuchen an [Kempen], der Zitation des Hauptmanns von Preußisch Holland, Christoff Zehmen, Folge zu leisten, und im Falle seiner persönlichen Verhinderung einen Bevollmächtigten zu schicken.

Konzept
1 Bogen 21 x 32 cm, S. 1—2 beschrieben, S. 4 Empfänger-, Datums- und Registraturvermerk.
HBA C 1 Nr. 2050. — Altsignatur fehlt; K. 1223.
Reinkopie: Ostpr. Fol. 74, S. 150—151.

Nr. 2051

1572 Januar 10, Heilsberg

Martin Kromer, Koadjutor des Bistums Ermland, an Herzog Albrecht Friedrich:

Beschwerde des Rösseler Bürgers Urban Perkun über die Edelen von Podewils und eine Frau Potin im Rastenburgischen wegen seines ihm weggenommenen Viehs; Bitte des Koadjutors um Klaglosstellung des Petenten.

Behändigte Ausfertigung
1 Bogen 21 x 32 cm, S. 1 beschrieben, Unterschrift des Koadjutors, S. 4 Außenadresse, Inhalts- und Kanzleivermerk.
Siegel des Koadjutors
HBA C 1 Nr. 2051. — Altsignatur: 1/13/18; K. 479.

Journalvermerk:

Fürbitte [Kromers] für Urban Perkun.

Ostpr. Fol. 14322, Bl. 12 r.

Nr. 2052

1572 Februar 20 [Lötzen]

Herzog Albrecht Friedrich an Rat zu Allenstein:

Ersuchen an den [Allensteiner] Rat, dem Schlachter Michel Kuntz aus Königsberg, der Anspruch auf das Erbe seiner in Allenstein verstorbenen Schwiegermutter erhebt, zum Recht zu verhelfen.

Reinkopie
Ostpr. Fol. 74, S. 175—176.

Nr. 2053

1572 März 6 [Lötzen]

Herzog Albrecht Friedrich an den Rat zu Frauenburg:

Ersuchen an den [Frauenburger] Rat, dem Schlachter Michel Kuntz zu dem Geld zu verhelfen, das seine kürzlich verstorbene Schwiegermutter einem Frauenburger Bürger geliehen hatte.

Reinkopie
Ostpr. Fol. 74, S. 180—181.

Nr. 2054

1572 April 2, Königsberg

Herzog Albrecht Friedrich an [Martin Kromer] Statthalter zu Heilsberg:

Bitte an den Koadjutor, den im Auftrag der Witwe Moritz Guttichs handelnden herzoglichen Untertanen Michael Dene und Balthasar Schleff die seinerzeit konfiszierten Bücher [Guttichs] aushändigen zu lassen.

Konzept
1 Blatt 23 x 33 cm, S. 1—2 beschrieben, S. 2 Empfänger-, Datums- und Registraturvermerk.
HBA C 1 Nr. 2054. — Altsignatur fehlt; K. 1224.
Reinkopie: Ostpr. Fol. 74, S. 195—196.

Nr. 2055

1572 [April], Königsberg

Werbung der herzoglichen Bevollmächtigten Caspar von Lehndorff, Hauptmann zu Preußisch Eylau, Wenzel Schack von Stangenberg und Eberhard Rogge bei Martin Kromer, Statthalter des Bistums Ermland:

Melchior Lesgewang ist nach „glaubwürdigen Briefen und Siegeln" zum Bau einer Mühle im Kammeramt Heilsberg berechtigt, was die früheren ermländischen Bischöfe anerkannt haben; dennoch hat der Statthalter [Kromer] die Mühle Lesgewangs einreißen, zerhauen und gänzlich verderben lassen, womit der Herzog nicht einverstanden ist; die Rechte Lesgewangs und seiner Gemahlin, einer geborenen von Sparwein, sind nicht nur durch bischöfliche Briefe, sondern auch „ex libro causarum des Gerichts zu Heilsberg" erwiesen, was [Hosius] kurz vor seiner Abreise anerkannt hat; Bezug der Bevollmächtigten auf ein königliches Reskript und Mandat, das [Kromer] die Hinderung des Mühlenbaus untersagt hat; die herzoglichen Räte sollen [Kromer] dazu bewegen, künftig auf alle Hemmnisse bei dem Mühlenbau zu verzichten und [Lesgewang] angemessen für seine Verluste zu entschädigen; außerdem werden sie instruiert, [Lesgewang] zum Besitz der Teile des kölmischen Gutes Grünau zu verhelfen, die dieser von Michel von Rössen käuflich erworben hat; falls [Kromer] zur Erfüllung der herzoglichen Wünsche nicht bereit ist, sollen ihn die Bevollmächtigten darauf hinweisen, daß sich [Albrecht Friedrich] „an gebührenden Orten und Stellen" über ihn beklagen werde; gegebenenfalls erhalten die auf den Warschauer Reichstag abgeordneten herzoglichen Gesandten den Befehl, dem König [Sigismund II. August] die Übergriffe [Kromers] gegenüber [Lesgewang] vorzutragen und um Abhilfe zu bitten.

Reinkopie
Ostpr. Fol. 109, Bl. 306 r. — 312 v.

Nr. 2056

1572 April 15, Heilsberg

Martin Kromer, Koadjutor des Bistums Ermland, an Herzog Albrecht Friedrich:

Bereitschaft zur Freigabe der konfiszierten Bücher [Guttichs] zugunsten von dessen Witwe.

Behändigte Ausfertigung
1 Bogen 23 x 33 cm, S. 1 beschrieben, Unterschrift des Koadjutors, S. 4 Außenadresse, Inhalts- und Kanzleivermerk.
Siegelspuren
HBA C 1 Nr. 2056. — Altsignatur: 1/13/17; K. 479.

Journalvermerk:

Schreiben des Koadjutors wegen Freigabe der konfiszierten Bücher Guttichs.

Ostpr. Fol. 14322, Bl. 12 r.

Nr. 2057

1572 April 17 [Königsberg]

Herzog Albrecht Friedrich an den Rat zu Wormditt:

Ersuchen an den Wormditter Rat, den Bernsteindreher Stentzel Schmidt bei der Einforderung des Erbes seiner verstorbenen Schwiegereltern zu unterstützen.

Reinkopie
Ostpr. Fol. 74, S. 202—203.

Nr. 2058

1572 April 30 [Königsberg]

Herzog Albrecht Friedrich an den Rat zu Braunsberg:

Bezug auf die beiliegende Supplikation des gewesenen Pfarrers in Wehlau, Theobaldus Axt; Bitte um Erfüllung der Erbschaftsansprüche Axts.

Reinkopie
Ostpr. Fol. 74, S. 206—207.

Nr. 2059

1572 Mai 16 [Königsberg]

Hergog Albrecht Friedrich an Christoff Troschke, Landvogt zu Seeburg:

Bitte um Klaglosstellung des Müllers zu Rudau und Grünhof, Caspar Wagner, gemäß dessen beiliegender Supplikation.

Reinkopie
Ostpr. Fol. 74, S. 219.

Nr. 2060

1572 Mai 17 [Königsberg]

Herzog Albrecht Friedrich an [Martin Kromer] Statthalter zu Heilsberg:

Flucht des der Dieberei bezichtigten Michel Velau, der zuvor in Wenden, Amt Rastenburg, ansässig gewesen ist, ins Ermland, wo er von [Kromer] Geleit erhalten haben soll; [Velau] hat dem Obersekretär Caspar Dargitz, der das Dorf Wenden mit Ausnahme der dem Velau gehörenden sechs Hufen in Besitz hat, angedroht, die besagte Ortschaft an drei oder vier Ecken anzustecken und völlig einzuäschern; Begehren des Herzogs an [Kromer], dem Übeltäter das Geleit aufzukündigen und einen Steckbrief gegen ihn auszustellen, damit er gefänglich eingezogen und seiner gerechten Strafe zugeführt werden kann.

Konzept
1 Blatt 21 x 32 cm, S. 1 beschrieben, S. 2 Empfänger-, Datums- und Registraturvermerk.
HBA C 1 Nr. 2060. — Altsignatur fehlt; K. 1224.
Reinkopie: Ostpr. Fol. 74, S. 221—222.

Nr. 2061

1572 Mai 31 [Königsberg]

Burggraf zu Königsberg an Christoff Troschke, Hauptmann zu Seeburg:

Bereitschaft zur Versagung des Geleits für Hans Quoß im Herzogtum, der erneut einen Bürger in Seeburg „jämmerlich entleibt“ haben soll.

Reinkopie
Ostpr. Fol. 74, S. 239—240.

Nr. 2062

1572 Juli 8 [Königsberg]

Herzog Albrecht Friedrich an Eckert von Kempen, Domherrn zu Frauenburg:

Ersuchen an [Kempen], bei der am 9. September angesetzten Grenzbesichtigung zwischen Maibaum und Karsau einer- und Neumünster andererseits anwesend zu sein und an dem strittigen Ort die königlichen und herzoglichen Bevollmächtigten zu erwarten; der Herzog hat diesen Termin bereits dem obersten königlichen Commissarius, Melchior von Mortangen, mitgeteilt.

Konzept
1 Blatt 23 x 35 cm, S. 1 beschrieben, S. 2 Empfänger-, Datums- und Registraturvermerk.
HBA C 1 Nr. 2062. — Altsignatur fehlt; K. 1224.
Reinkopie: Ostpr. Fol. 74, S. 256—257.

Nr. 2063

1572 Juli 14 [Königsberg]

Herzog Albrecht Friedrich an das Kapitel zu Frauenburg, den Bischof zu Löbau [Peter Kostkal, die Räte von Danzig, Elbing und Kulm, die Domherren von Kulmsee, die Herren und die Frau von Baysen, die Äbte und Konvente zu Oliva und Pelplin und die Karthäuser:

Vorbereitung eines vollständiges „Preußischen Chronicons umb der Nachkommenden willen“; Bitte um Übergabe der für das Werk erforderlichen Dokumente an den herzoglichen Rat Lucas David.

Konzept
1 Blatt 22 x 32 cm, S. 1 beschrieben, S. 2 Empfänger-, Datums- und Registraturvermerk.
HBA C 1 Nr. 2063. — Altsignatur fehlt; K. 1224.
Reinkopie: Ostpr. Fol. 74, S. 258—260.

Nr. 2064

1572 Juli 14 [Königsberg]

Herzog Albrecht Friedrich an [Martin Kromer] Statthalter zu Heilsberg:

Bitte um Weiterleitung von Geld und Briefen über den in Rom befindlichen Kardinal [Hosius] an den in Welschland weilenden Trompeter Anthonius Neuman.

Konzept
1 Blatt 21, 5 x 31 cm, S. 1—2 beschrieben, S. 2 Empfänger-, Datums- und Registraturvermerk.
HBA C 1 Nr. 2064. — Altsignatur fehlt; K. 1224.
Reinkopie: Ostpr. Fol. 74, S. 260—261.

Nr. 2065

1572 Juli 25 [Königsberg]

Herzog Albrecht Friedrich an [Martin Kromer] Statthalter zu Heilsberg:

Bitte an [Kromer], dem herzoglichen Untertan Benedict Erdtmann zu seinem Erbteil im bischöflichen Dorf Sawadden zu verhelfen.

Konzept
1 Blatt 22, 5 x 34 cm, S. 1 beschrieben, S. 2 Empfänger-, Datums- und Registraturvermerk.
HBA C 1 Nr. 2065. — Altsignatur fehlt; K. 1224.
Reinkopie: Ostpr. Fol. 74, S. 268—269.

Nr. 2066

1572 Oktober 18 [Königsberg]

Herzog Albrecht Friedrich an das Kapitel zu Frauenburg:

Bezug auf die beiliegende Supplikation der Frau Heinrich Grunewalts an den Obersten Burggrafen in Königsberg [Christoph von Kreytzen]; Ersuchen des Herzogs um Auslieferung Hans Seiffensieders, der vor wenigen Tagen einen in Königsberg entleibt hat, damit kein Exempel dafür geliefert wird, daß jemand sich durch die Flucht seiner gerechten Bestrafung entziehen kann.

Konzept
1 Blatt 22 x 33 cm, S. 1 beschrieben, S. 2 Empfänger-, Datums- und Registraturvermerk.
HBA C 1 Nr. 2066. — Altsignatur fehlt; K. 1224.
Reinkopie: Ostpr. Fol. 74, S. 312—313.

Nr. 2067

1572 Dezember 17 [Königsberg]

Herzog Albrecht Friedrich an das Kapitel zu Frauenburg:

Bezug auf die beiliegende Supplikation Jacobs von Abschwangen; Bitte um Klaglosstellung des Petenten.

Reinkopie
Ostpr. Fol. 74, S. 329—330.

Nr. 2068

1572 Dezember 26 [Königsberg]

Herzog Albrecht Friedrich an den Rat zu Braunsberg:

Begehren an den Braunsberger Rat, dem Anselm Rabe solange den Abzug aus [Braunsberg] zu verweigern, bis er seine Schuld bei Georg Kersten in Höhe von 60 Mark getilgt hat; Kersten hat darüber bei Hans Schuknecht, der früher das Richteramt in Braunsberg innegehabt hat, einen ordentlichen rechtlichen Antrag gestellt.

Reinkopie
Ostpr. Fol. 74, S. 331—332.

Nr. 2069

1573 Januar 27 [Königsberg]

Herzog Albrecht Friedrich an die Domherren zu Guttstadt:

Bitte an die Domherren, den Kindern des verstorbenen Jacob Sumpff, die durch ihre Vormünder Albrecht Schir und Matz Groß vertreten werden, zu ihrer Erbschaft in Groß Bössau zu verhelfen.

Reinkopie
Ostpr. Fol. 74, S. 346—347.

Nr. 2070

1573 Januar 27 [Königsberg]

Herzog Albrecht Friedrich an Christoff Troschke, Hauptmann zu Seeburg:

Ersuchen an Troschke, den unmündigen Kindern des Kneiphofer Bürgers Jacob Sumpff zu den von ihrem Vater herrührenden Ansprüchen in Seeburg zu verhelfen.

Reinkopie
Ostpr. Fol. 74, S. 347—348.

Nr. 2071

1573 Februar 11, Königsberg

Herzog Albrecht Friedrich an Johann Leoman, Domherrn zu Frauenburg:

Bitte an [Leoman], den Kapitelsvogt in Blumenau zur Zahlung seiner rückständigen Schuld in Höhe von 150 Mark an Michel Kuntz zu veranlassen.

Konzept
1 Bogen 21 x 32 cm, S. 1—2 beschrieben, S. 4 Empfänger-, Datums- und Registraturvermerk.
HBA C 1 Nr. 2071. — Altsignatur fehlt; K. 1224.
Reinkopie: Ostpr. Fol. 74, S. 355—356.

Nr. 2072

1573 Februar 18 [Königsberg]

Herzog Albrecht Friedrich an Martin Kromer [Statthalter zu Heilsberg]:

Bitte um Unterstützung des Kneiphofer Bürgers Merten Klein und um dessen Entbindung von seiner Bürgschaftsleistung.

Konzept
1 Bogen 20, 5 x 31 cm, S. 1—2 beschrieben, S. 4 Empfänger-, Datums- und Registraturvermerk.
HBA C 1 Nr. 2072. — Altsignatur fehlt; K. 1224.
Reinkopie: Ostpr. Fol. 74, S. 356—357.

Nr. 2073

1573 Februar 21, Heilsberg

Martin Kromer, Koadjutor des Bistums Ermland, an Herzog Albrecht Friedrich:

Rechtliche Verhörung der Sache Mertin Kleins durch seine Amtleute und Räte; obwohl dieser Vorkauf in einem bischöflichen Dorf betrieben und daher nach Aussage der Landesordnung Pferde und Waren verwirkt hat, ist ihm nur eine milde Buße von 40 Mark auferlegt worden; Verpflichtung Kleins, diese Buße auf einen bestimmten Tag abzulegen; diese Angelegenheit kann der Heilsberger Rat nicht beurteilen, sondern sie muß vom Koadjutor entschieden werden.

Behändigte Ausfertigung
1 Bogen 22 x 32 cm, S. 1—2 beschrieben, Unterschrift des Koadjutors, S. 4 Außenadresse, Inhalts- und Kanzleivermerk.
Siegel des Koadjutors
HBA C 1 Nr. 2073. — Altsignatur: 1/13/1; K. 479.

Journalvermerk:

Schreiben des Koadjutors in der Sache Merten Kleins.

Ostpr. Fol. 14323, Bl. 1 r.

Nr. 2074

1573 März 16, Königsberg

Herzog Albrecht Friedrich an die Prälaten, Domherren und das Kapitel des Stifts Ermland:

Bitte um Mitteilung alter Geschichten und Händel, die diesen Landen zum Ruhm und Besten gereichen und in die in Arbeit befindliche Chronik aufgenommen werden sollen.

Konzept
1 Bogen 21 x 32 cm, S. 1 beschrieben, S. 4 Außenadresse.
HBA C 1 Nr. 2074. — Altsignatur fehlt; K. 1224.

Nr. 2075

1573 April 2, Heilsberg

Martin Kromer, Koadjutor des Bistums Ermland, an Herzog Albrecht Friedrich:

Hinweis auf das gegenseitige Abkommen über die Holzlieferung aus dem Balgaer Gebiet zugunsten der Mühle in Braunsberg und über die freie Holzung im Heilsbergischen für die Bartensteiner Mühle; Klage über den Hauptmann von Balga [Melchior von Lehndorff], der die Holzlieferung für die Braunsberger Mühle verweigere; Bitte um Freigabe des Bauholzes, was auch die bischöfliche Seite bei der Mühle in Bartenstein praktiziere.

Behändigte Ausfertigung
1 Bogen 21 x 32 cm, S. 1—3 beschrieben, Unterschrift des Koadjutors, S. 4 Außenadresse, Inhalts- und Kanzleivermerk.
Siegel des Koadjutors
HBA C 1 Nr. 2075. — Altsignatur: 1/13/2; K. 479.

Journalvermerk:

Schreiben des Koadjutors wegen der vom Balgaer Hauptmann verhinderten Holzlieferung nach Braunsberg.

Ostpr. Fol. 14323, Bl. 1 r.

Nr. 2076

1573 April 7 [Königsberg]

Herzog Albrecht Friedrich an Martin Kromer, Koadjutor zu Heilsberg:
Bitte an den Koadjutor, dem Müller zu Rudau und Grünhof, Caspar Wegener, gegen seine Widersacher zum Recht zu verhelfen.

Konzept
1 Bogen 21 x 30 cm, S. 1—2 beschrieben, S. 4 Empfänger-, Datums- und Registraturvermerk.
HBA C 1 Nr. 2076. — Altsignatur fehlt; K. 1224.
Reinkopie: Ostpr. Fol. 74, S. 380—381.

Nr. 2077

1573 April 10 [Königsberg]

Herzog Albrecht Friedrich an Martin Kromer, Statthalter zu Heilsberg:

Befehl an den Hauptmann von Balga, auf Ersuchen des Braunsberger Hauptmanns Holz zu liefern, obwohl das Bauholz gegenwärtig knapp ist.

Konzept
1 Blatt 21 x 30 cm, S. 1 beschrieben, S. 2 Empfänger-, Datums- und Registraturvermerk.
HBA C 1 Nr. 2077. — Altsignatur fehlt; K. 1224.
Reinkopie: Ostpr. Fol. 74, S. 381.

Nr. 2078

1573 April 16, Heilsberg

Martin Kromer, Koadjutor des Bistums Ermland, an Herzog Albrecht Friedrich:

Weil der Müller von Rudau mit dem Rechtsspruch des Bischofsteiner Gerichts nicht einverstanden war, sind beide Parteien am heutigen Tage vor dem Koadjutor erschienen, der das abschriftliche beiliegende Urteil gesprochen hat.

Behändigte Ausfertigung
1 Bogen 20, 5 x 32 cm, S. 1 beschrieben, Unterschrift des Koadjutors, S. 4 Außenadresse, Inhalts- und Kanzleivermerk.
Siegel des Koadjutors
HBA C 1 Nr. 2078. — Altsignatur: 1/13/3; K. 479.

Beilage

1573 April 16, Heilsberg
Rechtsspruch des Koadjutors Martin Kromer in der Sache des Rudauer Müllers Caspar Wagner:

Klage des Rudauer Müllers Caspar Wagner gegen den Stadtschulzen Thomas Hasselberg und das Gericht zu Bischofstein; obwohl die beklagte Seite Michel Werderman zur Zahlung von 41 Mark an [Wagner] verpflichtet habe, sei die Vollstreckung des Urteils unterblieben; stattdessen habe man von ihm [Wagner] die Erstattung der Gerichtskosten verlangt; das Bischofsteiner Gericht versichert dagegen, in dieser Sache keinen Rechtsspruch erlassen zu haben; während sich der beklagte Michel Werderman auf dem angesetzten Rechtstag ordnungsgemäß vor seinem Forum eingefunden habe, sei der Müller nicht erschienen; weil dieser nicht nachweisen könne, daß das Bischofsteiner Gericht wegen der ausstehenden 41 Mark für ihn und gegen Michel Werderman gesprochen habe, entbinde er [Kromer] jenes von seinem vermeintlichen Zuspruch.

Abschrift
1 Bogen 20, 5 x 32 cm, S. 1—2 beschrieben.

Journalvermerk:

Schreiben des Koadjutors wegen der Beschwerde des Müllers zu Rudau.

Ostpr. Fol. 14323, Bl. 1 r.

Nr. 2079

1573 April 23 [Königsberg]

Herzog Albrecht Friedrich an Martin Kromer, Statthalter zu Heilsberg:

Anweisung an den Hauptmann zu Balga [Melchior von Lehndorff], Holz zum Bedarf der Braunsberger Mühle zu liefern; bischöflicherseits werde aber hier die Gleichheit nicht gehalten, weil der Mühlenmeister von Bartenstein erst nach erneuter Mahnung das Holz über drei Meilen entfernt im Seeburgischen habe holen und für jeden Stamm 5 Groschen Stammgeld zahlen müssen; Bitte an [Kromer] um Lieferung von Bauholz für die Bartensteiner Mühle ohne besonderes Entgelt.

Konzept
1 Bogen 21 x 30, 5 cm, S. 1—2 beschrieben, S. 4 Empfänger-, Datums- und Registraturvermerk.
HBA C 1 Nr. 2079. — Altsignatur fehlt; K. 1224.
Reinkopie: Ostpr. Fol. 74, S. 385—387.

Nr. 2080

1573 April 28, Heilsberg

Martin Kromer, Koadjutor des Bistums Ermland, an Herzog Albrecht Friedrich:

Dank für den herzoglichen Befehl an den Hauptmann zu Balga, Holz zum Bedarf der Braunsberger Mühle zu liefern; der Mühlenmeister von Bartenstein sei ins Seeburgische verwiesen worden, weil im Heilsberger Gebiet kein für den Mühlenbau geeignetes Holz vorhanden gewesen sei; da der Pollkeimer Wald im Seeburgischen nicht dem Bischof gehöre, habe sich der Mühlenmeister mit der Dorfschaft Pollkeim vergleichen müssen, was zu der besagten Zahlung von Stammgeld geführt habe; für Holz aus dem Heilsbergischen brauche der Mühlenmeister keinen Pfennig zu bezahlen.

Behändigte Ausfertigung
1 Bogen 21 x 32 cm, S. 1—2 beschrieben, Unterschrift des Koadjutors, S. 4 Außenadresse, Inhalts- und Kanzleivermerk.
Siegel des Koadjutors
HBA C 1 Nr. 2080. — Altsignatur: 1/13/4; K. 479.

Journalvermerk:

Schreiben des Koadjutors wegen Lieferung des Bauholzes für die Braunsberger Mühle und der Beschwerde des Mühlenmeisters zu Bartenstein.

Ostpr. Fol. 14323, Bl. 1 r.

Nr. 2081

1573 Mai 6, Heilsberg

Martin Kromer, Koadjutor des Bistums Ermland, an Herzog Albrecht Friedrich:

Beschwerde des Pfarrers und der Dorfschaft Krekollen über ihren Grenznachbarn Fabian Berwaldt von Kraftshagen; Bitte um Veranlassung des Berwaldt zur Rückgabe der von ihm entwendeten Pferde, Ochsen und sonstiger Sachen an die Kläger und um seine angemessene Bestrafung.

Behändigte Ausfertigung
1 Bogen 21 x 33 cm, S. 1—2 beschrieben, Unterschrift des Koadjutors, S. 4 Außenadresse und Inhaltsvermerk, Vermerk: „ist Berwaldt zugeschicket, item dem Coatiutor beantworttet".
Siegel des Koadjutors
HBA C 1 Nr. 2082. — Altsignatur: 1/13/16; K. 479.

Beilagen

I. 1573 Mai 5, Krekollen

Untertanen der Dorfschaft Krekollen an Martin Kromer:

Klage über Fabian Berwaldt aus Kraftshagen, der ihr Vieh, wenn es nur einen Schritt über die Grenze auf seine Brache gekommen war, hatte wegtreiben lassen, was gegen alle Ordnungen „dieser Lande Preußen" verstieß; die Bewohner von Krekollen haben dagegen das auf ihre Gemarkung gekommene Vieh [Berwaldts] nicht angetastet, obwohl sie dazu berechtigt gewesen wären; keine Bereitschaft [Berwaldts] zur Errichtung von Ricken [Zäunen] auf seinen Feldern; er droht stattdessen die Verbrennung der von den Krekollenern zum Schutz ihrer Äcker angelegten Ricken an; außerdem hat er dem Pfarrer von Krekollen zwei Pferde abgenommen, die er nur gegen eine Last Hafer an diesen zurückgeben will.

Abschrift
1 Bogen 21 x 32 cm, S. 1—3 beschrieben.

II. 1573 Mai 5, Krekollen

Pfarrer Georgius Herman zu Krekollen an Martin Kromer:

Klage über Fabian Berwaldt aus Kraftshagen, der ihm im vergangenen Herbst ein Pferd gepfändet und dieses zu seinem eigenen Nutzen sieben Wochen in seinem Hof gebraucht hat; am gestrigen Tage hat [Berwaldt] dem Pfarrer zwei weitere Pferde, die „ein wenig über die Grenze auf sein Brachfeld" gelaufen waren, entwendet, die er nur gegen die Errichtung einer Last Hafer zurückgeben will; anderenfalls will er sie nach Königsberg bringen; Bitte des Pfarrers um Schutz gegen diese täglichen Übergriffe, weil er sonst seines Lebens nicht sicher ist.

Abschrift
1 Bogen 21 x 32 cm, S. 1 beschrieben.

Journalvermerk:

Schreiben [Kromers] wegen der Beschwerden des Pfarrers und der Dorfschaft Krekollen über Fabian Berwaldt.

Ostpr. Fol. 14323, Bl. 1 v.

Nr. 2082

1573 Mai 8 [Königsberg]

Herzog Albrecht Friedrich an Martin Kromer:

Empfang der Schreiben [Kromers] vom 28. April und 6. Mai; die Beschwerden des Pfarrers und der Dorfschaft Krekollen sind an Berwaldt weitergeleitet worden, der dazu Stellung nehmen muß; Bereitschaft zur Holzlieferung aus dem Amt Balga zugunsten der Braunsberger Mühle; Einholung eines Berichts beim Bartensteiner Mühlenmeisters wegen des von ihm aus dem Bistum abgeholten Holzes.

Konzept
1 Bogen 21, 5 x 30 cm, S. 1—2 beschrieben, S. 4 Empfänger-, Datums- und Registraturvermerk.
HBA C 1 Nr. 2082. — Altsignatur fehlt; K. 1224.
Reinkopie: Ostpr. Fol. 74, S. 391—392.

Nr. 2083

1573 Mai 16, Heilsberg

Martin Kromer, Koadjutor des Bistums Ermland, an Herzog Albrecht Friedrich:

Dank für den herzoglichen Brief an Fabian Berwaldt in der Sache der Krekollener, der allerdings keinen Nutzen erbracht hat; [Albrecht Friedrich] möge daraus ersehen, wie es in Wirklichkeit mit dem Frieden und der guten Nachbarschaft zwischen dem Herzogtum und dem Bistum beschaffen sei.

Behändigte Ausfertigung
1 Bogen 22 x 33 cm, S. 1—2 beschrieben, Unterschrift des Koadjutors, S. 4 Außenadresse, Inhalts- und Kanzleivermerk.
Siegel des Koadjutors
HBA C 1 Nr. 2083. — Altsignatur: 1/13/5; K. 479.

Beilage

1573 Mai 16, Krekollen

Pfarrer Georgius Herman zu Krekollen an Martin Kromer:

Der von ihm auf eigene Kosten mit Briefen [Kromers] von Heilsberg nach Königsberg geschickte Bote hat ihm am 13. Mai Botschaften des Herzogs in der Sache Fabian Berwaldts überantwortet, die er bald darauf durch den Schulzen von Krekollen dem „Juncker zum Krafftshagen“ zugestellt hat; [Berwaldt] verweigert dennoch die Rückgabe der Pferde und erklärt, wenn „der Bischof von Heilsberg dem Fürsten schreiben könne, so könne er selbst nach Königsberg reisen und des Pfaffen von Krekollen Pferd anspannen“; der Junker hat den Fall auch dem Doktor Jonas berichtet, der ihm „den

Rücken halten soll"; [Berwaldt] will nur gegen eine halbe Last Hafer die Pferde freigeben; Bitte an den Koadjutor um Wiederherstellung der Gerechtigkeit.

1 Bogen 21 x 33 cm, S. 1—2 beschrieben.

Journalvermerk:

Schreiben des Koadjutors wegen der Erfolglosigkeit des herzoglichen Reskripts an Berwaldt.

Ostpr. Fol. 14323, Bl. 1 v.

Nr. 2084

1573 Mai 20 [Königsberg]

Herzog Albrecht Friedrich an Martin Kromer:

Befehl an Fabian Berwaldt, beim Verlust „unserer Gnade" dem Pfarrer zu Krekollen die weggenommenen Pferde zurückzugeben; Erwartung, daß der Junker diesem Reskript unverzüglich nachkommt.

Konzept
1 Bogen 20, 5 x 31 cm, S. 1—2 beschrieben, S. 4 Empfänger-, Datums- und Registraturvermerk.
HBA C 1 Nr. 2084. — Altsignatur fehlt; K. 1224.
Reinkopie: Ostpr. Fol. 74, S. 393—394.

Nr. 2085

1573 Juni 6, Heilsberg

Martin Kromer, Koadjutor des Bistums Ermland, an Herzog Albrecht Friedrich:

Kredenzbrief für seinen Sekretär, der dem Herzog persönlich die Beschwerden [Kromers] über Fabian Berwaldt vortragen soll, weil auf schriftlichem Wege nichts erreicht werden konnte.

Behändigte Ausfertigung
1 Bogen 22 x 33 cm, S. 1—2 beschrieben, Unterschrift des Koadjutors, S. 4 Außenadresse, Inhalts- und Beantwortungsvermerk vom 9. Juni 1573.
Siegel des Koadjutors
HBA C 1 Nr. 2085. — Altsignatur: 1/13/14; K. 479.

Journalvermerk:

Kredenzbrief des Koadjutors für seinen an den Herzog abgeordneten Sekretär.

Ostpr. Fol. 14323, Bl. 1 v.

Nr. 2086

1573 Juni 6, Heilsberg

Johann von Hatten an Caspar von Lehndorff, herzoglichen Hofmeister und Hauptmann zu Preußisch Eylau:

Der Koadjutor hat seinen Sekretär Johannes Creczmerus in verschiedenen Angelegenheiten an den Herzog abgefertigt; Bitte [Hattens] an [Lehndorff], besagten Sekretär auch in dem Handel von Grünau anzuhören.

Behändigte Ausfertigung
1 Bogen 21 x 33, 5 cm, S. 1 beschrieben, Unterschrift des Ausstellers, S. 4 Außenadresse, Inhalts- und Kanzleivermerk.
Siegel des Ausstellers
HBA C 1 Nr. 2086. — Altsignatur: 1/13/15; K. 479.

Journalvermerk:

Schreiben von Hattens wegen des Handels von Grünau.

Ostpr. Fol. 14323, Bl. 2 r.

Nr. 2087

1573 Juni 7, Heilsberg

Martin Kromer, Koadjutor des Bistums Ermland, an den herzoglichen Kanzler Johann von Kreytzen:

Der Kanzler wird von seinem nach [Königsberg] entsandten Sekretär über den Mutwillen Fabian Berwaldts gegen den Pfarrer und die Dorfschaft Krekollen unterrichtet werden; Bitte um Klaglosstellung der Krekollener, damit die gute Nachbarschaft zwischen den beiderseitigen Untertanen bewahrt bleibe.

Behändigte Ausfertigung
1 Bogen 22, 5 x 33 cm, S. 1—2 beschrieben, Unterschrift des Koadjutors, S. 4 Außenadresse, Inhalts- und Kanzleivermerk.
Siegel des Koadjutors
HBA C 1 Nr. 2087. — Altsignatur: 1/13/6; K. 479.

Journalvermerk:

Schreiben des Koadjutors in der Sache von Krekollen.

Ostpr. Fol. 14323, Bl. 1 v. und 2 r.

Nr. 2088

1573 Juni 9 [Königsberg]

Herzog Albrecht Friedrich an Martin Kromer, Statthalter zu Heilsberg:

Erneuter Befehl an Fabian Berwaldt, dem Pfarrer und den Untertanen von Krekollen ihre gepfändeten Pferde zurückzugeben und sich künftig gegenüber der bischöflichen Seite freundnachbarlich zu verhalten.

Konzept
1 Bogen 21 x 31 cm, S. 1—2 beschrieben, S. 4 Empfänger-, Datums- und Registraturvermerk.
HBA C 1 Nr. 2088. — Altsignatur fehlt; K. 1224.
Reinkopie: Ostpr. Fol. 74, S. 398—399.

Nr. 2089

1573 Juni 15, Braunsberg

Richter und Beisitzer des Stadtgerichts Braunsberg an den Obersten Burggrafen Christoph von Kreytzen zu Königsberg:

Beschwerde ihres Mitbürgers Clement Bartsch über den Königsberger Schloßkoch Pauel Satzborn wegen nicht bezahlter Schuld von 16 Groschen aus einem in Frauenburg getätigten Verkauf von vier Ochsen; [Satzborn] verweist den [Bartsch] an Valten Hirreich, der ihm 18 Groschen schulde und für diese Summe hafte; weil die Einlösung der Schuld nicht erfolgt, raten die Aussteller dem [Bartsch], sich in seiner Sache an den Obersten Burggrafen zu wenden, und bitten diesen um Rechtshilfe für den Petenten.

Behändigte Ausfertigung
1 Bogen 21 x 33 cm, S. 1 beschrieben, Unterschrift der Aussteller, S. 4 Außenadresse, Inhalts- und Kanzleivermerk.
Siegel der Aussteller
HBA C 1 Nr. 2089. — Altsignatur: 2/34/89; K. 479.

Nr. 2090

1573 Juni 30 [Königsberg]

Herzog Albrecht Friedrich an [Martin Kromer] Statthalter zu Heilsberg:

Beschwerde des Kneiphofer Bürgers Peter Kersten über die Braunsberger, die seine Äcker mit Lehmgraben und einer Ziegelscheune verdorben haben; Bitte des Herzogs um Einstellung dieser widerrechtlichen Maßnahmen und um Füllung der entstandenen Lehmgräben.

Konzept
1 Bogen 21 x 32 cm, S. 1—2 beschrieben, S. 4 Empfänger-, Datums- und Registraturvermerk.
HBA C 1 Nr. 2090. — Altsignatur fehlt; K. 1224.
Reinkopie: Ostpr. Fol. 74, S. 410—411.

Nr. 2091

1573 Juli 21 [Königsberg]

Herzog Albrecht Friedrich an Martin Kromer, Statthalter zu Heilsberg:

Nach glaubwürdigen Nachrichten sollen die bei Danzig versammelten Reiter einen Vorstoß in das Bistum Ermland und in benachbarte Orte beabsichtigen; Bitte um Unterrichtung von dem Zug dieses Kriegsvolks, damit daraus entstehendes Unheil beizeiten abgewendet werden kann.

Konzept
1 Blatt 21 x 31 cm, S. 1 beschrieben, S. 2 Empfänger-, Datums- und Registraturvermerk.
HBA C 1 Nr. 2091. — Altsignatur fehlt; K. 1224.
Reinkopie: Ostpr. Fol. 74, S. 434—435.

Nr. 2092

1573 Juli 25, Heilsberg

Martin Kromer, Koadjutor des Bistums Ermland, an Herzog Albrecht Friedrich:

Wegen der Nachbarschaft des Bistums mit dem Herzogtum kann das „eine ohne das andere nicht beschädigt werden"; in Anbetracht der großen Kriegswerbungen in Deutschland haben die Herren der Krone Polen dem Danziger Kastellan [Jan Kostka] auferlegt, soviele Reiter und Knechte zu bestellen und in Bereitschaft zu halten, als zur Befestigung der Grenzen nach Deutschland erforderlich ist; von diesem Kriegsvolk seien keine gefährlichen Handlungen zu befürchten, wenn man ihm keine Ursache dafür gebe; nicht bekannt sei, aus welchem Grund die Danziger etliche hundert Knechte angenommen und durch [Reinhold] Krakau Reiter hätten anwerben lassen; Bereitschaft des Koadjutors, den Herzog von allen Ereignissen zu unterrichten, was dieser gleichfalls tun möge.

Behändigte Ausfertigung
1 Bogen 22, 5 x 33 cm, S. 1—3 beschrieben, Unterschrift des Koadjutors, S. 4 Außenadresse, Inhalts- und Eingangsvermerk vom 27. Juli 1573.
Siegel des Koadjutors
HBA C 1 Nr. 2092. — Altsignatur: 1/13/7; K. 479.

Journalvermerk:

Schreiben des Koadjutors wegen der in der Nähe des Bistums versammelten Reiter.

Ostpr. Fol. 14323, Bl. 2 r.

Nr. 2093

1573 Juli 29, Heilsberg

Martin Kromer, Koadjutor des Bistums Ermland, an Herzog Albrecht Friedrich:

Bericht des Georgius Hannaw, eines Dieners des Bischofs von Kujawien, über seine Gesandtschaft an den neuerwählten König von Polen [Heinrich von Valois], den er im Lager vor Rucella bei guter Gesundheit vorgefunden hat; Absicht [Heinrichs] zum baldigen Aufbruch in die Krone Polen, wobei nicht bekannt ist, ob die Reise zu Wasser oder Land erfolgen wird; bei der Durchreise durch Jülich hat [Hannaw] von der Kränklichkeit und Leibesschwachheit der mit Herzog [Albrecht Friedrich] verlobten Prinzessin [Marie Eleonore] erfahren; nach [Hannaws] Bericht soll in Frankreich große Teuerung herrschen.

Behändigte Ausfertigung
1 Bogen 21, 5 x 33 cm, S. 1—2 beschrieben, Unterschrift des Koadjutors, S. 4 Außenadresse, Inhalts- und Kanzleivermerk.
Siegel des Koadjutors
HBA C 1 Nr. 2093. — Altsignatur: 1/13/10; K. 479.

Journalvermerk:

Schreiben des Koadjutors wegen des neuerwählten Königs von Polen und der Braut Herzog [Albrecht Friedrichs].

Ostpr. Fol. 14323, Bl. 2 r.

Nr. 2094

1573 August 2, Heilsberg

Martin Kromer, Koadjutor des Bistums Ermland, an Herzog Albrecht Friedrich:

Nach im Ermland verbreiteten Nachrichten sollen die Prädikanten im Herzogtum Preußen öffentlich von den Kanzeln auf den neuerwählten König von Polen [Heinrich von Valois] fluchen und schelten, wobei sie behaupten, daß dieser „nicht durch eine ordentliche Wahl von Gott, sundern vom Teufel zum Polnischen Könige gekoren worden“ sei; unter Berufung auf Aussagen des Alten und Neuen Testaments führt [Kromer] aus, daß derartige Äußerungen nicht „evangelisch, sondern eigenwillig und aufrührerisch“ seien, woraus [Albrecht Friedrich] Konsequenzen ziehen müsse.

Behändigte Ausfertigung
1 Bogen 22, 5 x 33 cm, S. 1—2 beschrieben, Unterschrift des Koadjutors, S. 4 Außenadresse, Inhalts- und Eingangsvermerk vom 4. August 1573.
Siegel des Koadjutors
HBA C 1 Nr. 2094. — Altsignatur: 1/13/8; K. 479.

Journalvermerk:

Schreiben des Koadjutors wegen des Fluchens und Scheltens der Prädikanten im Herzogtum über den neuerwählten polnischen König.

Ostpr. Fol. 14323, Bl. 2 v.

Nr. 2095

1573 August 3 [Königsberg]

Herzog Albrecht Friedrich an Martin Kromer, Koadjutor des Bistums Ermland:

Gute Wünsche für den neuerwählten polnischen König [Heinrich von Valois]; von anderer Seite hat der Herzog von der raschen Besserung des Gesundheitszustandes seiner Verlobten Marie Eleonore erfahren.

Konzept
1 Bogen 22 x 30 cm, S. 1—2 beschrieben, S. 4 Empfänger-, Datums- und Registraturvermerk.
HBA C 1 Nr. 2095. — Altsignatur fehlt; K. 1224.
Reinkopie: Ostpr. Fol. 74, S. 445—446.

Nr. 2096

1573 August 4 [Königsberg]

Herzog Albrecht Friedrich an [Martin Kromer] Koadjutor des Bistums Ermland:

Keine Kenntnis von abfälligen Äußerungen seiner Prädikanten über den neuerwählten König von Polen; zumindest die in der Nähe des Herzogs befindlichen Prädikanten haben mit Fürbitten und Glückwünschen dem Monarchen den gebührenden Respekt erwiesen, was jedoch nicht heißt, daß alle Prediger — wie auch die im Bistum — in gleicher Weise bedächtig, bescheiden und vorsichtig sind; falls einer beim Fluchen und Schelten ertappt wird, soll er streng bestraft werden, um zu demonstrieren, daß dem Herzog nur an der reinen evangelischen Lehre und an keiner Eigenwilligkeit gelegen ist; Verordnung an die Geistlichkeit des Herzogtums, wie diese für den neuen König christlich bitten und beten soll; möglicherweise soll durch dieses falsche Gerücht der Herzog bei dem künftigen König und den Ständen der Krone Polen verunglimpft werden.

Konzept
1 Bogen 21, 5 x 30 cm, S. 1—4 beschrieben, S. 4 Empfänger-, Datums- und Registraturvermerk.
HBA C 1 Nr. 2096. — Altsignatur fehlt; K. 1224.
Reinkopie: Ostpr. Fol. 74, S. 446—450.

Nr. 2097

1573 September 21 [Königsberg]

Herzog Albrecht Friedrich an das Kapitel zu Frauenburg und insbesondere an Eggert von Kempen:

Herzog Wilhelm zu Jülich, Kleve und Berg und dessen Tochter Marie Eleonore, die sich auf dem Wege nach Königsberg befinden, wollen in Frauenburg Nachtlager halten; Bitte um eine entsprechende Verfügung, damit der mit der Ausrichtung beauftragte Hauptmann zu Balga [Melchior von Lehndorff] gegen Bezahlung Quartier und Proviant für die Fürstlichkeiten und ihre Begleitung erhalten kann.

Konzept
1 Blatt 21 x 30 cm, S. 1 beschrieben, S. 2 Empfänger-, Datums- und Registraturvermerk.
HBA C 1 Nr. 2097. — Altsignatur fehlt; K. 1224.
Reinkopie: Ostpr. Fol. 74, S. 465—466.

Nr. 2098

1573 September 25, Frauenburg

Prälaten, Domherren und Kapitel des Stifts Ermland an Herzog Albrecht Friedrich:

Segenswünsche zur bevorstehenden Vermählung des Herzogs; Bereitschaft zur Versorgung Herzog Wilhelms zu Jülich, Kleve und Berg und dessen Tochter Marie Eleonore sowie deren gesamter Begleitung mit Quartier und Verpflegung.

Behändigte Ausfertigung
1 Bogen 21, 5 x 32 cm, S. 1—2 beschrieben, Unterschrift der Aussteller, S. 4 Außenadresse, Inhalts- und Kanzleivermerk.
Siegel des Kapitels liegt lose bei.
HBA C 1 Nr. 2098. — Altsignatur: 1/13/13; K. 479.

Journalvermerk:

Schreiben des Kapitels wegen Versorgung der nach Königsberg reisenden Fürstlichkeiten mit Quartier und Viktualien.

Ostpr. Fol. 14323, Bl. 2 v.

Nr. 2099

1573 September 26 [Königsberg]

Herzog Albrecht Friedrich an Martin Kromer, Statthalter zu Heilsberg:

Bezug auf die Beschwerde [Kromers] über den Hauptmann von Ortelsburg [Sigismund von Wallenrodt] wegen „Brechung etlicher Beuten [Bienenkörbe]", Auspflügung der Grenzschüttung und Verbrennung einer alten Eiche, die bischöflicherseits als echte Grenzmarkierung angesehen wird; Bereitschaft zur Einholung gründlicher Nachrichten wegen der dort strittigen Grenze und Bitte um Verständnis für die sich wegen des bevorstehenden fürstlichen Beilagers verzögernde Beantwortung.

Konzept
1 Bogen 21 x 30 cm, S. 1—2 beschrieben, S. 4 Empfänger-, Datums- und Registraturvermerk.
HBA C 1 Nr. 2099. — Altsignatur fehlt; K. 1224.
Reinkopie: Ostpr. Fol. 74, S. 466—467.

Nr. 2100

1573 Oktober 2 [Heilsberg]

Recessus Episcopatus Varmiensis:

Verkündung von Artikeln, die 1572 auf der Tagfahrt in Heilsberg mit den bischöflichen und domkapitularischen Untertanen verglichen worden sind, durch Martin Kromer, Koadjutor des Bistums Ermland, den Kustos Johannes Leoman und den Domherrn Johannes Rosenzweig; Verpflichtung Adliger, die im Bistum begütert sind, aber außerhalb dieser Herrschaft wohnen, den Ladungen und Zitationen der Obrigkeit Folge zu leisten und anderenfalls für ihren Ungehorsam bestraft zu werden; Geistlichen werden künftig Ausschreiben oder Ladungen durch Priester oder „offene Notarien" und weltlichen Personen durch den Schloßdiener zugestellt, der ein Geschworener sein muß; für jede Meile erhält dieser zwei Groschen Wegegeld; das Einbringen jeder Ladung wird vom Schreiber registriert; der Termin der Ladung soll auf mindestens 14 Tage nach Überantwortung der Zitation festgesetzt werden; für außerhalb des Bistums wohnende Personen wird diese Frist auf drei Wochen verlängert, um deren Erscheinen vor Gericht zu gewährleisten; Eidespflicht der von den Klägern und Beklagten vorgebrachten Zeugen vor Gericht; nach einmal „eröffneten Gezeugnissen," sollen keine anderen Zeugen in derselben Sache verhört werden; wer einen richterlichen oder obrigkeitlichen Spruch erlangt hat, kann an den Oberrichter appellieren; der Richter muß dem appellierenden Teil ohne lange Verzögerung einen Termin einräumen; die Gerichte sollen mit verständigen und erfahrenen Richtern und Schöppen besetzt werden, um sicherzustellen, daß die Verhandlungen nach den an dem jeweiligen Ort geltenden Statuten, Willküren und Gewohnheiten geführt werden; Richter, Schöppen und Beisitzer sollen ehelich geboren sein, einen guten Leumund haben und zumindest lesen und schreiben können, damit sie die von den Parteien eingebrachten Vorlagen überlesen und verstehen können; weil sich die in kleinen Städten häufig mit ungelehrten Leuten besetzten Gerichte auf den Stadtschreiber verlassen müssen, soll dieser absolute Verschwiegenheit bewahren und „keinen Vertrag aufs reine Papier bringen", bevor er allen Parteien vorgelesen worden ist; jeder kann sich vor Gericht eines Anwalts bedienen, der eidlich versichern muß, mehr die Sache seines Klienten als seinen eigenen Nutzen zu fördern; von auswärts kommende Anwälte sollen für jede Meile eine Mark erhalten; die Kosten für ihre Zehrung und Beherbergung trägt der Klient, wobei jedoch ein längeres Verweilen des Anwalts nach Abschluß der Rechtssache zu dessen Lasten geht; bei Zitationen oder Ladungen, die „der Anfang und Grund des ordentlichen Prozesses" sind, müssen alle Mängel vermieden werden, die den Parteien „vergebliche Unkosten" bereiten; Regelung der Übermittlung von Ladungen an geistliche und weltliche Personen; in den Städten sollen Zitationen durch den Stadtdiener zugestellt werden, wobei zwischen der Aushändigung der Ladung und dem Gerichtstermin wenigstens zwei Tage liegen sollen; wenn sich Beklagte in anderen Herrschaften aufhalten, die als Stadtbürger dem Gerichtszwang einer ermländischen Stadt unterliegen, sollen diese an das zuständige Gericht überstellt werden; beide Parteien und ihre Bevollmächtigten sollen sich vor dem Richter „mit Gebühr und Bescheidenheit" verhalten; wenn Kläger oder deren Anwälte nicht auf dem angesetzten Rechtstag erscheinen, wird ihnen erst nach Erstattung der dem Beklagten entstandenen Unkosten eine neue Zitation in derselben Sache gestattet; Beklagte, die der Ladung nicht nachkommen und einen erneut anberaumten Termin versäumen, sollen schuldig gesprochen werden; jeder Beklagte hat das Recht, Bedenken gegen den Richter vorzubringen, die bei Stichhaltigkeit zur Verwerfung des Richters führen können; besondere Artikel betreffen die Kompensationen, Interrogatorien und den Zeugeneid, der im Beisein des Richters und beider Parteien „mit gebührlichen Ceremonien als einem Crucifix und zwey brennenden Wachslichtern geleistet" werden muß; unter anderer Herrschaft sitzende Zeugen soll der zuständige Richter durch einen „Compaßbrief" vorladen lassen; den besiegelten und eigenhändig unterschriebenen Zeugnissen hochadliger und fürstlicher Personen wie auch der Mitglieder des Domkapitels soll „vollkommener Glaube gegeben werden"; nach Abschluß der Zeugenaussagen werden diese öffentlich verlesen; jedes Urteil muß schriftlich verfaßt und verlesen werden; eine Appellation an den Oberrichter muß spätestens zehn Tage nach dem erlassenen Urteil erfolgen; danach sind keine Berufungen mehr möglich, wodurch das Urteil rechtskräftig wird; keiner darf in einer Sache mehr als zweimal appellieren; jeder Ober- und Unterrichter soll darauf hinwirken, daß das von ihm gefällte Urteil vollzogen wird.

Abschrift
Deutsch mit kürzerer lateinischer Fassung
6 Bogen 20 x 33 cm, S. 1—23 beschrieben.
HBA C 1 Nr. 2100. — Altsignatur: 1/5/89; K. 479.
Kurzregest: Richard Fischer: Briefe und Aktenstücke aus der Zeit der preußischen Herzöge Albrecht und Albrecht Friedrich, in: Altpreußische Monatsschrift 25 (1888), S. 424.

Nr. 2101

1573 Oktober 20 [Königsberg]

Herzog Albrecht Friedrich an [Martin Kromer] Koadjutor des Bistums Ermland und mutatis mutandis an die Domherren zu Frauenburg:

Dank für die freundliche Aufnahme des Herzogs [Wilhelm] zu Jülich und dessen Tochter durch das Domkapitel, was die nach Frankfurt abgesandten Räte berichtet haben; wegen der Absicht des Jülicher Herzogs, auf dem Rückweg wiederum durch das Gebiet des Kapitels zu ziehen, bittet [Albrecht Friedrich] auch in diesem Fall um Unterstützung.

Konzept
1 Bogen 21, 5 x 30 cm, S. 1—2 beschrieben, S. 4 Außenadresse, Datums und Registraturvermerk.
HBA C 1 Nr. 2101. — Altsignatur fehlt; K. 1224.
Reinkopie: Ostpr. Fol. 74, S. 473—474.

Nr. 2102

1573 Oktober 25, Heilsberg

Martin Kromer, Koadjutor des Bistums Ermland, an Herzog Albrecht Friedrich:

Empfang des Schreibens vom 20. Oktober mit der Ankündigung des Durchzugs des Herzogs von Jülich; weil ihm jedoch besagtes Schreiben erst am Tage der Ankunft des Jülicher Herzogs in Frauenburg behändigt worden ist und Frauenburg von Heilsberg weiter als von Königsberg entfernt ist, konnte er [Kromer] in dieser Sache nichts tun; er hofft jedoch, daß auch ohne seine Veranlassung das Domkapitel und der Hauptmann von Braunsberg die erforderlichen Maßnahmen getroffen haben.

Behändigte Ausfertigung
1 Bogen 21, 5 x 33, 5 cm, S. 1—2 beschrieben, Unterschrift des Koadjutors, S. 4 Außenadresse, Inhalts- und Kanzleivermerk.
Siegel des Koadjutors
HBA C 1 Nr. 2102. — Altsignatur: 1/13/9; K. 479.

Journalvermerk:

Entschuldigung des Koadjutors für seine unterbliebene Mitwirkung bei der Aufnahme des Jülicher Herzogs in Frauenburg.

Ostpr. Fol. 14323, Bl. 2 v.

Nr. 2103

1573 Oktober 31, Rom

Bischof Stanislaus von Ermland an Herzogin Marie Eleonore:

Freude über die vollzogene Vermählung Marie Eleonores mit dem Herzog [Albrecht Friedrich]; weil die neue Herzogin „von catholischen Eltern“ stamme und in „unser uralten christlichen Religion von Kindt auf“ erzogen sei, hoffe er [Hosius], daß sie ihren Gemahl mit allen seinen Untertanen, die bisher mit wankelmütigen und fast alle Jahre veränderten Lehren jämmerlichen verführet“, zur katholischen Kirche, „außerhalb welcher keiner Seelen Heil zu erhoffen“, zurückführen werde; Bereitschaft des [Hosius], hierbei alle Hilfe und Rat zu offerieren und dem Bruder der Herzogin beim Erhalt des Bistums Münster nützlich und förderlich zu sein.

Behändigte Ausfertigung
1 Bogen 21 x 27, 5 cm, S. 1 beschrieben, Unterschrift des Bischofs, S. 4 Außenadresse, Inhalts- und Kanzleivermerk.
Siegel des Bischofs
HBA C 1 Nr. 2103. — Altsignatur: 1/13/11; K. 479.

Journalvermerk:

Glückwünsche zur Vermählung Marie Eleonores und Hoffnung auf die Rückkehr des Herzogtums Preußen zum Katholizismus.

Ostpr. Fol. 14323, Bl. 3 r.

Nr. 2104

1573 Oktober 31, Rom

Bischof Stanislaus von Ermland an Herzog Albrecht Friedrich:

Glückwünsche zur Vermählung [Albrecht Friedrichs] mit der Tochter des Herzogs von Jülich; Erwartung der Rückkehr der herzoglichen Untertanen zum Katholizismus, weil diese sehen müßten, wie in „diesen neuen Secten, so alle Jahr und fast alle Monat verändert, so gar nichts Gewisses und Beständiges erfunden“; er habe im vergangenen Sommer ein „Teutsches Buch, so die Schule von Wittenberg von der Person und Menschwerdung Christi ausgehen lossen“, gelesen, das die Frevel der Flaccianer, Manichäer, Sabellianer, Arianer und Nestorianer beklage und bezweifele, ob diese an Gott im Himmel glauben; in diesem Buch sei auch von der grausamen Strafe Gottes zu lesen, die wegen „solcher Ketzereien“ den ganzen Orient ereilt habe; Hinweis auf das verderbliche Wirken eines „Vigandus, Heshusius, Mörlinus, Chemnitius“; Rettung biete hier nur die Kirche „unserer Voreltern und Ureltern“, die das „reine Evangelium und ausdrücklich Wort Gottes“ verkünde; die Annahme der katholischen Religion werde zur „Befestigung und Stärkung“ der zeitlichen Regierung des Herzogs beitragen.

Behändigte Ausfertigung
1 Bogen 21 x 27, 5 cm, S. 1—3 beschrieben, Unterschrift des Bischofs, S. 4 Außenadresse, Inhalts- und Kanzleivermerk.
Siegel des Bischofs liegt lose bei.
HBA C 1 Nr. 2104. — Altsignatur: 1/13/12; K. 479.

Journalvermerk:

Hoffnung auf die Rückkehr des Herzogs und seiner Untertanen zur katholischen Kirche.

Ostpr. Fol. 14323, Bl. 3 r.

Nr. 2105

1573 Dezember 17 [Königsberg]

Herzog Albrecht Friedrich an das Kapitel zu Frauenburg:

Hinweis auf die beiliegende Supplikation Jacobs von Alexwangen; Bitte um Klaglosstellung des Petenten.

Konzept
1 Bogen 21 x 33 cm, S. 1—2 beschrieben, S. 4 Empfänger-, Datums- und Registraturvermerk.
HBA C 1 Nr. 2105. — Altsignatur fehlt; K. 1224.

Nr. 2106

1574 Januar 2, Rautenberg

Fabian Klinsky auf Rautenberg an den Obersten Burggrafen Christoph von Kreytzen:

Der Oberste Burggraf kann den Beilagen entnehmen, daß ihm [Klinsky] Elisabeth Buchsen, die Witwe des Marienwerderschen Hauptmanns Absolon Reyman, mit Willen der vom Herzog und dem pommerellischen Woiwoden [Achatius von Zehmen] eingesetzten Vormünder ehelich angetraut worden ist; für die Schicht und Teilung des Erbes haben die Vormünder den 7. Januar angesetzt und sich zu diesem Zweck nach Marienwerder begeben, wo ihnen der dortige Bürger Thomas Schmitt etliche Schriften des Herzogs übergeben hat, die auf einem falschen Bericht des Jörgen Langnau beruhen sollen; danach hätte [Reyman] ihn und andere Bürger zu Vormündern seiner Kinder erbeten und nicht die, die der Herzog laut Aussage des Testaments schon bestätigt hätte; Bitte [Klinskys] an den Herzog um rasche Klärung der Vormundschaft und Nachlaßfrage; er selbst habe beabsichtigt, bei [Albrecht Friedrich] vorstellig zu werden, das Begräbnis des Königs [Sigismund II. August] habe das jedoch verhindert.

Behändigte Ausfertigung
1 Bogen 21 x 30 cm, S. 1—2 beschrieben, Unterschrift des Ausstellers, S. 4 Außenadresse, Inhalts- und Kanzleivermerk.
Siegelspuren
HBA C 1 Nr. 2106. — Altsignatur: 2/35/133; K. 479.

Nr. 2107

1574 Februar 3, Frauenburg

Prälaten, Domherren und Kapitel des Stifts Ermland an Herzog Albrecht Friedrich:

Verwunderung über die herzogliche Fürbitte für den Edlen Jacob von Alexwangen, weil dieser keine Ursache habe, sich über das Domkapitel zu beschweren, zumal die Sache weniger dieses als den Koadjutor berühre; die Brüder Merten und Jacob von Alexwangen hätten sich vor fünf Jahren zur Zahlung eines jährlichen Zinses in Höhe von 60 Mark gegen 1000 Mark Kaufgeld in ihrem im Ermland gelegenen Dorf Dittrichsdorf verpflichtet; nach Mertens Tod sei dessen Witwe in Bedrängnis geraten und habe ihren Anteil an Dittrichsdorf dem Jacob von Alexwangen anbieten lassen; dieser habe sie aber nur „mit anderen liegenden Gründen in Elbing" entschädigen wollen, was die Witwe zum Verkauf an das Domkapitel bewogen hätte; [Jacob von Alexwangen] erreicht beim Koadjutor in Heilsberg ohne Kenntnis des Domkapitels die Annullierung des Kaufvertrages; weil besagter Jacob erst nach eineinhalb Jahren seine Rechte geltend gemacht hat, sind diese nach landesüblichen Brauch unwirksam geworden; Bitte an den Herzog, den Jacob von Alexwangen von seinem unbefugten Ansuchen abzuhalten.

Behändigte Ausfertigung
1 Bogen und 1 Blatt 21 x 33 cm, S. 1—4 beschrieben, Unterschrift der Aussteller, S. 6 Außenadresse, Inhalts- und Kanzleivermerk.
Siegel der Aussteller
HBA C 1 Nr. 2107. — Altsignatur: 1/13/22; K. 479.

Nr. 2108

1574 Februar [o. T., Königsberg]

Herzog Albrecht Friedrich an Fabian Bistram von Redlin und Christoff von Rambaw:

Beschwerde [Bistrams] und [Rambows] über die vom Herzog verfügte Ersetzung der Vormünder der Kinder des verstorbenen Absolon Reiman, Andreas Brandt und Friedrich von Dobeneck, durch Thomas Schmied, Heinrich Rentz und Georg Langnau; [Albrecht Friedrich] will an seiner Entscheidung nichts ändern, ist aber bereit, Brandt und Dobeneck zusätzlich zu Thomas Schmied, Heinrich Rentz und Georg Langnau als Vormünder der Kinder [Reimans] anzuerkennen.

Reinkopie
Ostpr. Fol. 74, S. 497.

Nr. 2109

1574 März 4 [Königsberg]

Herzog Albrecht Friedrich an [Martin Kromer] Statthalter zu Heilsberg:

Bericht des Hauptmanns von Seehesten, Andreas Jonas, über das Jagen und Holzschlagen bischöflicher Untertanen in der herzoglichen Wildnis; Beschlagnahme des widerrechtlich gehauenen Holzes durch den Hauptmann; Bitte des Herzogs an [Kromer], solches „unbillige Vornehmen" abzuschaffen, damit die bisherige gute Nachbarschaft erhalten bleibe.

Konzept
1 Bogen 22 x 31 cm, S. 1—2 beschrieben, S. 4 Empfänger-, Datums- und Registraturvermerk.
HBA C 1 Nr. 2109. — Altsignatur fehlt; K. 1225.
Reinkopie: Ostpr. Fol. 74, S. 499—500.

Nr. 2110

1574 März 17 [Königsberg]

Kanzler Johann von Kreytzen im Namen der Herzogin [Marie Eleonore] an Bischof Stanislaus von Ermland:

Empfang des bischöflichen Schreibens aus Rom vom 31. Oktober [1573]; Dank für die Glück- und Segenswünsche zu ihrer Vermählung; Bereitschaft zur Verbreitung und Stärkung von Gottes heiligem Wort unter ihren Untertanen.

Konzept
1 Blatt 21 x 30 cm, S. 1 beschrieben, S. 2 Empfänger-, Datums- und Registraturvermerk.
HBA C 1 Nr. 2110. — Altsignatur fehlt; K. 1225.
Reinkopie: Ostpr. Fol. 74, S. 501—502.

Nr. 2111

1574 März 20, Königsberg

Herzog Albrecht Friedrich an Bischof Stanislaus von Ermland:

Antwort auf die Mahnung des [Hosius], zum katholischen Glauben zurückzukehren; keine Absicht des Herzogs, von dem von Martin Luther verkündigten reinen Evangelium abzufallen, das in allen Kirchen des Herzogtums gelehrt werde; ein solcher Abfall würde das klare, unwandelbare Wort Gottes „uff einen grundtlosen, fliegenden Sand setzen und gründen"; auch seine Gemahlin [Marie Eleonore] fuße auf der 1530 in Augsburg verkündigten Konfession; Bitte an Gott, ihn und seine Gemahlin wie auch alle Untertanen des Herzogtums in der einmal erkannten göttlichen Wahrheit zu erhalten und sie vor einem Abfall in die „Römische oder andere widerwärtige Religion" zu bewahren; in der Vergangenheit sei die rechte wahre Lehre durch die Päpste in Rom verdunkelt und verfinstert worden, was Martin Luther ans Licht gebracht habe; sein Vater [Herzog Albrecht] habe dessen Lehre angenommen und bis an sein Lebensende bewahrt; die protestantische Lehre sei keine neue, sondern vielmehr eine uralte Lehre, die die Propheten, Apostel und Christus selbst verkündet hätten, woran man im Herzogtum unverbrüchlich festhalte; daran habe auch die vom Teufel eingestreute Irrlehre des Osiandrismus nichts geändert; der gegen die Theologen Heshusius, Vigandus, Morlinus und Chemnitius gerichtete Vorwurf des [Hosius] sei nicht stichhaltig, weil diese an der „Eintracht und Bruderschaft" der Kirche Gottes mitgearbeitet hätten; überhaupt habe er [Albrecht Friedrich] keinen Widerwillen gegen irgendeinen Prädikanten seines Fürstentums, „sondern halte sie lieb und wert"; keine Kenntnis von einem Abweichen der Wittenberger von der Augsburger Konfession; alle darüber verbreiteten Gerüchte würden von ihnen widerlegt werden; Festhalten an dem „Corpus Doctrinae" der unverfälschten prophetischen und apostolischen Lehre, wie sie in der Augsburger Konfession verkündigt wird.

Konzept
3 Bogen und 1 Blatt 21 x 32 cm, S. 1—12 beschrieben, S. 14 Empfänger-, Datums- und Registraturvermerk.
HBA C 1 Nr. 2111. — Altsignatur fehlt; K. 1225.
Reinkopie: Ostpr. Fol. 74, S. 502—513.

Nr. 2112

1574 März 24 [Königsberg]

Herzog Albrecht Friedrich an Martin Kromer, Koadjutor des Bistums Ermland:

Übersendung seiner Antworten auf die Schreiben des [Hosius] und eines Buches mit der Bitte um deren Weiterleitung an den Bischof nach Rom.

Konzept
1 Blatt 21 x 30 cm, S. 1 beschrieben, S. 2 Empfänger-, Datums- und Registraturvermerk.
HBA C 1 Nr. 2112. — Altsignatur fehlt; K. 1225.
Reinkopie: Ostpr. Fol. 74, S. 514.

Nr. 2113

1574 April 6, Rautenberg

Fabian Klinsky auf Rautenberg an den Obersten Burggrafen Christoph von Kreytzen:

Übermittlung eines herzoglichen Schreibens durch einen Bürger von Marienwerder, in dem er [Klinsky] der Wegnahme der beweglichen Habe des verstorbenen Absolon Reyman bezichtigt wird; damit sei der Vorwurf verbunden, er [Klinsky] habe die Schicht und Teilung verhindert; zur endgültigen Regelung der Sache sei als neuer Termin der 17. Februar angesetzt worden; zu Vormündern habe der Herzog neben Andreas Brandt und Friedrich von Dobeneck drei Bürger aus Marienwerder berufen; Bitte [Klinskys] an [Kreytzen], beim Herzog die gegen ihn vorgebrachten Anschuldigungen zu entkräften, weil sie nicht begründet seien; die Teilung sei nicht durch ihn, sondern durch die zu Vormündern ernannten Thomas Schmidt, Heinrich Rentzsch und Jorgen Langnau verhindert worden; sie behaupten, die Gemahlin [Klinskys], die Witwe Absolon Reymans, habe die im Testament ihres verstorbenen Mannes verzeichneten Vormünder verworfen, was dieses Dokument eindeutig widerlege; er [Klinsky] habe wegen seiner Reise nach Krakau am 17. Februar einen Bevollmächtigten nach Marienwerder geschickt, der jedoch dort die verordneten Vormünder nicht angetroffen hätte; die Schreiben des Marienburger Woiwoden [Fabian von Zehmen] und des Hauptmanns von Roggenhausen seien erfolglos gewesen; Bitte um rasche Regelung der Schicht und Teilung, damit ihm [Klinsky] und den nachgelassenen Kindern [Reymans] kein größerer Schaden geschehe.

Behändigte Ausfertigung
1 Bogen und 1 Blatt 22 x 34 cm, S. 1—4 beschrieben, Unterschrift des Ausstellers, S. 6 Außenadresse, Inhalts- und Kanzleivermerk.
Siegelspuren
HBA C 1 Nr. 2113. — Altsignatur: 2/35/135; K. 479.

Nr. 2114

1574 April 6, Rautenberg

Elisabeth Buchsen, eheliche Hausfrau Fabian Klinskys, an Herzog Albrecht Friedrich:

Bitte um Belassung der im Testament ihres verstorbenen Mannes Absolon Reyman genannten Vormünder Andreas Brandt und Friedrich von Dobeneck; als sich diese am 7. Januar nach Marienwerder begeben haben, sind ihnen von Thomas Schmidt herzogliche Briefe überreicht worden, in denen ihnen die Vornahme der Schicht und Teilung verboten und deren Durchführung Thomas Schmidt, Heinrich Rentzsch und Jorgen Langnau übertragen worden ist; zwar habe der Herzog Andreas Brandt und Friedrich von Dobeneck neben den drei erwähnten Bürgern als Vormünder anerkannt und sie am 17. Februar zum Erscheinen in Marienwerder aufgefordert, diese hätten aber wegen der ihnen zugefügten Kränkung die Vormundschaft nicht angenommen; Bitte an den Herzog, [Brandt] und [Dobenecker] erneut als Vormünder zu bestätigen oder an deren Stelle andere ehrliche Leute von Adel zu berufen.

Behändigte Ausfertigung
1 Bogen 21,5 x 34 cm, S. 1—4 beschrieben, Unterschrift der Ausstellerin, S. 4 Außenadresse, Inhalts- und Beantwortungsvermerk vom 17. April 1574.
Siegelspuren
HBA C 1 Nr. 2114. — Altsignatur: 2/35/132; K. 479.

Nr. 2115

1574 April 27, Frauenburg

Eggert von Kempen, Dechant und Domherr zu Frauenburg, an Antonius von Borke, Hauptmann zu Brandenburg, Andreas von Wilmsdorff, Hauptmann zu Liebstadt, und an den herzoglichen Sekretär Balthasar Gans:

Entschuldigung für die nichtbefolgte Ladung seiner Person nach [Preußisch] Holland, weil er angenommen hatte, daß die Stellung eines Bevollmächtigten ausreichend sei; Bereitschaft [Kempens], zusammen mit seinem Bruder alle getroffenen Entschlüsse anzuerkennen und diesem Actus „samtlichen oder sonderlichen" nachzukommen.

Behändigte Ausfertigung
1 Bogen 21 x 33 cm, S. 1—3 beschrieben, Unterschrift des Ausstellers, S. 4 Außenadresse, Inhalts- und Eingangsvermerk in [Preußisch] Holland vom 27. April 1574.
Siegel des Ausstellers
HBA C 1 Nr. 2115. — Altsignatur: 3/28/144; K. 479.

Nr. 2116

1574 Mai 16, Rautenberg

Elisabeth Buchsen, eheliche Hausfrau Fabian Klinskys, an Herzogin Marie Eleonore:

Bezug auf ihre an den Herzog gerichtete Bitte um Belassung der im Testament ihres verstorbenen Mannes Absolon Reyman verzeichneten Vormünder Andreas Brandt und Friedrich von Dobeneck; diesen sind in Marienwerder herzogliche Briefe überreicht worden, die ihnen die Vormundschaft entzogen und die Vornahme der Schicht und Teilung verboten haben; an ihrer Stelle sind die Marienwerderschen Bürger Thomas Schmidt, Heinrich Rentzsch und Jorgen Langnau zu Vormündern berufen worden; Erneuerung ihrer Bitte um Beibehaltung Brandts und Dobenecks, die ehrliche Leute von Adel und Blutsverwandte der „armen Kinderlein" sind; Brandt und Dobeneck sind nicht bereit, neben den drei erwähnten Bürgern die Vormundschaft auszuüben; trotz herzoglichen Reskripts haben sie sich nicht am 17. Februar zur Regelung der Schicht und Teilung in Marienwerder eingefunden; durch die Hemmung dieser Angelegenheit ist ihr und ihren Kindern merklicher Schaden entstanden; [Elisabeth Buchsen] hat daraufhin das vierte Mal an den Herzog geschrieben und um die rechtmäßige Durchführung der Schicht und Teilung gebeten; trotz erneuten Befehls des Herzogs erklären Brandt und Dobeneck, sie seien „nicht gesinnet, neben den Bürgern etwas vorzunehmen", sie könnten sich zwar mit Thomas Schmidt und Heinrich Rentzsch, aber nicht mit Jorgen Langnau abfinden; auch die von der königlichen Obrigkeit eingesetzten Vormünder Fabian Bistram von Redlin, Landrichter des Gebiets Dirschau, und Christoff von Rambaw sind nicht mit Jorgen Langnau einverstanden; Langnau „ist nirgent besessen, hat auch gar wenigk und ist viel schuldigk"; er will „mit der Armut" der unmündigen Kinder [Reymans] seine Schulden bezahlen; Bitte um die Entsetzung Langnaus als Vormund, damit die Schicht und Teilung ungehindert erfolgen kann.

Behändigte Ausfertigung
2 Bogen 22 x 34 cm, S. 1—7 beschrieben, Unterschrift der Ausstellerin, S. 8 Außenadresse, Inhalts-, Eingangs- und Beantwortungsvermerk vom 3. Juni 1574.
Siegelspuren
HBA C 1 Nr. 2116. — Altsignatur: 2/35/134; K. 479.

Beilagen

I. 1573 Oktober 6, Stargard

Achatius von Zehmen, Woiwode von Pommerellen und Hauptmann zu Mewe, an Fabian Bistram von Redlin und Christoff von Rambaw:

Die Verwandtschaft der Erben Absolon Reymans, Hauptmanns zu Marienwerder, haben ihn [Zehmen] um Hilfe hinsichtlich etlicher Güter und Gelder in Pommerellen ersucht; Ersuchen an die Adressaten, die ihnen angetragene Vormundschaft anzunehmen und die Angelegenheiten der armen Kinder [Reymans] nach bestem Wissen zu betreiben.

Abschrift
1 Bogen 21 x 32 cm, S. 1—2 beschrieben, S. 4 Inhaltsvermerk.

II. 1574 Januar 8, Marienwerder

Letzter Wille Absolon Reymans:

Am 7. Januar 1574 sind Fabian Klinski, Andreas Brandt, Christoff Rambaw und Hans von Garttschin vor dem Gericht zu Marienwerder erschienen und haben dort um Vidimierung einer von ihnen präsentierten unversiegelten Schrift gebeten; die den Nachlaß betreffenden Dokumente befinden sich in zwei Schachteln; die kleinere Schachtel enthält Siegel und Briefe, darunter eine Verschreibung über den Garten, in der größeren befinden sich „allerley alte Händel“, die teils verrichtet, teils nicht verrichtet sind, darunter ein Bündel Schuldverschreibungen des seligen Albrecht Sparten; eine weitere Handschrift betrifft 100 Mark, die Sigmund Rab schuldig ist; außerdem findet sich hier ein von Georg Langnau geschriebenes Verzeichnis, das allerdings auf Vollständigkeit überprüft werden muß; ein Verzeichnis seines Letzten Willens hat [Reyman] nach Danzig mitgenommen; nach der testamentarischen Verfügung des Erblassers sollen neben Andreas Brandt Friedrich von Dobeneck und Christoff von Rambaw als Vormünder seiner hinterlassenen Kinder fungieren; Zusage Thomas Schmidts und Heinrich Rentzschs, der Frau und den Kindern [Reymans] bei der Erlangung der Erbschaft behilflich zu sein; die Kinder sollen das Haus und die Äcker in Marienwerder sowie acht Morgen kölmischen Wald und die fahrende Habe und Barschaft erhalten; die Mutter soll dagegen das Silbergeschmeide bekommen; sofern das Vieh und die Pferde mit Futter und Weide versorgt werden können, sollen sie auf Klein Ottlau und den Marienwerderschen Stadtfeldern belassen werden; in einem zu Riesenburg geschlossenen Vertrag hat [Reyman] die Angelegenheit seines Gutes Klein Ottlau mit dem Hauptmann von Hohenstein und dem herzoglichen Sekretär Caspar Dargitz geregelt; bei einer Ablösung des Gutes sollen die Kinder die Hälfte des Geldes erhalten.

Abschrift
2 Bogen 22, 5 x 33 cm, S. 1—7 beschrieben, S. 8 Inhaltsvermerk.

Nr. 2117

1574 Mai 19 [Königsberg]

Herzog Albrecht Friedrich an [Martin Kromer] Koadjutor zu Heilsberg:

Hinweis auf die beiliegende Supplikation Bartusch Soldans aus dem Ortelsburgischen für seinen Sohn Calixtius wegen eines mit Georg Grotzke getroffenen Wechsels; Fürbitte des Herzogs um Klaglosstellung des Calixtius Soldan.

Konzept
1 Bogen 21 x 32 cm, S. 1—2 beschrieben, S. 4 Empfänger-, Datums- und Registraturvermerk.
HBA C 1 Nr. 2117. — Altsignatur fehlt; K. 1225.
Reinkopie: Ostpr. Fol. 74, S. 526—527.

Nr. 2118

1574 Mai 29 [Königsberg]

Herzog Albrecht Friedrich an den Rat zu Heilsberg:

Anzeige des Töpfers Greger Mollenhauer wegen der unbilligen Ladung seitens des Heilsberger Töpfergewerks, das sich auf die seit 12 Jahren ausstehende Schuld eines Talers bezieht; Bitte des Herzogs um rasche Klaglosstellung des Petenten.

Reinkopie
Ostpr. Fol. 74, S. 531.

Nr. 2119

1574 Juni 3 [Königsberg]

Herzog Albrecht Friedrich an Elisabeth Buchsen, eheliche Hausfrau Fabian Klinskis:

Befehl an den Hauptmann zu Riesenburg, Wilhelm von Bochsen, sich am 28. Juni nach Marienwerder zu verfügen und die dortige Schicht und Teilung nach landesüblichem Brauch ohne längere Verzögerung zu entscheiden; Ersuchen an die Adresssatin, zu diesem Termin gleichfalls in Marienwerder zu erscheinen und das ihr von [Reyman] Hinterlassene mitzubringen, damit die Mündel ihr Recht bekommen.

Reinkopie
Ostpr. Fol. 74, S. 535—537.

Nr. 2120

1574 Juni 3 [Königsberg]

Herzog Albrecht Friedrich an Fabian Bistram von Redlin, Landrichter des Gebiets Dirschau, und an Christoff Rambaw:

Ersuchen an die Adressaten in deren Eigenschaft als Vormünder wegen der in Pommerellen liegenden Güter [Reymans], am 28. Juni in Marienwerder zu erscheinen und die dortige Schicht und Teilung zu fördern.

Reinkopie
Ostpr. Fol. 74, S. 537—539.

Nr. 2121

1574 [Juni, Königsberg]

Herzog Albrecht Friedrich an den Dompropst zu Frauenburg:

Dank für die Bereitschaft des Dompropstes, dem herzoglichen Rat Lucas David etliche Historien, die für die „Verfertigung der Preussischen Cronica" dienlich sind, mitzuteilen; Bitte um die Erlaubnis für [David], ein im Besitz Johannes Hannaws befindliches Buch abschreiben zu dürfen.

Konzept
1 Blatt 21 x 30, 5 cm, S. 1—2 beschrieben, S. 2 Empfänger- und Registraturvermerk.
HBA C 1 Nr. 2121. — Altsignatur fehlt; K. 1225.
Reinkopie: Ostpr. Fol. 74, S. 548—549.

Nr. 2122

1574 [Juni, Königsberg]

Herzog Albrecht Friedrich an den Domherrn Johannes Hannaw zu Frauenburg:

Bitte an den Adressaten, dem zu ihm kommenden Rat Lucas David das Abschreiben eines für die Preußische Chronik wichtigen Buches zu gestatten.

Konzept
1 Blatt 21 x 31 cm, S. 1—2 beschrieben, S. 2 Empfänger- und Registraturvermerk.
HBA C 1 Nr. 2122. — Altsignatur fehlt; K. 1225.
Reinkopie: Ostpr. Fol. 74, S. 549—550.

Nr. 2123

1574 Juli 13 [Königsberg]

Herzog Albrecht Friedrich an [Martin Kromer] Statthalter zu Heilsberg und mutatis mutandis an den Rat zu Rössel und an Christoff Troschke, Landvogt des Stifts Ermland:

Caspar Dargitz hat einen Rösseler Maurer mit dem Bau eines Brunnens beauftragt; dieser ist aber bereits zwei Tage nach Fertigstellung eingefallen; Bitte des Herzogs um Klaglosstellung des Dargitz gegenüber dem Maurer.

Konzept
1 Blatt 21 x 32 cm, S. 1 beschrieben, S. 2 Empfänger-, Datums- und Registraturvermerk.
HBA C 1 Nr. 2123. — Altsignatur fehlt; K. 1225.
Reinkopie: Ostpr. Fol. 74, S. 553—554.

Nr. 2124

1574 August 4 [Königsberg]

Herzog Albrecht Friedrich an Eckhardt von Kempen:

Bereitschaft zur Absendung seiner Bevollmächtigten, die mit den königlichen Kommissarien die strittigen Grenzen besichtigen sollen; Befehl an den Hauptmann von [Preußisch] Holland, dem [Kempen] in seiner Sache behilflich zu sein; Dank für die Abhaltung der angrenzenden Dörfer von Übergriffen auf herzogliches Gebiet und Bitte an [Kempen] um weitere Beaufsichtigung der Grenze; des weiteren ist ihm der Herzog wegen der Förderung der „Preussischen Cronica" beim Kapitel zu Frauenburg verbunden.

Reinkopie
Ostpr. Fol. 74, S. 561—563.

Nr. 2125

1574 August 27 [Königsberg]

Herzog Albrecht Friedrich an Martin Kromer, Statthalter zu Heilsberg:

Die im Wormdittschen gelegene Dorfschaft Tüngen hat einen Zaun in die Passarge geschlagen, wodurch die Einwohner von Sporthenen im Liebstädtischen merklichen Schaden erlitten haben; Bitte um Beseitigung dieses Zaunes und um Unterbindung weiterer Grenzverletzungen.

Konzept
1 Blatt 20, 5 x 31 cm, S. 1 beschrieben, S. 2 Empfänger-, Datums- und Registraturvermerk.
HBA C 1 Nr. 2125. — Altsignatur fehlt; K. 1225.
Reinkopie: Ostpr. Fol. 74, S. 571.

Nr. 2126

1574 September 6, Heilsberg

Martin Kromer, Koadjutor des Bistums Ermland, an Herzog Albrecht Friedrich:

Befehl an den Amtmann zu Wormditt [Georg von Schedlin], Erkundigungen über die Anlage eines Zaunes in der Passarge durch die Dorfschaft Tüngen einzuholen; diese haben ergeben, daß den herzoglichen Untertanen kein Schaden zugefügt worden ist; der Verbreiter einer derartigen Nachricht hätte besser daran getan, auf die einreißende Unsicherheit der Liebstädtischen Landstraßen hinzuweisen, die Einheimischen und Fremden immer wieder Anlaß zu Klagen gebe; unlängst sei dort ein aus dem Werder nach Masowien zurückkehrender polnischer Arbeitsmann ermordet und dessen Weib jämmerlich verwundet und beraubt worden; danach habe man auf der Liebstädtischen Landstraße einen Untertan des Frauenburger Kapitels umgebracht; Bitte des Koadjutors an den Herzog um Herstellung der Sicherheit auf diesen Straßen.

Behändigte Ausfertigung
1 Bogen 21,5 x 33 cm, S. 1—2 beschrieben, Unterschrift des Koadjutors, S. 4 Außenadresse, Inhalts- und Beantwortungsvermerk vom 20. September 1574.
Siegelspuren
HBA C 1 Nr. 2126. — Altsignatur: 1/13/19; K. 479.

Beilagen

I. 1574 September 4, Wormditt

Georg von Schedlin an Martin Kromer:

Am vergangenen Donnerstag (2. September) ist Friedrich Brunsert, der Besitzer von Sporthenen, bei ihm gewesen und hat sich nicht über die Tüngener beklagt; auch sonst haben sich die zumeist jede Woche nach Wormditt kommenden Sporthener nicht in dieser Weise geäußert; auch in den Briefen des Hauptmanns von Liebstadt [Andreas von Wilmsdorff] findet sich nichts darüber; [Schedlin] hat diesem gegenüber die widerrechtliche Ausübung der Fischerei und die Verstellung der Passarge durch die herzoglichen Untertanen zur Sprache gebracht; Zusage des Hauptmanns, die Stromfreiheit anzuerkennen; das von den Tüngenern errichtete Wehr soll die Überflutung ihrer Niederungen und Wiesen verhindern und dient denen von Sporthenen nicht zum Schaden, weil das dortige Ufer der Passarge höher ist; Absicht [Schedlins], den besagten Ort zu besichtigen und darüber dem Koadjutor Bericht zu erstatten.

Abschrift
1 Bogen 21 x 33 cm, S. 1—2 beschrieben.

II. 1574 September 6, Wormditt

Georg von Schedlin an Martin Kromer:

Bericht über seine Besichtigung der Landesgrenze an der Passarge zwischen Tüngen und Sporthenen; kein Grund für eine berechtigte Klage des Herzogs über die Tüngener; die Passarge habe ihren alten Gang, der weder durch Wehre noch Zäune verstellt werde; auch herzogliche Kommissarien könnten nichts anderes feststellen und müßten nur zur Kenntnis nehmen, daß herzoglicherseits der Strom nicht nur gegen Tüngen, sondern auf- und abwärts durch Hindernisse gehemmt werde; die Tüngener hätten nichts getan, was denen von Sporthenen zum Nachteil gereiche; sie unterhielten mit diesen vielmehr gute Nachbarschaft.

Abschrift
1 Blatt 21 x 33 cm, S. 1 beschrieben.

Journalvermerk:

Schreiben des Koadjutors wegen des angeblich von den Tüngenern in der Passarge errichteten Zaunes.

Ostpr. Fol. 14323, Bl. 5 r.

Nr. 2127

1574 September 20 [Königsberg]

Herzog Albrecht Friedrich an Martin Kromer, Koadjutor zu Heilsberg:

Weiterleitung von Kromers Schreiben mit den beiliegenden Berichten des Wormditter Amtmanns [Georg von Schedlin] an den Hauptmann zu Liebstadt [Andreas von Wilmsdorff]; Bereitschaft zur Offenhaltung der die Landesgrenze bildenden Passarge und Erwarten eines entsprechenden Verhaltens auf bischöflicher Seite; keine Kenntnis von der Unsicherheit der Liebstädtischen Landstraßen und den dort begangenen Verbrechen; auch der Hauptmann von Liebstadt hat nichts darüber berichtet; Bitte an [Kromer], genauere Angaben über Ort und Zeit dieser Taten zu machen, um die Ergreifung und Bestrafung der Verbrecher zu ermöglichen.

Konzept
1 Bogen 21 x 33 cm, S. 1—4 beschrieben, S. 4 Empfänger-, Datums- und Registraturvermerk.
HBA C 1 Nr. 2127. — Altsignatur fehlt; K. 1225.
Reinkopie: Ostpr. Fol. 74, S. 586—588.

Nr. 2128

1574 September 25, Wartenburg

Martin Kromer, Koadjutor des Bistums Ermland, an Herzog Albrecht Friedrich:

Der Koadjutor hat die Frauen der auf den Liebstädtischen Landstraßen Ermordeten ermahnt, den Herzog um Gerechtigkeit gegen die Täter zu bitten; diese sind dazu nicht bereit und begründen das mit den hohen Kosten; Klage über die herzoglichen Untertanen aus dem Seehestenschen, die die in der Seeburger Heide befindlichen Bienenkörbe beschädigt und den Honig weggenommen haben; weil ein solches Verhalten der zwischen dem Bischof und dem Herzog getroffenen Abmachung widerspricht, sollen die Seehestener den Honig zurückgeben und alle Schäden ersetzen.

Behändigte Ausfertigung
1 Bogen 20,5 x 32 cm, S. 1—3 beschrieben, Unterschrift des Koadjutors, S. 4 Außenadresse, Inhalts- und Kanzleivermerk.
Siegel des Koadjutors
HBA C 1 Nr. 2128. — Altsignatur: 1/13/20; K. 479.

Journalvermerk:

Schreiben des Koadjutors wegen der Landstraßen und der Übergriffe der Seehestener.

Ostpr. Fol. 14323, Bl. 5 r.

Nr. 2129

1574 Oktober 12, Heilsberg

Martin Kromer, Koadjutor des Bistums Ermland, an Herzog Albrecht Friedrich:

Einreißen der Passargebrücke an der nach Wormditt führenden Liebstädtischen Landstraße; Beschluß des Amtmanns und Rats von Wormditt sowie des Liebstädter Hauptmanns, die Brücke zum gemeinen Nutzen wieder aufzubauen; nach einem Bericht der Wormditter versuchen Friedrich Brunsert (Bronsart) und die Einwohner von Sporthenen, dieses Vorhaben zu verhindern, obwohl sie die Brücke wie auch die Bischöflichen benötigen; Bitte [Kromers] an den Herzog, seine Untertanen zum Bau ihres Brückenteils zu veranlassen; erneutes Ersuchen um Rückgabe des von den Seehestenern entwendeten Honigs und um Einhaltung der zwischen dem Bischof und dem Herzog getroffenen Abmachung bis zur endgültigen Entscheidung der Grenzsachen.

Behändigte Ausfertigung
1 Bogen 21 x 33 cm, S. 1—2 beschrieben, Unterschrift des Koadjutors, S. 4 Außenadresse, Inhalts- und Kanzleivermerk.
Siegel des Koadjutors
HBA C 1 Nr. 2129. — Altsignatur: 1/13/21; K. 479.

Journalvermerk:

Schreiben des Koadjutors wegen des von Friedrich Brunsert und der Dorfschaft Sporthenen verhinderten Brückenbaus über die Passarge und der Rückgabe des von den Seehestenern entwendeten Honigs.

Ostpr. Fol. 14323, Bl. 5.

Nr. 2130

1574 Oktober 18 [Königsberg]

Herzog Albrecht Friedrich an Martin Kromer, Koadjutor zu Heilsberg:

Friedrich Bronsart und die Dorfschaft Sporthenen sind durch den Liebstädter Hauptmann [Andreas von Wilmsdorff] zur Förderung des Brückenbaus über die Passarge ermahnt worden; Befehl an den Hauptmann von Seehesten [Andreas Jonas], Erkundigungen über die Ausschreitungen der dortigen Untertanen in der Seeburger Heide einzuholen und entsprechend zu berichten; Zusage des Herzogs, die geschlossenen Verträge einzuhalten und zur gutnachbarlichen Einigkeit beizutragen.

Konzept
2 Blatt 21, 5 x 32 cm, S. 1—2 beschrieben, S. 4 Empfänger-, Datums- und Registraturvermerk.
HBA C 1 Nr. 2130. — Altsignatur fehlt; K. 1225.
Reinkopie: Ostpr. Fol. 74, S. 593—595.

Nr. 2131

1574 November 7 [Königsberg]

Herzog Albrecht Friedrich an den Rat zu Braunsberg:

Bericht des Gerichts auf dem Sackheim wegen des von einem Brettschneider George an zwei Untertanen des Bischofs von Samaiten begangenen Diebstahls; bei dem inzwischen bei Heiligenbeil ergriffenen und im Sackheimer Gefängnis inhaftierten Täter sind nur 30 Mark gefunden worden; da er nach seiner Aussage 60 Mark und etliche Kleidung dem Braunsberger Bürger Urban Kleinau in Verwahrung gegeben hat, hat das Sackheimer Gericht seinen Bevollmächtigten Thomas Grunau zur Abforderung des Diebesguts nach Braunsberg abgeordnet; Ersuchen an den Rat, diesem das Geld und die Kleider auszuhändigen.

Reinkopie
Ostpr. Fol. 74, S. 603—604.

Nr. 2132

1575 Januar 31 [Königsberg]

Herzog Albrecht Friedrich an das Kapitel zu Frauenburg und die Räte von Danzig, Marienburg, Thorn, Elbing und Braunsberg:

Flucht der der Dieberei, Räuberei sowie des Mordbrennens bezichtigten Brüder Melchior und Contz Velau aus dem Herzogtum, wobei sie ihre Bürgen sitzen gelassen haben; der Melchior hat unter dem Braunsberger Hauptmann Leonhardt Pröck in einem Schulzenamt gewohnt und dieses im vergangenen August mit Frau und Kindern verlassen; Contz, der bei Albrecht Perband als Hofmann in Korschen wohnte, ist letzte Weihnachten entronnen; er hatte zu Wenden im Rastenburger Gebiet zwei Zinshufen unter denen von Schlieben inne, worauf er einen Gärtner gehalten hat; beide Brüder sind „dürre hagere Kerl" mit weißen kleinen Bärten und der polnischen und deutschen Sprache kundig; einem herzoglichen Diener, der seine zwei gestohlenen Pferde zurückverlangte, haben sie das Abbrennen von Haus und Hof angedroht; Bitte an die Adressaten, dieses „Ungeziefer", das sich vermutlich nach Danzig begeben hat, zu ergreifen und gefänglich zu inhaftieren, damit es keinen weiteren Schaden mehr anrichten kann.

Reinkopie
Ostpr. Fol. 749 S. 630—633.

Nr. 2133

1575 Februar 3 [Königsberg]

Herzog Albrecht Friedrich an Jacob Zimmermann, Landpropst zu Allenstein:

Bitte um Erlaubnie des Abzuges des sich in Allenstein aufhaltenden Albrecht Kiel in das Herzogtum auf Ersuchen von dessen Verwandtschaft.

Reinkopie
Ostpr. Fol. 74, S. 643—644.

Nr. 2134

1575 Februar 19 [Königsberg]

Herzog Albrecht Friedrich an den Bischof zu Kulmsee [Piotr Kostka], den Koadjutor den Bistums Ermland [Martin Kromer], die Woiwoden von Kulm, Sandomir und Pommerellen und die Räte von Marienburg, Danzig, Elbing und Thorn:

Übersendung „betrüblicher Zeitungen" über den Einfall der Moskowiter in Livland; Ermahnung der Adressaten, „in guter Bereitschaft zu sitzen"; der Herzog hat Verteidigungs maßnahmen an den Grenzen seines Fürstentums getroffen, um dem „grausamen Feind" das Betreten des Landes zu verwehren.

Reinkopie
Ostpr. Fol. 74, S. 647.

Nr. 2135

1575 Februar 20, Heilsberg

Martin Kromer, Koadjutor des Bistums Ermland, an Herzog Albrecht Friedrich:

Lossprechung der Sattler aller Städte des Bistums von den Königsberger Meistern „desselben Handwerks", mit denen sie bisher zunftmäßig verbunden gewesen sind; der Koadjutor sah sich zu diesem Schritt veranlaßt, weil die Königsberger Meister die ermländlischen Sattler häufig mit „unerträglichen Auflagen und Bußen" belegt haben, wodurch deren Nahrung geschmälert worden ist; Privileg für die ermländischen Sattler, ein eigenes Gewerk im Bistum zu errichten; die Königsberger Meister haben den ihnen vom Koadjutor eingeräumten Rechtstag, auf dem sie ihren Widerspruch einlegen konnten, nicht wahrgenommen; ein eigenes Gewerk kann auch damit begründet werden, daß sich in den bischöflichen Städten zahlreiche Sattler häuslich niedergelassen haben; Beschwerde der Sattlermeister und -gesellen des Bistums über die Königsberger, die ihnen vorwerfen, die bei den Heilsberger Sattlern arbeitenden Gesellen nicht nach Handwerksgewohnheit gefördert und untüchtig gemacht zu haben; Hoffnung auf das Verständnis des Herzogs für die Errichtung eines eigenen ermländischen Sattlergewerks.

Behändigte Ausfertigung
1 Bogen 20,5 x 32 cm, S. 1—3 beschrieben, Unterschrift des Koadjutors, S. 4 Außenadresse, Inhalts- und Eingangsvermerk von 25. Februar 1575.
Siegel des Statthalters
HBA C 1 Nr. 2135. — Altsignatur: 1/11/113; K. 480.

Journalvermerk:

Schreiben des Statthalters wegen der Differenzen zwischen den ermländischen und Königsberger Sattlern.

Ostpr. Fol. 14323, Bl. 7 r.

Nr. 2136

1575 Februar 21, Heilsberg

Martin Kromer, Koadjutor den Bistums Ermland, an Herzog Albrecht Friedrich:

Dank für die übersandten livländischen Zeitungen, die von der „grausamen Gewalt" der Moskowiter berichten; Bereitschaft des Koadjutors, seine Untereassen entsprechend zu instruieren und auch das Frauenburger Domkapitel davon zu unterrichten.

Behändigte Ausfertigung
1 Bogen 21 x 32 cm, S, 1—2 beschrieben, Unterschrift des Koadjutors, S, 4 Außenadresse, Inhalts- und Kanzleivermerk.
Siegel den Koadjutors
HBA C 1 Nr. 2136. — Altsignatur: 1/11/106; K. 480.

Journalvermerk:

Dank des Koadjutors für die Nachrichten aus Livland.

Ostpr. Fol. 14323, Bl. 7 r.

Nr. 2137

1575 Februar 25 [Königsberg]

Herzog Albrecht Friedrich an Martin Kromer, Koadjutor des Bistums Ermland:

Beschwerde des Hans Truchseß von Wetzhausen wegen Hinderung seines ihm in einer Handfeste verbrieften Fischens im See Sayn beim Gut Leisten durch den Koadjutor; außerdem beklagt er sich, daß ihn der Koadjutor auf Ansuchen Christoff Konsecks des Älteren in Korschen wegen etlicher Geldschulden vor seine „Richtbarkeit" gezogen habe; der Herzog hält das Verhalten Kromers für unbegründet, weil [Wetzhausen] nach Aussage von der besagten Handfeste das Fischereirecht im See [Sayn] „directo et non limitate" besitzt und die darin gefangenen Fische überall verkaufen kann; kein Recht Christoff Konsecks, [Wetzhausen] vor das Gericht den Koadjutors zu fordern, weil beide Untertanen des Herzogs sind und die zwischen der Krone Polen und dem Herzogtum geschlossenen Verträge klar formulieren, daß sich die beiderseitigen Untertanen vor dem für sie zu ständigen Richter verantworten müssen; Ersuchen an den Koadjutort das Fischereirecht des Hans Truchseß im See Sayn anzuerkennen und ihn dieses ungehindert ausüben zu lassen; darüber hinaus Bitte um Abweisung der Klage Christoff Konsecks, der sich in seiner Angelegenheit an den Herzog wenden soll.

Reinkopie
Ostpr. Pol, 74, S. 648—651.

Nr. 2138

1575 März 1, Heilsberg

Martin Kromer, Koadjutor des Bistums Ermland, an Herzog Albrecht Friedrich:

Berufung auf seine Regalien in der Fischereisache des Hans Truchseß von Wetzhausen, der sowohl herzoglicher als bischöflicher Untertan ist; Kromer ist nicht bekannt, ob im Herzogtum Untertanen in fürstlichen Seen fischen dürfen; im Stift Ermland gelten dagegen die vom Bischof erlassenen Verordnungen; Zuständigkeit der bischöflichen Jurisdiktion für Hans Truchseß wegen seiner im Ermland gelegenen Landgüter; die Appellation Konsecks an den Koadjutor ist zulässig, weil er auf einigen ermländischen Gütern stehende Schulden einfordert, die nicht nur Hans Truchseß, sondern auch dessen Miterben betreffen; das steht mit den zwischen der Krone Polen und dem Herzog geschlossenen Verträgen im Einklang; falls in der herzoglichen Kanzlei andere Verträge vorliegen, bittet der Koadjutor um deren Zusendung; Zusicherung der Gerechtigkeit für Hans Truchseß, wenn er sich „der Gebühr nach" verhalten wird.

Behändigte Ausfertigung
2 Bogen 21 x 32 cm; S. 3—6 beschrieben, Unterschrift des Koadjutors, S. 8 Außenadresse, Inhalts- und Kanzleivermerk.
Siegel des Koadjutors
HBA C 1 Nr. 2138. — Altsignatur: 1/11/107; K. 480.

Journalvermerk:

Schreiben des Koadjutors wegen der Klage des Hans Truchseß.

Ostpr. Fol. 14323, Bl. 7 v.

Nr. 2139

1575 März 7 [Königsberg]

Herzog Albrecht Friedrich an Martin Kromer:

Kenntnis von der gegen die alte Ordnung verstoßenden Errichtung eines Gewerks der ermländischen Sattler; Mißfallen des Herzogs über diese ohne sein Vorwissen erfolgte Maßnahme; er hat das entsprechende Schreiben den Koadjutors den Sattlern der drei Städte Königsberg zugeleitet und deren Gegenbericht beigefügt.

Konzept
1 Bogen 21 x 30 cm, S. 1—2 beschrieben S. 4 Empfänger-, Datums- und Registraturvermerk.
HBA C 1 Nr. 2139. — Altsignatur fehlt; K. 1225.
Reinkopie: Ostpr. Fol. 74, S. 659—660.

Nr. 2140

1575 April 12 [Königsberg]

Herzog Albrecht Friedrich an Martin Kromer:

Klage des Hans Truchseß von Wetzhausen wegen der seinen Fischern beim See Sayn weggenommenen Garne; Wetzhausen, der seine Rechte persönlich beim Koadjutor vertreten will, hat um den Beistand eines rechtskundigen Rates gebeten; dessen Bitte um weitere herzogliche Unterstützung, weil seiner Interzession bisher nicht stattgegeben worden ist; Ersuchen den Herzogs um Klaglosstellung des von seinem Rechtsbeistand Christoff Alzunius begleiteten Hans Truchseß auf Grundlage der Handfeste über die Fischerei im See Sayn.

Konzept
1 Bogen 21 x 32 cm, S. 1—2 beschrieben, S. 4 Empfänger-, Datums- und Registraturvermerk.
HBA C 1 Nr, 2140. — Altsignatur fehlt; K: 1225.
Reinkopie: Ostpr. Fol. 74, S. 663—664.

Nr. 2141

1575 April 12 [Königsberg]

Herzog Albrecht Friedrich an Johann Hannau, Domherrn zu Frauenburg:

Dessen Kenntnis vom Vorhaben des Herzogs, eine gemeine Chronik zum Nutzen der Lande Preußen verfertigen zu langen; Dank für die Erlaubnis seines verstorbenen Vetters Johann Hannau und seinen Vaters Simon Hannau, den ersten Teil der Chronik Simon Grünaus durch den Diener Eggerts von Kempen abschreiben zu lassen; zwecks „Vollziehung des angefangenen operis" soll der Adressat gestatten, daß die Abschrift des zweiten Teils der besagten Chronik auf die gleiche Weise erfolgt, damit der mit der Durchführung des Vorhabens beauftragte Magister Lucas David darauf zurückgreifen kann.

Konzept
1 Bogen 21,5 x 32 cm, S. 1—2 beschrieben, S. 4 Empfänger-, Datums- und Registraturvermerk.
HBA C 1 Nr. 2141. — Altsignatur fehlt; K. 1225.
Reinkopie: Ostpr. Fol. 74, S. 664—666.

Nr. 2142

1575 April 15, Heilsberg

Martin Kromer, Koadjutor des Bistums Ermland, an Herzog Albrecht Friedrich:

Aufgrund der herzoglichen Fürbitte und der Vorstellung des Rats Christoff Alzunius will der Koadjutor Hans Truchseß dasjenige gestatten, wozu dieser rechtlich befugt ist; [Truchseß] sollen nicht nur die beschlagnahmten Fischergarne zurückgegeben, sondern auch die ungehinderte Ausübung der Fischerei im See [Sayn] laut seiner Handfeste zugestanden werden.

Behändigte Ausfertigung
1 Bogen 21 x 32 cm, S. 1—2 beschrieben, Unterschrift des Koadjutors, S. 4 Außenadresse, Inhalts- und Kanzleivermerk.
Siegel des Koadjutors
HBA C 1 Nr. 2142. — Altsignatur: 1/11/108; K. 480.

Beilage

[o. D. u. O.]

Artikel 20 und 21 der Landesordnung, die besagen, daß Einwohner der Lande Preußen ihre Klagen vor dem Gericht vorbringen müssen, das für die Güter und den Wohnsitz des Klägers zuständig ist.

Abschrift
Deutsch und Lateinisch
1 Blatt 21 x 32 cm, S. 1 beschrieben.

Journalvermerk:

Schreiben des Koadjutors in der Sache des Hans Truchseß.

Ostpr. Fol. 14323, Bl. 7 v.

Nr. 2143

1575 April 21 [Königsberg]

Herzog Albrecht Friedrich an [Martin Kromer] Koadjutor zu Heilsberg:

Supplikation Paul Wittes und Kilian Schmidts wegen eines vom Koadjutor gefällten Urteils in der Sache der Krausemühle; obwohl die Petenten aufgrund ihres von Bischof Stanislaus [Hosius] renovierten Privilegs nicht der herzoglichen Fürsprache bedürfen, verwendet sich der Herzog für die genannten Untertanen, die [Kromer] klaglos stellen soll.

Konzept
1 Bogen 22 x 34 cm, S. 1—3 beschrieben, S. 4 Empfänger-, Datums- und Registraturvermerk.
HBA C 1 Nr. 2143. — Altsignatur fehlt; K. 1225.
Reinkopie: Ostpr. Fol. 74, S. 666—668.

Nr. 2144

1575 April 25 [Königsberg]

Herzog Albrecht Friedrich an [Martin Kromer] Koadjutor zu Heilsberg und den Bischof von Kulm [Piotr Kostka]:

Klage Alexanders von Rauski über den Angerburger Hauptmann Wolf Friedrich Erbtruchseß und Freiherrn zu Waldburg, der seinen Bruder Nickel Rauski jämmerlich erstochen und umgebracht haben soll; Bitte des Klägers um Versagung des Geleits für den flüchtigen Täter im Bistum Ermland, was der Herzog befürwortet; falls der Täter im Bistum angetroffen wird, soll er auf Erfordern des herzoglichen Landvogtes handhaftig gemacht und gefänglich eingezogen werden.

Konzept
1 Blatt 21 x 30 cm, S. 1—2 beschrieben, S. 2 Empfänger-, Datums- und Registraturvermerk.
HBA C 1 Nr. 2144. — Altsignatur: fehlt; K. 1225.
Reinkopie: Ostpr. Fol. 74, S. 668—670.

Nr. 2145

1575 April 25 [Königsberg]

Herzog Albrecht Friedrich an die Brüder Eckhardt, Wilhelm und Hans von Kempen:

Hinweis auf die beiliegende Klage Reinhold Krakaus über die Adressaten; deren Zitation am 7. Juni vor das herzogliche Hofgericht, wo sie billige Weisung erwarten sollen.

Reinkopie
Ostpr. Fol. 74, S. 662.

Nr. 2146

1575 Juni 3, Heilsberg

Martin Kromer, Koadjutor des Bistums Ermland, an Herzog Albrecht Friedrich:

Hinweis auf die beiliegende Supplikation der Frau Heinrichs von Hülsen und ihrer Mutter; Bitte um Freilassung des Hülsen aus dem Gefängnis, wo er auf Veranlassung des Hauptmanns von Rastenburg hingekommen ist.

Behändigte Ausfertigung
1 Bogen 21,5 x 32 cm, S. 1—2 beschrieben, Unterschrift des Koadjutors, S. 4 Außenadresse, Inhalts- und Eingangsvermerk vom 7. Juni 1575.
Siegel des Koadjutors liegt lose bei.
HBA C 1 Nr. 2146. — Altsignatur: 1/11/109; K. 480.

Beilage

[o. D. u. O.]

Dorothea von Hülsen an Martin Kromer:

Gefängliche Inhaftierung des Schwestersohns Heinrichs von Hülsen, Melcher Gleissentaler, durch den Hauptmann von Rastenburg; daraufhin reist [Heinrich von Hülsen] ins Herzogtum Preußen, findet aber im Hof seines Bruders in Plenen diesen und den Hofmann nicht vor; letzterer hält sich im Krug auf und weigert sich mit „spöttischen und hämischen Worten", dem Ansuchen [Hülsens], doch zu ihm zu kommen, zu entsprechen; [Hülsen] verläßt danach den Krug und schießt ohne Vorsatz, jemanden zu beleidigen, sein Rohr auf dem Anger ab, wobei keiner zu Schaden gekommen ist; dieser Vorfall bewog den Hauptmann von Rastenburg zur Festnahme [Hülsens] und dessen Bruders und ihrer gefänglichen Inhaftierung in Rastenburg; das Eintreten des [Hülsen] für seinen Schwager Hans Quoss wurde von dem besagten Hauptmann mit Injurien beantwortet; danach ist [Hülsen] „gleich einem Schelm oder Verräter zwischen etlichen reisigen Pferden“ nach Königsberg geführt worden; Bitte der Supplikantin um Freilassung ihres Mannes, damit er ihr und ihren Kindern zum Trost wieder nach Hause kommen kann.

Abschrift
1 Bogen 20,5 x 32 cm, S. 1—3 beschrieben.

Journalvermerk:

Schreiben des Koadjutors wegen des inhaftierten Heinrich von Hülsen.

Ostpr. Fol. 14323, Bl. 8 r.

Nr. 2147

1575 Juni 16 [Königsberg]

Herzog Albrecht Friedrich an Martin Kromer zu Heilsberg, den Allensteiner Landvogt und den Vogt zu Seeburg:

Kaspar Hennenberger will „die Gelegenheit und Gegend der Lande Preussen in eine ordentliche Mappe“ bringen und nun die umliegenden Gebiete beschreiben; Bitte des Herzogs um Förderung dieses Vorhabens durch die Adressaten, die [Hennenberger] Gelegenheit zur Besichtigung der Orte geben und ihm dazu sachkundige Leute und Fuhrdienste zur Verfügung stellen sollen.

Konzept
1 Bogen 21 x 32 cm, S. 1—2 beschrieben, S. 4 Empfänger-, Datums- und Registraturvermerk.
HBA C 1 Nr. 2147. — Altsignatur fehlt; K. 1225.
Reinkopie: Ostpr. Fol. 74, S. 685—687.

Nr. 2148

1575 Juni 18 [Königsberg]

Herzog Albrecht Friedrich an [Martin Kromer] Koadjutor zu Heilsberg, [Piotr] Kostka, Bischof von Kulm, und die Städte Danzig, Elbing und Thorn:

Beschwerde über die gewaltsamen Einfälle von Hans Quoss und einem von Osten ins Herzogtum, wo sie allerlei Räuberei und Übergriffe auf arme Leute in deren Häusern und auf freier Straße verübt haben; Erfordernis des Ergreifens solcher Landfriedensbrecher und Straßenräuber und Bitte um entsprechende Verordnungen seitens der Adressaten; Befehl an die herzoglichen Haupt- und Amtleute, die Nachforschungen nach diesem Gesindel durch die Adressaten nach Kräften zu unterstützen.

Reinkopie
Ostpr. Fol. 74, S. 687—689.

Nr. 2149

1575 Juni 22 [Königsberg]

Herzog Albrecht Friedrich an den Landvogt des Stifts Ermland:

Hinweis auf einen Kontrakt zwischen Caspar Dargitz und einem Zimmermann aus Schönberg im Amt Seeburg wegen Baus eines Schuppens im Wald; der Zimmermann soll das dafür erforderliche Holz selbst kaufen und heranschaffen, während ihm Dargitz dafür etwas an Geld, Getreide und Viktualien geben soll; gefängliche Inhaftierung des Zimmermanns auf Veranlassung des Landvogtes, weil er mehr Holz als er von den Bauern gekauft hat, geschlagen hat; Bitte um Klaglosstellung des Dargitz, der bis auf zwei Mark das Holz völlig bezahlt hat.

Reinkopie
Ostpr. Fol. 74, S. 689—691.

Nr. 2150

1575 Juli 4 [Königsberg]

Herzog Albrecht Friedrich an [Martin Kromer] Koadjutor zu Heilsberg:

Beschwerde des Lazarus Krause wegen der widerrechtlichen Inanspruchnahme seiner Mühle durch die Guttstädter; Bitte des Herzogs an den Koadjutor, den Lazarus Krause gemäß seiner Handfeste gegen die Ansprüche der Guttstädter zu schützen, damit sein Besitz nicht molestiert wird.

Konzept
1 Bogen 21 x 30 cm, S. 1—2 beschrieben, S. 4 Empfänger-, Datums- und Registraturvermerk.
HBA C 1 Nr. 2150. — Altsignatur fehlt; K. 1225.
Reinkopie: Ostpr. Fol. 74, S. 699—700.

Nr. 2151

1575 Juli 13, Heilsberg

Martin Kromer, Koadjutor des Bistums Ermland, an Herzog Albrecht Friedrich:

Erinnerung an sein Gesuch um Freilassung des Heinrich von Hülsen, den der Hauptmann von Rastenburg, Kannacher, mit gewaffneter Hand in Plenen ergriffen, von dort nach Rastenburg und weiter in geschmiedeten Ketten nach Königsberg gebracht hat, wo er „in Haften und Banden" gehalten wird; obwohl die Verwandten des Inhaftierten zweimal bei den herzoglichen Räten in Königsberg vorstellig geworden sind, haben sie keine Antwort erhalten; Mißfallen [Kromers] über die derartige Behandung eines Adligen, der „niemals mit eigenem bösen Gerücht befleckt gewesen" ist; bischöflicherseits sei niemals eine solche Praxis gegenüber herzoglichen Untertanen angewendet worden, obwohl sich etliche „gar gröblich" in diesem Stift verhalten hätten; Ersuchen [Kromers] an den Herzog, dem in dieser Sache nach [Königsberg] entsandten Hofdiener die Gründe für die langwierige Inhaftierung [Hülsens] darzulegen.

Behändigte Ausfertigung
1 Bogen 21 x 33 cm, S. 1—3 beschrieben, Unterschrift des Koadjutors, S. 4 Außenadresse, Inhalts- und Eingangsvermerk vom 14. Juli 1575.
Siegel des Koadjutors
HBA C 1 Nr. 2151. — Altsignatur: 1/11/110; K. 480.

Journalvermerk:

Erneute Interzession des Koadjutors für den gefangenen Heinrich von Hülsen.

Ostpr. Fol. 14323, Bl. 7 v.

Nr. 2152

1575 Juli 21 [Königsberg]

Herzog Albrecht Friedrich an [Martin Kromer] Koadjutor zu Heilsberg:

Rechtmäßiges Verhalten gegenüber Heinrich von Hülsen, weil dieser in Worten und Taten gegen den gemeinen Landfrieden verstoßen habe; dennoch hat der Herzog den [Hülsen] aufgrund der Fürbitte des Koadjutors und aus geneigtem nachbarlichem Willen aus der beschwerlichen Haft entlassen.

Konzept
1 Bogen 20 x 31 cm, S. 1—2 beschrieben, S. 4 Empfänger-, Datums- und Registraturvermerk.
HBA C 1 Nr. 2152. — Altsignatur fehlt; K. 1225.
Reinkopie: Ostpr. Fol. 74, S. 702—703.

Nr. 2153

1575 Juli 21 [Königsberg]

Herzog Albrecht Friedrich an das Kapitel zu Frauenburg:

Beschwerde des Löbenichter Einwohners Sylvester Teichmann wegen der Vorenthaltung des Nachlasses seiner Verwandten im Bistum; Bitte des Herzogs um Klaglosstellung des [Teichmann].

Konzept
1 Bogen 22 x 33 cm, S. 1—2 beschrieben, S. 4 Empfänger-, Datums- und Registraturvermerk.
HBA C 1 Nr. 2153. — Altsignatur fehlt; K. 1225.
Reinkopie: Ostpr. Fol. 74, S. 703—705.

Nr. 2154

1575 September 21 [Königsberg]

Herzog Albrecht Friedrich an Johann Hannau, Domherrn zu Frauenburg:

Erinnerung an sein Ersuchen wegen Fertigung einer Abschrift des zweiten Teils der Chronik Simon Grunaus zum Nutzen der nicht nur für das Herzogtum, sondern für das ganze Land Preußen wichtigen gemeinen Chronik; [Hannau] soll dem persönlich zu ihm kommenden Magister Lucas David die Abschrift besagten Werkes gestatten.

Konzept
1 Bogen 22,5 x 34 cm, S. 1—2 beschrieben, S. 4 Empfänger-, Datums- und Registraturvermerk.
HBA C 1 Nr. 2154. — Altsignatur fehlt; K. 1225.
Reinkopie: Ostpr. Fol. 74, S. 722—724.

Nr. 2155

1575 September 23, Heilsberg

Martin Kromer, Koadjutor des Bistums Ermland, an Herzog Albrecht Friedrich:

Bezug auf seine wiederholten Bitten um Abschaffung des ungebührlichen Jagens herzoglicher Adliger im Stift [Ermland]; bisher habe man sich auf Zusicherungen, bessere Nachforschungen zu tun, beschränkt und keine Taten folgen lassen; erneute Klagen der bischöflichen Untertanen über Botho von Eulenburg, Hans Küchmeister und Bastian Schlubut, die nicht nur weiter jagen, sondern auch den armen Leuten das Getreide auf den Feldern und das Gewächs in den Gärten zertreten; überdies habe Schlubut den Krekollenern durch seine Jagdhunde viele Gänse reißen lassen; Untertanen, die gegen ein solches Verhalten protestieren, werden mit Waffen bedroht, was nicht nur geringe Bauern, sondern auch der Pfarrer Simon Hempner zu Kiwitten (Kerwienen ?) erfahren habe; Bitte um Abschaffung dieser Jagden und Gewalttaten und um Ersetzung der dadurch verursachten Schäden, wobei man bedenken müsse, „daß wir auch im Himmel alle einen Richter haben"; Anzeige des Seeburger Amtmanns wegen des Aufbrechens von Bienenkörben und der Wegnahme des Honigs durch die Seehestener; Bezug auf die Beschwerden des Koadjutors über die Zerstörung von Bienenkörben durch die Ortelsburgischen, auf die weder eine Antwort noch die Erstattung des entwendeten Honigs erfolgt ist; die Erklärung des Hauptmanns von Seehesten, das Verhalten seiner Amtsuntertanen sei rechtens, weil die Bienenkörbe auf ihrer Seite der Grenzräumung gestanden hätten, sei nicht stichhaltig, weil eine Räumung „keine Grenzscheidung" sei; man habe sich vielmehr auf beiden Seiten verpflichtet, den Status quo bis zur „endgültigen Erörterung der irrigen Grenzen" zu belassen; erneute Bitte [Kromers] um Abstellung dieses unfreundlichen Verhaltens und um Rückgabe des aus den Bienenkörben entwendeten Honigs.

Behändigte Ausfertigung
2 Bogen 21 x 33 cm, S. 3—7 beschrieben, Unterschrift des Koadjutors, S. 8 Außenadresse, Inhalts- und Kanzleivermerk.
Siegel des Koadjutors
HBA C 1 Nr. 2155. — Altsignatur: 1/11/111; K. 480.

Journalvermerk:

Schreiben des Koadjutors wegen des verderblichen Jagens herzoglicher Adliger und des Brechens der Bienenkörbe durch die Seehestener.

Ostpr. Fol. 14323, Bl. 7 v.

Nr. 2156

1575 September 29 [Königsberg]

Herzog Albrecht Friedrich an [Martin Kromer] Koadjutor zu Heilsberg:

Reskript an seine Hauptleute, unter denen die Täter sitzen, diese vor sich zu bescheiden und ihnen nachdrücklich zu befehlen, sich des Jagens und „Bienenbrechens" zu enthalten; Erwartung von deren freundnachbarlichem Verhalten gegenüber den Untertanen des Stifts.

Konzept
1 Bogen 21 x 32 cm, S. 1—2 beschrieben, S. 4 Empfänger-, Datums- und Registraturvermerk.
HBA C 1 Nr. 2156. — Altsignatur fehlt; K. 1225.
Reinkopie: Ostpr. Fol. 74, S. 715—717.

Nr. 2157

1575 Oktober 7 [Königsberg]

Herzog Albrecht Friedrich an das Kapitel zu Frauenburg:

Supplikation des Drengfurter Bürgers Ambrosius Werner wegen Ausfolgung eines Erbfalls seines Weibes in Frauenburg; Bitte des Herzogs an das Kapitel, seine „Autoritatem unbeschwert zu interponiren", damit der Petent zu dem Seinigen ohne Rechtsgang gelangen kann.

Konzept
1 Blatt 21 x 29,5 cm, S. 1 beschrieben, S. 2 Empfänger-, Datums- und Registraturvermerk.
HBA C 1 Nr. 2157. — Altsignatur fehlt; K. 1225.
Reinkopie: Ostpr. Fol. 74, S. 737—738.

Nr. 2158

1575 Oktober 7 [Königsberg]

Herzog Albrecht Friedrich an das Kapitel zu Guttstadt:

Bitte um Klaglosstellung des Kneiphöfer Bürgers Jacob von Gottfern, der etliche Schulden bei den Amtsuntertanen des Guttstadter Gebiets ausstehen hat.

Reinkopie
Ostpr. Fol. 74, S. 738—739.

Nr. 2159

1575 Oktober 7 [Königsberg]

Herzog Albrecht Friedrich an den Vogt zu Seeburg:

Bitte um Klaglosstellung des Kneiphöfer Bürgers Jacob Gottfern, der etliche Schulden bei den Amtsuntertanen der [Seeburger] Vogtei ausstehen hat.

Reinkopie
Ostpr. Fol. 74, S. 742—743.

Nr. 2160

1575 Dezember 7 [Königsberg]

Herzog Albrecht Friedrich an [Martin] Kromer zu Heilsberg:

Bezug auf die beiliegende Supplikation der Vormünder der Witwe und Kinder Melchior Lesgewangs; wegen des in Königsberg stattfindenden Landtags konnten sie der

Zitation des Koadjutors keine Folge leisten; Bitte an [Kromer], die „contumatiam wegen Nichterscheinens zu remittieren und fallen zu lassen".

Konzept
1 Bogen 20 x 32 cm, S. 1—2 beschrieben, S. 4 Empfänger-, Datums- und Registraturvermerk.
HBA C 1 Nr. 2160. — Altsignatur fehlt; K. 1225.
Reinkopie: Ostpr. Fol. 74, S. 749—750.

Nr. 2161

1575 Dezember 18 [Königsberg]

Herzog Albrecht Friedrich an [Martin Kromer], Koadjutor des Bistums Ermland:

Laut Supplikation Bastian Perles und Lux von Rosenaus Bitte um Nachforschung und Ergreifung des der Mißhandlung seiner Frau in Rössel bezichtigten Knechts Franz Fuhrmann, der aus dem Gefängnis in Seehesten durch die Unvorsichtigkeit des dortigen Hauptmanns entweichen konnte.

Konzept
1 Blatt 20,5 x 31 cm, S. 1—2 beschrieben, S. 2 Empfänger-, Datums- und Registraturvermerk.
HBA C 1 Nr. 2161. — Altsignatur fehlt; K. 1225.
Reinkopie: Ostpr. Fol. 74, S. 751—752.

Nr. 2162

1575 Dezember 24, Heilsberg

Martin Kromer, Koadjutor des Bistums Ermland, an Herzog Albrecht Friedrich:

Bereitschaft des Koadjutors, dem Wunsch des Herzogs nach Weiterbeförderung von dessen Briefen und Postreitern zu entsprechen, wenn er nur wisse, wie solches zu tun sei.

Behändigte Ausfertigung
1 Bogen 21 x 31, 5 cm, S. 1 beschrieben, Unterschrift des, Koadjutors, S. 4 Außenadresse, Inhalts- und Kanzleivermerk.
Siegel des Koadjutors
HBA C 1 Nr. 2162. — Altsignatur: 1/11/112; K. 480.

Journalvermerk:

Schreiben des Koadjutors wegen Weiterbeförderung der herzoglichen Briefe und Postreiter.

Ostpr. Fol. 14323, Bl. 7 v.

Nr. 2163

1576 Januar 18, Königsberg

Herzog Albrecht Friedrich an das Kapitel zu Frauenburg:

Bitte an das Kapitel, dem Löbenichter Einwohner Lorentz Hiel zum Nachlaß seiner im Dorf Sugum (Sugnienen?) verstorbenen Eltern laut seiner beiliegenden Supplikation zu verhelfen.

Konzept
1 Blatt 21,5 x 29 cm, S. 1 beschrieben, S. 2 Empfänger-, Datums- und Registraturvermerk.
HBA C 1 Nr. 2163. — Altsignatur fehlt; K. 1226.
Reinkopie: Ostpr. Fol. 75, Bl. 3 v.—4 r.

Nr. 2164

1576 Januar 25, Königsberg

Herzog Albrecht Friedrich an [Martin Kromer] Koadjutor zu Heilsberg:

Empfang der Beschwerde des Koadjutors über Botho von Eulenburg, wegen dessen Drohung, den Pfarrer zu Knuthen erschießen zu wollen; Hinweis auf den beiliegenden Bericht Eulenburgs, worin er zu dem Vorfall Stellung nimmt.

Konzept
1 Blatt 20 x 31 cm, S. 1 beschrieben, S. 2 Empfänger-, Datums- und Registraturvermerk.
HBA C 1 Nr. 2164. — Altsignatur fehlt; K. 1226.
Reinkopie: Ostpr. Fol. 75, Bl. 4 r.—4 v.

Nr. 2165

1576 Februar 21, Heilsberg

Martin Kromer, Koadjutor des Bistums Ermland, an Herzog Albrecht Friedrich:

Bezug auf das Ersuchen des Herzogs, den Einwohner der Stadt Seeburg, Hans Quoss, wegen etlicher von ihm begangener Missetaten im Stift [Ermland] nicht zu dulden; als ihn dessen Eltern und Verwandte bei ihm [Kromer] „des Verdachts purgiren" wollten, hat sie dieser an den Herzog verwiesen; damit [Quoss] seine Angelegenheiten besser betreiben kann, hat ihm der Koadjutor zwei Monate Geleit im Stift gewährt.

Behändigte Ausfertigung
1 Bogen 20,5 x 32 cm, S. 1—2 beschrieben, Unterschrift des Koadjutors, S. 4 Außenadresse, Inhalts- und Kanzleivermerk, Vermerk: „Beim Hans Hele Buchbinder sint 50 postilla polonica. Die sint zu foerdern".
Siegelreste
HBA C 1 Nr. 2165. — Altsignatur: 1/13/23; K. 480.

Journalvermerk:

Schreiben des Koadjutors wegen Hans Quoss aus Seeburg.

Ostpr. Fol. 14323, Bl. 9 r.

Nr. 2166

1576 Februar 22, Königsberg

Herzog Albrecht Friedrich an Eggert von Kempen:

Bitte an [Kempen], dem auf der Rückreise von Moskau befindlichen kaiserlichen Gesandten, der von Frauenburg über das Haff nach Danzig reisen will, aber ortsunkundig ist, Beistand zu leisten.

Reinkopie
Ostpr. Fol. 75, Bl. 16 r.—16 v.

Nr. 2167

1576 März 10, Heilsberg

Martin Kromer, Koadjutor des Bistums Ermland, an Herzog Albrecht Friedrich:

Botho von Eulenburg erklärt auf die von bischöflicher Seite gegen ihn gerichteten Anschuldigungen, er habe nur von ihm gehetzte Hasen auf dem Gebiet des Stifts verfolgt; jeder vernünftige Mensch könne ermessen, ob es möglich sei, einen von seinem Gut entlaufenen Hasen bis hinter Kiwitten — d. h. zwei Meilen von seinen Grenzen entfernt — zu verfolgen, zumal [Eulenburg] das nicht nur einmal, sondern mehrfach getan habe; die umliegenden Dörfer hätten vielmehr von der Bedrohung des Pfarrers von Kiwitten durch [Eulenburg] berichtet; der besagte Pfarrer hat erklärt, daß er sich mehr noch über den Kürschner des Eulenburg beschwert habe, der in seinen Baumgarten gestiegen und das Obst abgeschüttet habe; Bitte des Koadjutors um Unterbindung des Jagens und Hetzens herzoglicher Untertanen auf bischöflichem Territorium.

Behändigte Ausfertigung
1 Bogen 20 x 31 cm, S. 1—3 beschrieben, Unterschrift des Koadjutors, S. 4 Außenadresse, Inhalts- und Eingangsvermerk vom 17. März 1576.
Siegel des Koadjutors
HBA C 1 Nr. 2167. — Altsignatur: 1/13/28; K. 480.

Journalvermerk:

Schreiben des Koadjutors wegen der Entschuldigung des Eulenburg für sein Jagen und Hetzen im Bistum Ermland.

Ostpr. Fol. 14323, Bl. 9 r.

Nr. 2168

1576 März 13, Heilsberg

Martin Kromer, Koadjutor des Bistums Ermland, an Herzog Albrecht Friedrich:

Hinweis auf die beiliegende Supplikation der Braunsberger Bürger Lucas Kersten und Hans Hintz; Bitte an den Herzog um Revision der „ergangenen Acta“ und um Klaglosstellung der Petenten.

Behändigte Ausfertigung
1 Bogen 20 x 32 cm, S. 1 beschrieben, Unterschrift des Koadjutors, S. 4 Außenadresse, Inhalts- und Eingangsvermerk vom 23. März 1576.
Siegelreste
HBA C 1 Nr. 2168. — Altsignatur: 1/13/24; K. 480.

Beilagen

I. [o. D. u. O.]

Lux Kersten und Hans Hintze, Bürger zu Braunsberg, an Martin Kromer:

Bezug auf ihren Rechtsgang bei den fürstlichen Unter- und Obergerichten zu Königsberg wegen der Schicht und Teilung etlicher beweglicher und unbeweglicher Güter, die die verstorbene Barbara, Witwe des Christof Schultze, hinterlassen hat; Zurückweisung ihres nach dem Kulmer Recht begründeten Erbanspruchs gegenüber den weiter entfernten Kindern der Halbschwester der [Barbara] durch die besagten Gerichte; Hoffnung auf die Unterstützung des Koadjutors in dieser Sache; Beifügung eines abschriftlichen Urteils des Leipziger Schöffenstuhls, das den begründeten Rechtsanspruch der Petenten erhellt; die „exempla“ der Gegenpartei haben keine Beweiskraft, „cum non exemplis sed legibus iudicandum“; Bitte an [Kromer], den Herzog zu einer „revisionem actorum“ zu veranlassen, damit ihnen das Recht ungeschmälert zuteil werde.

1 Bogen 21 x 32 cm, S. 1—2 beschrieben.

II. [o. D. u. O.]

Urteil der kurfürstlich sächsischen Schöppen zu Leipzig:

Die verstorbene [Barbara] hat einerseits die Kinder ihrer Halbschwester und zum anderen die Kinder der Brüder und Schwestern ihrer Eltern als Erben hinterlassen; die Nachkommen beider Linien sollen in gleicher Weise erbberechtigt sein.

1 Blatt 21 x 32 cm, S. 1 beschrieben.

Journalvermerk:

Fürbitte des Koadjutors für die in Braunsberg ansässigen Erben der Witwe Christoff Schultzes.

Ostpr. Fol. 14323, Bl. 9 r.

Nr. 2169

1576 April 12 [Königsberg]

Herzog Albrecht Friedrich an den Rat zu Braunsberg:

Beschwerde wegen der Braunsberger Schuster, die die Kirchenmessen in Heiligenbeil und anderenorts außerhalb der gewöhnlichen Jahrmärkte mit ihren Waren besuchen und dadurch die Nahrung der herzoglichen Untertanen schmälern; Bitte um Abstellung dieser Praktiken, die eine gebührende Bestrafung nach sich ziehen werden.

Reinkopie.
Ostpr. Fol. 75, Bl. 29 v.—30 r.

Nr. 2170

1576 April 14, Heilsberg

Martin Kromer, Koadjutor des Bistums Ermland, an Herzog Albrecht Friedrich:

Bezug auf die beiliegende Supplikation des Seeburger Einzöglings Hans Quoß, der bisher keine Gelegenheit gehabt hat, sich bei dem Rastenburger Hauptmann für die Missetat, der er beim Herzog bezichtigt wird, zu „purgiren" und zu entschuldigen; Bitte des Koadjutors um Geleitsgewährung für [Quoß] im Herzogtum, damit er nicht nur frei und sicher zu den „gebührlichen Gerichten" kommen, sondern auch an einen sicheren Ort zurückkehren kann; weil der Hauptmann von Rastenburg aus begründeten Ursachen für argwöhnisch gehalten werde, möge dem [Quoß] beim fürstlichen Hofgericht oder sonstwo ein unverdächtiger Richter zum Verhör gesetzt werden.

Behändigte Ausfertigung
1 Bogen 20 x 31 cm, S. 1—2 beschrieben, Unterschrift des, Koadjutors, S. 4 Außenadresse, Inhalts- und Kanzleivermerk.
Siegel des Koadjutors
HBA C 1 Nr. 2170. — Altsignatur: 1/13/27; K. 489.

Beilage

[o. D. u. O.]

Hans Quoß an Martin Kromer:

Sein Schwager Heinrich Hylsen hat das Schreiben des Koadjutors in Königsberg überreicht, aber keinen Bescheid darauf erhalten; danach hat der Bruder des [Quoß] dem Herzog dessen Petition um Gewährung eines freien Geleits überreicht, ist aber zunächst an den Burggrafen und von dort an den Kanzler weiterverwiesen worden, der ihm nach vier Tagen befohlen habe, bis zu dessen Rückkehr von Neuhausen zu warten; dann könne er ein sicheres Geleit bekommen, um sich vor dem Gericht in Rastenburg einzustellen; für die Rückreise werde ihm dagegen kein Geleit zugesichert; keine Zweckmäßigkeit für [Quoß], sich nach Rastenburg zu begeben, weil sein Widersacher das „Haupt“ des dortigen Gerichts sei; von dem Rastenburger Hauptmann könne kein gerechtes Urteil erwartet werden, zumal er Heinrich Hylsen in Ketten gelegt und nach Königsberg geschickt habe, wo er nur unter Leistung der Urfehde freigekommen sei; Bitte des [Quoß] an den Koadjutor, beim Herzog eines freies Geleit zu erwirken, das ihm eine Verantwortung vor [Albrecht Friedrich] und den fürstlichen Hofgerichten ermögliche; darüber hinaus möge ihm [Kromer] ein freies christliches Geleit im Bistum verleihen.

1 Bogen 20,5 x 31 cm, S. 1—3 beschrieben.

Journalvermerk:

Schreiben des Koadjutors wegen Gewährung des Geleits für Hans Quoß.

Ostpr. Fol. 14323, Bl. 9 r.

Nr. 2171

1576 April 27, Königsberg

Herzog Albrecht Friedrich an [Martin Kromer] Koadjutor zu Heilsberg:

Bezug auf die mit Brief und Siegel bekräftigte Verpflichtung Bastian Perbandts, von seinem Gut Bludin (Bludau?) nur eine „Mark Pfundt“ Wachs an den Koadjutor zu entrichten, wogegen dieser „einen halben Stein Wachs“ von ihm fordert; auf die Bitte [Perbandts] um Bestellung eines Rechtsbeistandes in dieser Angelegenheit hat ihm der Herzog den Rat Christophorus Alzunius zugeordnet; Bitte des Herzogs, den Petenten bei dem zu belassen, was ihm nach seinen Briefen und Siegeln zusteht.

Konzept
1 Bogen 21,5 x 31 cm, S. 1—2 beschrieben, S. 4 Empfänger-, Datums- und Registraturvermerk.
HBA C 1 Nr. 2171. — Altsignatur fehlt; K. 1226.
Reinkopie: Ostpr. Fol. 75, Bl. 35 v.—36 r.

Nr. 2172

1576 Mai 9, Königsberg

Herzog Albrecht Friedrich an Martin Kromer, Koadjutor des Stifts Ermland:

Hinweis auf das bereits erteilte Geleit für Hans Quoß, das dieser bisher nicht angenommen hat; dennoch erneute Bereitschaft zur Gewährung des Geleits, damit [Quoß] seine Unschuld beweisen kann; weil dieser den Hauptmann von Rastenburg für befangen hält, soll die besagte Rechtssache vor dem ordentlichen Stadtgericht in Rastenburg verhandelt werden.

Konzept
1 Blatt 21 x 30 cm, S. 1—2 beschrieben, S. 2 Empfänger-, Datums- und Registraturvermerk.
HBA C 1 Nr. 2172. — Altsignatur fehlt; K. 1226.
Reinkopie: Ostpr. Fol. 75, Bl. 42 r.—42 v.

Nr. 2173

1576 August 17, Heilsberg

Martin Kromer, Koadjutor des Bistums Ermland, an Herzog Albrecht Friedrich:

Die Erwartung eines freundnachbarlichen Verhaltens, dessen sich die Ermländer befleißigen, ist seitens der herzoglichen Untertanen nicht erfüllt worden; Hinweis auf die beiliegende Klage des [Seeburger] Vogts [Christoff Troschke] über das Aufbrechen der Bienenkörbe und die Wegnahme des darin enthaltenen Honigs, was nicht der erste derartige Übergriff ist; Beteiligung des Dieners des [Ortelsburger] Hauptmanns — zweifellos auf dessen Befehl oder zumindest mit dessen Wissen — an diesen Gewaltakten; erneute Bitte um eine ernste Verordnung des Herzogs zwecks Abstellung dieser Exzesse; Gesuch um Erstattung des Honigs und um gebührliche Bestrafung der Täter.

Behändigte Ausfertigung
1 Bogen 21 x 31 cm, S. 1—3 beschrieben, Unterschrift des Koadjutors, S. 4 Außenadresse, Inhalts- und Kanzleivermerk.
Siegel des Koadjutors
HBA C 1 Nr. 2173. — Altsignatur: 1/13/26; K. 480.

Beilage

1576 August 16, Seeburg

Christoff Troschke an Martin Kromer:

Anzeige der Untertanen und Biener von Paudling wegen des Aufbrechens von elf Bienenkörben seitens der Ortelsburger am gestrigen Feiertag; unter den Tätern haben sich der Schreiber von Ortelsburg, der Hofmann, Wildschütz und andere mit Büchsen ausgerüstete Personen befunden; obwohl der [Ortelsburger] Hauptmann sowohl mündlich als schriftlich die Einhaltung guter Nachbarschaft zugesagt hat, sieht die Wirklichkeit anders aus.

1 Blatt 20, 5 x 31 cm, S. 1 beschrieben.

Journalvermerk:

Beschwerde des Koadjutors über die Verletzung der „stiftischen“ Grenzen durch den Hauptmann zu Ortelsburg.

Ostpr. Fol. 14323, Bl. 9 v.

Nr. 2174

1576 Oktober 8, Heilsberg

Martin Kromer, Koadjutor des Bistums Ermland, an Herzog Albrecht Friedrich:

Erinnerung an seine vielfachen Beschwerden über herzogliche Amtleute, die den bischöflichen Untertanen Schaden zugefügt haben; weil diese Klagen bisher fruchtlos geblieben sind, will [Kromer] diese dem König [Stefan Bathory] zur Kenntnis bringen; der Herzog soll bewirken, daß seine Untertanen künftig dem Stift keinen Schaden mehr zufügen und die Grenzen nicht verletzen; Erwartung einer „zuträglichen Antwort" des Herzogs, die der Diener [Kromers] übermitteln soll.

Behändigte Ausfertigung
1 Bogen 20,5 x 31 cm, S. 1—2 beschrieben, Unterschrift des Koadjutors, S. 4 Außenadresse, Inhalts- und Kanzleivermerk.
Siegel des Koadjutors
HBA C 1 Nr. 2174. — Altsignatur: 1/13/25; K. 480.

Journalvermerk:

Erneute Klage des Koadjutors wegen des Einfalls herzoglicher Amtleute und Untertanen in das Stift.

Ostpr. Fol. 14323, Bl. 9 r.

Nr. 2175

1576 November 13 [Königsberg]

Herzog Albrecht Friedrich an das Kapitel zu Frauenburg, mutatis mutandis an Eckert von Kempen:

Kredenzbrief für seine an das Kapitel abgefertigten Gesandten Baltzer Gans und Bastian Braun.

Konzept
1 Blatt 22 x 33 cm, S. 1 beschrieben, S. 2 Empfänger-, Datums- und Registraturvermerk.
HBA C 1 Nr. 2175. — Altsignatur fehlt; K. 1226.
Reinkopie: Ostpr. Fol. 75, Bl. 79 r.

Nr. 2176

1576 November 23, Königsberg

Herzog Albrecht Friedrich an Eghart von Kempen, Dechanten zu Frauenburg:

Kenntnis von dem durch den Rat Balthasar Gans übermittelten Bericht [Kempens] wegen der Grenzirrungen zwischen dessen im Amt [Preußisch] Holland gelegenen Gut

Neumünster und dem Gebiet von Tolkemit im Königlichen Teil [Preußen]; die zum Reichstag nach Thorn geschickten herzoglichen Gesandten sollen den König [Stefan Bathory] um „Renovation der Commission" und um Ernennung anderer Kommissarien bitten, wobei sie sich für die von [Kempen] vorgeschlagenen Personen aussprechen sollen; Bereitschaft des Herzogs, seine Bevollmächtigten den königlichen zuzuordnen; Zusage an [Kempen], an der Lösung der anderen „Irrungen" im nächsten Frühjahr in gleicher Weise mitzuwirken.

Konzept
1 Bogen 20 x 32 cm, S. 1—2 beschrieben, S. 4 Empfänger- und Datumsvermerk.
HBA C 1 Nr. 2176. — Altsignatur fehlt; K. 1226.
Reinkopie: Ostpr. Fol. 75, Bl. 79 v.—80 r.

Nr. 2177

1576 Dezember 12, Königsberg

Herzog Albrecht Friedrich an [Martin Kromer] Koadjutor zu Heilsberg:

Hinweis auf einen im Hof Steinort des verstorbenen Hofmeisters Caspar von Lehndorff begangenen Mord; der reisige Knecht Lehndorffs, Andres, hat den dortigen Hofverwalter Fabian Peucker mit einem Knebelspieß erstochen und nach begangener Tat die Flucht ergriffen; Bitte an [Kromer], auf den möglicherweise ins Bistum geflohenen Täter, der groß gewachsen sein soll, gute Acht zu geben und ihn gefänglich zu inhaftieren; Bitte um Unterrichtung von der gefänglichen Festsetzung, damit der Verbrecher ins Herzogtum verbracht und seiner gerechten Strafe zugeführt werden kann.

Konzept
1 Blatt 20, 5 x 32 cm, S. 1—2 beschrieben, S. 2 Empfänger-, Datums- und Registraturvermerk.
HBA C 1 Nr. 2177. — Altsignatur fehlt; K. 1226.
Reinkopie: Ostpr. Fol. 75, Bl. 81 r. und v.

Nr. 2178

1576 Dezember 13, Königsberg

Herzog Albrecht Friedrich an [Martin Kromer] Koadjutor zu Heilsberg:

Bitte um Entschuldigung des als Vormund der Dorothea, Witwe Melchior Leschgewangs, und ihrer Kinder fungierenden Königsberger Gerichtsnotars Albertus Poleman, der wegen „Leibesschwachheit" den von [Kromer] auf den 15. [Dezember] in der Streitsache mit Stenzel Kostka angesetzten Gerichtstermin nicht wahrnehmen kann; dem [Poleman] möge in den nächsten Monaten ein anderer Termin gewährt werden.

Konzept
1 Blatt 21 x 32 cm, S. 1—2 beschrieben, S. 2 Empfänger-, Datums- und Registraturvermerk.
HBA C 1 Nr. 2178. — Altsignatur fehlt; K. 1226.
Reinkopie: Ostpr. Fol. 75, Bl. 82 r. und v.

Nr. 2179

1577 Februar 9, Königsberg

Herzog Albrecht Friedrich an [Martin Kromer] Koadjutor zu Heilsberg:

Bezug auf die erneute Vorladung Christoff Albrechts von Kunheim am 11. Februar nach Heilsberg zur Eidesleistung für seine im Bistum Ermland liegenden Güter; Bitte um Erlassung dieser Eidesleistung, weil das eine Neuerung sei, die man früher niemals von den Vorfahren [Kunheims] gefordert habe; auf herzoglicher Seite werde eine derartige Eidesleistung von Ermländern mit Gütern im Fürstentum [Preußen] nicht verlangt; weil der Hofrat [Kunheim] den genannten Tag aus mancherlei Gründen nicht einhalten kann, bittet der Herzog um Beibehaltung des alten Verfahrens oder, wenn diesem Ersuchen nicht entsprochen wird, um Ansetzung eines neuen Termins für die Ablegung des Eides.

Konzept
1 Bogen 21, 5 x 32 cm, S. 1—3 beschrieben, S. 4 Empfänger-, Datums- und Registraturvermerk.
HBA C 1 Nr. 2179. — Altsignatur fehlt; K. 1226.

Nr. 2180

1577 Februar 14, Königsberg

Herzog Albrecht Friedrich an Martin Kromer, Koadjutor zu Heilsberg:

Bezug auf die Supplikation der Witwe des Hans von Golinden wegen Bestellung des Stiftslehnsmanns David Braxein aus Caivalinen? im Guttstädtischen zu ihrem Vormund und dem ihrer Kinder; Bitte des Herzogs um Erfüllung dieses Wunsches.

Reinkopie
Ostpr. Fol. 75, Bl. 95 v.—96 r.

Nr. 2181

1577 März 14 [Königsberg]

Herzog Albrecht Friedrich an Martin Kromer, Koadjutor zu Heilsberg:

Gemäß der Supplikation des Untertans des Rastenburgischen Landrichters Quirin Sack, Greger Pflug, wegen dessen Rechtssache mit dem Heilsberger Rat Bitte an [Kromer] um rasche Klaglosstellung des Supplikanten.

Konzept
1 Bogen 21, 5 x 33 cm, S. 1—2 beschrieben, S. 4 Empfänger-, Datums- und Registraturvermerk.
HBA C 1 Nr. 2181. — Altsignatur fehlt; K. 1226.
Reinkopie: Ostpr. Fol. 75, Bl. 102 r. und v.

Nr. 2182

1577 April 10, Königsberg

Herzog Albrecht Friedrich an den Landvogt des Ermlands [Christoff Troschke]:

Beschwerde des N. Rehagius wegen Verweigerung der Ausfolgung seines väterlichen Erbteils; Bitte des Herzogs an [Troschke], dem Petenten zu seinem Recht zu verhelfen.

Reinkopie
Ostpr. Fol. 75, Bl. 108 v.

Nr. 2183

1577 April 28, Frauenburg

Prälaten, Domherren und Kapitel des Stifts Ermland an Herzog Albrecht Friedrich:

Beschwerde über den Hauptmann zu Hohenstein [Dietrich von Wernsdorff], der sich vor kurzem mit neun oder zehn Mann an den die Grenze zwischen den Gebieten Allenstein und Hohenstein bildenden Fluß Plautzke begeben und die dortige Brücke, die aus den umliegenden kapitularischen Dörfern nach Hohenstein führt, abgeworfen und die zur Aalwehr bestimmten Pfähle zerrissen hat; Antwort des Hauptmanns auf die Frage eines Untertans aus Plautzig, warum er [der Hauptmann] das tue, er wolle noch mehr brechen und den Fluß nicht verstellen lassen; nach Auffassung des Kapitels widerspricht ein solches Handeln allem Recht und den nachbarlichen Gepflogenheiten; Erwartung einer umgehenden Wiederherstellung der Brücke und der Erstattung der verursachten Schäden, damit weitergehende rechtmäßige Schritte vermieden werden.

Behändigte Ausfertigung
1 Bogen 20,5 x 32 cm, S. 1—3 beschrieben, Unterschrift der Aussteller, S. 4 Außenadresse, Inhalts- und Kanzleivermerk.
Siegel der Aussteller liegt lose bei.
HBA C 1 Nr. 2183. — Altsignatur: 1/13/29; K. 480.

Nr. 2184

1577 Mai 1, Königsberg

Herzog Albrecht Friedrich an Martin Kromer zu Heilsberg:

Bitte um Lieferung von Eichenholz für den Schleusen- und Mühlenbau in Bartenstein aus den benachbarten bischöflichen Wäldern; der Bartensteiner Mühlenmeister wird den Holzbedarf angeben, den der bischöfliche Waldbereiter ausfolgen soll; Bereitschaft zur Lieferung von Holz aus dem Balgaer Gebiet zum Bedarf der Braunsberger Mühle.

Konzept
1 Blatt 20,5 x 30, 5 cm, S. 1 beschrieben, S. 2 Empfänger-, Datums- und Registraturvermerk.
HBA C 1 Nr. 2184. — Altsignatur fehlt; K. 1226.
Reinkopie: Ostpr. Fol. 75, Bl. 114 r.

Nr. 2185

1577 Juni 14 [Königsberg]

Herzog Albrecht Friedrich an [Martin Kromer] Koadjutor zu Heilsberg:

Beschwerde des Koadjutors über die in der Nähe des Stiftes Ermland begüterten herzoglichen Adligen, die ihren Untertanen den Transport des Getreides in die Mühlen des Bistums verboten haben sollen; keine Kenntnis des Herzogs von einem derartigen Verbot; allerdings haben sich auf dem letzten Landtag wie auch schon früher die herzoglichen Hinterstädte und andere über die Unterbindung der Getreide- und Warenzufuhr aus dem Bistum ins Fürstentum [Preußen] seitens des Koadjutors oder dessen Amtleuten und Befehlshabern beklagt; Hoffnung auf die Freigabe dieser Zufuhr auf bischöflicher Seite, was [Albrecht Friedrich] dann auch seinerseits verordnen will; nur wenn herzogliche Untertanen ihr Malz in Mühlen des Bistums bringen wollen, müssen sie zuvor die davon mit Einwilligung der Landschaft erhobene Kontribution abführen.

Konzept
1 Bogen 21 x 30 cm, S. 1—4 beschrieben, S. 4 Empfänger-, Datums- und Registraturvermerk.
HBA C 1 Nr. 2185. — Altsignatur fehlt; K. 1226.
Reinkopie: Ostpr. Fol. 75, Bl. 122 v.—123 v.

Nr. 2186

1577 Juli 16 [Königsberg]

Herzog Albrecht Friedrich an den Rat der Stadt Braunsberg:

Bitte an den Adressaten, der Witwe Hans Schnells, Eva, zur Ausfolgung ihrer bei dem Braunsberger Bürger Jochim Koeler deponierten Bücher zu verhelfen.

Reinkopie
Ostpr. Fol. 75, Bl. 127 v.—128 r.

Nr. 2187

1577 August 27 [Königsberg]

Herzog Albrecht Friedrich an [Martin Kromer] Koadjutor zu Heilsberg:

Die Kneiphofer Untertanen Anthonius Badersbach und Jacob Heyne, die in Heilsberg von dem Kaufmann Michell Salomon und anderen 26 Säcke Hopfen gekauft haben, sind verdächtigt worden, Danziger zu sein und der Stadt Danzig, der Feindin des polnischen Königs [Stefan Bathory], diesen Hopfen zugeführt zu haben; weil Anthonius Badersbach dafür haftet und Kundschaft bringen will, daß der besagte Hopfen wie auch die schon zuvor in Heilsberg gekauften 54 Säcke nur nach Königsberg verschifft werden, bittet der Herzog um die Befreiung seiner Untertanen von dem auf ihnen haftenden Verdacht.

Reinkopie
Ostpr. Fol. 75, Bl. 134 r.—135 r.

Nr. 2188

1577 November 13, Königsberg

Herzog Albrecht Friedrich an [Martin Kromer] Koadjutor zu Heilsberg:

Bezug auf [Kromers] Beschwerde über den Hauptmann von Seehesten, der einen Abschnitt der Landgrenze im Rösseler Gebiet geräumt und dort ein „nicht geringes Stück Ufers landes" aufgerichtet hat; Bereitschaft zur Beantwortung der Beschwerde nach Erkundigung und Besichtigung dieses Grenzabschnittes; falls der Hauptmann dem Stift etwas auf unbillige Weise entzogen hat, soll dieses wiedererstattet werden; Erwartung eines entsprechendes Verhalten [Kromers]; Hoffnung auf eine baldmögliche Behebung der beiderseitigen Grenzirrungen zwecks Erhaltung guter Nachbarschaft.

Reinkopie
Ostpr. Fol. 75, Bl. 144 r.—145 r.

Nr. 2189

1578 Januar 23 [Königsberg]

Herzog Albrecht Friedrich an Martin Kromer zu Heilsberg:

Fürbitte für den Gerichtssecretarius der drei Städte Königsberg, Albertus Polman, der den ihm in seiner Eigenschaft als Anwalt und Bevollmächtigter der Witwe Melchior Lesgewangs und ihrer Angehörigen am 3. Februar vom Koadjutor anberaumten Termin wegen Leibesschwachheit nicht einhalten kann; Bitte um weitere Prorogation [Verschiebung] des Termins für den bereits seit vier Wochen bettlägerigen [Polman].

Konzept
1 Bogen 21 x 32 cm, S. 1—2 beschrieben, S. 4 Empfänger-, Datums- und Registraturvermerk.
HBA C 1 Nr. 2189. — Altsignatur fehlt; K. 1226.
Reinkopie: Ostpr. Fol. 75, Bl. 153 r. und v.

Nr. 2190

1578 Februar 9, Königsberg

Herzog Albrecht Friedrich an [Martin Kromer] Koadjutor zu Heilsberg:

Anzeige des Hofrats Christoff Albrecht von Kunheim wegen seiner erneuten Zitation nach Heilsberg am 11. Februar hinsichtlich der Eidesleistung für seine im Bistum Ermland liegenden Güter; wegen der aus wichtigen Gründen erfolgten Verhinderung [Kunheims] bittet der Herzog um Beibehaltung der alten Gewohnheit, die in der Ablegung der Urkunden, die zum Bekenntnis der Herrschaft und Untertänigkeit gegeben werden, besteht; bei Nichtgewährung dieser Bitte möge [Kunheim] ein anderer Termin eingeräumt werden, den er persönlich oder durch einen Bevollmächtigten wahrnehmen könne.

Reinkopie
Ostpr. Fol. 75, Bl. 156 r.—157 r.

Nr. 2191

1578 März 7, Königsberg

Herzog Georg Friedrich an [Martin Kromer] Koadjutor zu Heilsberg:

Entschuldigung seines Rates Christoff Albrecht von Kunheim für dessen Nichterscheinen auf dem ihm vom Koadjutor angesetzten Tag; wegen des allgemeinen Landtags des Herzogtums [Preußen] ist [Kunheim] unabkömmlich; er wird sich nach dem Ende des Landtages bei [Kromer] zur Huldigung einfinden; Verwahrung gegen die vom Koadjutor erhobene Beschuldigung des Brechens der Bienenkörbe; er [Georg Friedrich] beschränke sich auf seinen Besitz und halte die Verträge ein.

Konzept.
1 Bogen 21, 5 x 33 cm, S. 1—2 beschrieben, S. 4 Empfänger-, Datums- und Registraturvermerk.
HBA C 1 Nr. 2191. — Altsignatur fehlt; K. 1226.
Reinkopie: Ostpr. Fol. 75, Bl. 161 r. und v.

Nr. 2192

1578 April 18 [Königsberg]

Herzog Georg Friedrich an das Kapitel zu Frauenburg:

Unterrichtung des Kapitels von dem königlichen Verbot des Keutelns im ganzen Frischen Haff, wodurch bisher der „kleine Fisch und Samen" merklich geschädigt worden ist; [Georg Friedrich] will seinen Untertanen das Keutelfischen im Frischen Haff verbieten und erwartet, daß das Kapitel für seine Untertanen ein entsprechendes Verbot erläßt.

Konzept
1 Blatt 20 x 32 cm, S. 1—2 beschrieben, S. 2 Empfänger-, Datums- und Registraturvermerk.
HBA C 1 Nr. 2192. — Altsignatur fehlt; K. 1226.
Reinkopie: Ostpr. Fol. 75, Bl. 165 v.—166 r.

Nr. 2193

1578 April 21, Heilsberg

Martin Kromer, Koadjutor des Bistum Ermland, an Herzog Georg Friedrich:

Kredenzschreiben für seinen an [Georg Friedrich] infolge von dessen Einsetzung in „das fürstliche Regiment des Hertzogthumbs Preussen" entsandten Bevollmächtigten, den Frauenburger Domherrn Johannes Kretzmerus.

Behändigte Ausfertigung
1 Bogen 20, 5 x 33 cm, S. 1 beschrieben, Unterschrift des Koadjutors, S. 4 Außenadresse, Inhalts- und Eingangsvermerk vom 24. April 1578.
Siegel des Koadjutors
HBA C 1 Nr. 2193. — Altsignatur: 1/13/86; K. 480.

Journalvermerk:

Kredenzschreiben des Koadjutors für seinen Gesandten Johannes Kretzmerus.

Ostpr. Fol. 14323, Bl. 10 v.

Nr. 2194

1578 April 25, Frauenburg

Prälaten, Domherren und Kapitel des Stifts Ermland an Herzog Georg Friedrich:

Befremden wegen des ohne ihr Wissen ergangenen Verbots der Keutelfischerei, womit das Kapitel seit den ältesten Pakten und Verträgen begnadigt ist; keine endgültige Stellungnahme zu dem königlichen Universal, weil dieses nicht nur das Kapitel, sondern auch den Koadjutor des Bistums [Ermland] betrifft; erst nach der Beredung mit [Kromer] wird die Antwort erfolgen; Bitte an den Herzog, sich nach dem „Exempel seiner Vorfahren" gegenüber dem Kapitel gnädig zu zeigen.

Behändigte Ausfertigung
1 Bogen 21 x 32 cm, S. 1—2 beschrieben, Unterschrift der Aussteller, S. 4 Außenadresse, Inhalts- und Eingangsvermerk vom 26. April 1578.
Siegel des Kapitels liegt lose bei.
HBA C 1 Nr. 2194. — Altsignatur: 1/13/85; K. 480.

Journalvermerk:

Schreiben des Kapitels wegen der Keutelfischerei.

Ostpr. Fol. 14323, Bl. 10 v.

Nr. 2195

1578 Mai 17, Hohenstein

Albrecht Friedrich von Wernsdorff, Hauptmann zu Hohenstein, an Herzog Georg Friedrich:

Unterrichtung von dem Vorhaben des Allensteiner Landpropstes, eine Schutzwehr oder Aalkasten im Fluß Plautzke gegen alle Verträge zu bauen; der von diesem vor einem Jahr errichtete Zaun ist von den herzoglichen Amtsuntertanen eingerissen worden; [Wernsdorff] hat inzwischen beim Allensteiner Burggrafen [Eustachius Ludwig von der Demuth] angefragt, ob der Landpropst sein erneutes Vorhaben in die Tat umsetzen will; Bitte um eine Verordnung des Herzogs, damit dieser zum Verderben seiner Untertanen gereichende Bau abgeschafft werden kann.

Behändigte Ausfertigung
1 Bogen 20, 5 x 32 cm, S. 1—2 beschrieben, Unterschrift des Ausstellers, S. 4 Außenadresse, Inhalts- und Eingangsvermerk vom 20. Mai 1578.
HBA C 1 Nr. 2195. — Altsignatur fehlt; K. 482.

Beilage

1578 Mai 16, Allenstein

Eustachius Ludwig von der Demuth an Albrecht Friedrich von Wernsdorff, Hauptmann zu Hohenstein:

Keine Möglichkeit, dem Kapitel einen Bau in seinem Gebiet zu verwehren; jeder solle in seinen Grenzen das Seinige gebrauchen, wie er es mit bestem Gewissen könne und möge; über die Wegnahme der Aalsäcke seitens des Hauptmanns wird sich das Kapitel beim Koadjutor beschweren.

1 Blatt 21 x 32 cm, S. 1—2 beschrieben.

Nr. 2196

1578 Juli 7, Heilsberg

Martin Kromer, Koadjutor des Bistums Ermland, an Herzog Georg Friedrich:

Bezug auf seinen dem Herzog durch Melchior von Diebes übersandten Bericht wegen der Jurisdiktion über im Herzogtum ansässige Untertanen und Lehnsleute, die im Stift Landgüter haben; dieser Bericht ist allerdings wegen der damals zu ihm [Kromer] vom Herzog gekommenen polnischen Herren und Gäste nur kurz ausgefallen; Christoff Albrecht von Kunheim, der im Wormditter Gebiet begütert ist, hat sein Nichtbefolgen der Ladung damit entschuldigt, der Herzog habe ihm verboten, sich vor der bischöflichen Gerichtsbarkeit einzustellen, weil das den zwischen der Krone Polen und den Herzögen in Preußen geschlossenen Verträgen widerspreche; Übersendung des in beiden Sprachen [Deutsch und Lateinisch] abgefaßten Artikels über die Gerichtsbarkeit aus einem alten Kanzleibuch an [Georg Friedrich], der wegen seiner vor kurzem erfolgten Ankunft in [Preußen] die dortigen Gebräuche und Gerechtigkeiten noch nicht kenne; nach bisheriger Praxis hätten sich die beiderseitigen Untertanen vor dem für ihre Güter zuständigen Richter verantworten müssen; selbst der König sei damit einverstanden, wenn unter seiner Herrschaft — nicht nur in Preußen, sondern auch in Masowien und Polen — ansässige Untertanen, die im Ermland begütert wären, vor das dortige bischöfliche Gericht gezogen würden; daher möge [Georg Friedrich] die in [Kromers] Händen befindlichen Regalien und Jurisdiktion nicht turbieren, was auch im umgekehrten Fall Beachtung finde.

Behändigte Ausfertigung
1 Bogen 21 x 32 cm, S. 1—3 beschrieben, Unterschrift des Koadjutors, S. 4 Außenadresse, Inhalts- und Kanzleivermerk.
Siegel des Koadjutors
HBA C 1 Nr. 2196. — Altsignatur: 1/13/34; K. 480.

Postskript

Auszug aus den Verträgen der Lande Preußen, in denen festgelegt ist, daß sich die beiderseitigen Untertanen jeweils vor dem Gericht, in dessen Bezirk ihre Güter liegen oder in dem der Beklagte häuslich ansässig ist, verantworten müssen.

Lateinisch und Deutsch
1 Zettel 21 x 20, 5 cm, S. 1 beschrieben.

Journalvermerk:

Schreiben des Koadjutors wegen der Jurisdiktion über im Ermland begüterte und im Herzogtum ansässige Untertanen und Lehnsleute.

Ostpr. Fol. 14323, Bl. 10 v.

Nr. 2197

1578 Juli 11, Heilsberg

Martin Kromer, Koadjutor des Bistums Ermland, an Herzog Georg Friedrich:

Bezug auf die beiliegende Supplikation des Brosien Wosseda, Müllers zu Kellen; Bitte um Förderung des „Schuldhandels“ [Wossedas] gegen den herzoglichen Untertan [Albrecht] von der Milbe.

Behändigte Ausfertigung
1 Bogen 21 x 32 cm, S. 1 beschrieben, Unterschrift des Koadjutors, S. 4 Außenadresse, Inhalts- und Kanzleivermerk.
Siegelspuren
HBA C 1 Nr. 2197. — Altsignatur: 1/13/36; K. 480.

Beilage

[o. D. u. O.]

Brosien Wosseda, Erbmüller zu Kellen, an Martin Kromer:

Hinweis auf seine dem Albrecht von der Milbe zu Lytzaw vor etlichen Jahren gewährte Anleihe in Höhe von 100 Mark, die dieser bisher nicht zurückgezahlt hat; eine entsprechende Supplik [Wossedas] an den Herzog ist ergebnislos geblieben; daher Bitte an [Kromer], sich bei [Georg Friedrich] für die rasche Rückzahlung der Summe einzusetzen.

1 Bogen 21 x 33 cm, S. 1—2 beschrieben.

Journalvermerk:

Verwendung [Kromers] für seinen Erbmüller in Kellen.

Ostpr. Fol. 14323, Bl. 10 v.

Nr. 2198

1578 Juli 13, Frauenburg

Prälaten, Domherren und Kapitel des Stifts Ermland an Herzog Georg Friedrich:

Bezug auf die im Juni [1578] durch den Domherrn Jacob Zimmermann an den Herzog übermittelten Beschwerden über den Einfall des Hauptmanns von Hohenstein [Albrecht Friedrich von Wernsdorff] in das Gebiet Allenstein und die Wegnahme etlichen „Fischerzeuges“ in einem Fluß, der von alters her mit beiden Ufern auf dem Gebiet des Kapitels liegt; keine Kenntnis der Aussteller, wie der besagte Hauptmann seinen Einfall beim Herzog begründet hat; weil [Georg Friedrich] in wenigen Tagen in der Nähe der Gegend, wo solche Gewalt stattgefunden hat, ankommen wird, soll der Allensteiner Burggraf Eustachius Ludwig von der Demuth dem Herzog die durch den

Einfall verursachten Schäden zwecks deren Erstattung vortragen; Hoffnung auf ein gerechtes Verhalten [Georg Friedrichs], der als „recht- und friedliebender Fürst" bezeichnet wird; Erwartung der Anerkennung der freien Nutzung der domkapitularischen Regalien; verwandte und benachbarte Herrschaften müßten sich vielmehr untereinander gegen fremde Feinde mit Hilfe und Rat beschützen.

Behändigte Ausfertigung
1 Bogen 21 x 31 cm, S. 1—3 beschrieben, Unterschrift der Aussteller, S. 4 Außenadresse, Inhalts- und Eingangsvermerk vom 18. Juli 1578, Vermerk: „Soll der herr haubtman zum Hohenstein hirauff und mit underschickung dises Schreibens seinen Bericht nach Kunigsbergk uberschicken".
Siegel der Aussteller
HBA C 1 Nr. 2198. — Altsignatur: 1/13/30; K. 480.

Journalvermerk:

Beschwerde des Domkapitels über den Hauptmann von Hohenstein.

Ostpr. Fol. 14323, Bl. 11 r.

Nr. 2199

1578 August 4, Heilsberg

Martin Kromer, Koadjutor des Bistums Ermland, an Herzog Georg Friedrich:

Empfang zweier herzoglicher, unter dem 1. August datierter Schreiben mit der beiliegenden Supplikation der von Schlubutt; bezüglich des herzoglichen Ersuchens um Versagung des Geleits für Georg Rauter und Christoff Kunsick, die mit etlichen Bauern des Nachts mehrere gewaltsame Angriffe auf herzogliche Diener und andere arme Leute verübt haben, erklärt [Kromer], daß vor wenigen Tagen lediglich Rauter durch seine Verwandte um Geleit gebeten habe; [Rauter] weist den Vorwurf zurück, etliche seiner Untertanen hätten mit seiner Einwilligung in seinem Dorfe herzogliche Lakaien hart verwundet; daraufhin sei [Rauter] das Geleit für einen Monat erteilt worden, um ihm Gelegenheit zu geben, sich beim Herzog gegen den ihn erhobenen Verdacht zu rechtfertigen; Bereitschaft [Kromers] zur Widerrufung des Geleits aufgrund der anderslautenden Mitteilung des Herzogs; Befehl an die bischöflichen Amtleute, nach Kunsick und den Bauern zu fahnden und sie gemäß den beiderseitigen Gewohnheiten zu behandeln, was allerdings der Hauptmann von Seehesten auf herzoglicher Seite nicht praktiziere; wegen der Pfändung des Viehs hat [Kromer] den Burggrafen von Rössel um Bericht ersucht; ein drittes Schreiben [Georg Friedrichs], das ein weiteres Anliegen des Koadjutors betrifft, steht noch aus.

Behändigte Ausfertigung
1 Bogen 21 x 32 cm, S. 1—3 beschrieben, Unterschrift des Koadjutors, S. 4 Außenadresse, Inhalts- und Eingangsvermerk vom 6. August 1578.
Siegel des Koadjutors
HBA C 1 Nr. 2199. — Altsignatur: 1/13/35; K. 480.

Journalvermerk:

Schreiben des Koadjutors wegen Georg Rauter und Christoff Kunsick.

Ostpr. Fol. 14323, Bl. 11 r.

Nr. 2200

1578 August 8, Heilsberg

Martin Kromer, Koadjutor des Bistums Ermland, an Herzog Georg Friedrich:

Bezug auf seine erfolglosen Bitten an [Albrecht Friedrich], die herzoglichen Amtleute und Untertanen zur Einstellung ihrer Übergriffe gegenüber dem Bistum zu veranlassen; hinsichtlich der Klage der Schlubuts über die Pfändung von zwei Kühen und eines Ochsen durch die Klausdorfer verweist [Kromer] auf den beiliegenden Bericht des Rösseler Burggrafen [Merten Nisemeuschell]; nicht zutreffende Behauptung der Schlubuts, die Klausdorfer Heide, in der die Viehpfändung geschehen sei, sei vor etwa zehn Jahren als „zwistiger Ort" von den herzoglichen und bischöflichen Kommissarien in Sequester genommen worden; [Hosius] habe vor seiner Abreise nach Rom den Frauenburger Domherrn Johannes Leoman zu [Albrecht Friedrich] geschickt; dessen mit dem Herzog geschlossener Vergleich besage, daß die beiderseitigen Untertanen in ihrem alten Besitzstand bis zur endgültigen Erörterung der Grenzsachen belassen werden sollten; den beigefügten Abschriften könne entnommen werden, daß entsprechende herzogliche Reskripte an die Ämter Rastenburg, Seehesten, Ortelsburg, Hohenstein und Neidenburg ergangen wären, in denen das besagte Sequester mit keinem Wort erwähnt werde; unzutreffende Behauptung Schlubuts, die Rösseler Mönche hätten den großen mit einem Bischofsstab und Kreuz bezeichneten Landgrenzstein aus dem Bistum über die Landesgrenze ins Herzogtum getragen; in Rössel wären niemals mehr als drei oder vier Mönche gewesen, der Stein sei aber so groß, daß ihn kaum 30 Männer „ruren oder heben" könnten; überdies sei ein etwaiges Sequester herzoglicherseits mit der Abhauung und Wegführung des Holzes — das könne man dem Schreiben des Rösseler Amtmanns entnehmen — längst gebrochen und damit unwirksam geworden; Bezichtigung Schlubuts, in „publica sequestrata" eingefallen zu sein, dort gepfändet und die gepfändeten Dinge dem Amtmann des Ortes vorenthalten zu haben; Beschwerde des Koadjutors über den Hauptmann von Seehesten, der bei einer laufenden Grenzhandlung einen mit einer eisernen Spitze beschlagenen Grenzpfahl habe ausgraben und ohne Wissen [Kromers] einen Teil der Landesgrenze im Stift [Ermland] habe räumen lassen; man habe sogar herzoglicherseits Dörfer auf bischöflichem Grund im Bischofsburger Gebiet angelegt; Schlubut hat den Klausdorfern auf ihrer Heide Pferde und Wagen weggenommen, während umgekehrt diese das auf ihrem Grund befindliche Vieh [Schlubuts] im Beisein des Hirten gemäß landesüblichem Brauch gepfändet haben; Bitte [Kromers] an [Georg Friedrich] um Veranlassung der Rückgabe der Wagen und Pferde an die Klausdorfer bei gleichzeitiger Zusage, das gepfändete Vieh den Schlubuts zurückzugeben; der Herzog soll bei seinen Untertanen die Einhaltung des Status quo bis zur endgültigen Berichtigung der Landesgrenzen bewirken und gewährleisten, daß die bischöflichen Untersassen in ihrem alten Besitz nicht molestiert werden; Hinweis auf ein weiteres in Abschrift beiliegendes Schreiben des Rösseler Burggrafen, das darüber Aufschluß gibt, wie es der Hauptmann von Seehesten mit dem Pfarrer und dem Bürgermeister von Rössel treibe; der Herzog soll den besagten Hauptmann dazu veranlassen, dem Pfarrer und Bürgermeister ihr mit Gewalt abgenommenes Gut wiederzuerstatten.

Behändigte Ausfertigung
2 Bogen 20, 5 x 32 cm, S. 1—5 beschrieben, Unterschrift des Koadjutors, S. 8 Außenadresse, Inhalts- und Eingangsvermerk vom 11. August 1578.
Siegel des Ausstellers
HBA C 1 Nr. 2200. — Altsignatur: 1/13/31; K. 480.

Beilagen

I. 1569 August 19, Königsberg

Antwort Albrecht Friedrichs auf die von Johann Leoman vorgetragene Werbung:

Bereitschaft, im Sinne seines Vaters [Albrecht] die Grenzirrungen mit dem Bistum einvernehmlich zu regeln; obwohl vor Rückkehr des [Hosius] nichts Endgültiges beschlossen werden kann, will der Herzog das Zusammentreffen seiner Gesandten mit denen des Bischofs im kommenden Herbst nach dem Einbringen der Ernte an den strittigen Orten verfügen, die das Belassen der beiderseitigen Untertanen in ihrem jeweiligen Besitzstand bis zur „endtlichen“ Erörterung verordnen sollen; die durch das Überpflügen der Grenze und sonstige Neuerungen entstandenen Veränderungen sollen mit gebührlichen Mitteln berichtigt werden.

II. 1569 Oktober 12, Neuhausen

Albrecht Friedrich an Martin Kromer, Statthalter des Bistums Ermland:

Bezug auf seine dem bischöflichen Gesandten Johann Leoman gegebene Antwort; Einverständnis mit dem Vorschlag [Kromers], die Grenzbesichtigung wegen des feuchten Wetters auf den kommenden Frühling zu verschieben; Befehl an die Ämter Rastenburg, Seehesten, Ortelsburg, Hohenstein und Neidenburg, den alten Besitzstand bis zum „Austrag der Sachen“ beizubehalten, und Bitte an [Kromer], auf ermländischer Seite entsprechend zu verfahren.

Abschrift
1 Bogen 20,5 x 32 cm, S. 1—3 beschrieben.

III. 1578 August 6, Rössel

Merten Nisemeuschell an Martin Kromer:

Besichtigung des Ortes, an dem der Witwe von Tettau ihr Vieh weggenommen worden ist; wenn Schlubut in seiner Supplikation Recht gegeben werde, daß die abgehauene Fichte in seiner „Räumung“ gestanden habe, trage das zum Nachteil der Klausdorfer bei; er [Nisemeuschell] sehe nicht ein, warum die richtigen, sich zu dem mit einem Bischofsstab und Kreuz bezeichneten Hauptstein ziehenden Grenzsteine verworfen werden sollten; Beschwerde der Klausdorfer über die Pelzendorfer, die vor dem endgültigen „Austrag der Sachen" über den strittigen Ort gepflügt, gesät und Holz geschlagen hätten; der Gärtner hat das Vieh der Witwe von Tettau in der Klausdorfer und nicht in der Lindischen Heide oder auf dem Boden des Herzogtums mit Wissen des Hirten gepfändet; Bitte um baldige Behebung des Grenzhandels, weil die Klagen der Klausdorfer über die Pelzendorfer, Junkerkener und andere nicht abreißen.

IV. 1578 August 6, Rössel

Merten Nisemeuschell an Martin Kromer:

Klage des Rösseler Pfarrers über das Ausspannen seines Pferdes durch die Seehestener im vergangenen Winter; der vom Pfarrer zu Martini (11. November) angenommene Knecht habe infolge mangelnder Ortskenntnis die Grenze überquert und auf herzoglichem Boden die auf dem Boden liegenden Äste zusammengelesen; deshalb sei ihm ein Pferd ausgespannt und nach Seehesten geführt worden; der dortige Hauptmann habe es ihm erst nach Erlegung von sechs Mark zurückgegeben, was gegen alle Billigkeit verstoße; außerdem sei dem Bürgermeister [von Rössel] nicht auf fürstlicher, sondern auf seiner eigenen Heide von den Seehestenern ein Pferd ausgespannt worden, das er bis zum heutigen Tage nicht zurückbekommen habe; daraus könne man ersehen, welche Seite größere Gewalt gebrauche.

1 Bogen 20, 5 x 32 cm, S. 1—4 beschrieben.

Journalvermerk:

Schreiben des Koadjutors über die von herzoglichen Untertanen verübten Übergriffe.

Ostpr. Fol. 14323, Bl. 11 r.

Nr. 2201

1578 August 13 [Königsberg]

Herzog Georg Friedrich an Martin Kromer, Koadjutor zu Heilsberg:

Bezug auf die ihm durch den Rat Melchior von Diebes übermittelten Beschwerden von Christoff Albrecht von Kunheim und Hans Truchseß von Wetzhausen wegen der ihnen seitens des Koadjutors auferlegten Zitationen und anderen Molestationen; Ersuchen an [Kromer], von seinem Vorhaben abzustehen, weil er [Georg Friedrich] den besagten Kunheim sowohl mündlich als schriftlich von dieser Zitation entbunden habe; [Kromer] ist nach Meinung des Herzogs nicht befugt, den Kunheim „in personali actione" zu zitieren, weil dieser als Vasallus sein Domicilium im Herzogtum habe; weil die genannten Untertanen trotz Interzession [Georg Friedrichs] immer mehr vom Koadjutor „praegraviret, molestiret und beschweret" werden, wobei dem Truchseß sein altes „Ius piscandi" gegen das ihm verliehene Privileg entzogen und Kunheim, der auf Anordnung des Herzogs die Zitation nicht befolgt hat, „in contumatiam" [wegen

Nichterscheinens auf ergangene Vorladung] erklärt und der „ganzen Haubtsachen verlustig erkandt" worden ist, bittet der Herzog erneut um die Abstellung dieser Beschwerungen; Verbot [Kromers] an die Bauern [Kunheims] im Bistum, auf dessen im Herzogtum liegenden Gütern zu scharwerken, obwohl die Bauern sich schon vor 20 Jahren und zur Zeit des Hosius zur Scharwerksleistung verpflichtet haben; der Koadjutor hat Kunheim die Gerichtsbarkeit über seine Untertanen entzogen und ihnen bei Androhung von 100 Mark Strafe das Erscheinen bei ihrem Junker verboten; falls der Koadjutor nicht zur Zurücknahme seiner Anordnungen bereit ist, will der Herzog danach trachten, daß seine Untersassen vor Gewalt und Unrecht geschützt werden.

Konzept
2 Bogen 21 x 32,5 cm, S. 1—5 beschrieben, S. 8 Empfänger-, Datums- und Registraturvermerk.
HBA C 1 Nr. 2201. — Altsignatur fehlt; K. 1226.
Reinkopien: Ostpr. Fol. 74, S. 819—824, und Ostpr. Fol. 75, Bl. 182 r.—183 v.

Nr. 2202

1578 August 18, Königsberg

Instruktion Herzog Georg Friedrichs für den an den Koadjutor entsandten Rat Dr. Angelus Vicenus:

Bezug auf die widerrechtlichen Maßnahmen [Kromers] gegen Hans Truchseß von Wetzhausen und Christoff Albrecht von Kunheim; Entzug des dem Truchseß verbrieften Ius piscandi und Verbot des Scharwerkens für die im Bistum ansässigen Bauern [Kunheims] auf dessen im Herzogtum liegenden Gütern, obwohl sich diese dazu eidlich verpflichtet haben; Angelus Vicenus soll die Beschwerden [Georg Friedrichs] dem Koadjutor vortragen und die Kassation der beschwerlichen Mandate und Abschiede bewirken; Erwartung eines freundnachbarlichen Verhaltens [Kromers] in dieser Angelegenheit.

Abschrift
2 Bogen 21 x 33 cm, S. 1—5 beschrieben, S. 8 Vermerk: „Diß Memorial ist in die Form einer Missiven bracht und dem Coadiutori zugeschicktt worden", Datumsvermerk.
HBA C 1 Nr. 2202. — Altsignatur fehlt; K. 1226.

Nr. 2203

1578 September 6 [Königsberg]

Herzog Georg Friedrich an Martin Kromer:

Hinweis auf die Supplikation des Kneiphofer Bürgers Georg Brodtman wegen seiner ihm vorenthaltenen Braut und deren beschlagnahmter Güter; Bitte um Stellungnahme

[Kromers] zu diesem Sachverhalt, damit der Supplikant entsprechend beschieden werden kann.

Konzept
1 Bogen 21 x 32 cm, S. 1 beschrieben, S. 4 Empfänger-, Datums- und Registraturvermerk.
HBA C 1 Nr. 2203. — Altsignatur fehlt; K. 1226.
Reinkopien: Ostpr. Fol. 74, S. 832—833, und Ostpr. Fol. 75, Bl. 188 v.—189 r.

Nr. 2204

1578 November 2, Heilsberg

Martin Kromer, Koadjutor des Bistums Ermland, an Herzog Georg Friedrich:

Stellungnahme zu dem herzoglichen Ersuchen, auf die Zitation seiner Untertanen, die im Herzogtum ansässig sind, vor seine Gerichtsbarkeit zu verzichten; inzwischen hat sich [Kromer] in dieser Sache an den König [Stefan Bathory] gewendet, dessen Mandat [Georg Friedrich] in der Anlage zugeht; Erwartung eines Verhaltens des Herzogs gemäß der königlichen Anordnung; Vorschlag des Koadjutors, zwecks Klärung der wegen Krankheit [Albrecht Friedrichs] und ungünstiger Zeitverhältnisse lange unerledigt gebliebenen Grenzfrage einen oder zwei königliche Kommissarien hinzuzuziehen.

Behändigte Ausfertigung
1 Bogen 21 x 32 cm, S. 1—2 beschrieben, Unterschrift des Koadjutors, S. 4 Außenadresse, Inhalts- und Eingangsvermerk vom 4. November 1578.
Siegel des Koadjutors
HBA C 1 Nr. 2204. — Altsignatur: 1/13/33; K. 480.

Journalvermerk:

Schreiben des Koadjutors wegen der Gerichtsbarkeit über seine im Herzogtum ansässigen Untertanen und der Lösung der langwierigen Grenzfrage.

Ostpr. Fol. 14323, Bl. 10 v.

Nr. 2205

1578 November 5 [Königsberg]

Herzog Georg Friedrich an Martin Kromer:

Bereitschaft zur Behandlung der gleichzeitig im Stift Ermland und im Herzogtum begüterten Lehnsleute nach den „Pacta und Iura"; daher sei eine diesbezügliche Appellation des Koadjutors an den König unnötig gewesen; in den strittigen Grenzsachen will sich [Georg Friedrich] mit [Kromer] hinsichtlich der Ansetzung eines Tages vergleichen.

Konzept
1 Bogen 20,5 x 30 cm, S. 1—3 beschrieben, S. 4 Empfänger-, Datums- und Registraturvermerk.
HBA C 1 Nr. 2205. — Altsignatur fehlt; K. 1226.
Reinkopien: Ostpr. Fol. 74, S. 851—852, und Ostpr. Fol. 75, Bl. 198 r. und v.

Nr. 2206

1578 Dezember 5, Heilsberg

Martin Kromer, Koadjutor des Bistums Ermland, an Herzog Georg Friedrich:

Begründung seiner verzögerten Antwort mit dem Aufenthalt des Herzogs in abgelegenen Ämtern; außerdem werde jetzt in der Behandlung der beiderseitigen Grenzirrungen nichts versäumt; die Zusage [Georg Friedrichs], hinsichtlich der beiderseitigen Lehnsleute nach den alten Verträgen zu verfahren, entspreche der Billigkeit; er [Kromer] habe in dieser Sache an den König appelliert, weil der Herzog bei zwei- oder dreimaliger Anfrage bei seiner Haltung geblieben sei; Beifügung einer Abschrift des königlichen Mandats, was beim letzten Schreiben des Koadjutors vergessen worden ist; Erinnerung an die Vereinbarung zwischen dem Kardinal Hosius und Herzog Albrecht Friedrich über die Einhaltung des Stillstands in den irrigen Grenzsachen bis zu deren endgültiger Erörterung; Bitte um die Abschaffung der von herzoglichen Untertanen und Amtleuten verübten Grenzverletzungen.

Behändigte Ausfertigung
1 Bogen 21 x 32 cm, S. 1—2 beschrieben, Unterschrift des Koadjutors, S. 4 Außenadresse, Inhalts- und Eingangsvermerk in Tilsit am 12. Dezember 1578.
Siegel des Koadjutors
HBA C 1 Nr. 2206. — Altsignatur: 1/13/32; K. 480.

Beilage

1578 Oktober 18, Krakau

König Stefan Bathory von Polen an Martin Kromer:

[Kromer] hat durch das ihm erteilte königliche Mandat, Kontroversen zwischen ihm und seinen Untertanen beizulegen, große Belastung erfahren, was den König in gleicher Weise beschwert; [Stefan] hat die Sache mit dem Kanzler beredet, der mit dem Vizekanzler genaue Nachforschungen angestellt hat; diese haben erbracht, daß besagtes Mandat in der Kanzlei von niemandem geschrieben oder bemerkt worden ist, so daß es sich dabei vermutlich um eine Fälschung handelt; dem König ist nicht bekannt, daß ein derartiges Mandat von ihm erbeten worden sei, und auch die Kanzler wissen darüber nichts; daher soll sich [Kromer] nicht dadurch erschrecken lassen und sich nicht einem Mandat dieser Art unterwerfen; [Stefan] ist von der Klugheit und Integrität [Kromers] überzeugt, so daß von Übelwollenden an ihn herangetragene Nachrichten kaum

Gehör finden dürften; dem Markgrafen [Georg Friedrich] hat er — wie [Kromer] gebeten hat — geschrieben.

Abschrift
Lateinisch
1 Blatt 20, 5 x 32 cm, S. 1 beschrieben.

Nr. 2207

1578 Dezember 22 [Königsberg]

Herzog Georg Friedrich an Martin Kromer, Statthalter zu Heilsberg:

Da sich die Wahl des neuen Königs etwas verzögert und es „umb dieselbe seltsam stehet", bittet der Herzog um schnelle Weiterbeförderung seiner in [Heilsberg] ankommenden Briefe und Postreiter.

Konzept
1 Blatt 20 x 31 cm, S. 1 beschrieben, S. 2 Empfänger-, Datums- und Registraturvermerk.
HBA C 1 Nr. 2207. — Altsignatur fehlt; K. 1224.
Reinkopie: Ostpr. Fol. 74, S. 859.

Nr. 2208

1579 Februar 6, Königsberg

Herzog Georg Friedrich an [Martin Kromer] Koadjutor zu Heilsberg:

Bezug auf die beiliegende Supplikation des Rastenburger Einwohners Heinrich Weydenhamer wegen Freigabe seines „arrestierten Erbfalles"; Bitte um Erfüllung dieser Bitte, weil der verstorbene Knabe in Danzig nicht als Kriegsmann, sondern als Speicherjunge gedient habe.

Konzept
1 Blatt 21 x 32 cm, S. 1—2 beschrieben, S. 2 Empfänger-, Datums- und Registraturvermerk.
HBA C 1 Nr. 2208. — Altsignatur fehlt; K. 1227.
Reinkopie: Ostpr. Fol. 75, Bl. 206 r. und v.

Nr. 2209

1579 Februar 12 [Königsberg]

Herzog Georg Friedrich an den Rat zu Wormditt:

Gesuch des herzoglichen Hofschützen Hans Keiser um Ausfolgung der 30 Mark Preußisch, die er aus dem Verkauf seines im Bistum gelegenen Häusleins „zur Ausweisung" empfangen hat; Bitte des Herzogs um Klaglosstellung des Supplikanten.

Reinkopie
Ostpr. Fol. 75, Bl. 210 r.—211 r.

Nr. 2210

1579 Februar 12 [Königsberg]

Herzog Georg Friedrich an die Räte in Elbing, Braunsberg, Frauenburg und Tolkemit:

Den Herzögen in Preußen steht der „Bernsteinfang" am ganzen Strande des Fürstentums zu; Hinweis auf öffentlich ergangene Mandate, die den Kauf und Verkauf des Bernsteins bei strenger Strafe verbieten; dennoch unterschlagen die herzoglichen und fremden Untertanen immer wieder Bernstein; in den angesprochenen Städten und daran angrenzenden Flecken halten sich etliche Bernsteindreher häuslich auf und betreiben dort nicht nur ihr Handwerk, sondern verkaufen auch unbearbeiteten rohen Bernstein, den sie weder aus Pommern noch vom Danziger Strand oder von den Jeschken in Danzig — diesen hat der Herzog bislang den Verkauf der Steine übertragen — beziehen; [Georg Friedrich] hat seinen Untertanen diesen heimlichen Bernsteinhandel streng verboten, weil er dadurch große Einbußen in seinen Kammergefällen erleidet, und ersucht die Adressaten um entsprechende Anordnungen an deren Untersassen.

Reinkopie
Osttpr. Fol. 75, Bl. 211 r.—212 v.

Nr. 2211

1579 März 19, Heilsberg

Martin Kromer, Koadjutor des Bistums Ermland, an Herzog Georg Friedrich:

Weil er dem Frauenburger Domkapitel in weltlichen Sachen nichts befehlen kann, hat er diesem wegen der Regelung der Mühlenzufuhr geschrieben; die entsprechende Antwort liegt abschriftlich bei; wenn auf herzoglicher Seite die Mühlenzufuhr frei gegeben wird, soll das auch auf ermländischer Seite erfolgen.

Behändigte Ausfertigung
1 Bogen 23, 5 x 34 cm, S. 1 beschrieben, Unterschrift des Koadjutors, S. 4 Außenadresse, Inhalts- und Eingangsvermerk vom 28. März 1579.
Siegelspuren
HBA C 1 Nr. 2211. — Altsignatur: 1/13/38; K. 480.

Beilage

[o. D. u. O.]

Bereitschaft des Domkapitels, sich hinsichtlich einer Freigabe des seinen Untertanen auferlegten Verbots der Zufuhr und Benutzung der Mühlen des Herzogs in Preußen nach dem Urteil und Rat [Kromers] zu richten.

Abschrift
Lateinisch
1 Blatt 22 x 13 cm, S. 1 beschrieben.

Journalvermerk:

Schreiben des Koadjutors wegen der Zufuhr in die herzoglichen Mühlen.

Ostpr. Fol. 14323, Bl. 11 v.

Nr. 2212

1579 April 12 [Königsberg]

Herzog Georg Friedrich an [Martin Kromer] Koadjutor zu Heilsberg:

Hinweis auf die beiliegende Beschwerde Georg Grunaws über einen bischöflichen Untertan, der ihn im vergangenen Jahr durch einen Wurf sehr verletzt hat; Bitte um Klaglosstellung des Petenten.

Reinkopie
Ostpr. Fol. 75, Bl. 218 r. und v.

Nr. 2213

1579 Mai 4 [Königsberg]

Herzog Georg Friedrich an die Räte zu Danzig, Elbing und Braunsberg:

Bitte um Bekanntmachung des herzoglichen Mandats gegen die Veruntreuung des Bernsteins und um entsprechende Verwarnung ihrer Untersassen.

Reinkopie
Ostpr. Fol. 75, Bl. 221 v.

Nr. 2214

1579 Juni 13, Königsberg

Herzog Georg Friedrich an [Martin Kromer] Koadjutor zu Heilsberg:

Erneute Supplikation des Rastenburger Bürgers Heinrich Weidenhammer wegen seines arrestierten Erbfalls; dieser erklärt, daß der Junge, von dem dieser Erbfall herrühre, der Stadt Danzig nicht als Kriegsmann gedient habe, sondern aus Jugend und Unverstand ungewappnet mit hinausgelaufen und dabei umgekommen sei; weil die Bedenken, die zur Beschlagnahme des Erbes geführt haben, nicht zutreffend sind, soll [Kromer] dessen Freigabe veranlassen.

Konzept
1 Bogen 21 x 33 cm, S. 1—2 beschrieben, S. 4 Empfänger-, Datums- und Registraturvermerk.
HBA C 1 Nr. 2214. — Altsignatur fehlt; K. 1227.
Reinkopie: Ostpr. Fol. 75, Bl. 227 v.—228 r.

Nr. 2215

1579 Juli 18 [Königsberg]

Herzog Georg Friedrich an Martin Kromer [Koadjutor zu Heilsberg]:

Supplikation des Stiftsuntertans Georg Troschke um Fürsprache des Herzogs in seiner Religionsangelegenheit; [Kromer] fordere von ihm [Troschke] ein der Römischen Kirche konformes Verhalten, was ihn bei seinem hohen Alter sehr belaste; Hinweis [Georg Friedrichs] auf die treuen Dienste, die Troschke in seiner Jugend Herzog Albrecht dem Älteren geleistet habe; Bezug auf das Verhalten der Vorgänger [Kromers] und insbesondere des Kardinals Stanislaus Hosius, die nichts Tätliches gegen ihre Untertanen vorgenommen und sie in ihrem Glauben Augsburgischer Konfession belassen haben; das sei auch die Praxis in der Krone Polen und zeige sich in der von König [Stefan] allen Ständen auf dem Reichstag gegebenen Zusage, jeden in seiner Religion unangetastet zu lassen; Bitte des Herzogs um Toleranz für Troschke, der am Rande des Grabes stehe und sich wegen der Religion mit keinem in Disputationen einlasse; Troschke habe sich gegenüber [Kromer] immer als treuer Vasallus und Lehnsmann verhalten, was er auch in Zukunft tun werde.

Konzept
1 Bogen 21 x 32 cm, S. 1—4 beschrieben, S. 4 Empfänger-, Datums- und Registraturvermerk.
HBA C 1 Nr. 2215. — Altsignatur fehlt; K. 1227.
Reinkopie: Ostpr. Fol. 75, Bl. 229 r.—230 r.

Nr. 2216

1579 August 14, Heilsberg

Martin Kromer, Koadjutor des Bistums Ermland, an Herzog Georg Friedrich:

Der Koadjutor hat erst vor zehn Tagen, als ihm auf dem Schloß Seeburg die Kommendationschrift des Herzogs für Georg Troschke übergeben worden ist, von der Rückkehr [Georg Friedrichs] aus Deutschland erfahren; dieser lagen zwei Supplikationen Troschkes und einiger herzoglicher Untertanen vom Adel bei; kein Verständnis für das Verhalten Troschkes, der lieber fremden Schutz suche als um Verzeihung für seine Sünden, die er gegen seinen Herrn, die Landesordnung des Stifts und Gott selbst begangen habe, zu bitten; Befremden wegen der Verstöße herzoglicher Adliger gegen die aufgerichteten Verträge; indem sie die Anordnungen im Bistum tadeln, verdammen sie ihre eigene Obrigkeit und die ganze Landschaft, von der sie einen Teil bilden; ihm [Kromer] sei gut bekannt, warum die beiden Kanitzens aus dem Fürstentum Preußen hätten weichen müssen; ihre Landesverweisung habe auf ihrer Ablehnung der lutherischen oder osiandrischen opinio und ihrer Zuwendung zur kalvinischen Lehre beruht; Troschke habe dagegen die Religion, in der er, seine Eltern und Voreltern geboren und getauft seien, verlassen und hänge einer widerwärtigen und schädlichen Sekte an; maßgebend sei allein die katholische Religion, die in Preußen seit 300 und in allen Ländern und Völkern der ganzen weiten Welt seit über 1500 Jahren bestehe; diese Religion sei nicht die Lehre eines Menschen, wie heilig der auch sei, sondern die Christi, was weder für die Wittenbergische, Genevische oder Zürichsche zutreffe; die gütlichen Ermahnungen des Landvogts und Seeburger Hauptmanns Christoff Troschke — auch die von seiner [Kromers] Seite — hätten bei dem „ungelehrten verstockten Menschen" [Georg Troschke] nichts Fruchtbares bewirkt; man habe daher zu einer ernsteren Arznei greifen müssen, um die Befleckung und Vergiftung des „reinen Teils" dieses Stifts zu verhindern; [Georg Friedrich] sehe in Königsberg, wie gefährlich derartig widerwärtige „Opiniones von Religionssachen" seien; nach [Kromer] ist die in der polnischen Konföderation [von Warschau] verkündete Glaubensfreiheit nicht überzeugend; er selbst — wie der größte Teil der königlichen Reichsräte — habe dieser nicht zugestimmt; keine Absicht des Koadjutors, etwas gegen die Konföderation vorzunehmen, zumal darin ausdrücklich bestimmt werde, daß jeder das Recht habe, über den Glauben seiner Untertanen zu entscheiden; wenn man dem gemeinen Pöbel den Zügel der Religion freigebe, dürften die Polen oder andere bald die nachteiligen Folgen davon spüren; [Kromer] will Georg Troschke, der ein redlicher Mann sei, mit keiner Strafe belegen; er wie auch das Kapitel und die Landesordnung des Bistums könnten aber nicht dulden, daß sich [Troschke] von den „gemeinen Schlüssen und Abschieden der Landtage dieses Stifts, in dem er häuslich gesessen", absondere; [Troschke] solle seinen Acker, seine Jagd und seine Ritterhändel, „die seinem Stande zugehören", besorgen; sein Gewissen zu regieren müsse er aber denjenigen überlassen, die damit von Gott beauftragt worden seien; in der Anlage übersendet [Kromer] einen darauf bezüglichen Auszug aus der Landesordnung und den vom Herzog angesprochenen Punkt der polnischen Konföderation.

Behändigte Ausfertigung
2 Bogen 21 x 32 cm, S. 1—6 beschrieben, Unterschrift des
Koadjutors, S. 8 Außenadresse, Inhalts- und Eingangsvermerk vom 25. August 1579.
Siegel des Koadjutors
HBA C 1 Nr. 2216. — Altsignatur: 1/13/37; K. 480.

Postskript

Bezug auf die Aussage Herzog Albrechts des Älteren gegenüber ermländischen Glaubensflüchtlingen, die in seinem Territorum Zuflucht gesucht haben, er könne sich ihrer Angelegenheit nicht annehmen, weil sich die Untertanen in Religionshändeln und -artikeln „ihrem Herrn gemäß" verhalten müßten.

Beilage

[o. D. u. O.]

I. Auszug aus der Landesordnung:

Jeder „unter unsere Herrschaft" fallende Untertan, welcher Kondition er auch sei, muß die von unseren Vorfahren übernommene christliche Satzung einhalten und befolgen; wer diese übertritt, soll an Leib und Gut gestraft werden; alle Untertanen des Stifts und

Kapitels haben sich mit Weibern, Kindern, Gesinde und Untertanen gemäß der althergebrachten katholischen Religion zu verhalten.

II. Auszug aus der Confoederatio Polonica:

Jeder geistliche und weltliche Herr hat die Befugnis, unter dem Prätext der Religion verübte Widersetzlichkeiten seiner Untertanen „in spiritualibus quam in secularibus" nach seinem Ermessen zu bestrafen.

Abschrift
I. Deutsch; II. Polnisch
1 Bogen 21 x 32 cm, S. 1—2 beschrieben.

Nr. 2217

1579 November 2 [Königsberg]

Herzogliche Räte zu Königsberg an Bischof Martin von Ermland:

Eingang der bischöflichen Beschwerde wegen des unbefugten Jagens und Hetzens Albrechts von Eulenburg im Kammeramt Rössel; Mißfallen über das widerrechtliche Verhalten [Eulenburgs], das dem Interesse Herzog Georg Friedrichs an der Aufrechterhaltung guter Nachbarschaft mit Bischof [Martin Kromer] und dessen Untertanen widerspricht; Befehl an [Eulenburg], sich künftig des unbefugten Jagens und Hetzens zu enthalten.

Konzept
2 Blatt 22 x 33 cm, S. 1—2 beschrieben, S. 4 Empfänger-, Datums- und Registraturvermerk.
HBA C 1 Nr. 2217. — Altsignatur fehlt; K. 1227.
Reinkopie: Ostpr. Fol. 75, Bl. 244 r. und v.

Nr. 2218

1580 Januar 26 [Königsberg]

Herzog Georg Friedrich an Bürgermeister und Rat der Stadt Braunsberg:

Bezug auf den bei dem herzoglichen Hofgericht anhängigen Prozeß zwischen Merten von Höfen und Albrecht Pölman als Bevollmächtigtem des Braunsberger Bürgers Caspar Hintz; nach Erörterung dieser Sache „per sententiam" am 16. Dezember 1579 ist sie an den Braunsberger Rat als „executorialischen Richter" gelangt; Bitte an die Adressaten, dem Merten von Höfen bei Caspar Hintz oder dessen Erben zur Erlangung seiner dort ausstehenden Gelder zu verhelfen.

Reinkopie
Ostpr. Fol. 75, Bl. 252 r. und v.

Nr. 2219

1580 Februar 10 [Königsberg]

Herzog Georg Friedrich an Bischof Martin von Ermland:

Klage Matthias Schlubutts über die Leute zu Katzen, die ihm vielfältigen Schaden auf seinem im Amt Preußisch Eylau gelegenen Gut Reussen zugefügt haben; unbefugtes Honigbrechen der Katzener in seinen Wäldern, Äckern und Wiesen und Einreißen der von ihm mit großen Kosten errichteten Zäune; Bitte des Herzogs an [Kromer], seine Untertanen zur Erstattung der von ihnen verursachten Schäden zu veranlassen und derartige Übergriffe künftig grundsätzlich abzustellen.

Konzept
1 Bogen 21 x 32 cm, S. 1—2 beschrieben, S. 4 Empfänger-, Datums- und Registraturvermerk.
HBA C 1 Nr. 2219. — Altsignatur fehlt; K. 1227.
Reinkopie: Ostpr. Fol. 75, Bl. 257 r. und v.

Nr. 2220

1580 Februar 11, Wormditt

Bischof Martin von Ermland an die Regimentsräte des Herzogtums Preußen:

Nach dem Bericht Hans Golinskis hat im Kruge zu Eichhorn zwischen etlichen Bauern und seinen Gefährten vom Adel bei nachtschlafender Zeit ein Streit stattgefunden, wobei ein Bauer entleibt worden ist; obwohl er [Golinski] und sein Sohn, ein junger Knabe und Schüler, nicht daran beteiligt gewesen seien, habe man ihm Pferde und Wagen weggenommen und ihn zusammen mit seinem Sohn und den anderen Gefährten gefänglich nach Königsberg geführt; Bitte des Bischofs um Freigabe der Gefangenen und um Restitution der ihnen weggenommenen Habe; Bereitschaft Golinskis, sich allen Klägern gegenüber gerecht und gebührlich zu verhalten, worauf ihm der Bischof im Stift ein dreimonatiges sicheres Geleit erteilt hat; wenn der König [Stefan Bathory] und der Adel der Krone Polen erfahre, daß man Adlige im Gefängnis einschließe, wozu selbst der Monarch nicht Macht habe, werde daraus nichts Gutes entstehen.

Behändigte Ausfertigung
1 Bogen 21 x 33 cm, S. 1—2 beschrieben, Unterschrift des Bischofs, S. 4 Außenadresse, Inhalts- und Eingangsvermerk vom 15. Februar 1580.
Siegel des Bischofs
HBA C 1 Nr. 2220. — Altsignatur: 1/13/88; K. 480.

Journalvermerk:

Fürbitte des Bischofs für Hans Golinski und dessen Gefährten, die gefänglich nach Königsberg überführt worden sind.

Ostpr. Fol. 14323, Bl. 12 r.

Nr. 2221

1580 Februar 18 [Königsberg]

Herzogliche Regimentsräte an Bischof Martin von Ermland:

Die Befragung der Zeugen hat ergeben, daß Golinski und Grzebski an der Entleibung des Bauern beteiligt gewesen sind; daher muß in dieser Sache auf dem geltenden Rechtsweg entschieden werden, wofür das herzogliche Gericht zuständig ist; hinsichtlich der von [Kromer] erwähnten Freiheit der Adligen muß zwischen dem in der Krone Polen und dem im Herzogtum geltenden Recht unterschieden werden; dieses sei seit alters her in diesen Landen üblich gewesen.

Konzept
1 Bogen 21, 5 x 33 cm, S. 1—2 beschrieben, S. 4 Empfänger-, Datums- und Registraturvermerk.
HBA C 1 Nr. 2221. — Altsignatur fehlt; K. 1227.
Reinkopie: Ostpr. Fol. 75, Bl. 258 r.—259 r.

Nr. 2222

1580 Februar 26 [Königsberg]

Herzog Georg Friedrich an Bischof Martin von Ermland:

Hinweis auf die beiliegende Beschwerde Mertens von Höfen, Bürgers der Altstadt Königsberg, über den Rat zu Braunsberg wegen seines ihm vorenthaltenen Rechts; obwohl [Kromer] den besagten Rat angewiesen habe, dem [Höfen] „Iustitiam zu administriren", sei bisher nichts darauf erfolgt; daher erneute Fürbitte des Herzogs um Klaglosstellung des Supplikanten.

Konzept
1 Blatt 21 x 32 cm, S. 1 beschrieben, S. 2 Empfänger-, Datums- und Registraturvermerk.
HBA C 1 Nr. 2222. — Altsignatur fehlt; K. 1227.
Reinkopie: Ostpr. Fol. 75, Bl. 259 r. und v.

Nr. 2223

1580 April 22, Königsberg

Herzog Georg Friedrich an den Rat zu Braunsberg:

Bezug auf das Schreiben Herzog Albrecht Friedrichs vom 28. März 1577 wegen der Beschwerde der Heiligenbeiler Schuster über die unlautere Konkurrenz der Braunsberger Schuhmacher auf den Kirchmessen des Fürstentums; erneute Klagen herzoglicher Untertanen über die Schuster aus Braunsberg, die außerhalb der jedem offenstehenden

Land- und Jahrmärkte ihre Waren auf den Kirchmessen, vor allem in Balga, verkaufen; daher abermaliges Ersuchen des Herzogs um Abstellung dieser den herzoglichen Untertanen zum Schaden gereichenden Praktiken.

Reinkopie
Ostpr. Fol. 75, Bl. 265 r. und v.

Nr. 2224

1580 April 22 [Königsberg]

Herzog Georg Friedrich an das Tuchmachergewerk zu Guttstadt:

Nach der ihm unter dem Siegel Cleophas Knoblochs von Lucas Krüger präsentierten Vollmacht des Guttstadter Tuchmachergewerks bewilligt der Herzog den Verkauf von 100 Stein Wolle an dieses Gewerk zu Johannis (24. Juni), wobei für jeden Stein — zu 40 Pfund gerechnet — 5 Mark und 15 Groschen bezahlt werden sollen.

Reinkopie
Ostpr. Fol. 75, Bl. 297 r. und v.

Nr. 2225

1580 Mai 2 [Königsberg]

Herzog Georg Friedrich an das Kapitel zu Frauenburg:

Klage der Witwe Albrecht Friedrichs von Wernsdorff zu Hohenstein über den Allensteiner Landpropst wegen Verstellung des Fließes am Plautzker See; trotz früherer Ermahnungen des Herzogs hat der Landpropst widerrechtlich Wehre in dem besagten Fließ errichtet; daher erneutes Ersuchen an das Domkapitel um Beseitigung dieser Hindernisse, damit dem Fisch wie seit alters her sein freier Lauf gelassen werde.

Konzept
1 Blatt 22 x 33 cm, S. 1—2 beschrieben, S. 2 Empfänger-, Datums- und Registraturvermerk.
HBA C 1 Nr. 2225. — Altsignatur fehlt; K. 1227.
Reinkopie: Ostpr. Fol. 75, Bl. 268 r. und v.

Nr. 2226

1580 Mai 2 [Königsberg]

Herzog Georg Friedrich an den Landpropst zu Allenstein:

Bezug auf die Klage der Witwe Albrecht Friedrichs von Wernsdorff zu Hohenstein über die Verstellung des Fließes am Plautzker See durch Pfähle; Ersuchen um Beseitigung dieser Hindernisse, weil er [Georg Friedrich] sonst zu anderen Maßnahmen greifen müsse.

Reinkopie
Ostpr. Fol. 75, Bl. 268 v.—269 v.

Nr. 2227

1580 Mai 5, Frauenburg

Prälaten, Domherren und Kapitel des Stifts Ermland an Herzog Georg Friedrich:

Bezug auf die Beschwerde der Witwe des Hauptmanns von Hohenstein über den Allensteiner Landpropst Heinrich Semplawski; das Kapitel hat bereits vor zwei Jahren in dieser Sache an den Herzog geschrieben, der jedoch wegen anderweitiger Geschäfte nicht darauf geantwortet hat; Vornahme einer Besichtigung des besagten Ortes, die ergeben hat, daß das aus dem Plautzker See entspringende Fließ sowohl durch das Allensteiner als auch durch das Hohensteiner Gebiet verläuft; Beschwerde über den inzwischen verstorbenen Hauptmann [von Wernsdorff] und dessen Vater, die vor wenigen Jahren die Fischerei in diesem Fließ „binnen unseren Grenzen" beeinträchtigt und die domkapitularischen Untertanen mit „gewappneter Hand" weggetrieben haben; bisher sei dieser Zwist nicht behoben worden; dem Kapitel steht die Fischereigerechtigkeit in dem auf seinem Territorium verlaufenden Abschnitt des Plautzker Fließes zu; Zurückweisung des Vorwurfs, Übergriffe auf herzogliches Gebiet verübt zu haben; lediglich Grenzströme müssen frei und unverstellt sein; Bitte an den Herzog um Anerkennung der domkapitularischen Regalien und um Unterbindung der Übergriffe seitens seiner Untertanen.

Behändigte Ausfertigung
2 Bogen 20, 5 x 31 cm, S. 1—6 beschrieben, Unterschrift der Aussteller, S. 8 Außenadresse, Inhalts- und Eingangsvermerk vom 10. Mai 1580.
Siegel der Aussteller
HBA C 1 Nr. 2227. — Altsignatur: 1/13/38a; K. 480.

Journalvermerk:

Schreiben des Kapitels wegen Verstellung des Plautzker Fließes.

Ostpr. Fol. 14323, Bl. 12 r.

Nr. 2228

1580 Juli 1, Braunsberg

Bürgermeister und Ratmannen der Stadt Braunsberg an Herzog Georg Friedrich:

Klage der Braunsberger Schuster über die Schuhmacher von Heiligenbeil, die sie am Verkauf ihrer Waren auf den freien Jahrmärkten „unter dem Schein der Kirchmessen" der allgemeinen Landesfreiheit zuwider hindern; Bezug des Braunsberger Rates auf die „Constitutiones" des Heiligen Römischen Reiches, die „Monopolia" als schädlich und unziemlich bezeichnen; nach seiner Ansicht bedingt die „natürliche Billigkeit", daß „einer gleichs von andern gewertigk sein muß"; die Braunsberger gestatten den Heiligenbeiler Untersassen den Kauf von Viktualien und anderen Artikeln in ihrer Stadt; der Herzog möge veranlassen, daß den Braunsberger Schustern der Besuch des Heiligenbeiler Sommerjahrmarktes künftig erlaubt werde.

Behändigte Ausfertigung
2 Bogen 21 x 32 cm, S. 1—4 beschrieben, Unterschrift der Aussteller, S. 8 Außenadresse, Inhalts- und Eingangsvermerk vom 5. Juli 1580.
Siegelspuren
HBA C 1 Nr. 2228. — Altsignatur: 1/9/51; K. 480.

Journalvermerk:

Schreiben des Braunsberger Rates wegen der Behinderung der seiner Jurisdiktion unterstehenden Schuster in Heiligenbeil.

Ostpr. Fol. 14323, Bl. 12 r.

Nr. 2229

1580 Juli 20 [Königsberg]

Herzog Georg Friedrich an Bischof Martin von Ermland:

Hinweis auf die beiliegende Supplikation Hans Albrechts von Eilenburg und des Vaters des Ermordeten; Bitte um Veranlassung der Ergreifung und Verhaftung des Täters im Bistum, damit an diesem das Recht vollzogen werden kann.

Konzept
1 Blatt 20 x 31 cm, S. 1 beschrieben, S. 2 Empfänger-, Datums- und Registraturvermerk.
HBA C 1 Nr. 2229. — Altsignatur fehlt; K. 1227.
Reinkopie: Ostpr. Fol. 75, Bl. 283 r. und v.

Nr. 2230

1580 September 15, Königsberg

Herzog Georg Friedrich an Eggert und Wilhelm von Kempen:

Ankündigung des Eintreffens von Achatius Burggraf zu Dohna, Dr. Eberhard Rogge, Wentzel Rosenhayn — anstelle des unabkömmlichen Rats Nickel Schultze — und dem Hauptmann von [Preußisch] Holland [Friedrich von Hohendorff] am kommenden 1. November zur Besichtigung der strittigen Grenzen.

Reinkopie
Ostpr. Fol. 75, Bl. 289 r. und v.

Nr. 2231

1580 [o. M., T. u. O.]

Herzog Georg Friedrich an den Rat zu Danzig und mutatis mutandis an Thorn, Elbing, Dirschau, den Hauptmann zu Braunsberg und den Bischof von Ermland:

Hinweis auf einen Zimmermann namens Heinrich, „eine Person von zimblicher Manneslenge", die einen schwarzen Bart trägt und im Vogtland geboren ist, sowie auf dessen aus Sachsen nicht weit von Halberstadt stammende Frau; besagter [Heinrich] soll dem herzoglichen Baumeister Blasien Berwart über 500 Gulden an Bargeld entwendet haben; Bitte um Unterstützung des von [Berwart] dem Täter nachgeschickten Boten und um dessen gefängliche Inhaftierung; falls [Heinrich] das gestohlene Geld nicht bei sich hat, soll er danach befragt werden, damit er es nicht durch andere Leute wegbringen lassen kann.

Reinkopie
Ostpr. Fol. 75, Bl. 292 r.—293 r.

Nr. 2232

1581 Februar 7 [Königsberg]

Herzog Georg Friedrich an Bischof Martin von Ermland und Bischof [Piotr Kostka] von Kulm:

Die zum polnischen Reichstag abgefertigten herzoglichen Bevollmächtigten Wentzel Schack von Wittenau zu Stangenberg, Dr. Caspar Brandner und Michael Giese sollen auf diesem Wege die genannten Bischöfe aufsuchen und diesen die Klagen der herzoglichen Untertanen von allen Ständen übermitteln; Bitte an die Adressaten, den Gesandten in diesen Handeln vollkommenen Glauben zu schenken und zur Beseitigung der Beschwerden bereit zu sein.

Konzept
1 Blatt 21 x 31 cm, S. 1 beschrieben, S. 2 Empfänger-, Datums- und Registraturvermerk.
HBA C 1 Nr. 2232. — Altsignatur fehlt; K. 1227.
Reinkopie: Ostpr. Fol. 75, Bl. 301 v.—302 r.

Nr. 2233

1581 März 29, Braunsberg

Bischof Martin von Ermland an Herzog Georg Friedrich:

Bezug auf die bischöfliche Praxis, aus ermländischen Städten ins Herzogtum gezogenen Untertanen ihr Erbe ausfolgen zu lassen, die kürzlich bei einer aus Wartenburg gebürtigen Jungfer, die zu ihrer in Rastenburg wohnenden Verwandtschaft gegangen ist, Anwendung gefunden hat; keine Handhabung des gleichen Verfahrens auf herzoglicher Seite im Fall des Braunsberger Bürgers Caspar Leoman, der von den Vormündern der Tochter des verstorbenen Königsberger Bürgers Valten Ebert, Sophia, — sie ist von der Schwester ihrer Mutter in Braunsberg erzogen worden und will dort in ihrem Jungfernstand mit anderen Jungfrauen Gott dienen — zur Transferierung ihres Erbes nach Braunsberg beauftragt worden ist; weil die Kommendationsschreiben des Bischofs an den Rat der Altstadt Königsberg und die Regimentsräte des Herzogs erfolglos geblieben sind, direkte Bitte [Kromers] an [Georg Friedrich], die Ausfolgung des Erbes der Jungfer Sophia an den genannten Bevollmächtigten [Leoman] ohne weitere Verzögerung zu veranlassen.

Behändigte Ausfertigung
1 Bogen 20, 5 x 32 cm, S. 1—3 beschrieben, Unterschrift des Bischofs, S. 4 Außenadresse, Inhalts- und Kanzleivermerk, Eingangsvermerk vom 26. Mai 1581.
Siegel des Bischofs
HBA C 1 Nr. 2233. — Altsignatur: 1/13/89; K. 481.

Beilage

[o. D. u. O.]

Caspar Leoman, Bürger der Alten Stadt Braunsberg, an Bischof Martin von Ermland:

Hinweis auf die ihm von den Vormündern der Tochter des Königsberger Bürgers Valten Ebert, Sophia, erteilte Vollmacht, deren väterliches und mütterliches Erbe von Königsberg nach Braunsberg zu transferieren; Anrufung der Hilfe des Bischofs in dieser Angelegenheit, weil seine Bemühungen um Ausfolgung des Erbes bisher erfolglos geblieben sind; nach dem vor etwa 15 Jahren erfolgten Tode der Eltern Sophias hat sie ihre Tante Margaretha, die Witwe des Braunsberger Bürgers Michel Kirschstein, nach Braunsberg mitgenommen und dort zu allen christlichen Tugenden erzogen; Absicht der Sophia, als gottselige Jungfrau Gott zu dienen und zeitlebens in Braunsberg zu bleiben; Weigerung des Königsberger Altstädtischen Rates, die Sophia, weil sie noch nicht verehelicht sei, in fremde Jurisdiktion abziehen zu lassen; daher Bitte [Leomans] an den Bischof um Interzession bei den herzoglichen Regimentsräten; diese verweisen die Sache an den Altstädtischen Rat zurück, der nach Einholung von Erkundigungen bei den Schwagern der Jungfer Bescheid erteilen will; Verschleppung der Angelegenheit durch den Rat mit dem Ziel, die Ausfolgung des Erbes zu verhindern; Bitte um Fürsprache [Kromers] beim Herzog, damit der Sophia ihr Recht zuteil wird.

Abschrift
1 Bogen 20, 5 x 31 cm, S. 1—3 beschrieben.

Journalvermerk

Schreiben des Bischofs in der Angelegenheit Caspar Leomans.

Ostpr. Fol. 14323, Bl. 12 v.

Nr. 2234

[o. D. u. O.]

Herzog Georg Friedrich an Bischof Martin von Ermland:

Empfang und Verlesung des am 22. Februar [1581] in Heilsberg ausgestellten bischöflichen Schreibens; Bezug auf die Klage des Bischofs wegen eines ins Herzogtum entlaufenen Jesuiten; keine Bereitschaft zur Überstellung des ausgetretenen Jesuiten hinsichtlich der Toleranz in Glaubensfragen; in der Erbschaftssache der in das Braunsberger Jungfrauenkloster eingetretenen [Sophia] muß der Herzog beide Parteien rechtlich verhören; Bereitschaft zur schnellen Beförderung der Angelegenheit.

Konzept
1 Bogen 21 x 33 cm, S. 1—3 beschrieben, S. 4 Empfänger und Registraturvermerk.
HBA C 1 Nr. 2234. – Altsignatur fehlt; K. 1227.

Nr. 2235

1581 Mai 5 [Königsberg]

Herzog Georg Friedrich an Bischof Martin von Ermland:

Supplikation des Rastenburger Amtsschreibers Friedrich Kretschman wegen der von dem Wartenburger Bürger Abel Schwartz vorgenommenen Kürzung seiner Verpflichtungen; Ersuchen des Herzogs an [Kromer], den [Schwartz] zur Erlegung des „vierjährigen Interesses", weil es das Geld unmündiger Kinder sei, zu veranlassen.

Konzept
1 Blatt 21 x 32, 5 cm, S. 1—2 beschrieben, S. 2 Empfänger-, Datums- und Registraturvermerk.
HBA C 1 Nr. 2235. – Altsignatur fehlt; K. 1227.
Reinkopie: Ostpr. Fol. 76, S. 53—54.

Nr. 2236

1581 Juni 7, Heilsberg

Bischof Martin von Ermland an Herzog Georg Friedrich:

Bitte an den Herzog, einigen Heilsberger Bürgern gegen ihre Widersacher zum Recht zu verhelfen.

Behändigte Ausfertigung
1 Bogen 21 x 34 cm, S. 1 beschrieben, Unterschrift des Bischofs, S. 4 Außenadresse, Inhalts- und Eingangsvermerk vom 13. Juni 1581.
Siegel des Bischofs.
HBA C 1 Nr. 2236. – Altsignatur: 1/13/39; K. 481.

Beilage [o. D. u. O.]

Valten Riggarbe, Daniel Schiehn und Jacob Kune an Bischof Martin von Ermland:

Ihr Schuldner Fabian Neblinger, ein im Eylauschen wohnender Adliger, hat seine Verpflichtungen, die im Eylauer Schloß ins Hausbuch eingetragen sind, bisher nicht eingelöst, obwohl er immer wieder dazu ermahnt worden ist; [Neblinger] verkauft sein Gut an Albrecht von Kreytzen, bei dem er gleichfalls verschuldet ist; Bitte der Aussteller um eine bischöfliche Interzession beim Herzog, damit sie ihr Recht erhalten können.

Abschrift
1 Bogen 19, 5 x 27 cm, S. 1—2 beschrieben.

Journalvermerk:

Schreiben des Bischofs in der Angelegenheit einiger seiner Untertanen.

Ostpr. Fol. 14323, Bl. 12 v.

Nr. 2237

1581 August 23, Ortelsburg

Herzog Georg Friedrich an Bischof Martin von Ermland:

Mißfallen über die vom Bistum Ermland aus verübten Verletzungen bisher unstrittiger Grenzen; vor etwa drei Wochen hat bischöfliches Gesinde aus Bischofsburg nachts bei dem Dorf Butowo die Grenze überschritten und dort einen Elch erlegt und weggeführt; weil ihm [Georg Friedrich] der polnische König [Stefan Bathory] das Herzogtum Preußen zu „ruhiger Possession" übergeben hat, will der Herzog derartige Übergriffe nicht dulden; Ersuchen an den Bischof, für eine angemessene Ersetzung des Elchs zu sorgen und derartige Exzesse künftig zu unterbinden; anderenfalls will [Georg Friedrich] sein Recht an gebührendem Ort suchen oder dieses selbst wahrnehmen.

Konzept
1 Bogen 21 x 32 cm, S. 1—2 beschrieben, S, 4 Empfänger-, Datums- und Registraturvermerk.
HBA C 1 Nr. 2237. — Altsignatur fehlt; K. 1227.
Reinkopie: Ostpr. Fol. 76, S. 58—61.

Nr. 2238

1581 August 28, Heilsberg

Bischof Martin von Ermland an Herzog Georg Friedrich:

Empfang des in Ortelsburg am 23. August [1581] datierten herzoglichen Schreibens; [Kromer] ist nur bekannt, daß seine Jäger vor etwa sieben Wochen einen Elch bei

Rauschung (Raschung) auf bischöflichem Territorium gefangen haben; kein Wissen von einem widerrechtlichen Jagen der Bischofsburger auf herzoglichem Grund; dagegen Beschwerde über die von herzoglichen Untertanen im Stift Ermland verübten Exzesse, z. B. das Abhauen und Verbrennen der Grenzbäume, das Aufbrechen der Bienenkörbe und die Besetzung von Ackerstellen, die seit alters her zum Bistum gehören; die während der Abwesenheit des Herzogs an die Regimentsräte gerichteten Eingaben [Kromers] sind ohne Ergebnis geblieben; dennoch hat der Bischof seinen Hauptmann zu Seeburg und Bischofsburg um einen Bericht wegen des Elchs ersucht, den er [Georg Friedrich] zur Kenntnis bringen will; diesem bleibt es überlassen, einen Bevollmächtigten zur Visitation nach Bischofsburg oder an den Ort, wo die Jagd stattgefunden hat, abzuordnen; weil trotz der wiederholten Besichtigung durch die beiderseitigen Kommissarien die Grenzhändel nicht beigelegt werden konnten, schlägt der Bischof eine Entscheidung dieser Streitigkeiten durch königliche Bevollmächtigte vor.

Behändigte Ausfertigung
1 Bogen 21, 5 x 32 cm, S. 1—2 beschrieben, Unterschrift des Bischofs, S. 4 Außenadresse, Inhalts- und Eingangsvermerk zu Neidenburg vom 30. August 1581.
Siegel des Bischofs
HBA C 1 Nr. 2238. — Altsignatur: 1/13/43; K. 481.

Journalvermerk:

Schreiben des Bischofs wegen verschiedener Grenzverletzungen.

Ostpr. Fol. 14323, Bl. 13 r.

Nr. 2239

1581 September 10 [Ortelsburg]

Herzog Georg Friedrich an Bischof Martin von Ermland:

Hinweis auf die Supplikation seines Untertans Matz Heintz wegen Ansprüchen an seine Schwiegermutter; Bitte um Klaglosstellung des Petenten.

Konzept
1 Blatt 21 x 33 cm, S. 1 beschrieben, S. 2 Empfänger-, Datums- und Registraturvermerk.
HBA C 1 Nr. 2239. — Altsignatur fehlt; K. 1227.
Reinkopie: Ostpr. Fol. 76, S. 62—63.

Nr. 2240

1581 September 13, Heilsberg

Bischof Martin von Ermland an Herzog Georg Friedrich:

Erlegung des besagten Elchs vor mehreren Wochen nicht auf herzoglichem, sondern auf bischöflichem Territorium; Bezug auf seine bereits geäußerte Beschwerde über das

Aufbrechen von Bienenkörben im Bischofsburgischen seitens herzoglicher Untertanen und das Abbrennen einer Eiche, die ein Grenzzeichen zwischen dem Bistum und dem Herzogtum darstellt; diese Grenzhändel können nur von königlichen Kommissarien entschieden werden.

Behändigte Ausfertigung
1 Bogen 20 x 31 cm, S. 1—2 beschrieben, Unterschrift des Bischofs, S. 4 Außenadresse, Inhalts- und Eingangsvermerk zu Ortelsburg vom 19. September 1581.
Siegel des Bischofs
HBA C 1 Nr. 2240. — Altsignatur: 1/13/90; K. 481.

Beilage

1581 August 31, Bischofsburg

Bürgermeister und Ratsverwandte von Bischofsburg an Bischof Martin von Ermland:

Gemäß Befehl des ermländischen Landvogtes und Seeburger Hauptmanns Christoff Troschke haben sie die besagte Stelle, wo der Elch erlegt worden sein soll, durch vereidigte und geschworene Gerichtspersonen besichtigen lassen; nach deren Bericht und den Ausführungen der Beutner von Reichenbach und Paudling, die bei der Erlegung des Elchs anwesend waren, hat diese im Bistum und nicht im Herzogtum stattgefunden; auch die Hunde seien an dem im Bistum gelegenen See Nalsky an das Wild gelassen worden.

Ausfertigung
1 Bogen 21, 5 x 32 cm, S. 1—2 beschrieben.
Siegel der Aussteller

Journalvermerk:

Erneutes Schreiben des Bischofs wegen des angeblich auf herzoglichem Grund erlegten Elchs.

Ostpr. Fol. 14323, Bl. 13 r.

Nr. 2241

1581 September 21 [Ortelsburg]

Herzog Georg Friedrich an Bischof Martin von Ermland:

Keine Möglichkeit zur Absendung seiner Kommissarien an den strittigen Ort bei Butowo wegen eingetretener Hinderungsgründe; die Besichtigung soll aber nachgeholt werden; Interesse an einer Schlichtung solcher Irrungen durch die beiderseitigen Bevollmächtigten oder andere gemäß den Pakten und altem Gebrauch zu gegebener Zeit.

Konzept
1 Bogen 21, 5 x 32 cm, S. 1—2 beschrieben, S. 4 Empfänger-, Datums- und Registraturvermerk.
HBA C 1 Nr. 2241. — Altsignatur fehlt; K. 1227.
Reinkopie: Ostpr. Fol. 76, S. 65—67.

Nr. 2242

1581 September 26, Seehesten

Herzog Georg Friedrich an Bischof Martin von Ermland:

Besichtigung des Ortes, wo unlängst bischöfliche Untertanen auf herzoglichem Grund einen Elch erlegt haben, durch glaubwürdige Leute und Diener; in Richtung auf Butowo sind etwa 23 Seile und über 100 Stangen gefunden worden, die erkennen lassen, daß der Elch im Herzogtum erlegt und von dort weggeführt worden ist; die [Kromer] von dessen Untertanen übermittelten Nachrichten sind unglaubwürdig; die dortige Stelle gehört seit der Ordenszeit zum Herzogtum; daher Bitte [Georg Friedrichs] um angemessene Entschädigung für den Elch und um künftigen Verzicht der Bischöflichen auf diese Wildbahn.

Konzept
1 Blatt 21 x 32 cm, S. 1—2 beschrieben, S. 2 Empfänger-, Datums- und Registraturvermerk.
HBA C 1 Nr. 2242. — Altsignatur fehlt; K. 1227.
Reinkopie: Ostpr. Fol. 76, S. 69—71.

Nr. 2243

1581 Oktober 5, Heilsberg

Bischof Martin von Ermland an Herzog Georg Friedrich:

Vorschlag an den Herzog, den Ort, an dem der Elch erlegt worden ist, an einem bestimmten Tag durch beiderseitige Kommissarien besichtigen zu lassen; Bitte um Unterrichtung über den vom Herzog gewünschten Zeitpunkt und die Personen, die dieser dorthin absenden will, damit sich der Bischof danach richten kann; [Kromer] will zwar dulden, daß der Herzog den Eingang des Wildes in das Bistum „verzäunen" und versperren läßt, ersucht aber um Unterbindung der kleinen Jagd auf Füchse und Hasen im Stift, die beispielsweise Albrecht und Botho von Eilenburg, George Schlubutt, Jost Ostaw und andere praktizieren, weil diese auf herzoglicher Seite nicht freigegeben worden ist; Beschwerde über die herzoglichen Untertanen, die ohne Wissen der Bischöflichen vor etlichen Jahren eine neue Räumung weit über die alten Grenzen hinaus errichtet haben, wobei während der Abwesenheit des Kardinals [Hosius] ein Dorf Butow auf bischöflichem Boden besetzt worden sei.

Behändigte Ausfertigung
1 Bogen 21, 5 x 32 cm, S. 1—3 beschrieben, Unterschrift des Bischofs, S. 4 Außenadresse, Inhalts- und Eingangsvermerk vom 6. Oktober 1581.
Siegel des Bischofs.
HBA C 1 Nr. 2243. — Altsignatur: 1/13/42; K. 481.

Journalvermerk:

Schreiben des Bischofs wegen des Elches und strittiger Grenzsachen.

Ostpr. Fol. 14323, Bl. 13 r.

Nr. 2244

1581 Oktober 16, Königsberg

Herzog Georg Friedrich an Bischof Martin von Ermland:

Obwohl der besagte Ort innerhalb der Grenzen von Butowo unstrittig zum Herzogtum gehört, ist [Georg Friedrich] zur Beilegung der dortigen Grenzirrungen bereit; Verzicht auf Entschädigung für den erlegten Elch; dagegen kein Verzicht [Georg Friedrichs] auf seine Rechte an der Stelle, wo der Elch erlegt worden ist, weil diese schon in der Zeit des Ordens nicht zum Bistum Ermland gehört hat und von Herzog [Albrecht] unangefochten besessen worden ist; das Dorf Butowo ist nicht auf bischöflichem Grund und Boden angelegt worden; nach Ausweis der Schüttungen und Grenzen sei nicht zu vermuten, daß die Vorgänger des Bischofs dort die Anlage einer ganzen Dorfschaft zugelassen hätten; Bereitschaft zur Visitation besagter Stelle durch beiderseitige Deputierte zwecks Schlichtung dieser Grenzirrung; Absicht zur baldigen Aufnahme der Generallandesvisitation; Befehl an die herzoglichen Kommissarien, mit den bischöflichen Bevollmächtigten in den Ämtern, die an das Ermland grenzen, alle strittigen Orte zu besichtigen; Hoffnung auf ein freundnachbarliches Verhalten des Bischofs in dieser Angelegenheit; Mißfallen über die von herzoglichen Adligen betriebene Fuchs- und Hasenjagd im Stift, was die zuständigen Amtleute unterbinden sollen.

Konzept
2 Bogen 21 x 32 cm, S. 3—6 beschrieben, S. 8 Empfänger-, Datums- und Registraturvermerk.
HBA C 1 Nr. 2244. — Altsignatur fehlt; K. 1227.
Reinkopie: Ostpr. Fol. 75, Bl. 310 r.—312 r.

Nr. 2245

1581 Oktober 30, Heilsberg

Bischof Martin von Ermland an Herzog Georg Friedrich:

Weil der herzogliche Vorschlag zur Regelung der Grenzsachen nicht nur das Bistum, sondern auch das Kapitel zu Frauenburg betrifft, will [Kromer] dieses zunächst davon unterrichten und dann seine Meinung dazu äußern; Bereitschaft des Bischofs zur gütlichen Beilegung dieser Grenzirrungen.

Behändigte Ausfertigung
1 Bogen 22 x 32 cm, S. 1—2 beschrieben, Unterschrift des Bischofs, S. 4 Außenadresse, Inhalts- und Eingangsvermerk.
Siegel des Bischofs
HBA C 1 Nr. 2245. — Altsignatur: 1/13/40; K. 481.

Nr. 2246

1581 November 16, Königsberg

Herzog Georg Friedrich an Bischof Martin von Ermland:

Klagen seiner Untertanen über die Unterbindung der Zufuhr vom Bistum ins Herzogtum Preußen; weil das gegen die Verträge zwischen der Krone Polen und dem Fürstentum [Preußen] verstößt, bittet [Georg Friedrich] um die Aufhebung der Handelssperre; [Kromer] soll den ins Bistum entsandten herzoglichen Dienern den für die Hofhaltung benötigten Hopfen- und sonstigen Warenkauf gestatten, was zur Erhaltung guter Nachbarschaft beitragen kann.

Konzept
1 Bogen 21, 5 x 32 cm, S. 1—2 beschrieben, S. 4 Empfänger-, Datums- und Registraturvermerk.
HBA C 1 Nr. 2246. — Altsignatur fehlt; K. 1227.
Reinkopie: Ostpr. Fol. 76, S. 74—76.

Nr. 2247

1581 November 25, Heilsberg

Bischof Martin von Ermland an Herzog Georg Friedrich:

Bezug auf seine den herzoglichen Gesandten Achatius Burggrafen zu Dohna und Quirin Sack, Landrichter des Bartensteiner Gebiets, gegebene Antwort in der Frage der Warenzufuhr; daraus kann der Herzog ersehen, daß sich [Kromer] immer nach den alten Verträgen und Gewohnheiten gerichtet hat; Freigabe des Hopfen- und sonstigen Warenkaufs der herzoglichen Diener, sofern dieser in den Marktstädten und nicht auf dem Lande erfolgt, weil die alte Landesordnung die „Landkäufe" verboten hat; keine Kenntnis des Bischofs von einem Ausfuhrverbot im Ermland; die Bauern dürften allerdings Flachs, Hopfen und Wolle nur in die nächsten Marktstädte bringen; Getreide, Vieh und Milchspeise könnten sie dagegen nach eigenem Gutdünken „verführen", was keine Neuerung sei, sondern schon zur Zeit des Bischofs Mauritius bald nach dem Krieg Anwendung gefunden habe.

Behändigte Ausfertigung
1 Bogen und 1 Blatt 20 x 31 cm, S. 1—3 beschrieben, Unterschrift, des Bischofs, S. 6 Außenadresse, Inhalts- und Eingangsvermerk vom 27. November 1581.
Siegel des Bischofs
HBA C 1 Nr. 2247. — Altsignatur: 1/13/41; K. 481.

Nr. 2248

1581 November 25, Heilsberg

Bischof Martin von Ermland an Herzog Georg Friedrich:

Bekundung seiner Bereitschaft und der des Frauenburger Kapitels zur baldigen Beilegung der Grenzstreitigkeiten; zur Zeit kann keine Absendung der bischöflichen Deputierten an die strittigen Orte erfolgen, die mit den herzoglichen Bevollmächtigten im Rahmen der Generallandesvisitation besichtigt werden sollen; dieses Werk kann wegen „Ungelegenheit der Zeit“ vor nächstem Frühjahr nicht durchgeführt werden; Beschwerde über Jost Ostaw, der seine Jagd bis zum Schloß und Feld der Stadt Heilsberg ausgedehnt hat; die Ermahnung des Heilsberger Burggrafen, das unbefugte Hetzen einzustellen, hat [Ostaw] mit höhnischen Schmähworten — auch gegen die Person des Bischofs — beantwortet; möglichen Vergeltungsmaßnahmen der nahegelegenen Dorfschaft Conainen (Komeinen) habe sich [Ostaw] nur durch die Flucht entziehen können.

Behändigte Ausfertigung
1 Bogen 21 x 32 cm, S. 1—3 beschrieben, Unterschrift des Bischofs, S. 4 Außenadresse, Inhalts- und Eingangsvermerk zu Königsberg vom 27. November 1581.
Siegel des Bischofs
HBA C 1 Nr. 2248. — Altsignatur: 1/13/44; K. 481.

Journalvermerk:

Schreiben des Bischofs in Grenzsachen und wegen der Exzesse Jost Ostaws.

Ostpr. Fol. 14323, Bl. 13 r.

Nr. 2249

1581 Dezember 8, Heilsberg

Bischof Martin von Ermland an Herzog Georg Friedrich:

Anzeige des Frauenburger Kapitels in der Sache des heimlich entlaufenen George Hintz aus dem Dorf Langenwalde, der durch sein ärgerliches böses Wesen viel Schuld auf sich geladen hat; [Hintz] will Zuflucht in Königsberg und anderen Orten der Gegend suchen; weil Hintz ein geweihter Priester sei, den sein Erbherr mit großen Kosten in den Schulen unterhalten habe, bittet [Kromer] um Ergreifung des Übeltäters und um dessen Überstellung an den Bevollmächtigten des Kapitels.

Behändigte Ausfertigung
1 Bogen 21 x 33 cm, S. 1—2 beschrieben, Unterschrift des Bischofs, S.4 Außenadresse, Inhalts- und Eingangsvermerk zu Königsberg vom 2. Januar 1582.
Siegel des Bischofs
HBA C 1 Nr. 2249. — Altsignatur: 1/12/3; K. 481.

Nr. 2250

1581 Dezember 13, Frauenburg

Prälaten, Domherren und Kapitel des Stifts Ermland an Herzog Georg Friedrich:

Aufnahme des Jörgen Hintz vor acht Jahren zum Stipendiaten des Stiftsseminars in Braunsberg, das der Bischof und das Kapitel mit großen Kosten errichtet haben; als nach Eintreten der Mündigkeit die Neigung des [Hintz] zur Üppigkeit und Untugend sichtbar geworden ist, hat ihn das Kapitel zum Eintritt in den geistlichen Stand gezwungen, um ihn zur Gottesfurcht und Ehrbarkeit zu bekehren; heimliche Gemeinschaft des [Hintz] mit einer hiesigen Bürgerstochter, mit der er nach Königsberg entlaufen ist, um dort sein Leben „mit dem Schein der heiligen Ehe zu bedecken"; Bitte um Ausfolgung des dem Kapitel mannigfach verpflichteten Untertans, damit er seine Untaten nicht fortsetzen kann.

Behändigte Ausfertigung
1 Bogen 21 x 32 cm, S. 1—3 beschrieben, Unterschrift der Aussteller, S. 4 Außenadresse, Inhalts- und Eingangsvermerk zu Königsberg vom 2. Januar 1582.
Siegel des Kapitels
HBA C 1 Nr. 2250. — Altsignatur: 1/13/45; K. 481.

Nr. 2251

1582 Januar 10, Heilsberg

Bischof Martin von Ermland an Herzog Georg Friedrich:

Bezug auf die Supplikation des Rastenburger Amtsschreibers wegen der Kürzung des vierjährigen Interesses durch den Wartenburger Bürger Abel Schwartz; Verbot jeglichen Wuchers im Bistum; keine Möglichkeit, der Bitte des Amtsschreibers zu entsprechen, weil eine Verleihung von Geld auf Interesse, auch wenn diese das Vermögen unmündiger Kinder betrifft, nicht zulässig ist; falls aber der Amtsschreiber sonst noch Forderungen in Wartenburg hat, soll er klaglos gestellt werden.

Behändigte Ausfertigung
1 Bogen 21 x 32 cm, S. 1—2 beschrieben, Unterschrift des Bischofs, S.4 Außenadresse, Inhalts- und Eingangsvermerk zu Königsberg vom 29. März 1582.
Siegel des Bischofs
HBA C 1 Nr. 2251. — Altsignatur: 1/13/49; K. 481.

Journalvermerk:

Schreiben des Bischofs in der Angelegenheit des Amtsschreibers zu Rastenburg.

Ostpr. Fol. 14323, Bl. 14 r.

Nr. 2252

1582 Januar 12, Heilsberg

Bischof Martin von Ermland an Herzog Georg Friedrich:

Supplikation seines Hofdieners Henrich Birckhagen wegen eines beim Landgericht Schaaken anhängigen langwierigen Prozesses bezüglich Forderung einer Schuld von Adam von Dinigen, die durch Beerbung seines verstorbenen Bruders Gunter Birckhagen auf ihn übergegangen ist; obwohl der Supplikant seine Ansprüche durch Zeugen erhärtet hat, wird die Entscheidung der Sache immer wieder hinausgezögert; Bitte des Bischofs um rasche Klaglosstellung des Petenten.

Behändigte Ausfertigung
1 Bogen 20 x 31 cm, S. 1—2 beschrieben, Unterschrift des Bischofs, S. 4 Außenadresse, Inhalts- und Eingangsvermerk zu Königsberg vom 18. Januar 1582.
Siegel des Bischofs
HBA C 1 Nr. 2252. — Altsignatur: 1/13/50, K. 481.

Journalvermerk:

Verwendung des Bischofs für seinen Hofdiener Henrich Birckhagen.

Ostpr. Fol. 14323, Bl. 14 r.

Nr. 2253

1582 Januar 18 [Königsberg]

Herzog Georg Friedrich an die Prälaten, Domherren und das Kapitel des Stifts Ermland:

Verweisung seiner Antwort hinsichtlich des entlaufenen George Hintz auf sein Schreiben an den ermländischen Bischof, der die Adressaten unterrichten wird.

Konzept
1 Blatt 21 x 32 cm, S. 1 beschrieben, S. 2 Empfänger-, Datums- und Registraturvermerk.
HBA C 1 Nr. 2253. Altsignatur fehlt; K. 1228.
Reinkopie: Ostpr. Fol. 76, S. 94—95.

Nr. 2254

1582 Januar 18, Königsberg

Herzog Georg Friedrich an Bischof Martin von Ermland:

Der besagte George Hintz hält sich als Collaborator und Schuldiener in der Altstadt Königsberg auf; keine Bereitschaft zu dessen Überstellung, weil es sich dabei um Gewissens- und Glaubensfragen und um die Freiheit des heiligen Ehestandes handelt; die vom Kapitel für die Ausbildung des [Hintz] aufgewendeten Kosten sollen diesem erstattet werden.

Konzept
1 Bogen 21 x 32 cm, S. 1—3 beschrieben, S. 4 Empfänger-, Datums- und und Registraturvermerk.
HBA C 1 Nr. 2254. — Altsignatur fehlt; K. 1228.
Reinkopie: Ostpr. Fol. 76, S. 95—98.

Nr. 2255

1582 Februar 28, Heilsberg

Bischof Martin von Ermland an Herzog Georg Friedrich:

Keine Stichhaltigkeit der vom Herzog genannten Gründe in der Sache des George Hintz; dieser sei als Sohn eines Bauern dem Kapitel eigentümlich verhaftet; die zwischen Herzog Albrecht dem Älteren und den ermländischen Bischöfen geschlossenen Verträge besagen ausdrücklich, daß derartige Leute ohne Beweis ihrer Freiheit nicht aufgenommen werden dürfen; von Gewissens- und Glaubensfreiheit oder dem Recht des Ehestandes ist dort keine Rede; auch in anderen Fällen — z. B. in dem eines Untertans aus Kreuzburg, der im vergangenen Jahr zwei Pferde aus dem Mehlsacker Gebiet von der Weide gestohlen und einem Bauern das Gehöft angesteckt hat, — ist keine Auslieferung erfolgt; weil [Georg Friedrich] den Flüchtigen aus diesem Stift Asyl gewährt, muß der Bischof anderswo Unterstützung suchen.

Behändigte Ausfertigung
1 Bogen 20 x 32 cm, S. 1—3 beschrieben, Unterschrift des Bischofs, S. 4 Außenadresse, Inhalts- und Eingangsvermerk vom 3. März 1582.
Siegel des Bischofs
HBA C 1 Nr. 2255. — Altsignatur: 1/13/48; K. 481.

Journalvermerk:

Schreiben des Bischofs wegen des flüchtigen George Hintz.

Ostpr. Fol. 14323, Bl. 14 r.

Nr. 2256

1582 April 26 [Königsberg]

Herzog Georg Friedrich an Eggert von Kempen:

Ersuchen an [Kempen], dem Bürger der Altstadt Königsberg, Thomas Wickboltz, laut dessen Supplik in seinen Forderungen an die Erben Johann Adrians zum Recht zu verhelfen.

Reinkopie
Ostpr. Fol. 76, S. 100—101.

Nr. 2257

1582 September [o. T., Königsberg]

Herzog Georg Friedrich an Bischof Martin von Ermland:

Klage seiner Untertanen über die sich auf dem Lande und in den Städten häufenden Müßiggänger, arbeitslosen Leute und Doppelspieler; viele Dienstleute entziehen sich ihrer Herrschaft und bemänteln ihren Müßiggang mit dem Vorwand, für Tagelohn arbeiten zu wollen; Mandat an alle herzogliche Untertanen, solche Leute nicht bei sich zu dulden und keinen von diesen zu beherbergen; sie dürfen nur solche Dienstleute bei sich aufnehmen, die Belege über ihr früheres Dienstverhältnis und Verhalten vorweisen können; Bitte an den Bischof, ein entsprechendes Mandat in seinem Land zu erlassen und derartige Müßiggänger, die, „das Landt wie Heuschrecken und Ungeziefer verzehren“, nicht zu tolerieren; [Kromer] soll diesen Vorschlag [Georg Friedrichs] auf der kommenden Zusammenkunft der Stände des Königlichen Teils Preußen am 14. September in Graudenz vortragen, damit leichter alles Unheil verhindert werden kann.

Konzept
2 Bogen 20 x 31 cm, S. 3—8 beschrieben, S. 1 Empfänger-, Datums- und Registraturvermerk.
HBA C 1 Nr. 2257. — Altsignatur fehlt; K. 1228.
Reinkopie: Ostpr. Fol. 76, S. 107—112.

Nr. 2258

1582 September 8, Heilsberg

Bischof Martin von Ermland an Herzog Georg Friedrich:

Weil er vom Herzog bisher keine richtige Antwort wegen des abtrünnigen Kirchendieners und etlicher abgehauener Bienenkörbe erhalten hat, möchte er eigentlich mit folgenden Worten des Evangeliums antworten: „Was Ihr wollt, das Euch die Leute tun sollen, das tut Ihr ihnen hinwiederum"; in Anbetracht des gemeinen Nutzens hat er aber bereits vor drei Wochen ein entsprechendes Edikt gegen die Müßiggänger im Bistum erlassen; keine Absicht zur Teilnahme am preußischen Landtag in [Graudenz].

Behändigte Ausfertigung
1 Bogen 20 x 31 cm, S. 1—2 beschrieben, Unterschrift des Bischofs, S. 4 Außenadresse, Inhalts- und Eingangsvermerk vom 10. September 1582.
Siegel des Bischofs
HBA C 1 Nr. 2258. — Altsignatur: 1/13/47; K. 481.

Journalvermerk:

Schreiben des Bischofs wegen der Müßiggänger und des losen Gesindels.

Ostpr. Fol. 14323, Bl. 14 r.

Nr. 2259

1582 September 14, Ortelsburg

Herzog Georg Friedrich an Bischof Martin von Ermland:

Klage Jacob Leißners und der ganzen Dorfschaft Rudtzicken (Rudzisken) über die bischöflichen Untertanen wegen strittiger Grenzen, Wegnahme der Bienen und anderer Sachen; keine Duldung einer Beeinträchtigung der „Wildfuhren" [der Teil des Waldes, in dem sich das Wild gerne aufhält]; Bitte des Herzogs an [Kromer] um Abstellung dieser Übergriffe und um Ersetzung der verursachten Schäden.

Konzept
1 Bogen 20 x 32 cm, S. 1—2 beschrieben, S. 4 Empfänger-, Datums- und Registraturvermerk.
HBA C 1 Nr. 2259. — Altsignatur fehlt; K. 1228.
Reinkopie: Ostpr. Fol. 76, S. 112—114.

Postskript

Der Herzog hatte bisher keine Möglichkeit, die strittigen Grenzirrungen zu behandeln; er hat aber inzwischen eine Generalvisitation angeordnet, damit diese Streitigkeiten abgeschafft werden können.

1 Blatt 21,5 x 32 cm, S. 1 beschrieben.

Nr. 2260

1582 September 17, Ortelsburg

Herzog Georg Friedrich an Bischof Martin von Ermland:

Klage seines Lehnsmanns Wolff zu Heydeck über die Tollnigker im Rösseler Gebiet, die dessen Untertanen in Gaudnicken allerlei Beschwerungen zugefügt haben; Bitte an den

Bischof um Unterbindung dieser Gewalttaten und um Rückgabe der widerrechtlich entwendeten Pferde und sonstigen Dinge.

Konzept
1 Blatt 21 x 33 cm, S. 1—2 beschrieben, S. 2 Empfänger-, Datums- und Registraturvermerk.
HBA C 1 Nr. 2260. — Altsignatur fehlt; K. 1228.
Reinkopie: Ostpr. Fol. 76, S. 114—116.

Nr. 2261

1582 September 28, Seeburg

Zeugenverhör des Landvogts Christoff Troschke in der Angelegenheit Jacob Leisners:

Nach Aussage des Bürgermeisters der Stadt Bischofsburg, Peter Koronneck, hat keiner gedroht, Jacob Leisner totzuschlagen; die weggeführten Bienenkörbe haben nicht auf dem Grund Jacob Leisners, sondern auf dem des ermländischen Bischofs gestanden; nach den Ausführungen Matz Paczoschkas sollten die Bienenkörbe nach Bischofsburg gebracht werden, woran nicht mehr als 15 Personen beteiligt gewesen seien; die Besichtigung des strittigen Grenzabschnitts durch den Bürgermeister und Rat von Bischofsburg hat ergeben, daß der dortige Grenzstein auf Veranlassung Jacob Leisners weggeführt worden ist.

Ausfertigung
2 Bogen 20,5 x 32 cm, S. 2—5 beschrieben, S. 8 Inhaltsvermerk.
Siegel des Ausstellers
HBA C 1 Nr. 2261. — Altsignatur fehlt; K. 482.

Nr. 2262

1582 Oktober 2, Heilsberg

Samson von Worein, Domherr zu Frauenburg und Statthalter des Bistums Ermland, an Herzog Georg Friedrich:

Hinweis auf die Klage Jacob Leisners wegen Wegnahme von Bienen, etlichen Drohworten und zugefügten Schäden; der ermländische Landvogt [Christoff Troschke] hat daraufhin ein Zeugenverhör angestellt, das er [Worein] in seiner Eigenschaft als Statthalter des zum Warschauer Reichstag gereisten Bischofs erhalten hat; Übersendung dieser Aussagen an den Herzog mit der Bitte, diesen Glauben zu schenken.

Behändigte Ausfertigung
1 Bogen 20, 5 x 30 cm, S. 1—2 beschrieben, Unterschrift des Ausstellers, S. 4 Außenadresse, Inhalts- und Kanzleivermerk.
Siegelspuren
HBA C 1 Nr. 226 2. — Altsignatur: 1/13/51; K. 481.

Journalvermerk:

Schreiben Samsons von Worein in der Sache Jacob Leisners.

Ostpr. Fol. 14323, Bl. 14 v.

Nr. 2263

1582 Dezember 18, Heilsberg

Bischof Martin von Ermland an Herzog Georg Friedrich:

Vor etwa drei Jahren ist die Pfarrkirche in Bischofstein aufgebrochen und beraubt worden, wobei zwei silberne vergoldete Kelche entwendet wurden; diese sind kürzlich in einem Strauch bei Königsberg entdeckt und in die dortige Rentkammer gebracht worden; daraufhin ist der Bischofsteiner Bürgermeister nach Königsberg gefahren; dessen Bemühungen, die Kelche wiederzubekommen, blieben jedoch vergeblich; daher Ersuchen [Kromers] an den Herzog um Rückgabe der Kelche an die Bischofsteiner Pfarrkirche.

Behändigte Ausfertigung
1 Bogen 21 x 32 cm, S. 1—2 beschrieben, Unterschrift des Bischofs, S. 4 Außenadresse, Inhalts- und Eingangsvermerk vom 22. Dezember 1582.
Siegel des Bischofs
HBA C 1 Nr. 2263. — Altsignatur: 1/13/46; K. 481.

Journalvermerk:

Schreiben des Bischofs wegen der beiden aus der Bischofsteiner Pfarrkirche geraubten Kelche.

Ostpr. Fol. 14323, Bl. 14 v.

Nr. 2264

1583 März 7/17, Königsberg

Herzog Georg Friedrich an den Rat der Neustadt Braunsberg:

Bitte um Förderung des Anliegens des Hofschusters Merten Fieberg, dem ein Erbe in Braunsberg zugefallen ist.

Reinkopie
Ostpr. Fol. 75, Bl. 343 v.—343 A r.

Nr. 2265

1583 März 7/17 [Königsberg]

Herzog Georg Friedrich an den Rat zu Braunsberg:

Beschwerde der Gewandschneider und des Tuchmachergewerks in Heiligenbeil über die Gewandschneider von Braunsberg, die ihre Waren auf der Kirchenmesse zu Bladiau verkauft und sie dadurch erwerbslos gemacht haben; dagegen ist den Heiligenbeilern der Verkauf ihrer Waren auf den ermländischen Kirchenmessen untersagt; daher Ersuchen des Herzogs an den Braunsberger Rat, den Einwohnern der Stadt den Besuch der Bladiauer Kirchenmesse zu untersagen.

Reinkopie
Ostpr. Fol. 75, Bl. 354 r.—354 v.

Nr. 2266

1583 März 12/22, Königsberg

Herzog Georg Friedrich an Bischof Martin von Ermland:

Hinweis auf das gute Verhältnis Herzog Albrechts des Älteren zu den Vorgängern des Bischofs, das [Georg Friedrich] aufrechterhalten will; Lieferung von Bauholz für die Braunsberger Mühle aus den Wäldern des Amtes Balga, während umgekehrt das für den Bau der Bartensteiner Mühle benötigte Holz aus dem Bistum geliefert wird; daher Bitte um Ausfolgung von Holz an den Bartensteiner Mühlenmeister Balthasar Schimmelpfennig.

Konzept
1 Blatt 20 x 32 cm, S. 1—2 beschrieben, S. 2 Empfänger-, Datums- und Registraturvermerk.
HBA C 1 Nr. 2266. — Altsignatur fehlt; K. 1228.
Reinkopie: Ostpr. Fol. 75, Bl. 343 A v.—344 r.

Nr. 2267

1583 März 28, Heilsberg

Bischof Martin von Ermland an Herzog Georg Friedrich:

Obwohl nach dem Bericht seiner Amtleute in den nach Bartenstein zu gelegenen Wäldern nur wenig geeignetes Bauholz vorhanden ist, will [Kromer] die Lieferung von Holz an den Bartensteiner Mühlenmeister gestatten.

Behändigte Ausfertigung
1 Bogen 20 x 31 cm, S. 1 beschrieben, Unterschrift des Bischofs, S. 4 Außenadresse, Inhalts- und Eingangsvermerk vom 19./29. März 1581.
Siegel des Bischofs
HBA C 1 Nr. 2267. — Altsignatur: 1/13/53; K. 481.

Journalvermerk:

Schreiben des Bischofs wegen Lieferung von Bauholz für die Bartensteiner Mühle.

Ostpr. Fol. 14323, Bl. 16 r.

Nr. 2268

1583 April 10/20, Königsberg

Herzog Georg Friedrich an die Städte Elbing und Braunsberg:

Kredenzbrief für seine Gesandten Nicolaus Schultze, Christoff Preuß und Peter Pohl, Ratsverwandte von Kneiphof und der Altstadt Königsberg, in deren vorzubringender Werbung.

Reinkopie
Ostpr. Fol. 75, Bl. 344 r.—344 v.

Nr. 2269

1583 Mai 12/22, Königsberg

Herzog Georg Friedrich an den Rat zu Braunsberg:

Bereitschaft des Braunsberger Rates, den herzoglichen Pfundschreibern von allen Waren, die in beiden Richtungen über das Tief gehen, eine Zertifikation auszustellen; Zusage eines entsprechenden Verfahrens auf herzoglicher Seite.

Reinkopie
Ostpr. Fol. 75, Bl. 347 r.—347 v.

Nr. 2270

1583 Juni 14/24 [Königsberg]

Herzog Georg Friedrich an den Dompropst zu Allenstein:

Hinterlassenschaft des verstorbenen, aus Hohenwalde gebürtigen Kaufgesellen George Nietz, der bei dem Königsberger Bürger Hans Kaiser eine Zeitlang gedient hat; Ersuchen an den Dompropst, die Erben des Nietz zum raschen Empfang dieser Hinterlassenschaft zu veranlassen, die die von [Nietz] noch nicht getilgte Schuld von 226 Mark für die Lieferung von Weizen begleichen sollen.

Reinkopie
Ostpr. Fol. 75, Bl. 352 v.—353 r.

Nr. 2271

1583 Juli 1/11 [Königsberg]

Herzogliche Regimentsräte zu Königsberg an Bischof Martin von Ermland:

Beschwerde Barttel Selgits, Bürgers der Altstadt Königsberg, dessen im Bistum gekaufter Hopfen angehalten worden ist; Bitte der Regimentsräte um Freigabe des Hopfens.

Konzept
1 Blatt 21 x 33 cm, S. 1 beschrieben, S. 2 Empfänger-, Datums- und Registraturvermerk.
HBA C 1 Nr. 2271. — Altsignatur fehlt; K. 1228.
Reinkopie: Ostpr. Fol. 76, S. 143—145.

Nr. 2272

1583 Juli 14, Heilsberg

Bischof Martin von Ermland an die herzoglichen Regimentsräte Wolf Ernst von Wirsberg, Fabian von Lehndorff, Hans von Witmannsdorff und Georg von Wambach:

Verstoß Barttel Selgits gegen die von den ermländischen Bischöfen und den Herzögen in Preußen angenommene Landesordnung; er hat seine Ware auf dem Lande und nicht in der nächstgelegenen Marktstadt gekauft; daher ist sein Hopfen konfisziert und zum Teil „verthan" worden; [Kromer] kann deshalb der Interzession der Regimentsräte nicht entsprechen, obwohl er an der Erhaltung guter Nachbarschaft interessiert ist.

Behändigte Ausfertigung
1 Bogen 20 x 31 cm, S. 1—2 beschrieben, Unterschrift des Bischofs, S. 4 Außenadresse, Inhalts-, Eingangsvermerk vom 5./15. Juli 1583, Beantwortungsvermerk vom 11./21. Juli 1583.
Siegel des Bischofs
HBA C 1 Nr. 2272. — Altsignatur: 1/13/52; K. 481.

Journalvermerk:

Schreiben des Bischofs wegen. des Hopfens von Barttel Selgit.

Ostpr. Fol. 14323, Bl. 16 r.

Nr. 2273

1583 Juli 20, Heilsberg

Bischof Martin von Ermland an Herzog Georg Friedrich:

Absicht [Kromers] und des [Frauenburger] Kapitels zur Absendung von Gesandten an den Herzog, die diesem Angelegenheiten des Stifts und beiderseitige Probleme vortragen sollen; weil sich [Georg Friedrich] zur Zeit auf der Jagd „belustigt“ und nicht lange an einer Stelle verharrt, bittet der Bischof um Nachricht, wo die Gesandten empfangen werden können.

Behändigte Ausfertigung
1 Bogen 20 x 31 cm, S. 1 beschrieben, Unterschrift des Bischofs, S. 4 Außenadresse, Inhalts-, Eingangs- und Beantwortungsvermerk zu Ortelsburg vom 15./25. Juli 1583.
Siegel des Bischofs
HBA C 1 Nr. 2273. — Altsignatur: 1/13/54; K. 481.

Journalvermerk:

Ankündigung des Bischofs, Gesandte an den Herzog abzufertigen.

Ostpr. Fol. 14323, Bl. 16 r.

Nr. 2274

1583 Juli 11/21 [Königsberg]

Herzogliche Regimentsräte an Bischof Martin von Ermland:

Sie haben das Beharren [Kromers] auf der Landesordnung in der Sache Barttel Selgits zur Kenntnis genommen; Erneuerung ihrer Bitte um Rückgabe des konfiszierten Hopfens an [Selgit], weil dieser in einer weiteren Supplikation ausgeführt hat, nichts vom Verbot von Landkäufen gewußt zu haben; andernfalls würde [Selgit] mit Weib und Kindern an den Bettelstab geraten.

Konzept
1 Bogen 20,5 x 33 cm, S. 1—3 beschrieben, S. 4 Empfänger-, Datums- und Registraturvermerk.
HBA C 1 Nr. 2274. — Altsignatur fehlt; K. 1228.
Reinkopie: Ostpr. Fol. 76, S. 147—150.

Nr. 2275

1583 Juli 15/25, Ortelsburg

Herzog Georg Friedrich an Bischof Martin von Ermland:

Weil er sich zur Zeit in seinen „Wildnisämtern“ aufhält und von einer Jagdbude zur anderen begibt, wobei er seine Räte größtenteils in Königsberg gelassen hat, bittet er

[Kromer], seine Gesandten nach Königsberg zu schicken, wo deren Werbung von den Räten entgegengenommen und an ihn [Georg Friedrich] weitergeleitet werde.

Konzepte
1 Bogen 21 x 33 cm, S. 1—3 beschrieben, S. 4 Empfänger-, Datums-, und Registraturvermerk.
HBA C 1 Nr. 2275. — Altsignatur fehlt; K. 1228.
Reinkopie: Ostpr. Fol. 76, S. 151—153.

Nr. 2276

1583 Juli 31/August 10 [Ortelsburg]

Herzog Georg Friedrich an den Rat zu Allenstein:

Interzession für den Königsberger Bürgermeister Heinrich Hofmeister, der etliche Gelder bei Allensteiner Bürgern ausstehen kann; Bitte um Klaglosstellung des Petenten.

Reinkopie
Ostpr. Fol. 76, S. 153—154.

Nr. 2277

1583 Oktober 19/29, Königsberg

Herzog Georg Friedrich an Bischof Martin von Ermland:

Beschwerde des Bischofs über die Amtmänner zu Seehesten und Rastenburg, die den dortigen Untertanen die Zufuhr ins Bistum verboten haben; dieses Verbot ist mit Wissen des Herzogs geschehen; [Georg Friedrich] führt dagegen Klagen seiner Untertanen über das Stift [Ermland] an, die sie auf der letzten Tagfahrt in Bartenstein geäußert haben; [Kromer] habe seinen Untertanen nicht nur die Zufuhr ins Fürstentum [Preußen] verboten, sondern auch herzogliche Untertanen, die Waren im Bistum einkaufen wollten, mit Bußgeldern belegt; selbst bischöfliche Untertanen, die im Herzogtum geheiratet, der heiligen Taufe beigewohnt oder sonst ein christliches Werk verrichtet hätten, seien mit Kirchenbuße bestraft worden; er [Georg Friedrich] habe die Zufuhr ins Ermland verboten, weil die Bauern die Wochenmärkte nicht aufsuchen, sondern mit ihren Waren „stracks" ins Bistum fahren würden; lediglich nach dem Besuch der herzoglichen Wochenmärkte dürften die Bauern ihre Waren im Bistum oder anderenorts verkaufen; wenn [Kromer] den Handel und Wandel nach altem Brauch gestattet, will das auch der Herzog tun.

Konzept
1 Bogen 20,5 x 32 cm, S. 1—4 beschrieben, S. 4 Empfänger-, Datums- und Registraturvermerk.
HBA C 1 Nr. 2277. — Altsignatur fehlt; K. 1228.
Reinkopie: Ostpr. Fol. 75, Bl. 355 r.—356 v.

Nr. 2278

1583 November 8, Elbing

Bürgermeister und Ratmannen der Stadt Elbing an die Dechanten, Prälaten und Domherren des Stifts Ermland:

Ihren Vorschlag, die uralte Haffgrenze neu zu regulieren, hat das Kapitel am 7. Oktober beantwortet; Bitte um Entschuldigung für die Verzögerung der Antwort wegen der zahlreichen in Elbing angefallenen Geschäfte; eine generelle Revision der Haffgrenze ist nicht erforderlich; lediglich bezüglich eines am Riff gelegenen Ortes, den das Kapitel an seine Frauenburger Untertanen vermieten will, kann dem Wunsch der Domherren nicht entsprochen werden, weil die Elbinger Bürger nicht auf diesen Platz verzichten können; Bereitschaft der Elbinger, den Frauenburger Fischern gegen gebührliche Verzinsung das Fischen in den städtischen Haffgewässern zu gestatten, wenn das Kapitel seinerseits den Elbinger Fischern in seinen Gewässern das gleiche Recht einräumt.

Behändigte Ausfertigung
1 Bogen 20,5 x 32 cm, S. 1—3 beschrieben, Unterschrift der Aussteller, S. 4 Außenadresse, Inhalts- und Eingangsvermerk vom 11. November [1583].
Siegel der Aussteller
HBA C 1 Nr. 2278. — Altsignatur: 4/18/19; K. 481.

Nr. 2279

1583 November 7/17 [Königsberg]

Herzog Georg Friedrich an Bischof Martin von Ermland:

Hinweis auf den Bericht des Ortelsburger Hauptmanns Jonas von Dobeneck und die Supplikation der Dorfschaft Rummy; Bitte an den Bischof, die Rückgabe der vier weggenommenen Ochsen an die herzoglichen Untertanen zu veranlassen; falls durch Übertritt des Viehs über die Grenze Schaden angerichtet worden sei, werde das nach Landesgewohnheit durch Geschworene überprüft.

Konzept
1 Bogen 20 x 32 cm, S. 1—3 beschrieben, S. 4 Empfänger-, Datums- und Registraturvermerk.
HBA C 1 Nr. 2279. — Altsignatur fehlt; K. 1228.
Reinkopie: Ostpr. Fol. 76, S. 162—164.

Nr. 2280

1584 Februar 15, Braunsberg

Hans Bartsch, Bürgermeister der Stadt Braunsberg, an die herzoglichen Visitationsräte:

Als Zeichen der Verehrung kredenzt er im Namen des Braunsberger Rates den Visitationsräten „einen Trunck Weins“; während seiner Abwesenheit will der Magistrat den

Visitationsräten zwei Tonnen Bier aus dem königlichen Artushofkeller schicken; Bitte an die Adressaten, kein Geld dafür zu übersenden; die Visitationsräte haben angezeigt, daß sie den Bruch oberhalb des Dorfes Passarge und andere „Defecte" in Augenschein nehmen und dabei eine Deputation der Stadt Braunsberg hinzuziehen wollen; Bitte um Durchführung der Besichtigung in dieser Woche, weil man bei dem gegenwärtig großen Wasser die Mängel besser besichtigen könne.

Ausfertigung
1 Bogen 20,5 x 32 cm, S. 1—2 beschrieben, S. 4 Außenadresse, Inhalts- und Kanzleivermerk.
Siegelspuren
HBA C 1 Nr. 2280. — Altsignatur fehlt; K. 482.

Nr. 2281

1584 Februar 26, Braunsberg

Bürgermeister und Ratmannen der Stadt Braunsberg an die zur Haushaltung verordneten herzoglichen Räte:

Erinnerung an ihre Bitte um Brechen der Feldwacken [Felsblöcke, Basalt] am Strand des Beisterorts oder im Beisterwalde, die sie für „ihren portus im Haabe" benötigen; die Räte sollen dazu in Heiligenbeil den gnädigen Willen des Herzogs einholen und diesen den Ausstellern mitteilen; weil das bisher nicht geschehen ist, bitten sie um eine günstige schriftliche Resolution in dieser Sache.

Behändigte Ausfertigung
1 Bogen 20 x 31 cm, S. 1—2 beschrieben, Unterschrift der Aussteller, S. 4 Außenadresse, Inhalts- und Eingangsvermerk zu Heiligenbeil vom 17./27. Februar 1584.
Siegelspuren
HBA C 1 Nr. 2281. — Altsignatur fehlt; K. 482

Nr. 2282

1584 März 31, Heilsberg

Bischof Martin von Ermland an Herzog Georg Friedrich:

Stellungnahme zum Vorschlag des Herzogs, die Revision der strittigen Landesgrenzen bald nach Pfingsten durch beiderseitige Kommissarien vornehmen zu lassen; Ankündigung seiner verbindlichen Antwort in kurzer Zeit, weil er zuvor die Meinung des davon gleichfalls berührten Domkapitels einholen muß.

Behändigte Ausfertigung
1 Bogen 20 x 31 cm, S. 1 beschrieben, Unterschrift des Bischofs, S. 4 Außenadresse, Inhalts- und Eingangsvermerk zu Königsberg vom 23. März/2. April 1584.
Siegel des Bischofs
HBA C 1 Nr. 2282. — Altsignatur: 1/13/56; K. 481.

Journalvermerk:

Schreiben des Bischofs wegen Revision der Landesgrenzen.

Ostpr. Fol. 14323, Bl. 17 r.

Nr. 2283

1584 April 11/21, Königsberg

Herzog Georg Friedrich an Bischof Martin von Ermland:

Empfang der ihm von Samson von Worein, Domherrn zu Frauenburg und Oliva, Landpropst zu Mehlsack, und Johann Wegner, Domherrn zu Frauenburg und Kanzler, übermittelten Werbung in der Angelegenheit der zwischen dem Herzogtum Preußen und dem Bistum Ermland bestehenden Grenzirrungen; [Georg Friedrich] hat ihnen darauf Antwort erteilt, was der Bischof schriftlich und mündlich vernehmen wird.

Konzept
1 Bogen 21, 5 x 32 cm, S. 1—2 beschrieben, S. 4 Empfänger-, Datums- und Registraturvermerk.
HBA C 1 Nr. 2283. — Altsignatur fehlt; K. 1228.
Reinkopie: Ostpr. Fol. 76, S. 197—199.

Nr. 2284

1584 April 23, Frauenburg

Prälaten, Domherren und das Kapitel des Stifts Ermland an Herzog Georg Friedrich:

Klage ihres Untertans Marx Lüdicke aus Demuth im Gebiet Mehlsack, der am 27. März des reformierten Kalenders zur nachtschlafenden Zeit beraubt worden ist; weil die Täter Adlige aus dem Rastenburger Gebiet gewesen sind, hat [Lüdicke] bei dem dortigen Hauptmann um Erlangung seines Rechts nachgesucht, dabei aber nichts erreicht; Bitte des Kapitels um gebührende Bestrafung der Verbrecher und um Klaglosstellung des Supplikanten.

Behändigte Ausfertigung
1 Bogen 20,5 x 32 cm, S. 1—2 beschrieben, Unterschrift der Aussteller, S. 4 Außenadresse, Inhalts- und Kanzleivermerk.
Siegel der Aussteller
HBA C 1 Nr. 2284. — Altsignatur: 1/13/57; K. 481.

Journalvermerk:

Beschwerde des Domkapitels über die Beraubung ihres Untertans zu Demuth.

Ostpr. Fol. 14323, Bl. 17 r.

Nr. 2285

1584 April 23/Mai 3 [Königsberg]

Herzog Georg Friedrich an das Kapitel zu Frauenburg:

Bereitschaft zur Ergreifung und Bestrafung der Adligen Arnt Schetzell, George und Christof Elditte, Wilhelm Moditte und eines mit Namen Elias, die Übergriffe im Bistum verübt haben; Ausstellung zweier Steckbriefe zur Habhaftmachung der Täter.

Konzept
1 Bogen 21 x 32 cm, S. 1—2 beschrieben, S. 4 Empfänger-, Datums- und Registraturvermerk.
HBA C 1 Nr. 2285. — Altsignatur fehlt; K. 1228.
Reinkopie: Ostpr. Fol. 76, S. 199—201.

Nr. 2286

1584 Mai 21, Frauenburg

Prälaten, Domherren und Kapitel des Stifts Ermland an Herzog Georg Friedrich:

Dank für die Bereitschaft [Georg Friedrichs], nach den Missetätern, die domkapitularische Untertanen beraubt haben, zu fahnden; die Ergreifung der Täter ist bisher erfolglos geblieben, weil sie zum Teil nicht verheiratet und nicht an einem Ort ansässig sind; Arnt Schetzell ist mit Weib und Kindern vor 14 Tagen entwichen; Bitte um rechtliche Vorladung der Verbrecher, damit sie zur Verantwortung gezogen werden können.

Behändigte Ausfertigung
1 Bogen 20 x 32 cm, S. 1—2 beschrieben, Unterschrift der Aussteller, S. 4 Außenadresse, Inhalts-, Eingangsvermerk vom 14./24. Mai 1584, Beantwortungsvermerk vom 15./25. Mai 1584.
Siegelspuren
HBA C 1 Nr. 2286. — Altsignatur: 1/13/58; K. 481.

Journalvermerk:

Schreiben des Kapitels wegen der Fahndung nach Missetätern.

Ostpr. Fol. 14323, Bl. 17 r.

Nr. 2287

1584 Mai 15/25 [Königsberg]

Herzog Georg Friedrich an Prälaten, Domherren und Kapitel des Stifts Ermland:

Bereitschaft zur Vorladung der besagten Missetäter; weil für einen gerichtlichen Prozeß eine ordentliche Klageerhebung erforderlich ist, soll das Kapitel seine Untertanen dazu veranlassen.

Konzept
1 Bogen 20 x 32 cm, S. 1—3 beschrieben, S. 4 Empfänger-, Datums- und Registraturvermerk.
HBA C 1 Nr. 2287. — Altsignatur fehlt; K. 1228.
Reinkopie: Ostpr. Fol. 76, S. 209—211.

Nr. 2288

1584 Mai 29/Juni 8 [Königsberg]

Herzog Georg Friedrich an die Domherren zu Frauenburg:

Beschwerde Merten Röders über Hans Tolgesdorffer zu Mehlsack wegen nicht erfüllter Schuldforderungen; Bitte des Herzogs um Rechtshilfe für den Supplikanten.

Konzept
1 Bogen 20 x 32 cm, S. 1 beschrieben, S. 4 Empfänger-, Datums- und Registraturvermerk.
HBA C 1 Nr. 2288. — Altsignatur fehlt; K. 1228.
Reinkopie: Ostpr. Fol. 76, S. 223—224.

Nr. 2289

1584 Juni 6/16 [Königsberg]

Herzog Georg Friedrich an den Rat zu Braunsberg:

Supplikation des Löbenichter Stadtschreibers George Körbner wegen Ausfolgung des Erbes von Ambrosius Lange, das die Braunsberger Bürger Andreas Kersten und Thomas Hillebrandt in Verwahrung haben; Bitte des Herzogs um Klaglosstellung des Petenten.

Reinkopie
Ostpr. Fol. 76, S. 225—226.

Nr. 2290

1584 Juli 14/24, Hohenstein

Amtsschreiber Leonhart Klabe und Burggraf Lucas Ritter zu Hohenstein an Herzog Georg Friedrich:

Erstattung ihres Berichts aufgrund des herzoglichen Befehls, der auf Veranlassung des Bischofs von Ermland ergangen ist; Anschlag Barthold Fincks auf Hans Held aus Ganshorn im Gilgenburgischen; [Finck] hat etliche Leute auf dem Felde im Korn versteckt, die Hans Held überfallen und gefangen nach Seybolt geführt haben, von wo er am folgenden Tag nach Gilgenburg verbracht worden ist, wo er zur Zeit inhaftiert ist; keine Kenntnis von den Ursachen dieser Tat; den Ausstellern ist auch nicht bekannt, welche Jurisdiktion oder Gerichtszwang [Finck] in Seybolt hat; Übersendung einer Kopie der Handfeste aus dem Hausbuch, die vielleicht darüber Aufschluß gibt.

Ausfertigung
1 Bogen 21 x 32 cm, S. 1—2 beschrieben, Unterschrift der Aussteller, S. 4 Außenadresse, Inhalts- und Eingangsvermerk vom 18./28. Juli 1584.
Siegel der Aussteller
HBA C 1 Nr. 2290. — Altsignatur fehlt; K. 483.

Beilage

1336 März [o. T.], Seybolt

Auszug aus dem Hausbuch von Seybolt:

Handfeste des Obersten Trapiers und Komturs von Christburg, Hartung von Sonnenborn, für Stentzel, Peter und Bartusch, denen Heinrich von Tannenberg 30 Hufen verkauft hat; er verleiht besagten Käufern und deren Erben dieses Land zu Kulmer Recht unter der Voraussetzung, daß sie dort eine Mühle bauen; für die verliehenen Hufen sollen sie dem Orden Plattendienst wie die anderen im Lande ansässigen Ritter und Knechte leisten, wofür sie 13 Jahre Freiheit erhalten.

Abschrift
1 Bogen 21 x 33 cm, S. 1—2 beschrieben.

Nr. 2291

1584 [Juli o. T. u. O.]

Barthel Finck an Herzog Georg Friedrich:

Stellungnahme zu dem auf Veranlassung des ermländischen Bischofs und Hans Maidoffskis, der sich Held nennt, ergangenen Befehls; der seit etlichen Jahren im Amt Gilgenburg ansässige Freie Hans Maidoffski hat im Allensteinischen einige Personen, darunter einen herzoglichen Untertan aus dem Hohensteinischen, „aus trotziger Bosheit" entleibt; weil der ermländische Bischof sein Schwager sei, habe dieser „mitte durch die Finger gesehen", was [Maidoffski] dazu ermutigt habe, den im Gilgenburgischen ansässigen Freien von Jankowitz mutwillig ihre uralte Grenze zu verrücken und diese umzupflügen, wobei er ihnen ihr geschnittenes Korn vor zwei Jahren mit Gewalt genommen habe; die die Ernte einbringenden Erbter [Arbeiter] habe er mit gewaffneter Hand überfallen und etliche von ihnen verwundet; zu seinen verbrecherischen Taten gehöre die gewaltsame Wegnahme von drei Kühen aus dem Gehöft eines Untertans des Adligen Matthis Sietzki, die bei Nachtzeiten ins Allensteinische getrieben worden seien; keine Bereitschaft [Maidoffskis], den Zitationen [Fincks] Folge zu leisten; er lästert [Finck] und ist in dessen Gut und Vorwerk Faulen mit gewaffneter Hand eingefallen, wobei er die Knechte auf dem Felde mit „bloßer Wehr und Büchsen“ gejagt und zwei Ochsen aus dem Pflug gespannt und weggenommen hat; daraufhin hat ihn [Finck] ergreifen und festsetzen lassen; unrichtige Angaben des ermländischen Bischofs und der Frau Maidoffskis; der Täter soll ein unparteiisches Gericht erhalten; keine Bereitschaft zur Freilassung Maidoffskis, der sich „mit Menschen Blutte besudelt“ habe.

Abschrift
2 Bogen 20,5 x 31 cm, S. 1—4 beschrieben, S. 8 Inhalts- und Präsentationsvermerk vom 22. Juli/1. August 1584.
HBA C 1 Nr. 2291. — Altsignatur fehlt; K. 483.

Nr. 2292

1584 Juli 27/August 6 [Königsberg]

Herzogliche Regimentsräte an Bischof Martin von Ermland:

Anordnung an Barttel Finck auf Seybolt, den gefangenen [Maidoffski] freizulassen und ihren Bescheid zu erwarten; Übersendung des Gegenberichts von Finck (Reg.-Nr. 2291); dieser soll [Maidoffski] ein unparteiisches ordentliches Gericht gewähren.

Konzept
1 Bogen 19, 5 x 32 cm, S. 1—2 beschrieben, S. 4 Empfänger-, Datums- und Registraturvermerk.
HBA C 1 Nr. 2292. — Altsignatur fehlt; K. 1228.
Reinkopie: Ostpr. Fol. 76, S. 233—235.

Nr. 2293

1584 Juli 27/August 6, Königsberg

Herzogliche Regimentsräte an Bischof Martin von Ermland:

Der Herzog hat ihnen das bischöfliche Schreiben wegen der im Mühlfeld abgeworfenen Brücke übersandt; diese über die Alle führende Brücke ist seit dem Polnischen Krieg [Reiterkrieg von 1520] zum Nutzen der beiderseitigen Untertanen unterhalten worden; Unterbindung der Mühlenzufuhr aus dem Bistum nach Bartenstein durch [Kromer], was gegen die althergekommenen Gewohnheiten verstößt; Beschwerde des Bischofs über die Hinderung des freien Ganges der Alle, die einen Teil der Landesgrenze bildet; darüber hinaus würden den Bischöflichen die Äcker und Wiesen durch neuangelegte Wege „zerfahren“; Gefährdung der Festung Heilsberg durch diese Brücke; nach Ansicht der Regimentsräte ist durch den Gang der Einwohner von Lauterhagen zur Bartensteiner Mühle kein Schaden entstanden; überhaupt sei durch das Vorhandensein der Brücke nichts Gefährliches geschehen; dennoch habe [Kromer] die zum Herzogtum gehörige Hälfte der Brücke abhauen lassen; die Begründung dieser Maßnahme mit dem von den herzoglichen Untertanen am Plautzker Fluß verübten Abbruch des dem Kapitel im Allensteinischen gehörigen Zaunes ist nicht stichhaltig, weil diese den Pacta zuwider errichtete Verzäunung das Interesse des Herzogs verletzt und dem „Fisch seinen Gang und Strich genommen" habe; anders sei es dagegen mit der besagten Brücke bestellt, die [Georg Friedrich] „in quasi possessione" habe; diese dürfe nicht angetastet werden; Hoffnung auf die Bereitschaft [Kromers] zum Wiederaufbau der abgehauenen Brücke; falls dieser bei seiner unverantwortlichen Gewalt verharre, könne er leicht erwägen, welche Folgen das bei dem Herzog und dem polnischen König [Stefan Bathory] haben werde; Erwartung eines künftigen gutnachbarlichen Verhaltens des Bischofs.

Konzept
4 Bogen 20 x 32 cm, S. 3—15 beschrieben, S. 16 Empfänger-, Datums- und Registraturvermerk.
HBA C 1 Nr. 2293. — Altsignatur fehlt; K. 1228.
Reinkopie: Ostpr. Fol. 76, S. 236—246.

Nr. 2294

[o. D. u. O.]

Herzogliche Regimentsräte an Bischof Martin von Ermland:

Mitteilung des herzoglichen Gegenberichts zu dem von [Kromer] veranlaßten Abbruch der Brücke im Mühlfeld über die Alle, die von herzoglichen Untertanen und Müllern erbaut worden ist; diese Brücke habe dem Nutzen der beiderseitigen Untersassen gedient und sei daher auch vom Kardinal [Hosius] geduldet worden; Absicht des Bischofs, seinen Untertanen die Mühlenzufuhr nach Bartenstein abzuschneiden und ihnen die Nutzung der gemeinsam mit herzoglichen Landeskindern gemieteten Äcker und Wiesen zu untersagen; keine überzeugenden Argumente [Kromers], die Brücke über die Alle, die einen Teil der Landesgrenze bilde, hindere den freien Gang des Flusses; von der Existenz der Brücke gehe keine Gefahr, auch nicht für die Festung Heilsberg, aus, zumal in der Nähe noch eine Brücke bei Katzen vorhanden sei; nach Fertigstellung des Brückenteils auf herzoglicher Seite habe man den Bischof gebeten, seine Untertanen zum Bau der Brücke auf der ermländischen Seite zu veranlassen; dieser habe aber den Abbruch des herzoglichen Brückenteils verfügt; widerrechtliche Verletzung des herzoglichen Ius possessionis an dieser Brücke durch [Kromer]; Bitte um deren Wiederaufbau im Interesse guter Nachbarschaft.

Konzept
2 Bogen 20,5 x 33 cm, S. 1—8 beschrieben, S. 8 Empfänger-, Datums- und Registraturvermerk.
HBA C 1 Nr. 2294. — Altsignatur fehlt; K. 1228.
Reinkopie: Ostpr. Fol. 76, S. 121—130.

Nr. 2295

1584 Oktober 1/11 [Königsberg]

Herzog Georg Friedrich an Bischof Martin von Ermland:

Hinweis auf die Supplikation des Pfarrers Petrus Jonas zu Wargen auf die von dessen Eltern herrührende Erbschaft in Heilsberg; herzogliche Bitte an [Kromer] um Klaglosstellung des Petenten, damit dieser und seine minderjährigen Geschwister rasch und ohne weitere Kosten zu ihrem Erbe kommen.

Konzept
1 Bogen 20,5 x 31, 5 cm, S. 1—2 beschrieben, S. 4 Empfänger-, Datums- und Registraturvermerk.
HBA C 1 Nr. 2295. — Altsignatur fehlt; K. 1228.
Reinkopie: Ostpr. Fol. 76, S. 288—291.

Nr. 2296

1584 Oktober 5/15 [Königsberg]

Herzogliche Regimentsräte an Bischof Martin von Ermland:

Erneutes Aufgreifen der Supplikation des Wargener Pfarrers Petrus Jonas wegen seines ihm in Heilsberg vorenthaltenen Erbes; Interzession der Regimentsräte für den Petenten.

Konzept
1 Bogen 20 x 32 cm, S. 1—3 beschrieben, S. 4 Empfänger-, Datums- und Registraturvermerk.
HBA C 1 Nr. 2296. — Altsignatur fehlt; K. 1228.
Reinkopie: Ostpr. Fol. 76, S. 265—268.

Nr. 2297

1584 Oktober 6/16 [Königsberg]

Herzogliche Regimentsräte an den Rat zu Heilsberg:

Bezug auf die beiliegende Supplikation des Wargener Pfarrers Petrus Jonas; Bitte an den Adressaten, dem Petenten gemäß den zwischen dem Herzogtum und dem Stift Ermland geschlossenen Verträgen zum Recht zu verhelfen.

Reinkopie
Ostpr. Fol. 76, S. 269—271.

Nr. 2298

1584 Oktober 27/November 6

Herzog Georg Friedrich an die Stadt Wormditt:

Nach Aussage der beiliegenden Supplikation fordern Christof und Jacob von Tingen mit den unmündigen Erben des Magisters Lucas David von dem Wormditter Bürger Matthäus Ostenborn eine Summe Geld, die [David] diesem geliehen hatte; Bitte um Klaglosstellung der besagten herzoglichen Untertanen.

Reinkopie
Ostpr. Fol. 76, S. 275—277.

Nr. 2299

1584 Oktober 28/November 7 [Königsberg]

Herzog Georg Friedrich an die Stadt und den Hauptmann zu Braunsberg:

Entlassung des Bernt Plate, eines Sohnes des Kneiphofer Bürgers Wilhelm Plate, aus dem dortigen Gefängnis bei Bürgschaftsleistung des Richters George Klagau; nach dessen Angaben soll sich Plate in Braunsberg aufhalten; Bitte [Klagaus] um gefängliche Inhaftierung Plates in Braunsberg, weil sich dieser ihm nicht gestellt hat; anderenfalls droht [Klagau] eine Bestrafung an dessen Statt; Ersuchen des Herzogs um eine gebührende Aburteilung des Flüchtigen.

Reinkopie
Ostpr. Fol. 76, S. 277—280.

Nr. 2300

1584 November 8, Heilsberg

Bischof Martin von Ermland an Herzog Georg Friedrich:

Beschwerde über Botho von Eilenburg, der trotz der früheren Klage des Bischofs und der darauf erteilten herzoglichen Antwort sein unbefugtes Hetzen und Jagen im Stift nicht eingestellt hat; neulich hat er mit 20 Pferden, Büchsen, Spießen und einem Schock Hunden in den Dörfern die Saat und das Getreide zertreten sowie die Zäune durchhauen, wodurch den armen bischöflichen Untertanen großer Schaden entstanden ist; Forderung [Eilenburgs], ihm ein stiftisches Landeskind, das Holz von seinem Grund mit Einverständnis eines dortigen Untersassen weggeführt hat, auszuliefern; Bitte um entsprechende Maßnahmen gegen [Eilenburg].

Behändigte Ausfertigung
1 Bogen 20,5 x 31 cm, S. 1—2 beschrieben, Unterschrift des Bischofs, S. 4 Außenadresse, Inhalts- und Kanzleivermerk.
Siegel des Bischofs
HBA C 1 Nr. 2300. — Altsignatur: 1/13/55; K. 481.

Beilage

[o. D. u. O.]

Schulze und Einwohner zu Trautenau an Bischof Martin von Ermland:

Klage über den an ihnen verübten Mutwillen Bothos von Eulenburg; er enthält ihnen einige von ihm kürzlich gepfändete Pferde vor und begründet das mit dem unbefugten Holzschlagen eines bischöflichen Untertans auf seinem Grund; nach dessen Aussage ist ihm das Holzhauen von dem Gärtner Eulenburgs gestattet worden; weitere Beschwerden der Aussteller über besagten Eulenburg, der mit 14 Pferden oder mehr die Saat und das Getreide in ihrer Feldmark und in der von Wusslack, Caysten, Schulen und Krekollen zertreten habe; Bitte um gebührende Maßnahmen gegen Eulenburg.

Abschrift
1 Bogen 20, 5 x 32 cm, S. 1—2 beschrieben.

Journalvermerk:

Beschwerde des Bischofs über Botho von Eulenburg.

Ostpr. Fol. 14323, Bl. 17 r.

Nr. 2301

1584 November 6/16 [Königsberg]

Herzog Georg Friedrich an Bischof Martin von Ermland:

Mißbilligung des mutwilligen Verhaltens Bothos von Eulenburg, der den herzoglichen Ermahnungen nicht entsprochen hat; der Bischof soll seine Beschwerden beim Hauptmann von Brandenburg und Bartenstein, dessen Amtsjurisdiktion Eulenburg untersteht, „rechtlich besprechen lassen".

Konzept
1 Bogen 20 x 32 cm, S. 1—2 beschrieben, S. 4 Empfänger-, Datums- und Registraturvermerk.
HBA C 1 Nr. 2301. — Altsignatur fehlt; K. 1228.
Reinkopie: Ostpr. Fol. 76, S. 280—282.

Nr. 2302

[o. D. u. O.] [vermutlich 1584]

Handwerkertaxe und Gesindelohn im Bistum Ermland:

Das Bier soll jährlich zweimal nach Einkauf des Getreides und Hopfens und das Fleisch nach Einkauf des Viehs von den Räten in den Städten geschätzt werden; das Brot soll nach der beschriebenen Taxe gebacken und gekauft werden; Festsetzung der Taxen für Tuchmacher, Schuster, Schmiede, Schneider, Riemer, Sattler, Rademacher; Bestimmung des Gesindelohns für Knechte, Jungen und Mägde sowie für Tagelöhner.

Abschrift
2 Bogen 20 x 33 cm, S. 1—5 beschrieben, S. 8 Inhaltsvermerk.
HBA C 1 Nr. 2302. — Altsignatur: 4/20/43; K. 481.

Nr. 2303

[o. D. u. O.]

Adlige des Bistums Ermland an König [Stefan Bathory]:

Beschwerde über Bischof Martin Kromer, der sie seit Beginn seiner Regierung unterdrücke; er inhaftiere viele Adlige des Bistums, vertreibe sie aus ihren ererbten Gütern, hemme sie in der Ausübung des Fischereirechts und verbiete das Jagen auf den Adelsgütern; ihre Untertanen, die etwas verbrochen hätten, nehme er in seinen Schutz und mache sie zu Rebellen gegen ihre Herren; die Einkünfte aus Mühlen und Schenken schreibe er nach Vertreibung der Adligen sich selbst zu; er erlege ihnen befohlene Kontributionen auf und vergreife sich gegen den öffentlichen Frieden an den Adligen Augsburgischer Konfession; [Kromer] hat den Adligen seines Bistums die direkte Appellation an die Krone untersagt; Bitte um Entsendung königlicher Kommissarien, die die Klagen der Adligen kennen und sie wieder in ihren früheren Status einsetzen können; die Bevollmächtigten werden dort die Unterdrückung der alten Familien, die Vertreibung der Unmündigen und die Tränen der Witwen sehen.

Abschrift
Lateinisch
1 Bogen 21 x 33 cm, S. 1—2 beschrieben.
HBA C 1 Nr. 2303. — Altsignatur fehlt; K. 484.

Nr. 2304

1585 Mai 10/20 [Königsberg]

Herzog Georg Friedrich an Bischof Martin von Ermland, Bischof [Piotr Kostka] von Kulm und die Woiwoden von Marienburg [Fabian von Zehmen] und Pommerellen [Krzysztof Kostka]:

Kredenzschreiben für seine an die Adressaten entsandten Bevollmächtigten Hieronymus Rodt und Sebastian von Parthein, die dort ihre Werbung vorbringen sollen.

Konzept
1 Blatt 19, 5 x 32 cm, S. 1 beschrieben, S. 2 Empfänger-, Datums- und Registraturvermerk.
HBA C 1 Nr. 2304. — Altsignatur fehlt; K. 1229.
Reinkopie: Ostpr. Fol. 76, S. 315—316.

Nr. 2305

1585 Juli 11, Heilsberg

Bischof Martin von Ermland an Herzog Georg Friedrich:

Supplikation des Wormditter Bürgers Leonartt Hanneman wegen eines von seinem verstorbenen Schwager Steffan Jost herrührenden Erbfalls in Preußisch Eylau; lediglich die Schicht und Teilung der unbeweglichen Güter muß noch stattfinden; unzulässige Forderung des Vierten Pfennigs seitens des herzoglichen Fiskals; weil dieses Ansinnen dem landesüblichen Brauch widerspricht und herzoglichen Untertanen ihr Erbe im Bistum ohne dessen Entrichtung ausgefolgt wird, bittet [Kromer] um eine entsprechende Handhabung in dieser Sache.

Behändigte Ausfertigung
1 Bogen 20,5 x 31 cm, S. 1—2 beschrieben, Unterschrift des Bischofs, S. 4 Außenadresse, Inhalts- und Eingangsvermerk zu Königsberg vom 12./22. Juli 1585.
Siegel des Bischofs
HBA C 1 Nr. 2305. — Altsignatur: 1/13/59; K. 481.

Journalvermerk:

Schreiben des Bischofs wegen Ausfolgung eines in Preußisch Eylau angefallenen Erbes.

Ostpr. Fol. 14323, Bl. 18 r.

Nr. 2306

1585 Juli 24/August 3 [Königsberg]

Herzogliche Regimentsräte an Bischof Martin von Ermland:

Klage des herzoglichen Untertans Hans von Bochssen über die Fischer von Rössel, die viele Jahre widerrechtlich in seinen Seen gefischt und ihm dadurch Schaden zugefügt haben; weil seine Beschwerde beim dortigen Amtsverweser ergebnislos geblieben ist, hat er um den Schutz [Georg Friedrichs] gebeten und darum ersucht, die Fischerdiebe in das Gefängnis auf dem Haus Seehesten überführen zu dürfen; Bitte der Regimentsräte um Unterbindung des unbefugten Fischens; anderenfalls sollen die Fischer gefänglich inhaftiert werden.

Konzept
1 Blatt 20 x 32 cm, S. 1—2 beschrieben, S. 2 Empfänger-, Datums- und Registraturvermerk.
HBA C 1 Nr. 2306. — Altsignatur fehlt; K. 1229.
Reinkopie: Ostpr. Fol. 76, S. 338—339.

Nr. 2307

1585 Juli 29/August 8 [Königsberg]

Herzog Georg Friedrich an das Domkapitel zu Frauenburg:

Eheschließung des sich in Königsberg „mit Diensten" aufhaltenden Fabian Benigke mit der Tochter des Löbenichter Ratsverwandten Lorentz Schultz; als sich [Benigke] kürzlich ins Stift [Ermland] begeben hat, um sein väterliches Erbteil einzufordern, ist ihm das verweigert worden; Interzession des Herzogs für [Benigke] zwecks Klaglosstellung des Petenten.

Konzept
1 Bogen 21 x 33 cm, S. 1—3 beschrieben, S. 4 Empfänger-, Datums- und Registraturvermerk.
HBA C 1 Nr. 2307. — Altsignatur fehlt; K. 1229.
Reinkopie: Ostpr. Fol. 76, S. 331—333.

Nr. 2308

1585 November 6, Heilsberg

Bischof Martin von Ermland an Herzog Georg Friedrich:

Bezug auf seine etlichen Klagen über Botho von Eylenburg, der durch sein häufiges Jagen und Hetzen den bischöflichen Untertanen großen Schaden zugefügt hat; die herzoglichen Ermahnungen haben nur kurzfristig Wirkung gehabt; jetzt hat er erneut den armen Leuten in Trautenau das Getreide zertreten und die Feldricken beschädigt; als ihm bischöfliche Jäger die Jagdhunde gepfändet haben, ist er mit seinen Anverwandten ins Bistum eingefallen und hat Pferde und Vieh der Trautenauer weggetrieben; Ersuchen [Kromers] an den Herzog, für die Rückgabe des Viehs an die Trautenauer zu sorgen und die gebührende Bestrafung [Eulenburgs] wegen Landfriedenbruchs zu veranlassen.

Behändigte Ausfertigung
1 Bogen 20 x 31 cm, S. 1—3 beschrieben, Unterschrift des Bischofs, S.4 Außenadresse, Inhalts- und Eingangsvermerk zu Königsberg vom 28. Oktober/7. November 1585.
Siegelspuren
HBA C 1 Nr. 2308. — Altsignatur: 1/13/60; K. 481.

Journalvermerk:

Beschwerde des Bischofs über Botho von Eulenburg.

Ostpr. Fol. 14323, Bl. 18 r.

Nr. 2309

1585 November 6/16 [Königsberg]

Herzog Georg Friedrich an Bischof Martin von Ermland:

Klage des herzoglichen Untertans George Eppelinus aber den Heilsberger Burggrafen, der ihm etlichen Flachs weggenommen hat; Ersuchen des Herzogs um Klaglosstellung des Supplikanten.

Konzept
1 Bogen 20 x 31 cm, S. 1—2 beschrieben, S. 4 Empfänger-, Datums- und Registraturvermerk.
HBA C 1 Nr. 2309. — Altsignatur fehlt; K. 1229.
Reinkopie: Ostpr. Fol. 76, S. 340—341.

Nr. 2310

1585 November 19/29 [Königsberg]

Herzog Georg Friedrich an das Kapitel zu Frauenburg:

Beschwerde des Königsberger Hausfischmeisters wegen des ihm von Kapitelsuntertanen weggenommenen Fischernetzes mit Fischen und Garnen; diese hatten gemeint, daß es den Elbingern gehöre; Ersuchen [Georg Friedrichs] um Rückgabe des Netzes an den Fischmeister.

Konzept
1 Blatt 19, 5 x 32 cm, S. 1 beschrieben, S. 2 Empfänger, Datums- und Registraturvermerk.
HBA C 1 Nr. 2310. — Altsignatur fehlt; K. 1229.
Reinkopie: Ostpr. Fol. 76, S. 341—342.

Nr. 2311

1585 Dezember 10/20 [Königsberg]

Herzog Georg Friedrich an Bischof Martin von Ermland:

Befehl an den Hauptmann zu Brandenburg, Botho von Eylenburg vor sich zu fordern und ihm „mit gebührlichem Ernst" die Beschwerden des Bischofs vorzuhalten; die Entschuldigung Eylenburgs soll [Kromer] zur Kenntnis gebracht werden.

Konzept
1 Bogen 21,5 x 33 cm, S. 1—2 beschrieben, S. 4 Empfänger-, Datums- und Registraturvermerk.
HBA C 1 Nr. 2311. — Altsignatur fehlt; K. 1229.
Reinkopie: Ostpr. Fol. 76, S. 342—344.

Nr. 2312

1585 [o. M., T. u. O.]

Beschreibung der Grenze zwischen dem Herzogtum Preußen und dem Bistum Ermland:

Verlauf der Grenze zwischen den herzoglichen Ämtern Rastenburg, Seehesten, Ortelsburg, Neidenburg, Hohenstein und Mohrungen einer- und den bischöflichen bzw. domkapitularischen Ämtern Rössel, Bischofsburg, Wartenburg und Allenstein andererseits; Absendung der herzoglichen Räte Hieronymus Roth und Hans Heidenstein am 30. August 1585 ins Rastenburgische aufgrund der Vereinbarung zwischen Georg Friedrich und dem Koadjutor des Stifts Ermland, Kardinal Andreas Bathory; langjährige Grenzstreitigkeiten wegen der Güter des Hans Truchseß von Wetzhausen, dabei handelt es sich um Irrungen zwischen dem bischöflichen Dorf Tollnigk und den Dörfern Dreihöfen und Gudenicken, das früher Sparwein hieß und Wolff von Heydeck, Hans von Wetzhausen, Hans Pröck und dem Rastenburger Spital gemeinsam gehörte; den Leuten Wetzhausens haben die Bischöflichen das Vieh gepfändet, die Ochsen weggetrieben und anderen Unfug zugefügt; dennoch Klagen des Bischofs über [Wetzhausen] und dessen Leute; wegen dieser Irrungen wird die Grenzrevision im Amt Rastenburg begonnen; Ausgangspunkt ist ein roter mit Moos bewachsener runder Stein, der die Grenze zwischen den zum Bistum gehörigen Dörfern Tollnigk und Plössen einer- und dem Dorf Dreihöfen andererseits markiert; von dort führt die Grenze in nordöstliche Richtung zum Dorf Gudenicken; der dortige Grenzstein ist durch die Geschworenen von Sysenicken besichtigt worden; nach Angabe der Gudenicker sind an diesem Ort andere Grenzzeichen gewesen, die weggeführt worden seien; Überpflügen der Grenze durch die Tollnigker; die Bischöflichen haben die Abwesenheit des Hans Truchseß zur Verrückung des richtigen Grenzsteins an eine andere Stelle ausgenutzt; an der Veränderung des Steins waren die Tollnigker Alex Schultz, Barthel Gercke, Brosien Rotermundt und Jacob Kadsin beteiligt, wie die Gudenicker Schulzen Jacob Lange und Friedrich Brißken, Greger Schultz, Georg Groß, Lorentz Mollenhauer, Bendict Blum, Andreas Schneider, Alex Knap, Brosien Radewaldt und Lux Sager beobachtet haben; einen den richtigen Grenzverlauf markierenden Stein haben seinerzeit noch der Rastenburger Hauptmann Friedrich von Hausen, Heinrich Weidenhamer und viele andere Leute gesehen; dabei handelt es sich um die Grenze zwischen Rössel, Tollnigk und Worplaucken einer- und Gudenicken andererseits; Hinweis auf den päpstlichen Kompromiß zwischen dem Deutschen Orden und der Kirche Ermland; Zusammenstoßen der Gemarkungen der Dörfer Gudenicken, Klausdorf und Worplaucken an diesem Ort; Zurückweisung der Behauptung der Tollnigker, der von ihnen verstellte Stein sei kein Grenzstein; von dort führt die Grenze in die Gemarkung von Pappzin, auf die die Tollnigker keinen Anspruch erheben können, weil ihre Flur an dem hier befindlichen Stein aufhört; Beschreibung des Grenzverlaufs zwischen Pappzin und Worplaucken; dort befand sich neben drei Steinen eine jetzt nicht mehr vorhandene Erle, wie die 1568 von Ambrosius Thomsen vorgenommene Rezessierung ausweist; lediglich der Stobben [Baumstumpf] ist noch nachweisbar; an dieser Stelle ist die Grenze zwischen Pappzin und Junkerken einer- und Worplaucken und Klausdorf andererseits; Grenzirrung mit Klausdorf, die angesichts der vorhandenen Streulage — dem Seeburger Vogt Troschke gehören vier Hufen zu Scherpentin, daran schließen sich Hufen des Krossel im Rheinschen, Besitzungen der Rastenburger Hospitalsleute in Crocotin und die im Besitz des Rösseler Bürgermeisters Barthel Fleischer befindliche Heide an — besonders kompliziert ist; von dort weist die Grenze in einen morastigen Ort auf dem Scherpentiner Feld, der dem Seeburger Vogt Troschke gehört; einen bei einer Eiche vorhanden gewesenen Stein soll einer namens Janicke nach Klausdorf geführt und dort unter ein Gebäude gelegt haben; ein polnischer Bauer, ein Untertan Georg Pröcks, soll gewettet haben, diesen Stein zu finden, was ihm aber die Bischöflichen verweigert hätten; auch ein alter Mann namens Marx, der jetzt im adligen Dorf Scharfs wohnt, früher aber in Scherpenten ansässig gewesen ist, weiß von der Existenz dieses Steins; Befragung des Marx durch Hans Heidenstein im Beisein des polnischen Schulzen von Papzin und des Schreibers Bastian Hoffman; nach dessen Aussage soll der nach Klausdorf weggebrachte Stein mit einem Kreuz bezeichnet gewesen sein und die Grenze zwischen den vier Hufen Troschkes und den zwei Hufen Krossels bezeichnet haben; ein weiterer Stein steht nahe am Wege, der von Klausdorf nach Beislaucken führt; die folgenden Steine bezeichnen die Grenze zwischen Junkerken und Klausdorf; Grenzirrungen wegen der Barthel Fleischer gehörenden Heide; von da wendet sich die Grenze nach Südwesten, wodurch das Bistum gleichsam als Keil ins Herzogtum ragt; nach Aussage Balthasar Schlubuths und Georg Pröcks hat dort noch vor zwei Jahren ein Stein gestanden; wie die vorigen Rezessierungen belegen, stand früher an dem Ort, wo sich die Seen „Großer und Kleiner Wirbel“ scheiden, ein dicker Pfahl, jetzt ist nur noch ein Stück Holz vorhanden; die folgende Grenze trennt das Balthasar Schlubuth und Hans von Tettau gehörige Dorf Petschendorf sowie Beislaucken vom Bistum; nach Meinung Balthasar Schlubuths soll der dortige Grenzstein von den Bischöflichen zuweit ins Fürstentum auf den Petschendorfer Grund versetzt worden sein, was die Bildung dieses Keils verursacht habe; danach verläßt die Grenze das Amt Rastenburg und führt ins Seehestensche zu den zwei Waldhufen Urban Perkuns; der nächste Stein steht an dem von Pilzen nach Rössel führenden Weg; nach dem Bericht des Amtsschreibers zu Seehesten und der herzoglichen Untertanen beanspruchen die Bischöflichen den gesamten See Werder, obwohl die Landesgrenze genau hindurchgeht; Befragung eines alten Untertans Gregers von Portugal zu Laxdoyen mit Namen Windterberg, der genaue Kenntnis von den Grenzen im Seehestenschen hat; nach dessen Aussage verläuft die Grenze über die beiden Steine bei den Hufen Perkuns und dem vom Pilzen nach Rössel führenden Wege; vor etwa 40 Jahren habe ein Schulze von Werder widersprüchliche Angaben gemacht, indem er einmal behauptet habe, daß das Bistum zuweit ins Herzogtum grenze, und zum anderen, „daß die Fürstlichen zuweit ins Bischthumb gingen“; weitere Aussagen des Pilzener Schulzen Lorentz Czengell und des Pilzener Krügers Jonas in dieser Grenzsache; die Bauern von Prussowen kennen keine andere Grenzscheidung als die, welche der Hauptmann Andreas Jonas beritten habe; dieser Grenzverlauf wird auch vom Seehestener Pfarrer bestätigt; Beschreibung der Grenze zwischen Kattmedien und Basters; von dort verläuft die Grenze am bischöflichen Dorf Plönen vorbei nach dem See Mandaunen; den dortigen Grenzbaum haben die Plönener abgehauen; dann kommt man an einen Graben mit etlichen Steinen, der die Gemarkungen von Prussowen und Lusien voneinander trennt; vor längerer Zeit haben die Bischöflichen eine Räumung gemacht, die in die Grenzen des neuangelegten herzoglichen Dorfes Schimanwolde hineinreicht; bischöfliche Grenzverrückung zugunsten der Dorfschaft

Stanzlabowen am See Almoyen; Bericht Kurckes des Bieners und Frey von Sontags über den Verlauf der Grenze; die von den Bischöflichen abgehauene Fichte haben die Keiper von Seehesten noch gesehen; dann fangen die Grenzen des Amtes Ortelsburg an; Jacob Leißner von Mensgut berichtet, daß der erste dort befindliche Grenzstein bischöflicherseits für „einen rechten" gehalten werde, man aber kein Kreuz auf ihm erkennen könne; Hinweis auf die Räumung zwischen dem Wald von Schadau, das Andreas Jonas gehört, und dem nach Bischofsburg gehenden bischöflichen Walde; in Richtung Parlöse kommt man zu den zwei Hufen, die der Bischof seinem Wildnisbereiter Stafke gegeben hat; nach Mitteilung Jan Bednartzigs aus Bischofsburg sollen im Fließ Parlöse ein Stein und ein Stobben gewesen sein, die die Bischöflichen weggebracht haben; nach Hinweis Andreas Gadonskis, Krügers zu Rudziska, haben sich die von Rudziska mit den Bischofsburgern so verglichen, daß beide Seiten ihr Vieh über die Grenze treiben dürfen; von dort geht die Grenze über den Landweg, der von Ortelsburg nach Bischofsburg und weiter nach Königsberg führt; wie Jacob Leißner berichtet, haben zur Zeit des Hauptmanns Christoff Reiman die herzoglichen Kommissarien, darunter die Herren Heydeck und Lohmuller, einen alten Mann Jan Schemmeckh nach dem dortigen Grenzverlauf befragt; strittige Grenze zwischen Butowen und Czembrucha; Klage der Butowener wegen des ihnen von den Bischöflichen weggenommenen Viehs; letztere hätten mehrere Grenzbäume abgehauen und abgebrannt; widerrechtliches Aufbrechen von Bienenkörben durch die Ermländer; dann erreicht die Grenze den von Hasenberg nach Wartenburg führenden Weg, auf dem der in der Nähe gebrochene Kalkstein nach Ortelsburg gebracht wird; das nächste Grenzzeichen ist eine große Fichte, von der nach Aussage Bastian Lichttensteins, des alten Schulzen von Passenheim, die Zeichen ausgehauen worden sind; Versuch einer Rekonstruktion des weiteren Grenzverlaufs aufgrund der Aussage des Schulzen und Krügers zu Wappendorf, Merten Klein; die Grenze im Schwanenbruch kennzeichnet eine Eiche, bei der auch andere Bäume stehen; Übergriffe der Bischöflichen auf das Schadauer Feld; Einholung von Informationen bei Bastian Lichttenstein aus Passenheim, Jacob Leißner aus Mensgut und dem Freien Frantzker von Somplaten; Bezug auf das vor dem Passenheimer Rat abgelegte Zeugnis; durch die Räumung auf herzoglicher und bischöflicher Seite sei eine Krümmung der Grenze entstanden; danach scheidet die Grenze die Dörfer Rummy und Samlotten von Narwicken; in der dortigen Räumung steht eine große gerade Eiche, deren Zeichen verwachsen sind; von dort führt die Grenze auf eine große Schüttung mit umgeworfenen Steinen, wo die Ämter Wartenburg und Allenstein aneinanderstoßen; strittig ist eine Schüttung bei Gillauen, die Hans Jacob Erbtruchseß zu Waldburg, Elias von Kanitz und Friedrich Aulack als Kommissarien Herzog Albrechts besichtigt haben; Überpflügen der Schüttung beim Dorfe Saborowa; Anspruch der Bischöflichen auf den aus dem Gillauener See kommenden Mühlteich und die dort gelegene Mühle; von dort führt die Grenze über den See Klein Kalbe zum neuangelegten Dorf Schimanoga und dem See Koschnick, der zum größten Teil im Herzogtum liegt; die drei Schüttungen in der Nähe des Sees Tschorwincken bezeichnen nach dem Rezeß von 1565 die beiderseitige Landesgrenze; der folgende Grenzverlauf wird durch den See Leissen gekennzeichnet, wobei man sich auf die Grenzbeschreibung von 1449 und den Rezeß von 1568 bezieht; Zurückweisung der damaligen bischöflichen Ansprüche durch den Neidenburger Hauptmann Caspar Aulack; Einholen von Erkundigungen bei dem Biener Jacob Kadolska aus Gedwaben; Befragung der beiden Brüder von der Baltze, die im Dorf Balzen wohnen, durch die herzoglichen Kommissarien; nach Angabe der Brüder Baltze soll der dortige Grenzstein vom Bistum herübergebracht worden sein; Beschreibung des Grenzverlaufs zwischen Balzen und Buttrinen; von dort führt die Grenze über verschiedene mit Bäumen bewachsene Schüttungen zum See Czimen; Aussagen des Burggrafen Lucas Ritter und des Wildnisbereiters Dittrich Munditten zu diesen Örtlichkeiten; Grenzirrung zwischen dem herzoglichen Dorf Korken und dem bischöflichen Ort Samen; der alte Paul Chrunczil zu Korken und Urban Mlodoch zu Moransen berichten von einer Verrückung der dortigen Grenze durch die Bischöflichen; der Hohensteiner Burggraf habe den Samenern die Fischerei im dortigen Fließ untersagt; nach Mitteilung des Korkener Garnmeisters Matzig Peterson haben die Bischöflichen die Grenzsteine mit 12 Ochsen auf das Korkener Feld geführt und vorgegeben, daß dort die Landesgrenze verlaufe; das bestätigt auch der Landkämmerer Valten Golang; Befragung des landeskundigen Albert Chruczill, der früher in Korken gewohnt hat und jetzt in Buttrinen ansässig ist; von Korken und Samen wendet sich die Grenze zum See Schwentrin, wo mehrere mit Eichen und Fichten bestandene Schüttungen vorhanden sind; weitere Schüttungen liegen am Plautzker See und Fließ sowie beim Kuckerkeimer Acker; im Plautzker See besitzt der Herzog sechs Züge; auf der bischöflichen Seite der Grenze liegt hier Grimmels Mühle, während auf der des Herzogtums Wald steht, wo die Bischöflichen widerrechtlich gerodet haben; von dort führt die Grenze über die morastige Grislinger Wiese, in deren Nähe die Passarge ihren Ursprung hat; die Grenze zwischen der Stadt Hohenstein und dem ermländischen Dorf Merckowa wird durch zwei ansehnliche Steine bezeichnet; von dort läuft die Grenze um Grislingen herum auf einen See zu; von nun an bildet die Passarge eine gewisse Grenze zwischen dem Herzogtum und dem Bistum bis Braunsberg und weiter zum Haff; Besichtigung der Grenze zwischen Tornienen und Langengut durch die Kommissarien; an dieser Stelle teilt sich die Passarge, kommt aber danach wieder zusammen und bildet einen Fluß; zwischen beiden Flußarmen liegt ein ziemlich großer Ort Wiesewachs; Aussage des Schulzen zu Bißaylen über den dortigen Grenzverlauf.

Konzept
27 Bogen 21 x 32 cm, Blatt 1—50 beschrieben.
HBA C 1 Nr. 2312. — Altsignatur: 4/20/50; K. 482.

Beilagen

I. [1341 August 26, Kurkosadel]

Grenzberichtigung zwischen dem Bistum Ermland und dem Deutschen Orden:

Vergleich über vier Grenzen zwischen dem Bistum und dem Ordensstaat; daran waren beteiligt auf der Seite des Ordens Hochmeister Dietrich von Aldenburg, Großkomtur Ludolf König, Bruder Siffrid Spittler, Komtur zu Elbing, Sander von Kornere, Trapier und Komtur zu Christburg, Heinrich von Mecz, Komtur zu Osterode, und auf der Seite des Bistums Propst Johann, Dechant Johann, Kantor Nicolaus, Conrad Domherr von Ermland, Vogt Johann von Lutyr; als Zeugen werden Johann, Kleriker der Diözese Merseburg, Hakon, Johann und Johann Warpun genannt.

Transsumpt des Bischofs Nicolaus von Pomesanien vom 23. April 1371. Zwei deutsche Abschriften [Übersetzungen der lateinischen Vorlage] 4 Bogen 21,5 x 30 cm, S. 1—6 beschrieben, S. 8 Inhaltsvermerk, S. 9—16 beschrieben.
Lat. Vorlage: GStAPK, XX. HA, StA Königsberg, Pergamenturkunden, Schiebl. LI, Nr. 5.
Druck: Johannes Voigt, Codex Diplomaticus Prussicus, Band 3, Königsberg 1848, Nr. 24, S. 39—40; Codex Diplomaticus Warmiensis, hrg. von Carl Peter Woelky und Johann Martin Saage, Band 2, Mainz 1864, Nr. 10, S. 11—12.

II. [1374 Juli 28, Elbing]

Ausspruch der Schiedsrichter über die Grenzen des ermländischen Bischofsteils:

Grenzirrungen zwischen Bischof Johann [I.] von Ermland und dem Domkapitel einer- und dem Hochmeister Winrich von Kniprode andererseits; auf Befehl Papst Gregors XI. beruft der Erzbischof von Prag Johannes, Dechant zu Glogau, Jacob Engelgeri zu Breslau, Burckhart von dem Berge, Domherr zu Paderborn, Johannes von der Posilge, Pfarrer zu Prorozo, Johannes von der Beysse (Leysse), Johannes von der Heyden, Conczil (Menczil) bei Soldau und Johannes Volmersteyn (Volmirstein), Bürgermeister zu Elbing zu Schiedsrichtern in diesem Grenzstreit; die Bevollmächtigten sollen mit Gottes Hilfe einen ewigen Frieden zwischen beiden Parteien bewirken; Erlaß eines Schiedsspruchs, nach dem der Bischof, das Kapitel und die ermländische Kirche in ihren alten Besitzungen und Grenzen erhalten bleiben sollen; die Grenze beginnt an der Mündung der Rüna ins Frische Haff, führt dann zu dem Graben am alten Wege, den man gegen Russin zieht, verläuft im folgenden durch den zwischen Braunsberg und dem Hof Einsiedel gelegenen Steinweg; das Dorf Rogitten verbleibt der ermländischen Kirche und Hammersdorf dem Orden; von dort gelangt man an das Fließ Berbirnicg; das dortige Feld bleibt bei der Kirche Ermland und das Dorf Sonnenstuhl beim Orden; gemäß der alten Grenzziehung besitzt die ermländische Kirche Blumenberg und der Orden das Dorf Breitlinde; entsprechendes gilt für Klaussitten und Ruschenbach; von dort verläuft die Grenze nach Jeydow, das dem Orden, und Nalabe, das der Kirche Ermland verbleibt; der Orden besitzt Waldow und Wilkowischken samt Mühle und die Kirche das Dorf Rosenwalde; Bestätigung des domkapitularischen Besitzes von Poytune und Plutken, während Schönborn und Gutenfeld zum Orden gehören; im folgenden führt die Grenze über Wosekaym und Seefeld zum Berg Woppe und von dort nach Jotyne und Swadeke, die dem Orden verbleiben; in ihrem weiteren Verlauf berührt sie die Seen Perkune und Kewtir sowie das im Besitz der ermländischen Kirche befindliche Stabonyten, dem das vom Orden besessene Glandiamsdorf gegenüberliegt; danach trennt sie Hannushain von Workaym, von denen ersteres dem Orden und letzteres der Kirche Ermland gehört; das dortige Fließ scheidet das ermländische Großendorf von Rittersdorf und Nerwyken, die im Gebiet des Ordens liegen; anschließend markiert das Fließ Ylme die Grenze; Segliken und die Höfe von Rogoss verbleiben der Kirche und Borkardsdorf dem Orden; von dort geht die Grenze über Katzen und Sodlawken zum Fließ Alne; die nächsten Grenzdörfer sind Lutirnhain, Hermanshain, Craftshain, Galindin und Trutenow; Koningisdorf gehört zum Orden und Woselawkin und Palusin zur ermländischen Kirche; über Slenkelawen, Luselawken, Sandirsdorf und Stormhobil erreicht die Grenze die Güter des Ritters Johannes Strowpin; Passin und Wedirkaym verbleiben dem Orden und Plesin der ermländischen Kirche; Sogatytin und Sparwynen liegen auf Ordens- und Tolnykendorf und Warpelawken auf ermländischem Gebiet; dann wendet sich die Grenze zum Frischen Haff, wo das Fließ Narussa einmündet; entlang der Bawde und Passarge bleibt der beiderseitige Besitzstand gewahrt; das Feld Kurkussadel gehört dem Hochmeister Dietrich von Aldenburg; vom Wald Krakotin verläuft die Grenze am Haus Rössel vorbei zum See Wedir, wo ein Dreibaum das stiftische vom Ordensgebiet trennt; die ermländische Kirche besitzt Kattmedien, Ramothen und Klausdorf; Bestätigung des beiderseitigen Besitzstandes zwischen der Rune und Narussa; die Einhaltung dieses Grerizvertrages bekräftigen Bischof Heinrich und sein Kapitel zu Ermland sowie Hochmeister Winrich von Kniprode und seine Mitgebietiger; Zeugen sind Nicolaus von Grotkow, Propst zu Guttstadt, Peter Damentz, Domherr zu Leslau, Albrecht von Cruczeburg, Altarist zu Breslau, Nicolaus Longe, Priester der Diözese Kulm, Ritter Heinrich Knoff und Kleriker Johannes Nigri.

Zwei deutsche Abschriften
I. 3 Bogen 21 x 32 cm, S. 1—10 beschrieben, S. 12 Inhalts- und Registraturvermerk;
II. 3 Bogen 21,5 x 33 cm, S. 1—11 beschrieben, S. 12 Inhalts- und Registraturvermerk.
Abschrift: GStAPK XX. HA, StA Königsberg, OBA, Nr. 368. Transsumpt vom 22. Dezember 1389, Schiebl. XXV, Nr. 2.
Druck: Voigt, Diplomaticus Prussicus, Bd. 3, Nr. 119, S. 158—163; Codex Diplomaticus Warmiensis, Bd. 2, Nr. 497, S. 518—533.

III. 1554 Juni 14, Balga

Hauptmann Jacob von Diebes an Christoph von Kreytzen, Obersten Burggrafen zu Königsberg:

Am 25. Juni [1554] sollen die herzoglichen Kommissarien die Grenzen zwischen Sonnenstuhl und der Neustadt Braunsberg besichtigen; langwierige Irrungen bezüglich des Gutes Mikien; Christoff Portugal soll von den dortigen Erben etliches Geld auf besagtes Gut geliehen haben; Ansetzung eines Rechtstages für die Parteien am 27. Juni zu Heiligenbeil; Bitte um Förderung der Angelegenheit, mit der sich das fürstliche Hofgericht bereits neun Jahre beschäftigt hat.

1 Bogen 20 x 30 cm, S. 1—2 beschrieben, S. 4 Außenadresse, Inhalts- und Kanzleivermerk.

IV. 1554 Oktober 30, Passenheim

Bekenntnis der Bürgermeister und Ratmannen der Stadt Passenheim:

Vor den Schranken ihres Gerichts sind Matz Jeger von Ortelsburg, David und George von Steppancken, Petter von Somplatt, Matz Kremmer, Nickel Zelatko von Mensgut, Jacob Skoda von Groß Rauschken, Matz Biener, Jacob Pauer und Masur von Wappendorf sowie Urban Kremmer von Grisling erschienen und haben unter Eid ausgesagt, wie die Grenze zwischen dem Herzogtum und dem Stift Ermland, verläuft; Grenzpunkte sind ein Eichenpfahl in der Schüttung, ein Fichtenstobben im Schwansbruch, die zu den Kalkgruben am Wappendorfer Wald führende Landwehr, ein Bruchbaum zwischen dem zum Herzogtum gehörigen Mühlteich und dem im Ermland liegenden See Gutlingen, wo früher die Landstraße nach Bischofsburg verlief, eine Eiche am See

Gilmoyen und ein Pfahl, der die Grenze zwischen dem Seehestenschen, Rösselschen und Ortelsburgischen markiert; Aussagen Hans Bucks, der vor etwa 15 Jahren mit Peter Kobersee und Caspar Landtwuest wegen des der Mühle zu Rosisken fehlenden Wassers tätig gewesen ist, und Nickel Zelatzkes, der bekennt, daß ihm die Bischöflichen das Heu von den Wiesen genommen haben; deshalb hätten der Ortelsburger Hauptmann Christoff Reyman und der Seeburger Hauptmann Nickel Plotowski in Parlöse einen Tag gehalten; nach Aussage Lorentz Rochs und aller anderen Zeugen mit Ausnahme von David und Görge von Steppancken haben Matzke Spiech und Michel Dlobuch widerrechtlich die Wiesen des verstorbenen Vaters von Urban Kremmer genutzt; auch Schkoda und Behda von Groß Rauschken berichten von Übergriffen der Bischöflichen; Matz Jeger habe das den Ermländern dreimal vorgehalten, die ihm Schläge angeboten hätten.

Abschrift
2 Bogen 20,5 x 32 cm, S. 1—5 beschrieben, S. 8 Inhalts- und Kanzleivermerk.

V. 1560 März 24, Balga

Jacob von Diebes an [Christoph von Kreytzen]:

Auf Befehl der herzoglichen Räte hat er dem Braunsberger Burggrafen verboten, Holz zum Bedarf der Mühlen schlagen zu lassen; daraufhin verweist der Statthalter Eustachius von Knobelsdorff auf den zwischen dem Herzogtum und dem Stift geschlossenen Vertrag, der das Holzhauen zum Bedarf der Mühlen von Bartenstein und Braunsberg im Bistum bzw. im Fürstentum [Preußen] gestattet; Bitte des Diebes an seinen Schwager [Kreytzen] um Verhaltensmaßregeln in dieser Angelegenheit.

Konzept
1 Blatt 20 x 32 cm, S. 1—2 beschrieben.

VI. 1560 April 2, Balga

Jacob von Diebes an Christoph von Kreytzen, Obersten Burggrafen in Königsberg:

Übermittlung des Anliegens des Matz von Rauttkowicz und dessen Onkels wegen Errichtung der Zeise; sie haben diese Sache schon durch den Obermarschall Friedrich von der Oelsnitz an Herzog [Albrecht] gelangen lassen; Gleichbehandlung der Antragsteller mit den anderen Adligen hinsichtlich der Zeise; Bitte des [Diebes] an [Kreytzen] um Förderung des Anliegens der Petenten, damit sie in ihrer alten Gerechtigkeit erhalten werden können; erneute Bitte um Beantwortung seines Schreibens wegen des Holzschlagens für die Braunsberger Mühle; Anfrage wegen der wüsten Güter bei der Preußisch Eylauschen Grenze.

1 Bogen 20 x 32 cm, S. 1—2 beschrieben, S. 4 Außenadresse, Inhalts- und Kanzleivermerk.

VII. 1565 Juli 25, Eylau

Caspar von Lehndorff an den herzoglichen Kanzler Johann von Kreytzen:

Nach Anweisung Herzog [Albrechts] soll am 25. September [1565] in Ortelsburg mit der bischöflichen Seite ein Vergleich wegen der Eylauschen und Mehlsackischen Amtsgrenzen erfolgen; [Lehndorff] ist den herzoglichen Kommissarien zugeordnet worden; er hält die Untersuchung der Grenzirrung bei Stabunken, das zum Mehlsacker Gebiet gehört, durch die beiderseitigen Kommissarien für erforderlich, weil die Stabunkener Äcker und Wiesen auf der herzoglichen Seite an sich gezogen haben.

1 Bogen 21 x 30 cm, S. 1—2 beschrieben, S. 4 Außenadresse.

VIII. 1568 September 13 [o. O.]

Memorial der herzoglichen Grenzkommissarien:

Beginn der Grenzrevision im Rastenburgischen am Stein bei der Erle; Fortsetzung der Besichtigung bis zu dem mit einem Kreuz und Bischofstab bezeichneten Stein; aufgrund von Unstimmigkeiten mit den Bischöflichen wegen des dortigen Grenzverlaufs brechen die herzoglichen Bevollmächtigten die Revision ab.

1 Zettel 16, 5 x 20 cm, S. 1—2 beschrieben.

Nr. 2313

[o. D. u. O.]

Supplik des Landmessers Bartholomäus Tilhein:

Er hat bisher regelmäßig vom Schloß Allenstein alle Fischtage ein Gericht Fisch zu seinem Tisch erhalten; Bitte um Weitergewährung dieses Deputats, damit er als „armer abgebrannter Diener“ Weib und Kind ernähren kann; Bereitschaft [Tilheins], den Fisch selbst vom See zu holen.

Abschrift
1 Bogen 20 x 34 cm, S. 1—2 beschrieben.
HBA C 1 Nr. 2313. — Altsignatur fehlt; K. 492.

Nr. 2314

1585 Dezember 22/1586 Januar 1 [Königsberg]

Herzog Georg Friedrich an Bischof Martin von Ermland:

Eustachius von der Ölsen hat angezeigt, daß Caspar Quoß, der mit ihm gemeinsam die Vormundschaft über die Tochter Hans Seiferts ausübt, diese gezwungen hat, gegen ihren Willen ein Eheverlöbnis mit Friedrich Wantkau zu schließen; Bitte des Ölsen um Unterbindung des widerrechtlichen Vorhabens des Quoß; nach dem Wunsch des Herzogs soll [Kromer] Wantkau zur Rückgabe des Rings an die Jungfer veranlassen, den jener von Quoß unbilligerweise erhalten haben soll.

Reinkopie
Ostpr. Fol. 76, S. 347—350.

Nr. 2315

1586 Januar 4, Heilsberg

Bischof Martin von Ermland an Herzog Georg Friedrich:

Bezug auf die beiliegende Beschwerde des Kunkendorfer Erbsassen Christof Quos über Andres Gadomsky und etliche andere Untertanen aus dem Ortelsburgischen, die neulich mit einer großen Anzahl zu Roß und zu Fuß einen Einfall ins Stift gegen Kunkendorf verübt traben; gewaltsamer Überfall auf Haus und Hof des Quos, wobei seine Kammern, Keller und Kästen aufgebrochen worden sind; solche Gewalttätigkeiten sind der guten Nachbarschaft abträglich und den geltenden Verträgen zuwider, zumal sie die bischöfliche Jurisdiktion und Regalien verletzen und auch der Königlichen Majestät zu nicht geringem Schimpf gereichen; Hinweis auf die Werbung des herzoglichen Gesandten Aulack im vergangenen Sommer; Erwartung einer Verordnung [Georg Friedrichs], damit an den Gewalttätern und ihren Gehilfen anderen zur Abscheu ein Exempel statuiert werden kann; wenn jemand Ansprüche an bischöfliche Untertanen stellt, soll er das gemäß den geltenden Rechten und nicht mit Gewalt tun; Bitte um Auslieferung des Gadomsky an den Bischof, der ein Bauernsohn aus dem ermländischen Dorf Frankenau ist, im Interesse der beiderseitigen guten Nachbarschaft.

Behändigte Ausfertigung
2 Bogen 20 x 31 cm, S. 1—6 beschrieben, Unterschrift des Bischofs, S. 8 Außenadresse, Inhaltsvermerk, Eingangsvermerk vom 31. Dezember 1585/10. Januar 1586, Beantwortungsvermerk vom 4./14. Januar 1586.
Siegel des Bischofs
HBA C 1 Nr. 2315. — Altsignatur fehlt; K. 483.

Beilage

[o. D. u. O.]

Christof Quoß, Erbsasse zu Kunkendorf, an Bischof Martin von Ermland:

Einfall des Andreas Gadumsky, eines bischöflichen Untertans aus Frankenau, in den Hof des Quoß zu Kunkendorf; Eindringen Gadumskys und seiner Konsorten in die Stuben des Gehöfts unter dem Vorwand, sie seien Fleischhauer und wollten Ochsen kaufen; gegen Morgen sind etwa 100 Personen zu Roß und zu Fuß in das Gehöft eingefallen; als Quoß ihnen das Plündern verwehren will, werden ihm 30 oder 40 Rohre vor die Brust gehalten, wobei einer der Täter ihn heftig damit stößt; Begründung des gewaltsamen Einfalls mit der Suche nach Aulack, der gestern hier gesehen worden sei; nach Angabe des Quoß sind unter dem Haufen auch freie Leute und Krüger aus dem Ortelsburgischen und vom Schloß Ortelsburg gewesen; deren Namen sind Quoß nicht bekannt; lediglich der Fischmeister des ermländischen Landvogts hat unter ihnen Andreas Gadumsky und den Waldknecht von Somplatt ausgemacht; Bitte an den Bischof, die gebührende Bestrafung der Täter bewirken, damit er [Quoß] seiner Güter, die seine Eltern „pacifica possessione" besessen hätten, sicher sein könne.

Abschrift
2 Bogen 20 x 30 cm, S. 1—7 beschrieben.

Nr. 2316

1586 Januar 4/14 [Königsberg]

Herzog Georg Friedrich an Bischof Martin von Ermland:

Empfang des bischöflichen Schreibens wegen des Einfalls Andreas Godumskis und anderer Untertanen aus dem Ortelsburgischen; Begründung der Fahndung nach Aulack mit den geltenden Pakten, die jeder Seite gestatten, einen „Feind und Beschädiger" im Territorium der anderen zu verfolgen; keine Kenntnis von Gewalttaten seiner Untertanen im Bistum; nach Einholung von Erkundigungen über diesen Vorfall soll [Kromer] genaue Mitteilung erhalten.

Konzept
1 Bogen 21 x 33 cm, S. 1—3 beschrieben, S. 4 Empfänger-, Datums- und Registraturvermerk.
HBA C 1 Nr. 2316. — Altsignatur fehlt; K. 1229.
Reinkopie: Ostpr. Fol. 76, S. 441—442.

Nr. 2317

1586 Januar 24/Februar 3 [Königsberg]

Herzog Georg Friedrich an die Stadt Braunsberg:

Empfang des erneuten Schreibens der Braunsberger wegen zweier in Haft befindlicher Personen, die herzoglichen Bernstein veruntreut haben; Ersuchen um Auslieferung der Täter zwecks ihrer gebührlichen Bestrafung, was auch die Stadt Danzig in einem ähnlichen Fall getan hat.

Reinkopie
Ostpr. Fol. 76, S. 367—369.

Nr. 2318

1586 Januar 28/Februar 7 [Königsberg]

Herzog Georg Friedrich an die Stadt Braunsberg:

Weil die Braunsberger bisher auf das Auslieferungsersuchen des Herzogs nicht reagiert haben, erneuert [Georg Friedrich] seine Forderung; falls die Braunsberger aus begründete Ursachen dazu nicht bereit sind, sollen sie Nicolaus Wegner die Examinierung der Täter erlauben.

Reinkopie
Ostpr. Fol. 76, S. 375—376.

Nr. 2319

1586 Februar 11/21 [Königsberg]

Herzog Georg Friedrich an Bischof Martin von Ermland:

Schuldforderung der Brüder Christof und Jacob von Dungen aus der Freiheit Roßgarten, die rechte Erben der Hinterlassenschaft und Güter Lucas Davids sind, an den Wormditter Bürger Michel Aldthof; dabei geht es um die aufgelaufenen Interessen, mit denen Matthes Osenborn Lucas David verhaftet gewesen ist und deren Erstattung Michel Aldthof übernommen hat; Bitte um entsprechende Weisung des Bischofs an den Wormditter Rat, die Petenten zufrieden zu stellen.

Konzept
1 Bogen 20, 5 x 33 cm, S. 1—3 beschrieben, S. 4 Empfänger-, Datums- und Registraturvermerk.
HBA C 1 Nr. 2319. — Altsignatur fehlt; K. 1229.
Reinkopie: Ostpr. Fol. 76, S. 383—386.

Nr. 2320

1586 Februar 12/22 [Königsberg]

Herzog Georg Friedrich an den Rat zu Braunsberg:

Bitte um Verhaftung und Verhör der alten Bernsteindreherin Anna, die sich zur Zeit aus dem Verkauf von Gartensamen ernährt und die der Goldschmied George Lodaw mit den vom Braunsberger Rat überstellten und in Fischhausen verhafteten Personen in Verbindung bringt.

Reinkopie
Ostpr. Fol. 76, S. 386—387.

Nr. 2321

1586 März 24, Braunsberg

Hans Bartsch, Bürgermeister der Altstadt Braunsberg, an Herzog Georg Friedrich:

Sein Schwager, der Danziger Bürger Blasius Tretsack, schuldet ihm 725 Gulden und 25 Groschen; [Tretsack] hat dafür dem [Bartsch] eine bisher unbeglichene Schuldverschreibung an Barthel Finck abgetreten, die das fürstliche Hofgerichtsprotokoll inseriert hat; Bitte um Rechtshilfe seitens des Herzogs, wobei er sich auf seinen Tochtermann Christof Rabe, Bürger zu Kneiphof, bezieht.

Behändigte Ausfertigung
1 Bogen 20 x 30, 5 cm, S. 1—2 beschrieben, Unterschrift des Ausstellers, S. 4 Außenadresse, Inhalts- und Kanzleivermerk.
Siegelreste
HBA C 1 Nr. 2321. — Altsignatur: 2/34/90; K. 483.

Beilage

1585 November 1, Braunsberg

Blasien Trezack an den Hofrichter Erhart Trucksus (Truchseß zu Waldburg):

Anzeige seiner Schuldverpflichtung gegenüber dem Braunsberger Bürgermeister Hans Bartsch in Höhe von 725 Gulden und 25 Groschen; Abgeltung dieses Anspruchs durch dessen Überweisung an Barthel Finck, der laut Urteil des Hofgerichts zur Zahlung von 3000 Gulden an Trezack verpflichtet ist.

1 Blatt 20 x 30 cm, S. 1 beschrieben, S. 2 Außenadresse.

Nr. 2322

1586 Juni 27/Juli 7 [Königsberg]

Herzog Georg Friedrich an Bischof Martin von Ermland:

Klage des herzoglichen Falkenmeisters Anthoni Solemo, dessen Knecht mit allem, was er bei sich hatte, von bischöflichen Untertanen angehalten, übel geschlagen und nach Heilsberg ins Gefängnis gebracht worden ist; Bitte [Georg Friedrichs] um Freilassung des Dieners; keine Kenntnis von den Gründen, die zu dessen Verhaftung geführt haben; sollte das aus erheblichen Ursachen erfolgt sein, will der Herzog den davon Betroffenen Recht widerfahren lassen.

Konzept
1 Bogen 20,5 x 32 cm, S. 1—2 beschrieben, S. 4 Empfänger-, Datums- und Registraturvermerk.
HBA C 1 Nr. 2322. — Altsignatur fehlt; K. 1229.
Reinkopie: Ostpr. Fol. 76, S. 442—443.

Nr. 2323

1586 Juli 1/11 [Königsberg]

Herzog Georg Friedrich an Bischof Martin von Ermland:

Empfang des bischöflichen Schreibens vom 9. Juli, aus dem hervorgeht, daß des Falkenmeisters Diener wider Erwarten des Herzogs nicht freigelassen worden ist; erneutes Ersuchen um Freigabe des Inhaftierten, worum der Falkenmeister den Bischof persönlich bitten will; anderenfalls will [Georg Friedrich] andere Mittel ergreifen; bischöfliche Untertanen, die wegen des besagten Dieners oder anderer herzoglicher Landeskinder etwas zu besprechen haben, werden auf den geltenden Rechtsweg verwiesen.

Konzept
1 Bogen 21 x 33 cm, S. 1—3 beschrieben, S. 4 Empfänger-, Datums- und Registraturvermerk.
HBA C 1 Nr. 2323. — Altsignatur fehlt; K. 1229.
Reinkopie: Ostpr. Fol. 76, S. 443—446.

Nr. 2324

1586 Juli 14, Heilsberg

Bischof Martin von Ermland an die herzoglichen Regimentsräte:

Was er mit dem herzoglichen Falkner wegen dessen inhaftiertem Diener besprochen hat, wird dieser den Räten mündlich mitteilen; nach Meinung [Kromers] ist es sinnvoll, die zwischen dem Herzogtum Preußen und dem Bistum geschlossenen Pacta zu überlesen und ihren Inhalt zu betrachten.

Behändigte Ausfertigung
1 Bogen 20 x 31 cm, S. 1 beschrieben, Unterschrift des Bischofs, S. 4 Außenadresse, Inhalts- und Eingangsvermerk zu Königsberg vom 7/17. Juli 1586.
Siegel des Bischofs
HBA C 1 Nr. 2324. — Altsignatur: 1/13/61; K. 483.

Journalvermerk:

Schreiben des Bischofs wegen des verhafteten Falkenknechts.

Ostpr. Fol. 14323, Bl. 20 r.

Nr. 2325

1586 Juli 15/25, Königsberg

Herzog Georg Friedrich an Bischof Martin von Ermland:

Bezug auf die beiliegende Supplikation des Wargener Pfarrers Petrus Jonas wegen dessen Erbschaft in Heilsberg; Erfolglosigkeit des herzoglichen Ersuchens an den Heilsberger Rat in der Sache des [Jonas]; dieser hat nichts als Schmach und Lästerworte erhalten; Bitte an [Kromer], dem besagten Pfarrer ohne weitere Verzögerung zur Erfüllung seiner Ansprüche zu verhelfen.

Konzept
1 Bogen 20 x 31 cm, S. 1—3 beschrieben, S. 4 Außenadresse, Empfänger-, Datums- und Registraturvermerk.
HBA C 1 Nr. 2325. — Altsignatur fehlt; K. 1229.
Reinkopie: Ostpr. Fol. 76, S. 410—413.

Nr. 2326

1586 September 6/16, Königsberg

Herzog Georg Friedrich an Bischof Martin von Ermland:

Klage von Bürgermeister, Rat und Bürgerschaft der Stadt Rastenburg aber die Rösseler, die ihnen zum Schaden außerhalb der gewöhnlichen Jahrmärkte, auch in den Kirchdörfern des Amts, mit Gewand und anderen Waren handeln; dem Bischof ist bekannt, daß ein solcher Handel nur in den Städten und nicht auf den Dörfern erlaubt ist; daher Bitte des Herzogs an [Kromer], die Rösseler zur Einhaltung der Ordnungen und Verträge zu veranlassen.

Konzept
1 Bogen 20 x 31 cm, S. 1—3 beschrieben, S. 4 Empfängervermerk.
HBA C 1 Nr. 2326. — Altsignatur fehlt; K. 1229.

Nr. 2327

1586 Oktober 1/11, Königsberg

Herzogliche Regimentsräte an Bischof Martin von Ermland:

Bezug auf die Supplikation von Staches Döbener, Friedrich Bronsarth, Christoff Auer und Nickel Littwitz samt Konsorten an Herzog Georg Friedrich; Erhebung des Vierten Pfennigs von der Erbschaft der Supplikanten auf Veranlassung des Bischofs, der das mit einer entsprechenden Praxis bei der Hinterlassenschaft des Deutschen Kämmerers in Zinten seitens des herzoglichen Fiskals begründet; der Fiskal hat aber den Vierten Pfennig ohne Wissen und Befehl des Herzogs eingezogen; Anordnung an diesen, den Erben das einbehaltene Geld auszuzahlen; angesichts dieser Maßnahmen erwarten die Regimentsräte die Ausfolgung des Erbes an die genannten Supplikanten ohne weitere Kürzung.

Konzept
1 Bogen 20 x 32 cm, S. 1—3 beschrieben, S. 4 Empfänger-, Datums- und Registraturvermerk.
HBA C 1 Nr. 2327. — Altsignatur fehlt; K. 1229.
Reinkopie: Ostpr. Fol. 76, S. 447—449.

Nr. 2328

1586 Oktober 6/16 [Königsberg]

Herzogliche Regimentsräte an Bischof Martin von Ermland:

Hinweis auf die Supplikation Caspar Liebbes, Albrecht Finckes und der Hausfrau seines Hofmanns samt ihren Konsorten und Miterben; Bitte um Klaglosstellung der Petenten in dieser Erbsache.

Konzept
1 Blatt 20, 5 x 32 cm, S. 1—2 beschrieben, S. 2 Empfänger-, Datums- und Registraturvermerk.
HBA C 1 Nr. 2328. — Altsignatur fehlt; K. 1229.
Reinkopie: Ostpr. Fol. 76, S. 426—427.

Nr. 2329

1586 Oktober 26/November 5, Königsberg

Herzogliche Regimentsräte an Bischof Martin von Ermland:

Der Bischof hat die Konfiszierung des Geldes herzoglicher Untertanen in Seeburg damit begründet, daß der herzogliche Fiskal von bischöflichen Untersassen den Vierten Pfennig eingezogen habe; keine Absicht [Georg Friedrichs], hier etwas Neues einzuführen, was auch seine Anordnung, Georg Horcher seine Erbschaft ungekürzt ausfolgen zu lassen, beweist; auch wenn an anderen Orten der Vierte Pfennig widerrechtlich erhoben worden ist, kann aus solchen „schlechten Fällen“ kein „beständiges Recht“ erzwungen werden; Bitte um Freigabe des arrestierten Geldes an die Erben.

Konzept
1 Bogen 20, 5 x 32 cm, S. 1—2 beschrieben, S. 4 Empfänger-, Datums- und Registraturvermerk.
HBA C 1 Nr. 2329. — Altsignatur fehlt; K. 1229.
Reinkopie: Ostpr. Fol. 76, S. 450—452.

Nr. 2330

1586 November 27/Dezember 7, Königsberg

Herzogliche Regimentsräte an Bischof Martin von Ermland:

Trotz ihrer zweimaligen Bitte hat der Bischof das in Seeburg arrestierte Geld nicht freigegeben; erneutes Ersuchen um Freigabe der Erbschaft an die herzoglichen Untertanen; falls das nicht geschieht, wollen die Räte andere Mittel und Wege finden, was nicht im Interesse der guten Nachbarschaft ist.

Konzept
1 Bogen 21 x 32 cm, S. 2—3 beschrieben, S. 4 Empfänger-, Datums- und Registraturvermerk.
HBA C 1 Nr. 2330. — Altsignatur fehlt; K. 1229.
Reinkopie: Ostpr. Fol. 76, S. 355—356.

Nr. 2331

1586 Dezember 8/18 [Königsberg]

Herzogliche Regimentsräte an Bischof Martin von Ermland:

Klage des herzoglichen Lehnsmanns Albrecht Mudschidler über Samson Bombeck, der den mit ihm geschlossenen Kaufvertrag über das Gut Schweinen nicht eingehalten und die Kaufsumme nicht erlegt hat; Bitte um Veranlassung des Bombeck zur Erfüllung seiner Verpflichtungen.

Konzept
1 Blatt 20, 5 x 33 cm, S. 1—2 beschrieben, S. 2 Empfänger-, Datums- und Registraturvermerk.
HBA C 1 Nr. 2331. — Altsignatur fehlt; K. 1229.
Reinkopie: Ostpr. Fol 76, S. 433—435.

Nr. 2332

1586 Dezember 13/23 [Königsberg]

Herzogliche Regimentsräte an Bischof Martin von Ermland:

Erneuter Hinweis auf die inzwischen erfolgte Freigabe des von dem herzoglichen Fiskal widerrechtlich arrestierten Geldes bischöflicher Untertanen; Verhängung einer Geldstrafe über den Fiskal, die ihm zur Warnung dienen soll; der vom Bischof geforderte Vergleich in dieser Sache ist nicht erforderlich, weil die Regimentsräte die alten Verträge beachtet haben; zwischen Erbschaften und Grenzsachen bestehe ein großer Unterschied, weil letztere durch andere Mittel „geörtert werden müssen“; kein präjudizierlicher Eingriff des Herzogs in den See Almoynen; diese Fragen dürfe [Kromer] nicht miteinander verknüpfen und solle den Erben ihre Gelder freigeben; bezüglich der Klage des Bischofs über Hans Truchseß [von Wetzhausen] und dessen Nachbarn wegen verhinderter Räumung haben die Räte verfügt, daß jene die Räumung zulassen sollen.

Konzept
2 Bogen und 1 Blatt 20 x 32 cm, S. 3—9 beschrieben, S. 8 Empfänger-, Datums- und Registraturvermerk.
HBA C 1 Nr. 2332. — Altsignatur fehlt; K. 1229.
Reinkopie: Ostpr. Fol. 76, S. 357—362.

Nr. 2333

1587 Januar 4/14 [Königsberg]

Herzogliche Regimentsräte an Bischof Martin von Ermland:

Gabriel Knoblauch aus Guttstadt, der im Beisein glaubwürdiger Leute Herzog Georg Friedrich gröblich geschmäht hat, soll laut Anzeige des Guttstadter Rats vom Bischof rechtlich belangt und „handhaft“ gemacht worden sein; weil die Räte die Ehre und Reputation ihres Herrn zu vertreten haben, bitten sie um Mitteilung, was in dieser Sache von Guttstadt an den Bischof gelangt sei.

Reinkopie
Ostpr. Fol. 76, S. 458—459.

Nr. 2334

1587 Januar 7/17 [Königsberg]

Herzogliche Regimentsräte an Bischof Martin von Ermland:

Supplikation Albrecht Axts wegen seiner bisher unbeglichenen Schuldforderung an die Erben Jost Eberts; Interzession der Räte zwecks Klaglosstellung des Petenten.

Konzept
1 Blatt 21 x 33 cm, S. 1—2 beschrieben, S. 2 Empfänger-, Datums- und Registraturvermerk.
HBA C 1 Nr. 2334. — Altsignatur fehlt; K. 1229.
Reinkopie: Ostpr. Fol. 76, S. 461—463.

Nr. 2335

1587 Januar 18/28 [Königsberg]

Herzogliche Regimentsräte an Bischof Martin von Ermland:

Albrecht Risowski hat eine Zeitlang im Bistum auf einem Krug gedient; weil er wegen der Religion dort nicht gelitten worden ist, hat er sich wieder ins Fürstentum [Preußen] begeben wollen; dabei sind nicht nur seine Güter beschlagnahmt, sondern er ist auch ins Gefängnis gezwungen worden mit der Begründung, er müsse den bischöflichen Untertanen seine Schulden bezahlen; Bitte der Räte um Freigabe des konfiszierten Gutes des [Risowski] und um dessen vollständige Klaglosstellung.

Konzept
1 Bogen 21 x 33 cm, S. 1—2 beschrieben, S. 4 Empfänger-, Datums- und Registraturvermerk.
HBA C 1 Nr. 2335. — Altsignatur fehlt; K. 1229.
Reinkopie: Ostpr. Fol. 76, S. 463—465.

Nr. 2336

1587 Februar 11/21 [Königsberg]

Herzogliche Regimentsräte an das Domkapitel zu Frauenburg:

Klage des fiskalischen Anwalts gegen Heinrich Rippe vor dem fürstlichen Hofgericht wegen etlicher restierender Schulden aus der Verwaltung des Amtes Tapiau; weil in der Zeit, als Rippe Hauptmann auf Tapiau gewesen ist, Christof Richter die dortige Amtsschreiberei verwaltet hat — er befindet sich jetzt unter der Jurisdiktion des Kapitels — wird um dessen Überstellung ersucht, damit er zur Liquidierung und Berichtigung der Schulden beitragen kann; Richter soll sich am 27. März nach dem alten Julianischen Kalender vor dem Hofgericht zu früher Tageszeit einfinden.

Reinkopie
Ostpr. Fol. 76, S. 468—469.

Nr. 2337

1587 März 15/25 [Königsberg]

Herzogliche Regimentsräte [Oberräte] an Bischof Martin von Ermland:

Übermittlung des bischöflichen Schreibens durch den Gesandten Johann Camerarius; [Kromer] fordert ein Ausschreiben an alle herzoglichen Ämter, das den Fiskalen die Erhebung des Vierten Pfennigs verbietet und den davon betroffenen bischöflichen Untertanen die Erstattung ihrer Unkosten zusagt; außerdem verlangt er die Rückgabe des von dem Amtsschreiber weggenommenen Fischergarns; die Oberräte mißbilligen das uneinsichtige Verhalten des Bischofs und verweisen darauf, daß die Erhebung des Vierten Pfennigs aus Unwissenheit geschehen sei; Bezug auf ihren strikten Befehl an die Fiskale, die Einziehung des Vierten Pfennigs zu unterlassen; Vorschlag eines Vergleichs in der Fischereistreitigkeit nach Besichtigung des strittigen Ortes durch beiderseitige Kommissarien; erneute Bitte um Ausfolgung des Troschkeschen Erbes an die dazu berechtigten herzoglichen Untertanen ohne Erhebung des Vierten Pfennigs; Zusage der Gleichbehandlung dieser Sache im Herzogtum und Bistum.

Konzept
2 Bogen 21 x 32 cm, S. 3—7 beschrieben, S. 8 Empfänger-, Datums- und Registraturvermerk.
HBA C 1 Nr. 2337. — Altsignatur fehlt; K. 1229.
Reinkopie: Ostpr. Fol. 76, S. 520—524.

Nr. 2338

1587 April 23, Heilsberg

Bischof Martin von Ermland an die herzoglichen Oberräte:

Hinweis auf den Befehl Herzog [Georg Friedrichs] an seine Untertanen, vor allem die vom Adel, deren Landgüter an den Grenzen des Stifts [Ermland] liegen, die bischöflichen Diener und Landmesser nicht an der Untersuchung der „Merkzeichen in der irrigen Landgrenze" zwischen dem Ermland und dem Herzogtum zu hindern; dennoch beklagen sich die Landmesser, daß einige fürstliche Untertanen, z. B. der Hohendorff, Lesgewang und andere, deren im Brandenburgischen, Eylauschen und Balgaschen gelegene Güter an die Landesgrenze stoßen, ihre Arbeit nicht gestatten wollen; deren Drohung, die Landmesser mit Prügeln von dannen zu treiben; Bitte an die Oberräte um eine entsprechende Verordnung zwecks Gewährleistung der Begehung, Untersuchung und Räumung der Landesgrenzen, auch auf dem strittigen Abschnitt von Rössel bis Braunsberg; Vorschlag [Kromers], den Junkern in den grenznahen Ämtern bischöfliche Bevollmächtigte zuzuordnen, damit Zwistigkeiten zwischen den beiderseitigen Untertanen vermieden würden.

Behändigte Ausfertigung
1 Bogen 20 x 31 cm, S. 1—3 beschrieben, Unterschrift des Bischofs, S.4 Außenadresse, Inhalts- und Eingangsvermerk zu Königsberg vom 19. /29. April 1587.
Siegel des Bischofs
HBA C 1 Nr. 2338. — Altsignatur: 1/13/63; K. 483.

Journalvermerk:

Beschwerde des Bischofs über herzogliche Adlige, die die Räumung und Untersuchung der Landesgrenzen verhindern.

Ostpr. Fol. 14323, Bl. 21 v.

Nr. 2339

1587 April 20/30 [Königsberg]

Herzogliche Oberräte an Bischof Martin von Ermland:

Entsprechend dem Wunsch des Bischofs haben sie denen vom Adel befohlen, die Tätigkeit der bischöflichen Landmesser und anderen Beauftragten an der Grenze nicht zu behindern, weil diese Grenzrevision vom Herzog bewilligt worden ist.

Konzept
1 Bogen 20,5 x 31 cm, S. 1—2 beschrieben, S. 4 Empfänger-, Datums- und Registraturvermerk.
HBA C 1 Nr. 2339. — Altsignatur fehlt; K. 1229.
Reinkopie: Ostpr. Fol. 76, S. 490—491.

Nr. 2340

1587 April 21/Mai 1 [Königsberg]

Herzogliche Oberräte an Bischof Martin von Ermland:

Erneute Interzession für die Troschkeschen Erben, denen der Bischof noch immer die Erfüllung ihrer Ansprüche verweigert; falls [Kromer] dazu nicht bereit ist, soll er den Oberräten seine Gründe nennen, damit sie sich danach richten können.

Konzepte
1 Bogen 20,5 x 31 cm, S. 1—2 beschrieben, S. 4 Empfänger-, Datums- und Registraturvermerk.
HBA C 1 Nr. 2340. — Altsignatur fehlt; K. 1229.
Reinkopie: Ostpr. Fol. 76, S. 524—525.

Nr. 2341

1587 April 27/Mai 7, Königsberg

Herzogliche Oberräte an Bischof Martin von Ermland:

Beauftragung der Räte Melchior von Kreytzen, Dr. Hieronymus Roth und des fiskalischen Anwalts Nicolaus Wegner mit der Untersuchung der Injuriensache Gabriel Knoblauchs, der Herzog Georg Friedrich mit ehrenrührigen Worten geschmäht hat;

Bitte an [Kromer], auf Ansuchen des fiskalischen Anwalts ein peinliches Halsgericht einzuberufen, den [Knoblauch] verhaften zu lassen und im Prozeß nach dem Recht zu verfahren.

Konzept
1 Bogen 20,5 x 31 cm, S. 1—2 beschrieben, S. 4 Außenadresse, Empfänger-, Datums- und Registraturvermerk.
HBA C 1 Nr. 2341. — Altsignatur fehlt; K. 1229.
Reinkopie: Ostpr. Fol. 76, S. 472—474.

Nr. 2342

1587 Juni 2, Rössel

Bischof Martin von Ermland an die herzoglichen Oberräte:

Bezug auf sein Ersuchen an die Oberräte, den Hans Albrecht von Eilenburg zur Rückgabe der gepfändeten Strentze [Pferd] an Urban Coneinen, Einwohner von Plessen (Plössen), zu veranlassen; [Eilenburg] begründet sein Handeln mit der Wegnahme seines Windhundes durch die Bischöflichen; weil auf sein Schreiben bisher nichts erfolgt ist, erneuert [Kromer] sein Ersuchen; es widerspreche den geltenden Verträgen, daß der arme Mann [Urban] für die Taten von anderen büßen müsse; Eilenburg solle die Rückgabe seines Windhundes an gebührendem Ort suchen.

Behändigte Ausfertigung
1 Bogen 20,5 x 31 cm, S. 1—2 beschrieben, Unterschrift des Bischofs, S. 4 Außenadresse, Inhalts-, Eingangs- und Beantwortungsvermerk vom 30. Mai/9. Juni 1587.
Siegel des Bischofs
HBA C 1 Nr. 2342. — Altsignatur: 1/13/65; K. 483.

Journalvermerk:

Klage des Bischofs über Hans Albrecht von Eulenburg.

Ostpr. Fol. 14323, Bl. 21 v.

Nr. 2343

1587 Mai 30/Juni 9 [Königsberg]

Herzogliche Oberräte an Bischof Martin von Ermland:

Hans Albrecht von Eylenburg hat ihrem Befehl, sich wegen des weggenommenen Pferdes mit den bischöflichen Untertanen zu vergleichen, nicht entsprochen; erneutes Ersuchen an Eylenburg, dem Untertan von Plessen (Plössen) das Pferd mit allen aufgelaufenen Unkosten zurückzugeben; die Oberräte erwarten aber, daß Eylenburg wegen seines gepfändeten Windhunds zufrieden gestellt wird.

Konzept
2 Blatt 21 x 33 cm, S. 1—2 beschrieben, S. 4 Empfänger-, Datums- und Registraturvermerk.
HBA C 1 Nr. 2343. — Altsignatur fehlt; K. 1229.
Reinkopie: Ostpr. Fol. 76, S. 495—497.

Nr. 2344

1587 Juni 10/20 [Königsberg]

Herzogliche Oberräte an Bischof Martin von Ermland:

Bezug auf den beiliegenden Bericht Hans Albrecht von Eylenburg, in dem er zu dem gegen ihn gerichteten Vorwurf des Bischofs Stellung nimmt; darin erbringt Eylenburg den Beweis, daß das besagte Pferd ihm gehört; sollte der Bischof dazu etwas zu bemerken haben, wollen das die Oberräte gerne zur Kenntnis nehmen.

Konzept
1 Blatt 20,5 x 32 cm, S. 1—2 beschrieben, S. 2 Empfänger-, Datums- und Registraturvermerk.
HBA C 1 Nr. 2344. — Altsignatur fehlt; K. 1229.
Reinkopie: Ostpr. Fol. 76, S. 514—515.

Nr. 2345

1587 Juni 22, Heilsberg

Bischof Martin von Ermland an die herzoglichen Oberräte:

„Faule Sache" Hans Albrechts von Eilenburg; es geht nicht um den Hund, sondern darum, daß er gegen das Verbot des Markgrafen [Georg Friedrich] und die Ermahnungen des Bischofs auf dem Grund und Boden des Stifts gejagt und den armen Leuten durch das Zertreten des Getreides Schaden zugefügt hat; er kann sich nicht mehr Recht anmaßen, als ihm im Herzogtum zugestanden wird; die Wegnahme des Pferdes hat damit gar nichts zu tun; der Burggraf von Rössel hat nachgewiesen, daß die Strentze dem Untertan [Urban] gehört, der sie im vergangenen Jahr im Herzogtum gekauft hat; erneutes Ersuchen [Kromers] um baldige Rückgabe des Pferdes.

Behändigte Ausfertigung.
1 Bogen 19,5 x 30, 5 cm, S. 1—3 beschrieben, Unterschrift des Bischofs, S. 4 Außenadresse, Inhalts- und Eingangsvermerk vom 17./27. Juni 1587.
Siegel des Bischofs
HBA C 1 Nr. 2345. — Altsignatur: 1/13/64; K. 483.

Journalvermerk:

Schreiben des Bischofs wegen Hans Albrecht von Eulenburg.

Ostpr. Fol. 14323, Bl. 21 r.

Nr. 2346

1587 Juni 27, Heilsberg

Bischof Martin von Ermland an die herzoglichen Oberräte:

Interzession für Joachim Arendt aus Heilsberg und Dominig Perschin aus Bischofstein, die sich über das Testament ihrer verstorbenen Schwester, der Müllerin zu Rastenburg, beklagen, die ihre gesamte Hinterlassenschaft ihrem Ehegatten vermacht hat; die Kläger haben in Bartenstein und Rastenburg kein Recht erlangen können; Bitte um Erfüllung der Ansprüche der Supplikanten, wozu sie nach den kölmischen Rechten befugt sind.

Behändigte Ausfertigung
1 Bogen 20,5 x 31 cm, S. 1—2 beschrieben, Unterschrift des Bischofs, S. 4 Außenadresse, Inhalts- und Eingangsvermerk vom 4./14. Juli 1587.
Siegel des Bischofs
HBA C 1 Nr. 2346. — Altsignatur: 1/13/62; K. 483.

Beilage

[o. D. u. O.]

Domnick Perschin und Jochim Arendt in Vormundschaft seines Weibes Hedwig an Bischof Martin von Ermland:

Ihre Schwester Agneta hat ihrem Mann Hans Heringk, Müller zu Rastenburg, ihre gesamte Hinterlassenschaft vermacht; Weigerung des Heringk, irgend etwas davon an die Supplikanten herauszugeben, obwohl diese wegen Vornahme der Schicht und Teilung bei ihm angehalten haben; ihre Klage hat der Rastenburger Hauptmann nach Bartenstein verwiesen, wo sie auch kein Recht haben erlangen können; weiterer Verweis der Sache an das Königsberger Hofgericht, wodurch sie hin- und hergerissen werden; Bitte der Aussteller um eine Interzession des Bischofs, damit sie zu ihrem Recht gelangen können.

Abschrift
1 Bogen 21 x 32 cm, S. 1—2 beschrieben.

Journalvermerk:

Interzession des Bischofs für Joachim Arent und Domnick Perschien in ihrer Klage gegen Hans Hering.

Ostpr. Fol. 14323, Bl. 21 r.

Nr. 2347

1587 Juni 24/Juli 4, Barten

Befragung des ehemaligen Hauptmanns Andreas Jonas in Grenzangelegenheiten:

Andreas Jonas beantwortet folgende Fragen:

1. Wie lange ist er Hauptmann zu Ortelsburg und Seehesten gewesen?

2. Wie oft hat er die Landesgrenze mit dem Bistum beritten?
3. Wer ist dabei gewesen?
4. Befragung nach dem Verlauf und der Markierung der Grenze.
5. Kann er sich an den See Gilmoyen oder Almoyen erinnern?
6. Wie ist der Verlauf der Grenze über diesen See?
7. Wieviele Züge besitzt jede Herrschaft in diesem See?
8. Hat es darüber Streitigkeiten gegeben?
9. Welche Grenzzeichen sind an dem See vorhanden?
10. Wer weiß mehr über diese Grenzen?

Konzept
3 Bogen 21 x 32 cm, S. 1, 7—9 beschrieben, S. 12 Inhaltsvermerk.
HBA C 1 Nr. 2347. — Altsignatur fehlt; K. 482.

Nr. 2348

1587 Juli 18/28, Königsberg

Herzogliche Oberräte an Bischof Martin von Ermland:

Dank für das Schreiben des Bischofs, in dem er die Ausfolgung des Troschkeschen Erbes an die dazu Berechtigten zusagt; Unterrichtung der Erbnehmer von dem bischöflichen Schreiben in der Hoffnung, daß diese nunmehr ihr Recht erlangen können.

Konzept
1 Blatt 21 x 33 cm, S. 1 beschrieben, S. 2 Empfänger-, Datums- und Registraturvermerk.
HBA C 1 Nr. 2348. — Altsignatur fehlt; K. 1229.
Reinkopie: Ostpr. Fol. 76, S. 479—480.

Nr. 2349

1527 Juli 27/August 6 [Königsberg]

Herzogliche Oberräte an den ermländischen Burggrafen zu Mehlsack:

Hinweis auf die beiliegende Supplikation der Witwe Anna Konig; Bitte an den Burggrafen, der Witwe gegen ihre Schwager zum Recht zu verhelfen.

Reinkopie
Ostpr. Fol. 76, S. 486—487.

Nr. 2350

1587 Juli 27/August 6 [Königsberg]

Herzogliche Oberräte an den Hauptmann Michel Pröck und den Bürgermeister und Rat zu Braunsberg:

Übersendung der an Herzog Georg Friedrich geschickten Petition des Hofschustermeisters Thomas Viehbergk; Bitte um rasche Klaglosstellung des Supplikanten.

Reinkopie
Ostpr. Fol. 76, S. 517—518.

Nr. 2351

1587 September 2/12 [Königsberg]

Herzogliche Oberräte an Bischof Martin von Ermland:

Interzession für den Kämmerer zu Zinten, Bonifacius Daubman, in dessen Streitsache mit Ridzewsky.

Reinkopie
Ostpr. Fol. 76, S. 506—507.

Nr. 2352

1587 September 20/30 [Königsberg]

Herzogliche Oberräte an den ermländischen Landvogt zu Allenstein, Nicolaus Samplawsky:

Bezug auf die beiliegende Supplikation Lorentz Hermans; Bitte um Klaglosstellung des Petenten.

Reinkopie
Ostpr. Fol. 76, S. 432—433.

Nr. 2353

1587 Dezember 8/18 [Königsberg]

Herzogliche Oberräte an Bischof Martin von Ermland:

Anweisung an den Hauptmann zu Rastenburg, gemäß den Wünschen des Bischofs zu verfahren.

Reinkopie
Ostpr. Fol. 76, S. 518—519.

Nr. 2354

1587 Dezember 29, Heilsberg

Bischof Martin von Ermland an Herzog Georg Friedrich:

Empfang des Schreibens [Georg Friedrichs], in dem dieser der Krone Polen seine Treue und Ergebenheit bekundet; er [Kromer] hat trotz anderslautender Nachrichten niemals an der Treue des Herzogs gegenüber Polen gezweifelt und freut sich um so mehr, als [Georg Friedrich] diese so klar zum Ausdruck bringt; Ermahnung an den Herzog, an dieser positiven Einstellung festzuhalten; die Unruhen in Polen sind inzwischen zur Ruhe gekommen; Hoffnung auf baldige Wiederherstellung des Friedens; Bitte an Gott, alle Gefahren abzuwenden und die öffentliche Ruhe zu erhalten; dank der Gnade Gottes ist in Preußen alles ruhig.

Behändigte Ausfertigung
Lateinisch
1 Bogen 20 x 31 cm, S. 1—2 beschrieben, Unterschrift des Bischofs, S. 4 Außenadresse, Inhalts- und Eingangsvermerk zu Königsberg vom 21./31. Dezember 1587.
Siegel des Bischofs
HBA C 1 Nr. 2354. — Altsignatur: 1/13/66; K. 483.

Journalvermerk:

Ermahnung des Bischofs an den Herzog, an der Treue gegenüber der Krone Polen festzuhalten.

Ostpr. Fol. 14323, Bl. 22 r.

Nr. 2355

1588 Februar 1, Braunsberg

Bürgermeister und Ratmannen der Alten Stadt Braunsberg an die herzoglichen Oberräte:

Beschwerde über den Heiligenbeiler Bürger Hans Schmid, der in Einsiedel die Warenzufuhr nach Braunsberg gewaltsam unterbunden hat; Bitte um Wiederherstellung der freien Zufuhr in ihre Stadt, zumal man den Heiligenbeilern den Kauf von Weizen und Gerste „in und außer den Wochenmarckten“ gestattet habe.

Behändigte Ausfertigung
1 Bogen 20,5 x 32 cm, S. 1—2 beschrieben, Unterschrift der Aussteller, S. 4 Außenadresse, Inhaltsvermerk, Eingangsvermerk vom 24. Januar/3. Februar 1588, Beantwortungsvermerk vom 26. Januar/5. Februar 1588.
Siegel fehlt
HBA C 1 Nr. 2355. — Altsignatur: 2/34/91; K. 483.

Nr. 2356

1588 Januar 26/Februar 5 [Königsberg]

Herzogliche Oberräte an den Rat der Alten Stadt Braunsberg:

Empfang der Klage der Braunsberger über den herzoglichen Waldbereiter Hans Schmied; Befehl an den Hauptmann zu Balga, den Schmied zur Aufgabe seines Handelns zu veranlassen, weil weder der Herzog noch die Oberräte von dem alten Gebrauch abweichen wollen; Interesse an der Beibehaltung guter Nachbarschaft.

Reinkopie
Ostpr. Fol. 76, S. 571—572.

Nr. 2357

1588 April 11/21 [Königsberg]

Herzogliche Oberräte an den Landpropst zu Allenstein:

Beschwerde des Amtsverwalters zu Hohenstein wegen der Verstellung des Fließes bei Korkau, wodurch dem Fisch in der Laichzeit der freie Gang genommen werde; ein solches Verhalten verstößt gegen die herzoglichen Regalien; Ersuchen um Beseitigung dieser Verstellung.

Reinkopie
Ostpr. Fol. 76, S. 560—562.

Nr. 2358

1588 Mai 4/14 [Königsberg]

Herzogliche Oberräte an den Burggrafen zu Mehlsack:

Bezug auf die beiliegende Beschwerde Valtten Hoffmans aus der Freiheit Königsberg über den Bürgermeister zu Mehlsack wegen Wegnahme eines Pferdes; der Bürgermeister hat behauptet, daß Hoffman das Pferd gestohlen habe; die Oberräte bezeugen, daß Hoffman, solange er auf der Freiheit ansässig gewesen sei, sich ehrlich und aufrichtig verhalten habe; Ersuchen an den Burggrafen, den Mehlsacker Bürgermeister zur Rückgabe des Pferdes und zum Vergleich mit [Hoffman] wegen der diesem angetanen Kränkung zu veranlassen.

Reinkopie
Ostpr. Fol. 76, S. 539—540.

Nr. 2359

1588 Mai 8/18 [Königsberg]

Herzogliche Oberräte an Prälaten, Kapitel und das Domstift des Ermlands:

Empfang des Schreibens des Domkapitels, das auf den Bericht des Allensteiner Landpropstes Nicolaus Coß wegen Verstellung der Fließe Bezug nimmt; sie wollen nach Befragung der Hohensteiner Amtsdiener dazu Stellung nehmen.

Konzept
1 Blatt 21 x 33 cm, S. 1 beschrieben, S. 2 Empfänger-, Datums- und Registraturvermerk.
HBA C 1 Nr. 2359. — Altsignatur fehlt; K. 1230.
Reinkopie: Ostpr. Fol. 76, S. 541.

Nr. 2360

1588 Mai 20/30 [Königsberg]

Herzogliche Oberräte an das Domkapitel zu Frauenburg:

Hinweis auf die beiliegende Beschwerde Valttin Hoffmans über den Bürgermeister zu Mehlsack wegen Wegnahme eines Pferdes und ihm zugefügter Injurien; Bitte um Klaglosstellung des Supplikanten.

Konzept
1 Bogen 21 x 32 cm, S. 1—2 beschrieben, S. 4 Empfänger-, Datums- und Registraturvermerk.
HBA C 1 Nr. 2360. — Altsignatur fehlt; K. 1230.
Reinkopie: Ostpr. Fol. 76, S. 541—542.

Nr. 2361

1588 Mai 30/Juni 9 [Königsberg]

Herzogliche Oberräte an Bischof Martin von Ermland:

Interzession für den Professor der Königsberger Universität, Hieronymus vom Stein, der von bösen Leuten bestohlen worden ist; die Täter hat George Lodaw zu Braunsberg beherbergt; Bitte um Klaglosstellung des Supplikanten.

Konzept
1 Bogen 21 x 33 cm, S 1—3 beschrieben, S. 4 Empfänger-, Datums-, und Registraturvermerk.
HBA C 1 Nr. 2361. — Altsignatur fehlt; K. 1230.
Reinkopie: Ostpr. Fol. 76, S. 543—545.

Nr. 2362

1588 Juni 1/11 [Königsberg]

Herzogliche Oberräte an Heinrich Samplawski, Landpropst und Kustos, und Sebastian Kromer, Domherren zu Ermland:

Nach Angabe der Erben des Seeburger Großvogtes Christoff Troschke ist der inzwischen verstorbene Dechant Eggert von Kempen dem Troschke eine Summe Geldes schuldig geblieben; Ersuchen der Oberräte an die Adressaten als Exekutoren des letzten Willens des Kempen, die Ansprüche der Troschkeschen Erben zu erfüllen.

Konzept
1 Blatt 21 x 32 cm, S. 1—2 beschrieben, S. 2 Empfänger-, Datums- und Registraturvermerk.
HBA C 1 Nr. 2362. — Altsignatur fehlt; K. 1230.
Reinkopie: Ostpr. Fol. 76, S. 545—546.

Nr. 2363

1588 Juni 26/Juli 6 [Königsberg]

Herzogliche Oberräte an Bischof Martin von Ermland:

Erneute Beschwerde des Bischofs über das unbefugte Jagen und Hetzen Bothos von Eylenburg; daraufhin abermalige ernste Ermahnung Eylenburgs, sich des Jagens im Bistum gänzlich zu enthalten; falls Eylenburg dennoch seine Exzesse fortsetzt, soll er streng bestraft werden.

Konzept
1 Bogen 21 x 33 cm, S. 1—3 beschrieben, S. 4 Empfänger-, Datums- und Registraturvermerk.
HBA C 1 Nr. 2363. — Altsignatur fehlt; K. 1230.
Reinkopie: Ostpr. Fol. 76, S. 554—556.

Nr. 2364

1588 Juli 30/August 9 [Königsberg]

Herzogliche Oberräte an Bischof Martin von Ermland:

Wilhelm Nortman, der einige Zeit herzoglicher Kornschreiber gewesen ist, hat einige Amtsdiener [Georg Friedrichs] der Untreue und anderer Straftaten bezichtigt; obwohl [Nortman] zur Beibringung schriftlicher und mündlicher Beweise für seine Verdächtigungen ermahnt worden ist, hat er keiner Vorladung Folge geleistet und sich ins Bistum begeben; seinen jetztigen Aufenthaltsort kann der Bischof von seinem Landmesser Nickel Schütz erfahren; [Nortman] war auf dem Hause Tilsit inhaftiert, von wo er entflohen ist; Bitte um Ergreifung des Täters, die den Oberräten zwecks weiterer Veranlassung angezeigt werden soll.

Konzept,
1 Bogen 21 x 33 cm, S. 1—4 beschrieben, S. 4 Empfänger-, Datums- und Registraturvermerk.
HBA C 1 Nr. 2364. — Altsignatur fehlt; K. 1239.
Reinkopie: Ostpr. Fol. 76, S. 556—559.

Nr. 2365

1588 September 16/26 [Königsberg]

Herzogliche Oberräte an Bischof Martin von Ermland:

Gewaltsamer Einfall Christoff Wolspriedts in den Albrecht Windeckh gehörigen Hof Remitten; Befehl an die Hauptleute zu [Preußisch] Holland, Mohrungen und Liebstadt, den Täter zwecks dessen späterer Aburteilung festzusetzen.

Konzept
1 Bogen 21 x 33 cm, S. 1—2 beschrieben, S. 4 Empfänger-, Datums- und Registraturvermerk.
HBA C 1 Nr. 2365. — Altsignatur fehlt; K. 1230.
Reinkopie: Ostpr. Fol. 76, S. 563—564.

Nr. 2366

1588 September 17/27, Königsberg

Herzogliche Oberräte an Bischof Martin von Ermland:

Erneuerung ihrer Zusage, durch die Hauptleute zu [Preußisch] Holland, Mohrungen und Liebstadt nach dem Täter fahnden zu lassen, der einen gewaltsamen Einfall in den Hof Albrecht Windecks verübt hat.

Konzept
1 Bogen 21 x 33 cm, S. 1—2 beschrieben, S. 4 Außenadresse, Empfänger-, Datums- und Registraturvermerk.
HBA C 1 Nr. 2366. — Altsignatur fehlt; K. 1230.
Reinkopie: Ostpr. Fol. 76, S. 567—568.

Nr. 2367

1588 November 2/12 [Königsberg]

Herzogliche Oberräte an das Domkapitel zu Frauenburg:

Die Witwe Nicolaus Wegeners fordert 100 Mark, die das Domkapitel ihrem verstorbenen Mann zugesagt hat; dabei geht es um die Sache des Frauenburger Vogtes Hans von Schwoben, die zwischen dem Kapitel und Albrecht Schetzel und Georg und Christoff Elditten samt Konsorten verhandelt worden ist; Bitte der Oberräte um Befriedigung der Ansprüche der Supplikantin.

Konzept
1 Bogen 21 x 33 cm, S. 1—2 beschrieben, S. 4 Empfänger-, Datums- und Registraturvermerk.
HBA C 1 Nr. 2367. — Altsignatur fehlt; K. 1230.
Reinkopie: Ostpr. Fol. 76, S. 579—581.

Nr. 2368

1589 Januar 24, Braunsberg

Bürgermeister und Rat der Alten Stadt Braunsberg an Herzog Georg Friedrich:

Bitte um Klaglosstellung ihres Bürgermeisters Hans Bartsch, dem Blasius Tretsack aus Danzig 725 Gulden und 25 Groschen aus seinen Ansprüchen an Barthel Finck überschrieben hat; bisher hat Hans Bartsch kein Recht erhalten, obwohl er dieses durch gebührliche Mittel angestrebt hat.

Behändigte Ausfertigung
1 Bogen 19,5 x 32 cm, S. 1—2 beschrieben, Unterschrift der Aussteller, S. 4 Außenadresse, Inhalts- und Eingangsvermerk zu Königsberg vom 28. Januar/7. Februar 1589.
Siegel der Aussteller
HBA C 1 Nr. 2368. — Altsignatur: 2/34/92; K. 483.

Beilage

1585 November 1, Braunsberg

Rechtliche Verfügung des Blasius Tretsack:

Veit Dietrich überbringt dem Hofgericht im Auftrag von Hans Bartsch und dessen Tochtermann Christof Rabe eine schriftliche Überweisung von Blasius Tretsack, in der dieser die Antragsteller dazu berechtigt, von den ihm [Tretsack] zugesprochenen 3000 Gulden seitens Barthel Fincks 725 Gulden und 25 Groschen in Anspruch zu nehmen.

1 Blatt 19,5 x 32 cm, S. 1 beschrieben.

Nr. 2369

1589 Januar 22/Februar 1 [Königsberg]

Herzogliche Oberräte an Christoff Troschke, Großvogt des Stiftes Ermland, Hauptmann zu Seeburg:

Bezug auf die beiliegende Supplikation des Matthis Jan Schultz aus Rudischken; Bitte um einen Bericht über diese Sache und um Rücksendung der Supplikation.

Reinkopie.
Ostpr. Fol. 76, S. 579a—580a.

Nr. 2370

1589 Mai 17, Heilsberg

Bischof Andreas [Bathory] von Ermland an Herzog Georg Friedrich:

Anzeige seiner Wahl zum Bischof von Ermland und der Inbesitznahme des Bistums; Bereitschaft zur Förderung der beiderseitigen guten Nachbarschaft; Hinweis auf das freundliche Verhältnis seines verstorbenen Bruders [Stefan Bathory] zum Herzog; Bitte um Unterstützung seiner verordneten Statthalter während seiner Reise nach Siebenbürgen.

Behändigte Ausfertigung
1 Bogen 21 x 30 cm, S. 1—2 beschrieben, Unterschrift des Bischofs, S. 4 Außenadresse, Inhaltsvermerk, Eingangsvermerk zu Königsberg vom 13./23. Mai 1589, Beantwortungsvermerk vom 31. Mai/10. Juni 1589.
Siegel des Bischofs
HBA C 1 Nr. 2370. — Altsignatur: 1/13/67; K. 483.

Journalvermerk:

Schreiben des Bischofs Andreas wegen seiner Wahl zum ermländischen Bischof und seiner bevorstehenden Reise nach Siebenbürgen.

Ostpr. Fol. 14323, Bl. 24 r.

Nr. 2371

1589 Mai 15/25 [Königsberg]

Herzogliche Oberräte an Bischof Andreas von Ermland:

Entsprechend der Bitte des verstorbenen Bischofs Martin Kromer haben die Oberräte etliche Zeugen in der Sache Hans von Wilmsdorffs ./. die von der Oelsnitz rechtlich verhört und übersenden verschlossen die Zeugenaussagen.

Konzept
1 Blatt 20,5 x 32 cm, S. 1 beschrieben, S. 2 Empfänger-, Datums- und Registraturvermerk.
HBA C 1 Nr. 2371. — Altsignatur fehlt; K. 1230.
Reinkopie: Ostpr. Fol. 76, S. 580a—581a.

Nr. 2372

1589 Mai 15/25, Königsberg

Herzogliche Oberräte an Bischof Andreas von Ermland:

Empfang des an Herzog Georg Friedrich gerichteten Schreibens des Bischofs; sie wollen den Obermarschall George von Podewils und Dr. Caspar Brandner an den Bischof abfertigen, um ihm für seine Regierung Glück und Wohlfahrt zu wünschen; der Bischof möge deren Werbung anhören und ihr Glauben schenken.

Konzept
1 Bogen 21,5 x 32 cm, S. 1—3 beschrieben, S. 4 Empfänger-, Datums- und Registraturvermerk.
HBA C 1 Nr. 2372. — Altsignatur fehlt; K. 1230.
Reinkopie: Ostpr. Fol. 76, S. 581a—583.

Nr. 2373

1589 Mai 31/Juni 10 [Königsberg]

Herzogliche Oberräte an die verordneten Statthalter und Räte des Bistums Ermland:

Bitte um Weiterleitung des beiliegenden Schreibens (Reg.-Nr. 2374) an Bischof Andreas von Ermland, weil dessen jetziger Aufenthaltsort nicht bekannt ist.

Reinkopie
Ostpr. Fol. 76, S. 584 a.

Nr. 2374

1589 Mai 31/Juni 10 [Königsberg]

Herzogliche Oberräte an Bischof Andreas von Ermland:

Vor einiger Zeit habe Herzog Georg Friedrich einige von ihnen, die zum Reichstag nach Warschau abgeordnet gewesen seien, damit beauftragt, ihm [Andreas Bathory] Grußworte zu übermitteln; weil [Andreas] damals unpäßlich gewesen sei, habe dieser Auftrag nicht erfüllt werden können; weil nun Andreas [Bathory] inzwischen ermländischer Bischof geworden sei, habe man Deputierte aus ihrer Mitte zu ihm abgeordnet, um diesem herzoglichen Befehl zu entsprechen und gleichfalls dem Bischof zum Regierungsantritt gebührend zu gratulieren; die Gesandten hätten aber unterwegs erfahren, daß Andreas [Bathory] nicht in Heilsberg oder in seinem Bistum sei, was sie zur Einstellung ihrer Mission bewogen habe; inzwischen sei die Reise des Bischofs nach Siebenbürgen bekannt geworden; daher wolle man die Glückwünsche schriftlich übermitteln; Gott möge ihn in seinen Schutz und Schirm nehmen, vor allen Unfällen behüten und ihn glücklich in sein Land zurückkehren lassen; Bereitschaft der Oberräte, den ermländischen Statthaltern während der Abwesenheit des Bischofs Hilfe und Beistand zu gewähren.

Konzept
3 Bogen 20 x 33 cm, S. 3—11 beschrieben, S. 12 Empfänger-, Datums- und Registraturvermerk.
HBA C 1 Nr. 2374. — Altsignatur fehlt; K. 1230.
Reinkopie: Ostpr. Fol. 76, S. 581a—590a.

Nr. 2375

1589 Juni 12, Heilsberg

Johannes Cretzmerus, Dechant und Domherr zu Frauenburg, Statthalter des Bistums Ermland, an die herzoglichen Oberräte:

Bereitschaft zur Weiterleitung des Schreibens der Oberräte an den in Siebenbürgen weilenden Bischof; der Brief soll verschlossen übersandt werden, weil [Cretzmerus] keine Befugnis hat, diesen zu öffnen.

Behändigte Ausfertigung,
1 Bogen 20 x 32 cm, S. 1 beschrieben, Unterschrift des Ausstellers, S. 4 Außenadresse, Inhalts- und Eingangsvermerk vom 3./13. Juni 1589.
Siegel des Ausstellers.
HBA C 1 Nr. 2375. — Altsignatur: 1/13/68; K. 483.

Journalvermerk:

Der Statthalter des Bistums Ermland will das Schreiben der Oberräte an den Bischof weiterleiten.

Ostpr. Fol. 14323, Bl. 24 r.

Nr. 2376

1589 Juni 7/17 [Königsberg]

Herzogliche Oberräte an den ermländischen Landvogt Christoff Troschke:

Empfang der Interzession [Troschkes] für Christoff Wolfried, der sein im Liebstädtischen erkauftes Gut erlangen will; Bitte um Verständnis für eine gewisse Verzögerung der Antwort, weil der Collega, der die Sache Wolfrieds in den Händen hat, zur Zeit verreist ist.

Reinkopie
Ostpr. Fol. 76, S. 619—620.

Nr. 2377

1589 Juni 9/19 [Königsberg]

Herzogliche Oberräte an den Rat und das Gericht zu Heilsberg:

Bezug auf die beiliegende Supplikation Hans Bartschs, Georg Tydes und Valtin Saßkes wegen ihrer gestohlenen Pferde, die ein Zimmermann in Heilsberg verkauft haben soll; Bitte an die Adressaten, den Petenten „gebührliche Iusticiam zu administrieren".

Reinkopie
Ostpr. Fol. 76, S. 593a—595.

Nr. 2378

1589 Juli 3/13 [Königsberg]

Herzogliche Oberräte an Bischof Andreas von Ermland:

Bezug auf die bischöfliche Interzession für Christoff Wolfried wegen unrichtiger Grenzen des Gutes Rotteinen; sie können dieser Fürbitte nicht entsprechen, weil von anderer Seite begründetere Erbansprüche auf Rotteinen erhoben worden sind; etliche Landsassen vom Adel haben den Wolfried des Landfriedensbruchs bezichtigt; er soll herzogliche Untertanen auf freier Landstraße mit langen Röhren angegriffen haben, weshalb er von den Oberräten zum Verhör zitiert worden ist; Wolfrid hat dieser Vorladung keine Folge geleistet, was eine steckbriefliche Fahndung nach ihm ausgelöst hat.

Konzept
2 Bogen 20 x 33 cm, S. 1—6 beschrieben, S. 8 Empfänger-, Datums- und Registraturvermerk.
HBA C 1 Nr. 2378. — Altsignatur fehlt; K. 1230.
Reinkopie: Ostpr. Fol. 76, S. 607—612.

Nr. 2379

1590 Februar 21, Braunsberg

Michael Pröck, ermländischer Landvogt und Hauptmann zu Braunsberg, an die herzoglichen Oberräte:

Obwohl dem Ehebrecher Franz Fehrman in der Hoffnung, er werde sein Leben bessern, die Leibesstrafe erlassen worden ist, hat er im vergangenen Jahr erneut gegen das Sechste Gebot verstoßen und seine Magd genotzüchtigt; er soll sich teilweise im Rastenburgischen zu Schauerkeim und Otterkeim und im Amt Seehesten aufhalten; weil die an die dortigen Aintleute gerichteten Auslieferungsersuchen des Rösseler Rates ergebnislos geblieben sind, bittet [Pröck] um die Hilfe der Oberräte in dieser Sache, damit [Fehrman] anderen zur Abscheu gebührend bestraft werden kann.

Behändigte Ausfertigung
1 Bogen 21 x 34 cm, S. 1—3 beschrieben, Unterschrift des Ausstellers, S. 4 Außenadresse, Inhalts- und Eingangsvermerk zu Königsberg vom 13./23. Februar 1590.
Siegel des Ausstellers
HBA C 1 Nr. 2379. — Altsignatur: 2/37/52; K. 483.

Nr. 2380

1590 Februar 14/24 [Königsberg]

Herzogliche Oberräte an den Hauptmann zu Braunsberg:

Bereitschaft zur Ergreifung des flüchtigen Franz Fehrman laut des beigefügten Steckbriefs, der an die Hauptleute der besagten Ämter ergangen ist; die Stadt Rössel soll auf gebührendem Rechtsweg ihre Forderungen geltend machen; Erwartung einer entsprechenden Praxis im Stift Ermland, die dort bisher bei herzoglichen Auslieferungsersuchen nicht gehandhabt worden ist.

Reinkopie
Ostpr. Fol. 76, S. 625—627.

Nr. 2381

1590 März 6/16 [Königsberg]

Herzogliche Oberräte an das Kapitel zu Frauenburg:

Bezug auf die beiliegende Supplikation Hans Götzes; Bitte um dessen Klaglosstellung.

Konzept
1 Bogen 20 x 32 cm, S. 1—2 beschrieben, S. 4 Empfänger-, Datums- und Registraturvermerk.
HBA C 1 Nr. 2381. — Altsignatur fehlt; K. 1231.
Reinkopie: Ostpr. Fol. 76, S. 635—636.

Nr. 2382

1590 Mai 27/Juni 6 [Königsberg]

Herzogliche Oberräte an den Statthalter [Johannes Cretzmerus] zu Heilsberg:

Beschwerde des Statthalters über Wolf Bronsart, der im Stift Ermland Gewalt verübt hat; Befehl der Oberräte an Hans Brandt, Hauptmann zu Liebstadt und Mohrungen, nach Bronsart zu fahnden, ihn zu ergreifen und auf dem Haus Mohrungen festsetzen zu lassen; Ulrich Hosius oder andere bischöfliche Untertanen sollen ihre Klage über Bronsart auf dem geltenden Rechtsweg vorbringen.

Konzept
1 Bogen 19,5 x 32 cm, S. 1—3 bescbrieben, S. 4 Empfänger-, Datums- und Registraturvermerk.
HBA C 1 Nr. 2382. — Altsignatur fehlt; K. 1231.
Reinkopie: Ostpr. Fol. 76, S. 686—688.

Nr. 2383

1590 August 23/September 2 [Königsberg]

Herzogliche Oberräte an [Johannes Cretzmerus] Statthalter zu Heilsberg:

Hinweis auf die beiliegende Supplikation des Kneiphofer Stadtschreibers Simon Behem; Bitte um Veranlassung des Guttstadter Bürgermeisters zu einer gütlichen Einigung mit Behem zwecks dessen Klaglosstellung.

Konzept.
1 Bogen 20 x 32 cm, S. 1—4 beschrieben, S. 4 Empfänger-, Datums- und Registraturvermerk.
HBA C 1 Nr. 2383. — Altsignatur fehlt; K. 1231.
Reinkopie: Ostpr. Fol. 76, S. 648—650.

Nr. 2384

1590 September 8/18 [Königsberg]

Herzogliche Oberräte an [Johannes Cretzmerus] Statthalter zu Heilsberg:

Bitte um Klaglosstellung der Witwe des Wargener Pfarrers Peter Jonas gemäß ihrer beiliegenden Supplikation.

Konzept
1 Bogen 20 x 32 cm, S. 1—3 beschrieben, S. 4 Empfänger-, Datums- und Registraturvermerk.
HBA C 1 Nr. 2384. — Altsignatur fehlt; K. 1231.
Reinkopie: Ostpr. Fol. 76, S. 651—652.

Nr. 2385

1590 September 16/26 [Königsberg]

Herzogliche Oberräte an die Domherren des Stiftes Ermland:

Bitte um Überstellung des von Jacob Leißner des Meuchelmords bezichtigten Hans Brißkorn, der aus der Haft in Ortelsburg entwichen ist, zwecks dessen gebührender Bestrafung.

Konzept
1 Blatt 21 x 32 cm, S. 1 beschrieben, S. 2 Empfänger-, Datums- und Registraturvermerk.
HBA C 1 Nr. 2385. — Altsignatur fehlt; K. 1231.
Reinkopie: Ostpr. Fol. 76, S. 642—643.

Nr. 2386

1590 Oktober 2/12 [Königsberg]

Herzogliche Oberräte an die Domherren zu Frauenburg:

Philipp Brodtman aus Schöndamerau will wegen Verbesserung seiner Lebensumstände ins Herzogtum abziehen; Bitte der Oberräte um Losgebung des Brodtman nach den landesüblichen Rechten; Zusage einer entsprechenden Freigebungspraxis auf herzoglicher Seite.

Konzept
1 Bogen 20 x 32 cm, S. 1—3 beschrieben, S. 4 Empfänger-, Datums- und Registraturvermerk.
HBA C 1 Nr. 2386. — Altsignatur fehlt; K. 1231.
Reinkopie: Ostpr. Fol. 76, S. 682—684.

Nr. 2387

1590 [o. M., T. u. O.]

Jacob Kretzschmer, Bürger zu Guttstadt, an Herzog Georg Friedrich:

Ein wegen Zauberei in Seeburg der Tortur unterworfenes Weib hat ihn fälschlich gleichfalls der Zauberei bezichtigt; während seines Aufenthalts in Königsberg hat das Seeburger Gericht nach ihm gefahndet, weshalb ihn seine Frau ermahnt hat, eine Zeitlang fortzubleiben; Bitte an den Herzog um Erteilung eines offenen Geleits, damit er sich bis zur Klärung der Angelegenheit sicher im Fürstentum [Preußen] aufhalten kann.

Abschrift
1 Bogen 20 x 32 cm, S. 1—3 beschrieben, S. 4 Inhalts-, Datumsvermerk vom 17. Oktober 1590 und Registraturvermerk.
HBA C 1 Nr. 2387. — Altsignatur fehlt; K. 484.

Nr. 2388

1590 November 20/30, Königsberg

Herzogliche Oberräte an Bischof Andreas von Ermland:

Jacob Leyßner hat bei dem Herzog Georg Friedrich Hans Prißkorn des Meuchelmords beschuldigt; Bezug auf das Schreiben der Oberräte an das Domkapitel zu Frauenburg vom 16./26. September 1590 in dieser Sache (Reg.-Nr. 2385); aufgrund der zuverlässigen Nachricht Leyßners, daß sich Prißkorn im Bistum aufhalte, bitten die Oberräte um Ergreifung und Überstellung des Übeltäters.

Ausfertigung
1 Bogen 20,5 x 31 cm, S. 1—2 beschrieben, Unterschrift der Aussteller, S. 4 Außenadresse und Kanzleivermerk.
Siegelspuren
HBA C 1 Nr. 2388. — Altsignatur fehlt; K. 1231.

Beilage

Herzogliche Oberräte an Bischof Andreas von Ermland:

Gleichlautendes Konzept.

1 Bogen 20,5 x 31 cm, S. 1—3 beschrieben, Empfänger-, Datums- und Registraturvermerk.
Reinkopie: Ostpr. Fol. 76, S. 676—678.

Nr. 2389

1590 November 27/Dezember 7 [Königsberg]

Herzogliche Oberräte an Bischof Andreas von Ermland:

Hinweis auf die beiliegende Supplikation des Dionisius von Ollsen; Bitte an den Bischof, dem [Ollsen] zum Recht zu verhelfen, weil ihn die im Herzogtum ansässige

Familie gleichen Namens als Agnaten und Vetter anerkannt hat, was auch das Zeugnis vornehmer livländischer Landsassen belegt.

Konzept
1 Bogen 21 x 32 cm, S. 1—2 beschrieben, S. 4 Empfänger-, Datums- und Registraturvermerk.
HBA C 1 Nr. 2389. — Altsignatur fehlt; K. 1231.
Reinkopie: Ostpr. Fol. 76, S. 665—667.

Nr. 2390

1590 Dezember 14/24 [Königsberg]

Herzogliche Oberräte an Bischof Andreas von Ermland:

Obwohl der verstorbene Vater Albrecht Broxes zur Tilgung seiner Schulden bei den Erben Wolff Weymers aus Danzig seine liegenden Gründe in Bischofstein aufgetragen hat, haben letztere diese Schuldentilgung bei dem Riesenburger Gericht angefochten; Bitte des Broxe um ein Testimonium der Stadt Bischofstein wegen solcher aufgetragenen liegenden Gründe, die die Oberräte durch ihre Interzession unterstützen.

Konzept
1 Blatt 20 x 32 cm, S. 1—2 beschrieben, S. 2 Empfänger-, Datums- und Registraturvermerk.
HBA C 1 Nr. 2390. — Altsignatur fehlt; K. 1231.
Reinkopie: Ostpr. Fol. 76, S. 674—676.

Nr. 2391

1591 Januar 7/17 [Königsberg]

Herzogliche Oberräte an den Burggrafen zu Heilsberg:

Ersuchen des Heilsberger Burggrafen an die Amtleute zu Ortelsburg, dem ermländischen Bischof eine Jagd in der dortigen Wildnis auszrichten; Befremden über dieses Begehren, weil die Oberräte zu dieser Entscheidung nicht ermächtigt sind, sondern über die herzogliche Wildbahn wachen müssen; sie wollen aber zulassen, daß der Bischof beim Jagen etwas die Grenze zum Herzogtum überquert; Weiterleitung des Gesuchs an [Georg Friedrich], dessen Resolution sie erwarten wollen; Hoffnung auf das Verständnis des Bischofs für ihre Haltung; Bitte um eine schriftliche Antwort wegen der Drohungen des bischöflichen Hofgesindes in Ortelsburg.

Reinkopie
Ostpr. Fol. 76, S. 662—665.

Nr. 2392

1591 Januar 8/18 [Königsberg]

Herzogliche Oberräte an Bischof Andreas von Ermland:

Der bischöfliche Sekretär Friedrich Bereradt hat ihnen sein Kreditiv und ein verschlossenes, an Herzog [Georg Friedrich] gerichtetes Schreiben überreicht; die Oberräte haben die Werbung des Gesandten mit gebührender Reverenz zur Kenntnis genommen und ihm ihre Antwort in schriftlicher Form übermittelt.

Konzept
1 Bogen 20 x 32 cm, S. 1—2 beschrieben, S. 4 Empfänger-, Datums- und Registraturvermerk.
HBA C 1 Nr. 2392. — Altsignatur fehlt; K. 1231.
Reinkopie: Ostpr. Fol. 76, S. 731—733.

Nr. 2393

1591 Januar 10/20, [Königsberg]

Herzogliche Oberräte an das Stift Ermland:

Bezug auf die beiliegende Supplikation des Hans Götz; Bitte um dessen Klaglosstellung.

Konzept
1 Blatt 16,5 x 20 cm, S. 1—2 beschrieben, S. 2 Empfänger-, Datums- und Registraturvermerk.
HBA C 1 Nr. 2393. — Altsignatur fehlt; K. 1231.
Reinkopie: Ostpr. Fol. 76, S. 669—670.

Nr. 2394

1591 April 23/Mai 3 [Königsberg]

Herzogliche Oberräte an den Rat zu Braunsberg:

Hinweis auf die beiliegende Supplikation von Bürgermeister und Rat der Stadt Löbenicht wegen der in Braunsberg angefallenen Erbschaft der Erben ihres verstorbenen Stadtschreibers Georg Korbener; Bitte an den Braunsberger Rat, diesen zu ihrem Recht zu verhelfen.

Reinkopie
Ostpr. Fol. 76, S. 716—718.

Nr. 2395

1591 September 10/20 [Königsberg]

Herzogliche Oberräte an Bischof Andreas von Ermland:

Hans Lochman hat angezeigt, daß er auf fürstlicher freier Straße von Wolff Bronnsart und einem namens Radicke überfallen und übel geschlagen worden ist; weil sich letzterer in Wormditt aufhält, soll der Bischof dessen Bestrafung veranlassen.

Konzept
1 Blatt 20,5 x 32 cm, S. 1 beschrieben, S. 2 Empfänger-, Datums- und Registraturvermerk.
HBA C 1 Nr. 2395. — Altsignatur fehlt; K. 1231.
Reinkopie: Ostpr. Fol. 76, S. 698.

Nr. 2396

1591 September 18/28 [Königsberg]

Herzogliche Oberräte an das Domkapitel zu Frauenburg:

Bezug auf die beiliegende Supplikation der Witwe Peter Schlichtens wegen einer im Mehlsackischen angefallenen Hinterlassenschaft; Interzession der Oberräte für die Witwe zwecks Erfüllung ihrer Ansprüche.

Reinkopie
Ostpr. Fol. 76, S. 724—726.

Nr. 2397

1592 Januar 10/20 [Königsberg]

Herzogliche Oberräte an die Stadt Braunsberg:

Supplikation des Böttchers Merten Korn aus der Freiheit Sackheim wegen Erlangung einer Erbschaft in der Alten Stadt Braunsberg; Bitte der Oberräte um Klaglosstellung des Petenten.

Reinkopie
Ostpr. Fol. 76, S. 743—744.

Nr. 2398

1592 Februar 26/März 7 [Königsberg]

Herzogliche Oberräte an die Domherren zu Frauenburg und den Statthalter des Stifts Ermland:

Klage Hans Schlubuts wegen der von den Einwohnern von Katzen verübten Übergriffe auf sein Gut Reissen; Vorschlag zur Behebung dieser Streitigkeiten durch dic Absendung beiderseitiger Kommissarien; Interzession für die Erben des verstorbenen Balthasar Krause zu Dittchenhöfen zwecks Erfüllung ihrer berechtigten Ansprüche.

Konzept
1 Bogen 22 x 32 cm, S. 1—4 beschrieben, S. 4 Empfänger-, Datums- und Registraturvermerk.
HBA C 1 Nr. 2398. — Altsignatur fehlt; K. 1231.
Reinkopie: Ostpr. Fol. 76, S. 744—747.

Nr. 2399

1592 März 13/23 [Königsberg]

Herzogliche Oberräte an den Statthalter zu Heilsberg:

Die herzogliche Hofhaltung zu Königsberg benötigt eine gewisse Menge Hopfen, wonach sich die Amtleute zu Preußisch Eylau im Bistum Ermland umsehen sollen; Bitte um Erlaubnis für die Amtsdiener, den Hopfen dort kaufen und nach [Königsberg] bringen zu dürfen.

Konzept
1 Bogen 21 x 32 cm, S. 1—2 beschrieben, S. 4 Empfänger-, Datums- und Registraturvermerk.
HBA C 1 Nr. 2399. — Altsignatur fehlt; K. 1231.
Reinkopie: Ostpr. Fol. 76, S. 748—749.

Nr. 2400

1592 April 5, Heilsberg

Simon Hannow zu Schönau, Domherr zu Frauenburg, Statthalter des Bistums Ermland, an die herzoglichen Oberräte:

Erlaubnis zum Aufkauf des für die herzogliche Hofhaltung benötigten Hopfens; Versicherung seines freundnachbarlichen Willens; Verwendung für Merten Klein von Wappendorf, der etliche Zeit Gefängnis und Tortur erlitten hat und Haus und Hof, Weib und Kinder verlassen mußte, wodurch er fast in äußersten Untergang geraten ist.

Behändigte Ausfertigung
1 Bogen 20,5 x 32 cm, S. 1 beschrieben, Unterschrift des Statthalters, S. 4 Außenadresse, Inhalts- und Eingangsvermerk zu Königsberg vom 30. März/9. April 1592.
Siegel des Statthalters
HBA C 1 Nr. 2400. — Altsignatur: 1/13/70; K. 483.

Beilagen

I. 1591 Juli 30/August 10, Königsberg

Herzog Georg Friedrich an die Richter und Schöppen der Stadt Passenheim:

Weil Merten Klein in seinem Prozeß gegen Jacob Leißner um Revision des Urteils ersucht hat, sollen die Adressaten das jüngst eröffnete Justifikationsurteil aussetzen und ferneren Bescheid des Hezogs erwarten.

1 Blatt 20,5 x 32 cm, S. 1 beschrieben, S. 2 Außenadresse.

II. [o. D. u. O.]

Merten Klein aus Ortelsburg an Herzog Georg Friedrich:

Sein Gegner Jacob Leißner aus dem Ortelsburgischen hat ihn ohne Grund fast zweieinhalb Jahre im Gefängnis zu Ortelsburg festsetzen lassen, wo er sich nicht nur selbst verköstigen, sondern auch durch das Passenheimer Gericht jämmerlichen Martern unterwerfen mußte; dadurch sei er seiner Gesundheit verlustig gegangen und zu einem armen Menschen geworden; er habe sich des Gefängnisses selbst entledigt und unter Hintansetzung seiner Haushaltung und Familie die Flucht ergriffen; Bitte um Erteilung eines freien und sicheren Geleits gegen Leißner, damit er seine Unschuld beweisen könne.

Journalvermerk

Interzession des Statthalters zu Heilsberg für Merten Klein.

Ostpr. Fol. 14323, Bl. 26 r.

Nr. 2401

1592 März 30/April 9 [Königsberg]

Herzogliche Oberräte an den Statthalter zu. Heilsberg:

Dank für die Erlaubnis, zum Bedarf der herzoglichen Hofhaltung Hopfen aufkaufen zu dürfen; keine Möglichkeit der Oberräte, in die Rechtssache des Merten Klein einzugreifen, weil diese den zuständigen Gerichten überlassen bleiben muß.

Konzept
1 Bogen 21 x 32 cm, S. 1—2 beschrieben, S. 4 Empfänger-, Datums- und Registraturvermerk.
HBA C 1 Nr. 2401. — Altsignatur fehlt; K. 1231.
Reinkopie: Ostpr. Fol. 76, S. 751—753.

Nr. 2402

1592 April 16, Braunsberg

Bürgermeister und Rat der Alten Stadt Braunsberg an die herzoglichen Oberräte:

Empfang der Interzession der Oberräte für Fabian Tieffner aus Riesenburg; Tieffner und seine Interessenten haben nicht nachweisen können, daß sie Erbberechtigte des ohne Leibeserben verstorbenen Jacob Gelert sind; Gelert sei unehelich geboren worden, weshalb sein gesamter Nachlaß dem Fiskus zufalle; Tieffner und seine Interessenten sollten den Oberräten den wirklichen Tatbestand schildern.

Behändigte Ausfertigung
1 Bogen 20,5 x 32 cm, S. 1 beschrieben, Unterschrift der Aussteller, S. 4 Außenadresse, Inhalts- und Eingangsvermerk zu Königsberg vom 10./20. April 1592.
Siegel der Aussteller
HBA C 1 Nr. 2402. — Altsignatur: 2/34/93; K. 483.

Nr. 2403

1592 Mai 2/12 [Königsberg]

Herzogliche Oberräte an den Statthalter zu Heilsberg:

Klage Lorentz Elends ./. Hans von Schedlin; letzterer hat an [Elend] vor einigen Jahren fünf Hufen verkauft, diese aber gemäß einem Schicht- und Teilungsvertrag an Merten Walter abgetreten, ohne die Rechte Lorentz Elends zu berücksichtigen; Bitte der Oberräte um Befriedigung der Ansprüche des [Elend].

Konzept
1 Bogen 21 x 32 cm, S. 1—2 beschrieben, S. 4 Empfänger-, Datums- und Registraturvermerk.
HBA C 1 Nr. 2403. — Altsignatur fehlt; K. 1231.
Reinkopie: Ostpr. Fol. 76, S. 760—762.

Nr. 2404

1592 Juli 18/28 [Königsberg]

Herzogliche Oberräte an Simon Hannau, Statthalter zu Heilsberg:

Hinweis auf die beiliegende Abschrift des Berichts des Hauptmanns zu Preußisch Eylau, Reinhardt von Eppingen, an [Georg Friedrich] wegen der strittigen Grenzen zwischen dem Herzogtum Preußen und dem Stift Ermland im Gut Schönwiese; Bitte der Oberräte an den Statthalter, den herzoglichen Untertan Bernhardt Behr bis zur Ankunft der die Angelegenheit untersuchenden Kommissarien im ungehinderten Besitz der strittigen Wiesen zu belassen.

Konzept
1 Bogen 21,5 x 32 cm, S. 1—3 beschrieben, S. 4 Empfänger-, Datums- und Registraturvermerk.
HBA C 1 Nr. 2404. — Altsignatur fehlt; K. 1231.
Reinkopie: Ostpr. Fol. 76, S. 766—769.

Nr. 2405

1592 Juli 31, Heilsberg

Simon Hanow von Schönau, Domherr zu Frauenburg und Statthalter des Bistums Ermland, an die herzoglichen Oberräte:

Empfang des Schreibens der Oberräte wegen der strittigen Grenzen zwischen dem Bistum Ermland und dem Herzogtum Preußen; die darin erwähnt Abschrift ist ihm aber nicht zugegangen, so daß er dazu keine Stellung nehmen kann; laut zahlreicher Revisionen in der Vergangenheit ist die Grenze bei Schönwiese berichtigt worden, der Besitzer des dortigen Gutes hat die an der Ilme verlaufende richtige Grenze an einen faulen Graben verlegt, den er zu einem Teil der Ilme erklärt; Bitte um Abordnung herzoglicher Kommissarien zwecks Besichtigung des strittigen Ortes; dem Besitzer von Schönwiese soll die Nutzung der Wiesen und Gärten untersagt werden, die er ungefähr vor einem Jahr angelegt hat; eigenmächtige Rodung eines sequestrierten Ortes durch die Einwohner von Rudzik und Parlöse im Ortelsburgischen; keine Bereitschaft Hanows, derartige Übergriffe zu dulden.

Behändigte Ausfertigung
1 Bogen 20,5 x 32 cm, S. 1—3 beschrieben, Unterschrift des Statthalters, S. 4 Außenadresse, Inhalts- und Eingangsvermerk zu Königsberg vom 25. Juli/4. August 1592.
Siegel des Statthalters
HBA C 1 Nr, 2405. — Altsignatur: 1/13/69; K. 483.

Beilage

I. 1536 April 24, Nerwicken

Recessus concordiae super limites pratorum Nervicke:

Revision der Grenzirrungen zwischen Bischof Mauritius von Ermland einer- und Friedrich von Hohendorff und Lorentz Schönwiese andererseits; an der Besichtigung der Grenze waren beteiligt: 1. auf herzoglicher Seite Georg von Kunheim, Hauptmann auf Tapiau, Fabian von Lehndorff, Hauptmann auf Preußisch Eylau, Hans Lesgewang, Jacob Kalckstein und Dr. Hans von Kreytzen; 2. auf bischöflicher Seite Tidemann Giese, Kustos und Offizial, Felix Reich, Domherr zu Frauenburg, Georg von Pröck, ermländischer Großvogt und Hauptmann zu Braunsberg, Philipp Potritt, Heinrich von Osterwin und Görge Knobelsdorff; die beiderseitigen Kommissarien haben beschlossen, den alten Grenzbrief in Kraft zu belassen, wonach der Bischof und die Kirche Ermland die Wiesen über dem Fließ, das Großendorf, Rittersdorf und Nerwicken voneinander trennt, besitzen sollen; wie bisher sollen die Ricken [Zaunpfähle] die Grenze zwischen den zum Stift Ermland gehörigen Wiesen und dem Gut Nerwicken bilden.

II. 1536 April 28, Neuenhaus

In causa limitum aggerandorum in Nerwicken litere domini ducis Prussie:

Bereitschaft Herzog Albrechts, die Vorschläge des Bischofs Mauritius von Ermland zur Beilegung des Grenzstreits anzunehmen; Befehl an den Hauptmann von Preußisch Eylau, mit den bischöflichen Verordneten die Schüttung der Grenze am Montag nach Cantate (15. Mai) vorzunehmen; an der Aufwerfung der Grenze sollen Lorentz Schönwiese und Friedrich Hohendorff mitwirken.

1 Bogen 21 x 32 cm, S. 1—3 beschrieben.

Journalvermerk:

Schreiben des Statthalters zu Heilsberg wegen der strittigen Grenze im Gut Schönwiese.

Ostpr. Fol. 14323, Bl. 26 r.

Nr. 2406

1592 Juli 27/August 6 [Königsberg]

Herzogliche Oberräte an den Statthalter des Bistums Ermland:

Ernennung des Hauptmanns auf Preußisch Eylau und Dietrich Lesgewangs zu Kommissarien für die Grenzrevision im Gut Schönwiese; diese soll am 2./12. August stattfinden; Bitte um Abordnung bischöflicher Bevollmächtigter an diesem Tag zwecks gemeinsamer Vornahme der Grenzbesichtigung.

Konzept
1 Bogen 20,5 x 33 cm, S. 1—2 beschrieben, S. 4 Empfänger-, Datums- und Registraturvermerk.
HBA C 1 Nr. 2406. — Altsignatur fehlt; K. 1231.
Reinkopie: Ostpr. Fol. 76, S. 769—771.

Nr. 2407

1592 August 14/24 [Königsberg]

Herzogliche Oberräte an den Statthalter des Bistums Ermland:

Klage Bernhardt Beers über die Bischöflichen, die seinen an der Grenze liegenden Krautgarten zertreten und verdorben haben; Bitte der Oberräte um Unterbindung solcher Exzesse; der Statthalter soll einen Tag benennen, an dem die beiderseitigen Kommissarien diesen Fall untersuchen können; außerdem hat Beer den unrichtigen Grenzverlauf zwischen seinem Dorf Rittersdorf und dem bischöflichen Neudorf angezeigt; auch diese Sache sollen die beiderseitigen Kommissarien untersuchen.

Konzept
1 Bogen 21,5 x 32 cm, S. 1—3 beschrieben, S. 4 Empfänger-, Datums- und Registraturvermerk.
HBA C 1 Nr. 2407. — Altsignatur fehlt; K. 1231.
Reinkopie: Ostpr. Fol. 76, S. 771—774.

Nr. 2408

1592 Oktober 21/31 [Königsberg]

Herzogliche Oberräte an den Statthalter zu Heilsberg:

Bitte an den Statthalter, dem Amtsschreiber zu Preußisch Eylau den Aufkauf von Hopfen im Bistum Ermland zum Bedarf der herzoglichen Hofhaltung zu gestatten.

Konzept
1 Bogen 20 x 32 cm, S. 1—2 beschrieben, S. 4 Empfänger-, Datums- und Registraturvermerk.
HBA C 1 Nr. 2408. — Altsignatur fehlt; K. 1231.
Reinkopie: Ostpr. Fol. 76, S. 783—785.

Nr. 2409

1592 Oktober 25/November 4 [Königsberg]

Herzogliche Oberräte an den Rat zu Braunsberg:

Beschwerde des herzoglichen Rademachers Valtin Schütz wegen seiner Hinderung, Holz, das er für seine Arbeit benötigt, in den Wäldern der Stadt Braunsberg schlagen zu lassen; Bitte der Oberräte an den Braunsberger Rat, von diesem ungebührlichen Verhalten Abstand zu nehmen und das Schlagen des Holzes zu gestatten.

Reinkopie
Ostpr. Fol. 76, S. 790—791.

Nr. 2410

1593 Februar 13/23, Königsberg

Herzogliche Oberräte an Bischof Andreas von Ermland:

Beschwerde der Witwe Valtin Karkotens wegen unbefugter Eingriffe in ihre Mühle; Interzession der Oberräte zwecks Klaglosstellung der Supplikantin.

Konzept
1 Blatt 20 x 32 cm, S. 1 beschrieben, S. 2 Empfänger-, Datums- und Registraturvermerk.
HBA C 1 Nr. 2410. — Altsignatur fehlt; K. 1232.
Reinkopie: Ostpr. Fol. 76, S. 829—830.

Nr. 2411

1593 März 1, Heilsberg

Bischof Andreas von Ermland an die herzoglichen Oberräte:

Befriedigung über die seinem Sekretär Friedrich Berendt erteilte Antwort wegen Vindikation des Stiftes Kurland; Bitte um Einlösung der Vorschläge der Oberräte, weil der Bruder des Bischofs, Balthasar Bathory, auf dem bevorstehenden Reichstag ein kategorisches Responsum erteilen muß; daher hat er [Andreas] erneut seinen Sekretär [Berendt] an die Oberräte abgeordnet, um die besagte Stiftssache weiter zu betreiben.

Behändigte Ausfertigung
1 Bogen 20 x 32 cm, S. 1—2 beschrieben, Unterschrift des Bischofs, S. 4 Außenadresse und Eingangsvermerk zu Königsberg vom 23. Februar/5. März 1593.
Siegel des Bischofs
HBA C 1 Nr. 2411. — Altsignatur fehlt; K. 484.

Nr. 2412

1593 April 25/Mai 5 [Königsberg]

Herzogliche Oberräte an Bischof Andreas von Ermland:

Bezug auf die Supplikation Lorentz Neumans wegen der von der Schwester seines Vaters im Dorf Worngitten hinterlassenen acht Hufen; Interzession der Oberräte zwecks Befriedigung der Ansprüche des Petenten.

Konzept
1 Bogen 20 x 32 cm, S. 1—2 beschrieben, S. 4 Empfänger-, Datums- und Registraturvermerk.
HBA C 1 Nr. 2412. — Altsignatur fehlt; K. 1232.
Reinkopie: Ostpr. Fol. 76, S. 818—820.

Nr. 2413

1593 Mai 7/17 [Königsberg]

Herzogliche Oberräte an das Domkapitel zu Frauenburg:

Markgraf Johann Sigismund ist in Begleitung seiner Gemahlin und seines Gefolges in Danzig eingetroffen und will von dort nach [Königsberg] weiterreisen; weil er am nächsten Tage den Weg über das Haff nach Frauenburg nehmen will, bitten die Oberräte das Kapitel, ihm als Losament den Bischofshof in Frauenburg zur Verfügung zu stellen und auch sein Gefolge angemessen zu beherbergen.

Konzept
1 Bogen 20 x 32 cm, S. 1—3 beschrieben, S. 4 Empfänger-, Datums- und Registraturvermerk.
HBA C 1 Nr. 2413. — Altsignatur fehlt; K. 1232.
Reinkopie: Ostpr. Fol. 76, S. 820—822.

Nr. 2414

1593 Juli 23/August 2 [Königsberg]

Herzogliche Oberräte an Bischof Andreas von Ermland:

Der bischöfliche Sekretär Friedrich Berndt hat ihnen die Stellungnahme seines Herrn [Andreas Bathory] zum Stift Kurland und ein Schreiben des polnischen Königs [Sigismund III.] überreicht; Herzog Georg Friedrich wird dem fürstlichen Hause Bathory stets in Dankbarkeit verbunden bleiben und sich diesem gegenüber im Gedenken an den verstorbenen König Stefan Bathory willfährig erzeigen.

Konzept
1 Bogen 20 x 32 cm, S. 1—3 beschrieben, S. 4 Empfänger-, Datums- und Registraturvermerk.
HBA C 1 Nr. 2414. — Altsignatur fehlt; K. 1232.
Reinkopie: Ostpr. Fol. 76, S. 831—832.

Nr. 2415

1593 August 4/14 [Königsberg]

Herzogliche Oberräte an das Domkapitel zu Frauenburg:

Beschwerde des Erbsassen Hans von Pröck auf Regitten über das Domkapitel, das die von ihm auf dem an das Stift grenzenden Gut Rautenberg errichtete Mühle nicht dulden und den Zufluß des für den Mühlenbetrieb benötigten Wassers unterbinden will; weil Pröck zur Errichtung einer Mühle berechtigt ist, ersuchen die Oberräte um die Beseitigung dieser Hemmnisse.

Konzept
1 Bogen 20,5 x 33 cm, S. 1—3 beschrieben, S. 4 Empfänger-, Datums- und Registraturvermerk.
HBA C 1 Nr. 2415. — Altsignatur fehlt; K. 1232.
Reinkopie: Ostpr. Fol. 76, S. 839—841.

Nr. 2416

1593 Oktober 1, Frauenburg

Georg Trepkow an die herzoglichen Oberräte:

Bitte um Erteilung eines freien Ab- und Zuzugs, damit er einen Auftrag des Königs erfüllen kann.

Konzept
1 Blatt 21 x 34 cm, S. 1 beschrieben, S. 2 Außenadresse und Kanzleivermerk.
HBA C 1 Nr. 2416. — Altsignatur fehlt; K. 483.

Nr. 2417

1593 Oktober 17, Frauenburg

Georg Trepkow an die herzoglichen Oberräte:

Weil weder er noch die Witwe Zimmermann ausreichend Sicherheit erlangt hat, kann er dem Ansuchen des Königs nicht entsprechen; er [Trepkow] müsse sich wegen der an ihm und der Witwe verübten Gewalt wohl vorsehen; Bezug auf ein Zitat bei Reineke Fuchs „ich sehe wol allerlei Fusstappen ein-, aber nicht wieder ausgehen"; Hoffnung auf die Bereitschaft des Königs, die besagte Sache auf andere Weise zu Ende zu bringen.

Behändigte Ausfertigung
1 Blatt 21 x 34 cm, S. 1 beschrieben, Unterschrift des Ausstellers, S. 2 Außenadresse, Inhalts- und Eingangsvermerk zu Königsberg vom 15./25. Oktober 1593, Kanzleivermerk: „Ist Ime ein ander gleith gegeben 19. Octobris [15]93".
Siegelspuren
HBA C 1 Nr. 2417. — Altsignatur fehlt; K. 483.

Nr. 2418

1594 Februar 28/März 10 [Königsberg]

Herzogliche Oberräte an den Rat zu Rössel:

Klage Christoff Mauerholts auf der Freiheit Tragheim über seine Vormünder in Rössel, von denen er seinen väterlichen und mütterlichen Anteil nicht erlangen kann; Ersuchen der Oberräte an den Adressaten, dem Petenten ohne weitläufigen Rechtsgang zur Erfüllung seiner Ansprüche zu verhelfen.

Reinkopie
Ostpr. Fol. 76, S. 873—874.

Nr. 2419

1594 Mai 2/12 [Königsberg]

Herzogliche Oberräte an das Domkapitel zu Frauenburg:

Bitte an das Kapitel, dem herzoglichen Untertan Erttman Kleinschmiedt gemäß dessen Supplikation ohne längere Verzögerung zum Recht zu verhelfen.

Konzept
1 Blatt 20 x 32 cm, S. 1 beschrieben, S. 2 Empfänger-, Datums- und Registraturvermerk.
HBA C 1 Nr. 2419. — Altsignatur fehlt; K. 1232.
Reinkopie: Ostpr. Fol. 76, S. 879—880.

Nr. 2420

1594 Juli 11/21 [Königsberg]

Herzogliche Oberräte an den Rat zu Bischofstein:

Klage des Caspar Schultz auf der Freiheit Tragheim über den Bischofsteiner Bürger Simon Lübe, der ihm trotz vielfachen Mahnens 18 Mark schuldig geblieben ist; Interzession der Oberräte für [Schultz] zwecks dessen Klaglosstellung.

Reinkopie
Ostpr. Fol. 76, S. 884—885.

Nr. 2421

1594 September 28/Oktober 8, Königsberg

Herzogliche Oberräte an Bischof Andreas von Ermland:

Interzession für den herzoglichen Untertan Christof Auer, dem am 30. September/ 10. Oktober im Bistum ein Termin in seiner Erbschaftssache angesetzt worden ist.

Konzept
1 Bogen 21 x 32 cm, S. 1—3 beschrieben, S. 4 Außenadresse, Datums- und Registraturvermerk.
HBA C 1 Nr. 2421. — Altsignatur fehlt; K. 1232.
Reinkopie: Ostpr. Fol. 76, S. 901—902.

Nr. 2422

1595 Januar 18/28 [Königsberg]

Herzogliche Oberräte an das Domkapitel zu Frauenburg:

Abfertigung des herzoglichen Kanzleiverwandten Georg Neycken an das Domkapitel mit dem Befehl, ein dort liegendes königliches Privilegium vidimieren zu lassen, damit das Original zum bevorstehenden polnischen Reichstag nicht mitgeführt werden muß; weil die Zeit bis zum Beginn des Reichstags kurz ist, ist das Privilegium bereits in Form eines Transsumpts oder Vidimus auf Pergament gebracht worden, das die Domherren nach erfolgter Kollationierung besiegeln und mit ihrer Unterschrift versehen sollen.

Konzept
1 Blatt 20 x 32 cm, S. 1 beschrieben, S. 2 Empfänger-, Datums- und Registraturvermerk.
HBA C 1 Nr. 2422. — Altsignatur fehlt; K. 1232.
Reinkopie: Ostpr. Fol. 76, S. 920—921.

Beilage

1595 Januar 28, Frauenburg

Das Frauenburger Domkapitel wegen Vidimierung der Urkunde.

Konzept
Lateinisch
1 Blatt 20 x 32 cm, S. 1—2 beschrieben, S. 2 Vermerk: „Vitimus nach Frawenburgk geschicket".

Nr. 2423

1595 Januar 22/Februar 1 [Königsberg]

Herzogliche Oberräte an das Domkapitel zu Frauenburg:

Supplikation des herzoglichen Untertans Hans Götz wegen Ausfolgung etlichen Geldes, das er auf dem Georg Rabe gehörigen Gut Klaukendorf ausstehen hat; außerdem hat er noch 250 Mark von Michel Holstein zu fordern, die gleichfalls auf dem besagten Gut haften; Interzession der Oberräte zwecks Klaglosstellung des Supplikanten.

Konzept
1 Bogen 20 x 32 cm, S. 1—2 beschrieben, S. 4 Empfänger-, Datums- und Registraturvermerk.
HBA C 1 Nr. 2423. — Altsignatur fehlt; K. 1232.
Reinkopie: Ostpr. Fol. 76, S. 921—923.

Nr. 2424

1595 April 5/15 [Königsberg]

Herzogliche Oberräte an den Rat der Stadt Heilsberg:

Supplikation des herzoglichen Untertans Wilhelm Faberger wegen der Hinterlassenschaft der ohne Erben in Heilsberg verstorbenen Tante seiner Frau Anna, der Tochter des Heilsberger Bürgers Andres Saalfeldt; Interzession der Oberräte für den Supplikanten.

Konzept
2 Blatt 20 x 32 cm, S. 1—2 beschrieben, S. 4 Empfänger-, Datums- und Registraturvermerk.
HBA C 1 Nr. 2424. — Altsignatur fehlt; K. 484.
Reinkopie: Ostpr. Fol. 76, S. 925—927.

Nr. 2425

1595 Juni 23/Juli 3 [Königsberg]

Herzogliche Oberräte an Bischof Andreas von Ermland:

Den Einwohnern von Tollnigk sind ihre Ochsen weggenommen worden, weil sie gegen das geltende Verbot Vorkäuferei in Bialla betrieben haben, wodurch die Schlachter nicht das zur fürstlichen Hofhaltung benötigte Vieh erlangen konnten; dennoch haben die Oberräte dem Wunsch des Bischofs entsprochen und die Ochsen den Einwohnern von Tollnigk zurückgeben lassen.

Konzept
1 Bogen 20,5 x 32 cm, S. 1—2 beschrieben, S. 4 Empfänger-, Datums- und Registraturvermerk.
HBA C 1 Nr. 2425. — Altsignatur fehlt; K. 1232.
Reinkopie: Ostpr. Fol. 76, S. 927—928.

Nr. 2426

1595 Juli 6, Heilsberg

Bischof Andreas von Ermland an die herzoglichen Oberräte:

Übermittlung seines Dankes für die Rückgabe der beschlagnahmten Ochsen an die Einwohner von Tollnigk; Bereitschaft zu einem entsprechenden Verfahren auf bischöflicher Seite.

Ausfertigung
1 Bogen 19,5 x 30 cm, S. 1 beschrieben, Unterschrift des Bischofs, S. 4 Außenadresse und Kanzleivermerk.
Siegelspuren
HBA C 1 Nr. 2426. — Altsignatur: 1/10; K. 483.

Nr. 2427

1595 Juli 31/August 10 [Königsberg]

Herzogliche Oberräte an das Kapitel zu Frauenburg:

Ersuchen an das Kapitel, dem herzoglichen Untertan Hans Raab zur Erfüllung seiner Ansprüche zu verhelfen, die er gemäß einem zwischen seinem Großvater Jacob von der Trenck und den Domherren geschlossenen Vertrag geltend macht.

Reinkopie
Ostpr. Fol. 76, S. 929—931.

Nr. 2428

1595 September 10/20 [Königsberg]

Herzogliche Oberräte an die bischöfliche Regierung zu Heilsberg:

Klage des Bürgers der Alten Stadt Königsberg, Hans Gorgiß, über etliche Bischofsteiner Bürger, die ihm den Ankauf von Hopfen verweigert haben; Interzession für den Petenten zwecks dessen Klaglosstellung.

Konzept
1 Blatt 20,5 x 32 cm, S. 1 beschrieben, S. 2 Empfänger-, Datums- und Registraturvermerk.
HBA C 1 Nr. 2428. — Altsignatur fehlt; K. 484.
Reinkopie: Ostpr. Fol. 76, S. 939—940.

Nr. 2429

1595 Oktober 6, Heilsberg

Christoff Pfaff, Burggraf zu Heilsberg, an R. von Eppingen, Hauptmann auf Preußisch Eylau:

Bezug auf das beiliegende Schreiben des Hauptmanns; keine der Wahrheit entsprechende Nachricht des herzoglichen Reiterfuriers; die Herzoglichen haben die an der Grenze gelegenen bischöflichen Dörfer ausgeplündert und die Gänse, Schöpsen und Schweine erschlagen, was ehrlichen Kriegsleuten in Freundesland nicht ansteht; die Einwohner von Neuendorf haben den besagten Furier am Plündern gehindert und ihm zwei Rohre und ein Gewehr, aber nicht, wie dieser vorgibt, zehn ungarische Gulden abgenommen; aus Rache hat sich daraufhin der Furier mit seinen Spießgesellen von Petershagen wieder nach Neuendorf begeben und den dortigen Bauern drei Pferde mit Gewalt weggenommen; Verzicht des Furiers auf den geltenden Rechtsweg zur Vorbringung seiner Beschwerden; Bitte um Rückgabe der entwendeten Pferde an die Bauern und um die Ersetzung der verursachten Schäden.

Ausfertigung
1 Bogen 20 x 32 cm, S. 1—3 beschrieben, Unterschrift des Aussteller, S. 4 Außenadresse und Kanzleivermerk.
HBA C 1 Nr. 2429. — Altsignatur: 4/20; K. 485.

Beilage

1595 September 27, Preußisch Eylau

R. von Eppingen, Hauptmann zu Preußisch Eylau, an Hans von Rautter, Oberburggrafen zu Königsberg:

Beschwerde des Furiers über bischöfliche Bauern, die ihm über die Grenze nachgejagt sind und ihm seine Rohre und Gewehre sowie etliches Geld abgenommen haben; Bitte um Veranlassung des Heilsberger Burggrafen, für die gebührende Erstattung des Weggenommenen zu sorgen.

1 Bogen 21 x 33 cm, S. 1—2 beschrieben, S. 4 Außenadresse.
Siegelspuren

Nr. 2430

1595 September 27/Oktober 7 [Königsberg]

Herzogliche Oberräte an das Domkapitel des Stifts Ermland:

Beschwerde des Kneiphofer Böttchers Fabian Schönrode wegen der ihm verweigerten Ausfolgung der Hinterlassenschaft seiner in Blumenberg im Mehlsackischen Gebiet verstorbenen Eltern; Interzession der Oberräte für [Schönrode], damit dieser zu seinem Erbe gelangen kann.

Konzept
1 Bogen 20 x 32 cm, S. 1—3 beschrieben, S. 4 Empfänger-, Datums- und Registraturvermerk.
HBA C 1 Nr. 2430. — Altsignatur fehlt; K. 484.
Reinkopie: Ostpr. Fol. 76, S. 941—943.

Nr. 2431

1595 Dezember 3/13 [Königsberg]

Herzogliche Oberräte an Bischof Andreas von Ermland:

Interzession für Christophorus Wolfridt, damit dieser zu dem Erbe seines in Braunsberg verstorbenen Bruders gelangen kann.

Konzept
1 Bogen 20 x 32 cm, S. 1—2 beschrieben, S. 4 Empfänger-, Datums- und Registraturvermerk.
HBA C 1 Nr. 2431. — Altsignatur fehlt; K. 484.
Reinkopie: Ostpr. Fol. 76, S. 949—951.

Nr. 2432

1596 Januar 27, Schmolainen

Henrich Hindenberg an Michael von Pröck, ermländischen Landvogt und Hauptmann zu Braunsberg:

Mitteilung wegen eines Studenten und der unbilligen Ausführung des Holzes von Althof.

Reinkopie
1 Blatt 20,5 x 32 cm, S. 1 beschrieben, S. 2 Außenadresse.
HBA C 1 Nr. 2432. — Altsignatur fehlt; K. 485.

Nr. 2433

1596 Januar 29/Februar 8 [Königsberg]

Herzogliche Oberräte an Christoff Pfaff, Burggrafen zu Heilsberg:

Wunsch des ermländischen Bischofs, Fische aus den Seen in den Ämtern Osterode und Mohrungen zu kaufen; obwohl die Fischerei wegen des nicht abgegangenen Eises nicht groß ist, haben die Amtsdiener in beiden Ämtern den Befehl erhalten, Fische zum Bedarf der bischöflichen Hofhaltung zu liefern; Erwartung eines entsprechenden Verfahrens auf ermländischer Seite.

Reinkopie
Ostpr. Fol. 77, S. 7—9.

Nr. 2434

1596 Februar 5/15 [Königsberg]

Herzogliche Oberräte an Bischof Andreas von Ermland:

Beschwerde der herzoglichen Lehnsleute Matz und Hans von Schlubuth über die Verletzung ihrer Grenzen durch bischöfliche Untertanen; Hinweis der Oberräte auf die unrichtigen Grenzen zwischen dem Herzogtum und dem Bistum; bis zur Vornahme einer „endlichen Cognition" sollen die Bischöflichen auf das Roden, Holzen und Ackern im Gebiet der Schlubuths gänzlich verzichten.

Konzept
1 Bogen 21 x 32 cm, S. 1—2 beschrieben, S. 4 Empfänger-, Datums- und Registraturvermerk.
HBA C 1 Nr. 2434. — Altsignatur fehlt; K. 1233.
Reinkopie: Ostpr. Fol. 77, S. 9—12.

Nr. 2435

1596 Februar 12/22 [Königsberg]

Herzogliche Oberräte an Bischof Andreas von Ermland:

Gemäß dem Wunsch des Bischofs haben die Oberräte eine entsprechende Weisung an das Landgericht zu Bartenstein ergehen lassen.

Konzept
1 Blatt 20 x 32 cm, S. 1 beschrieben, S. 2 Empfänger-, Datums- und Registraturvermerk.
HBA C 1 Nr. 2435. — Altsignatur fehlt; K. 1233.
Reinkopie: Ostpr. Fol. 77, S. 14—15.

Nr. 2436

1596 März 5/15 [Königsberg]

Herzogliche Oberräte an Bischof Andreas von Ermland:

Die Frau des Königsberger Bürgers Christof Buthner hat angezeigt, daß sich ihr Mann bereits vor zweieinhalb Jahren zum Bischof begeben habe, um dort seine Sache vorzubringen; weil sie nicht weiß, ob er noch am Leben ist, bittet sie um Nachrichten über seinen Verbleib, was die Oberräte durch ihre Interzession unterstützen.

Konzept
1 Bogen 20 x 33 cm, S. 1—3 beschrieben, S. 4 Empfänger-, Datums- und Registraturvermerk.
HBA C 1 Nr. 2436. — Altsignatur fehlt; K. 1233.
Reinkopie: Ostpr. Fol. 77, S. 15—17.

Nr. 2437

1596 März 9/19, Königsberg

Herzogliche Oberräte an Bischof Andreas von Ermland:

Bezug auf einen Raub, den der masowische Adlige Johann Grzepski an Dorothea Wittmannsdorff begangen hat; Bitte an den Bischof, bei den Ständen und Senatoren der Krone Polen zu bewirken, daß an dem Übeltäter ein Exempel statuiert wird.

Reinkopie
Lateinisch
Ostpr. Fol. 60, S. 8—9.

Nr. 2438

1596 März 30/April 9 [Königsberg]

Herzogliche Oberräte an Bischof Andreas von Ermland:

Hinweis auf die Beschwerde Albrechts von Kreytzen auf Peust (Peyse) wegen eines seinen Untertanen ausgespannten und vorenthaltenen Pferdes; Interzession der Oberräte betr. Rückgabe des Pferdes.

Konzept
1 Blatt 21 x 32 cm, S. 1—2 beschrieben, S. 2 Empfänger-, Datums- und Registraturvermerk.
HBA C 1 Nr. 2438. — Altsignatur fehlt; K. 1233.
Reinkopie: Ostpr. Fol. 77, S. 19—20.

Nr. 2439

1596 Mai 7/17, Königsberg

Herzogliche Oberräte an Bischof Andreas von Ermland:

Die herzoglichen Untertanen Georg von Lacken und Nickel Lidwitz haben angezeigt, daß vor kurzer Zeit etliche an der Grenze wohnende Freie über die Grenze gedrungen sind und einen Untertan der Frau Braxein, über die sie die Vormundschaft ausüben, auf freier Straße erschlagen haben; Bitte der Oberräte um gebührende Bestrafung der Täter, damit der Landfriede „unvioliret" und die gutnachbarliche Korrespondenz erhalten bleibe.

Konzept
1 Bogen 19,5 x 31 cm, S. 1—3 beschrieben, S. 4 Empfänger-, Datums- und Registraturvermerk.
HBA C 1 Nr. 2439. — Altsignatur fehlt; K. 1233.
Reinkopie: Ostpr. Fol. 77, S. 53—55.

Nr. 2440

1596 Juni 19/29, Königsberg

Herzogliche Oberräte an Bischof Andreas von Ermland:

Herzog Georg Friedrich bedauert, der Einladung zur Hochzeit des Bruders des Bischofs nicht Folge leisten zu können; weil er aber an den Geschicken des Hauses Bathory Anteil nimmt, wird in seinem Auftrag und in dem Herzog Albrecht Friedrichs der Hauptmann von [Preußisch] Holland, Sebastian Perbandt, an den Hochzeitsfeierlichkeiten teilnehmen.

Reinkopie
Lateinisch
Ostpr. Fol. 60, S. 21—22.

Nr. 2441

1596 Juli 23/August 2 [Königsberg]

Herzogliche Oberräte an den Burggrafen zu Heilsberg:

Beschwerde Bernhardt Behrs über Übergriffe des Heilsberger Burggrafen, obwohl die strittigen Grenzen zwischen dem Herzogtum und dem Bistum noch nicht endgültig revidiert worden sind; der Burggraf hat neuliche etliche Pferde [Behrs] pfänden lassen, die er noch in Verwahrung hat; Befehl an Reinhardt von Eppingen, Hauptmann zu Preußisch Eylau, mit seinen Zugeordneten den Zwist zu erörtern und den dazu angesetzten Tag dem Heilsberger Burggrafen mitzuteilen; Bitte um gutwillige Rückgabe der gepfändeten Pferde an [Behr].

Reinkopie
Ostpr. Fol. 77, S. 47—48.

Nr. 2442

1596 September 20/30 [Königsberg]

Herzogliche Oberräte an Michael von Pröck, Hauptmann zu Braunsberg:

Vor kurzem hat der Schulmeister Hans von der Groebens Merten im Kruge von Schönbruch den Adligen Andres Heinrich Rippe ohne Ursache mit einer „Wehr“ tödlich verletzt; weil sich der flüchtige Täter in Braunsberg aufhalten soll, bitten die Oberräte um dessen Inhaftierung, wovon sie unterrichtet werden wollen.

Reinkopie
Ostpr. Fol. 77, S. 37—38.

Nr. 2443

1596 September 20/30 [Königsberg]

Herzogliche Oberräte an den Rat zu Braunsberg:

Bitte um Klaglosstellung des Königsberger Bürgers Merten von Höfen in dessen Schuldforderung an den Braunsberger Bürger Hintz.

Reinkopie
Ostpr. Fol. 77, S. 49—50.

Nr. 2444

1596 Oktober 2/12 [Königsberg]

Herzogliche Oberräte an Bischof Andreas von Ermland:

Kreditiv für Anshelm von Tettau, der in etlichen Sachen an den Bischof abgeordnet wird.

Reinkopie
Ostpr. Fol. 77, S. 50—51.

Nr. 2445

1596 Oktober 23, Heilsberg

Bischof Andreas von Ermland an die herzoglichen Oberräte:

Dank für die Förderung des Anliegens seines Untertans Peter Usdowsky durch die Oberräte; erneute bischöfliche Interzession zwecks dessen endgültiger Klaglosstellung.

Ausfertigung
1 Bogen 19,5 x 32 cm, S. 1—2 beschrieben, Unterschrift des Bischofs, S. 4 Außenadresse und Inhaltsvermerk.
Siegel des Bischofs
HBA C 1 Nr. 2445. — Altsignatur fehlt; K. 483.

Nr. 2446

1596 Oktober 16/26 [Königsberg]

Herzogliche Oberräte an Bischof Andreas von Ermland:

Nach dem Bericht des Ortelsburger Hauptmanns Jacob von Sparwein sind etliche Heiducken durch das Dorf Bautowa gezogen, die dort Fauden [Büsche] abgesteckt und die Bauern bedroht haben; Bitte um Untersuchung der strittigen Grenze durch die beiderseitigen Kommissarien; bis dahin sollen die bischöflichen Untertanen die herzoglichen Landeskinder in ihrem Besitz und ihren Hufen „unturbiret" lassen.

Konzept
1 Bogen, 1 Blatt 20 x 32 cm, S. 1—4 beschrieben, S. 6 Empfänger-, Datums- und Registraturvermerk.
HBA C 1 Nr. 2446. — Altsignatur fehlt; K. 1233.
Reinkopie: Ostpr. Fol. 77, S. 57—60.

Nr. 2447

1596 Oktober 20/30 [Königsberg]

Herzogliche Oberräte an Bischof Andreas von Ermland:

Kreditiv für den an den Bischof geschickten Andreas von Eylenburg.

Konzept
1 Blatt 20 x 32 cm, S. 1 beschrieben, S. 2 Empfänger-, Datums- und Registraturvermerk.
HBA C 1 Nr. 2447. — Altsignatur fehlt; K. 1233.

Nr. 2448

1596 Oktober 21/31 [Königsberg]

Herzogliche Oberräte an Bischof Andreas von Ermland:

Bezug auf die Supplikation des Georg von Lacken und Nickel Littwitz in deren Eigenschaft als Vormünder der Witwe Fabian Braxeins; Bitte um Klaglosstellung der Petenten.

Konzept
1 Bogen 20,5 x 32 cm, S. 1—2 beschrieben, S. 4 Empfänger-, Datums- und Registraturvermerk.
HBA C 1 Nr. 2448. — Altsignatur fehlt; K. 1233.
Reinkopie: Ostpr. Fol. 77, S. 67—69.

Nr. 2449

1596 November 24/Dezember 4 [Königsberg]

Herzogliche Oberräte an den Kanzler und Schäffer Heinrich Hindenbergk zu Heilsberg:

Empfang der Beschwerde [Hindenbergks] über die Errichtung eines Gerichts oder Galgens im Ortelsburgischen an der Grenze des Stifts Ermland; Mißfallen der Oberräte über diese Eigenmächtigkeit; Befehl an die an das Bistum grenzenden herzoglichen Ämter, weiterhin gute Korrespondenz und Nachbarschaft zu praktizieren; dem Ortelsburger Hauptmann Jacob von Sparwein sind diese Dinge nicht bekannt; er soll sich nach Butowa begeben und über die dortigen Verhältnisse Bericht erstatten.

Reinkopie
Ostpr. Fol. 77, S. 76—78.

Nr. 2450

1597 April 22/Mai 1, Königsberg

Herzogliche Oberräte an Bischof Andreas von Ermland:

Die Oberräte haben sowohl den Berichten der nach Warschau entsandten herzoglichen Legaten als auch dem Schreiben des Bischofs an [Reinhold] Heidenstein, das vor kurzem an den Obersten Burggrafen Johann Rautter weitergeleitet worden ist, entnommen, daß [Andreas Bathory] mit den nach Warschau geschickten Bevollmächtigten des Herzogs von Kurland eine Vereinbarung getroffen hat; nach dieser soll der Kontrakt wegen Einlösung des Bistums Pilten für null und nicht erklärt werden, wenn die Zahlung der sieben Millionen Gulden nicht in der Zeit vom 27. März bis zum 27. Mai des laufenden Jahres erfolgt ist; Herzog [Georg Friedrich] ist immer der Ansicht gewesen, daß jenes Einlösungsrecht an den Herzog von Kurland übertragen worden ist; wenn aber die Zahlung der sieben Millionen Gulden zur vollständigeren Konservation seines Rechts nützlich ist, was der Bischof niemals in Zweifel gezogen hat, ist er bereit, die spezifizierte Summe zu zahlen.

Reinkopie
Lateinisch
Ostpr. Fol. 60, S. 66—67.

Nr. 2451

1597 Juli 18/28 [Königsberg]

Herzogliche Oberräte an das Kapitel des Stifts Ermland:

Empfang des Schreibens der Domherren wegen der gewaltsamen Einfälle der Wildnisbereiter und Untertanen aus dem Amt Ortelsburg in das Bistum Ermland; die Ortelsburger haben sich dagegen ihrerseits über Einfälle bischöflicher Landeskinder in ihre Grenzen beschwert; auch sollen etliche Ochsen weggetrieben worden sein, was den Ortelsburger Hauptmann zu einer Klage beim Burggrafen von Heilsberg veranlaßt hat; die Oberräte verweisen auf ihren dem Bischof im vorigen Jahr gemachten Vorschlag, die Grenzstreitigkeiten durch beiderseitige Kommissarien beheben zu lassen, worauf bisher keine Antwort erfolgt ist; sie erneuern daher ihren Wunsch, nach der Erntezeit mit der Grenzrevision zu beginnen.

Konzept
1 Bogen, 1 Blatt 21 x 33 cm, S. 1—5 beschrieben, S. 6 Empfänger-, Datums- und Registraturvermerk.
HBA C 1 Nr. 2451. — Altsignatur fehlt; K. 1233.
Reinkopie: Ostpr. Fol. 77, S. 112—114.

Nr. 2452

1597 August 19/29 [Königsberg]

Herzogliche Oberräte an Bischof Andreas von Ermland:

Streitigkeiten zwischen dem bischöflichen Kornschreiber Heinrich Möller und dem Schulzen zu Granden; Verweis auf ihre schriftliche Zusage und auf die Friedrich Berndt mündlich gegebene Botschaft, die Sache des [Möller] zu fördern; allerdings sind Nachforschungen im herzoglichen Archiv und im Amt Angerburg ergebnislos verlaufen; die Oberräte haben erfahren, daß [Möller] seine Supplikationen „extraiuditialiter et in absentia partis" übergeben hat, was ihm wenig dienlich ist, weil das fürstliche Hofgericht nur auf rechtmäßig vorgebrachten acta fußen kann; das Verhalten Müllers entspricht daher nicht dem „stylus curiae nostrae"; die von Möller erbetene Zitation an seinen Gegenpart, „sich draussen zu gestellen", ist im Herzogtum nicht gebräuchlich.

Konzept
1 Bogen 21 x 32 cm, S. 1—4 beschrieben, S. 4 Empfänger-, Datums- und Registraturvermerk.
HBA C 1 Nr. 2452. — Altsignatur fehlt; K. 1233.
Reinkopie: Ostpr. Fol. 77, S. 115—116.

Nr. 2453

1597 September 16, Rössel

Bischof Andreas von Ermland an die herzoglichen Oberräte:

Vor einiger Zeit hat Stenzel Ossowsky dem Bürger der Alten Stadt Königsberg, Christoff Poll, etliche Ochsen verkauft; weil letzterer nicht zahlungskräftig gewesen ist, hat er dem Ossowsky statt Geld Tücher gegeben, womit dieser aber wegen seiner Unerfahrenheit im Tuchhandel nichts anfangen konnte; Ossowsky hat daraufhin dem Poll die Tücher zurückgegeben und um die Auszahlung des ihm zustehenden Geldes gebeten; trotz aller Bemühungen hat Ossowsky sein Geld nicht erhalten und auch beim Richter der Alten Stadt Königsberg kein Recht bekommen; Interzession des Bischofs für [Ossowsky] zwecks dessen Klaglosstellung.

Behändigte Ausfertigung
1 Bogen 21 x 33 cm, S. 1—2 beschrieben, Unterschrift des Bischofs, S. 4 Außenadresse und Eingangsvermerk vom 7./17. September 1597.
Siegel des Bischofs
HBA C 1 Nr. 2453. — Altsignatur fehlt; K. 483.

Nr. 2454

1597 Oktober 7/17 [Königsberg]

Herzogliche Oberräte an Bischof Andreas von Ermland:

Entlaufen eines vom Rat der Alten Stadt Königsberg inhaftierten Weibes, das mit einem dortigen Bürger und Ehemann Unzucht und Ehebruch begangen hat; weil nach glaubwürdigen Nachrichten das Weib in Heilsberg aufgegriffen und in Verhaft gebracht worden ist, bitten die Oberräte um Überstellung der Übeltäterin in die Jurisdiktion des altstädtischen Rats.

Konzept
1 Bogen 21 x 32 cm, S. 1—2 beschrieben, S. 4 Empfänger-, Datums- und Registraturvermerk.
HBA C 1 Nr. 2454. — Altsignatur fehlt; K. 1233.
Reinkopie: Ostpr. Fol. 77, S. 118—119.

Nr. 2455

1597 Oktober 29, Wartenburg

Bischof Andreas von Ermland an die herzoglichen Oberräte:

Beschwerde des Braunsberger Bürgers Hans Meyer, der in Königsberg von einem Kneiphofer Bürger Hafer gekauft hat, wegen der von den Oberräten verbotenen Ausfolgung dieses Hafers an ihn; Bitte des Bischofs um Freigabe des rechtmäßig gekauften Hafers.

Ausfertigung
1 Bogen 20,5 x 32 cm, S. 1 beschrieben, Unterschrift des Bischofs, S. 4 Außenadresse und Kanzleivermerk.
Siegel des Bischofs
HBA C 1 Nr. 2455. — Altsignatur: 1/13/71; K. 483.

Nr. 2456

1597 November 3/13 [Königsberg]

Herzogliche Oberräte an Bischof Andreas von Ermland:

Keine Kenntnis von einem Verbot, Getreide aus dem Herzogtum ins Bistum auszuführen; Anforderung eines Berichts des Hauptmanns zu Balga in dieser Sache.

Konzept
1 Blatt 21 x 32 cm, S. 1—2 beschrieben, S. 2 Empfänger-, Datums- und Registraturvermerk.
HBA C 1 Nr. 2456. — Altsignatur fehlt; K. 1233.

Nr. 2457

1597 Dezember 24/1598 Januar 3 [Königsberg]

Herzogliche Oberräte an Bischof Andreas von Ermland:

Klage Moritz Troschkes über die ihm untersagte Fischerei im Blankensee, die seine Vorfahren genossen und gebraucht haben; Fürbitte der Oberräte für Troschke, damit ihm seine alten Gerechtigkeiten belassen werden.

Konzept
1 Bogen 20 x 32 cm, S. 1—2 beschrieben, S. 4 Empfänger-, Datums- und Registraturvermerk.
HBA C 1 Nr. 2457. — Altsignatur fehlt; K. 1233.
Reinkopie: Ostpr. Fol. 77, S. 122—124.

Nr. 2458

1598 Januar 12 [Heilsberg]

Instruktion des Bischofs Andreas von Ermland für seine an die herzoglichen Oberräte entsandten Legaten Georg von Olsen, Burggrafen von Rössel, und Jacob Bartsius:

Die Legaten sollen die Beschwerde des Bischofs über die Verletzung des durch die geltenden Verträge geregelten gegenseitigen Handels durch die herzoglichen Untertanen zur Sprache bringen; gegen alle Verträge und die Gewohnheiten dieser Lande Preußen haben die Oberräte die Zufuhr von Weizen, anderem Getreide und von Viktualien in die bischöflichen Städte unterbunden; betroffen sind davon vor allem Braunsberg, Mehlsack und Wartenburg; in Richtung Braunsberg und Wartenburg sind im Kruge zu Einsiedel Wachen aufgestellt worden, die die ins Bistum ziehenden Bauern zurücktreiben; einem Bauern ist seine Gerste weggenommen worden; nach altem Brauch stehen die Wochenmärkte in den Städten den beiderseitigen Untertanen offen; Klage über die Heiligenbeiler, die den Bischöflichen den Besuch ihrer Wochenmärkte verboten haben; am vergangenen 24. Dezember alten Stils ist ein Braunsberger, der von seinen Schuldnern Flachs fordern wollte, vom dortigen Magistrat daran gehindert worden; Schmähung der ermländischen Katholiken durch den Königsberger Bürger Christof Schnerlin; trotz aller Ermahnungen des Bischofs, die Verträge zu beachten, haben sich auf herzoglicher Seite die Übergriffe vermehrt; der bevorstehende Graudenzer Landtag wird sich mit diesen Verstößen befassen.

Abschrift
Lateinisch
2 Bogen 20,5 x 32 cm, S. 1—6 beschrieben, S. 8 Inhalts- und Datumsvermerk.
HBA C 1 Nr. 2458. — Altsignatur fehlt; K. 483.

Nr. 2459

1598 Januar 5/15 [Königsberg]

Herzogliche Oberräte an Bischof Andreas von Ermland:

Empfang der von den bischöflichen Legaten Georg von Olsen und Jacob Bartsch übermittelten Botschaft wegen der unterbundenen Getreidezufuhr ins Bistum; keine Einführung von Neuerungen in den aufgerichteten Landesordnungen; die Beschwerden des Bischofs müssen in neue Deliberation gezogen werden, was wegen der geringen Anzahl der jetzt anwesenden Oberräte nicht sofort möglich ist; Bitte um Verständnis für die verzögerte Erledigung der Angelegenheit; Interesse an der Bewahrung der guten Nachbarschaft; außerdem haben sie zwei Schreiben des Bischofs in derselben Sache erhalten, wofür sie Erkundigungen einholen müssen.

Konzept
2 Bogen, 1 Blatt 20 x 32 cm, S. 1—5 und S. 7 beschrieben, S. 6 Außenadresse und Inhaltsvermerk.
HBA C 1 Nr. 2459. — Altsignatur: 4/3/67; K. 1233.

Nr. 2460

1598 Januar 20, Braunsberg

Bischof Andreas von Ermland an die herzoglichen Oberräte:

Empfang der Antwort der Oberräte auf die Instruktion seiner Gesandten und des beiliegenden Mandats von 1593; die bischöflichen Untertanen erklären, daß dieses Mandat nicht in allem mit den „uralten Pacten und Landesordnungen concordire"; nach ihrer Auffassung ist der Vorkauf nicht gänzlich, sondern nur im Übermaß in den alten Pacten verboten worden; keinesfalls könne daraus ein Verbot des Besuchs der Wochenmärkte abgeleitet werden; so würden die Königsberger frei und ungehindert in den bischöflichen Städten handeln und wandeln; das erwähnte Mandat sei „nicht in effectum deduciret", sondern in den Jahren 1594, 1595 etc. mit Stillschweigen übergangen worden; er [Andreas Bathory] habe seinen Untertanen gestattet, ihr Getreide zu Lande und zu Wasser nach Königsberg zum Verkauf zu bringen; Bitte um Beibehaltung der alten Handelsgepflogenheiten gemäß den geltenden Verträgen.

Behändigte Ausfertigung
1 Bogen 21 x 32 cm, S. 1—2 beschrieben, Unterschrift des Bischofs, S. 4 Außenadresse, Inhaltsvermerk, Eingangsvermerk vom 12./22. Januar 1598, Beantwortungsvermerk vom 15./25. Januar 1598.
Siegel des Bischofs
HBA C 1 Nr. 2460. — Altsignatur: 4/3/67 (IV); K. 483.

Nr. 2461

1598 Januar 13/23 [Königsberg]

Herzogliche Oberräte an Bischof Andreas von Ermland:

Antwort auf die Beschwerden des Bischofs wegen der unterbundenen Zufuhr; Stellungnahme zu dem Vorwurf, der Hauptmann von Balga habe drei Personen auf der Straße aufgreifen und gebührend bestrafen lassen, was gegen das alte Herkommen verstoße; Erörterung der Klage des Bischofs über die Heiligenbeiler Wochenmärkte, die den Königsbergern zum Vorteil und den Braunsbergern zum Nachteil gereichten; aus dem Mandat von 1593 könne der Bischof ersehen, daß Herzog [Georg Friedrich] die alten Gebräuche und Verträge und die bisherige gute Nachbarschaft beibehalten wolle; kein Verbot für die bischöflichen Untertanen, die öffentlichen Wochenmärkte im Herzogtum zu besuchen und den Kauf und Handel nach der alten Ordnung zu praktizieren; dagegen keine Duldung des Vorkaufs gemäß der 1529 verglichenen alten Landesordnung; dagegen hätten die Bürger von Braunsberg und anderen bischöflichen Städten wiederholt verstoßen; daher müsse man die Strafen für derartige Übertretungen erhöhen; gemäß der Landesordnung müsse jeder seine Waren in die nächstgelegenen Marktstädte führen und dort zum Verkauf anbieten; auch der Bischof habe seinen Untertanen den Vorkauf verboten; Bereitschaft der Oberräte, den Bürgern von Braunsberg und anderen Städten zur Erfüllung ihrer Ansprüche im Herzogtum zu verhelfen, was der Bischof auch im umgekehrten Fall bewirken solle; obwohl das Getreide wegen Mißernten und die Milchspeise wegen Mangels an Vieh im Herzogtum knapp geworden sind, ist die Zufuhr ins Bistum nicht verboten worden; die Oberräte haben erfahren, daß der Bischof seinen Untertanen die Zufuhr von Getreide und Milchspeise ins Herzogtum verboten haben soll; nach Aussage der Heiligenbeiler kann auf ihren Wochenmärkten jeder Kaufmann, er sei Königsberger oder Braunsberger, Waren kaufen; allerdings dürften die Waren nicht von Bauern, sondern allein von den Bürgern verkauft werden; Mißfallen über Christoff Schnürlein, der die Katholiken geschmäht hat; Rechtfertigung des herzoglichen Mandats von 1593, das auf der alten Landesordnung von 1529 fußt.

Konzept
6 Bogen 20 x 33 cm, S. 3—22 beschrieben, S. 24 Empfänger-, Datums- und Registraturvermerk.
HBA C 1 Nr. 2461. — Altsignatur fehlt; K. 1233.

Nr. 2462

1598 Februar 10, Braunsberg

Bischof Andreas von Ermland an die herzoglichen Oberräte:

Wegen seiner Beschäftigung mit wichtigen Landesgeschäften bittet der Bischof um Verschiebung der zu behandelnden Zufuhrsache auf vier Wochen; in dieser Zeit soll der Handel und Wandel der bischöflichen mit den herzoglichen Untertanen nach den alten Gebräuchen praktiziert werden; Bereitschaft [Andreas Bathorys], alle „menschlichen Mittel und Wege“ zu handhaben, damit dieser strittige Handel verglichen werden kann, ohne daß er vor den König oder die Res publica gelangt.

Behändigte Ausfertigung
1 Bogen 20 x 31 cm, S. 1—2 beschrieben, Unterschrift des Bischofs, S. 4 Außenadresse, Inhaltsvermerk, Eingangsvermerk vom 2./12. Februar 1598, Beantwortungsvermerk vom 5./15. Februar 1598.
Siegel des Bischofs
HBA C 1 Nr. 2462. — Altsignatur: 4/3/67 (V); K. 483.

Nr. 2463

1598 Februar 5/15 [Königsberg]

Herzogliche Oberräte an Bischof Andreas von Ermland:

Weil aufgrund des Mandats von 1593 die Zufuhr ins Ermland nicht unterbunden worden ist und die alte Landesordnung von 1529 weiter in Kraft bleibt, bedarf es keiner

Bitte des Bischofs, seinen Untertanen für vier Wochen den freien Handel mit dem Fürstentum [Preußen] zu gestatten.

Konzept
1 Bogen 21 x 33 cm, S. 1—3 beschrieben, S. 4 Empfänger-, Datums- und Registraturvermerk.
HBA C 1 Nr. 2463. — Altsignatur fehlt; K. 1233.

Nr. 2464

1598 Juli 3, Heilsberg

Bischof Andreas von Ermland an die herzoglichen Oberräte:

Beschwerde wegen der Beleidigung seines Schäffers in Königsberg, die auch höhere Personen berührt; Bitte um angemessene Bestrafung.

Behändigte Ausfertigung
1 Bogen 20 x 31 cm, S. 1—2 beschrieben, Unterschrift des Bischofs, S. 4 Außenadresse, Inhalts- und Eingangsvermerk vom 10./20. Juli 1598.
Siegel des Bischofs
HBA C 1 Nr. 2464. — Altsignatur: 1/13/72; K. 483.

Beilage

1598 Juli 3, Heilsberg

Bischof Andreas von Ermland an den Rat zu Kneiphof:

Entsendung seines Schäffers nach Königsberg, der von einem Wirt Graffe beherbergt und mit anderen Dienern von Leuten „inferioris fecis“ geschlagen worden ist; diese Exzesse sollen auf Anstiften besagten Wirts, der ein religiöser Eiferer ist, erfolgt sein; Schmähung der Bischöflichen als Papisten; der Bischof hat den von der katholischen Religion Abgefallenen alle Wohltaten nach Standes Gebühr erwiesen, dabei aber den ungezügelten Eifer der Protestanten erfahren müssen; Ersuchen an den Kneiphofer Rat, eine strenge Strafe über die Übeltäter zu verhängen.

Abschrift
1 Bogen 20 x 31 cm, S. 1—3 beschrieben, S. 4 Inhaltsvermerk.

Nr. 2465

1598 Juni 30/Juli 10, Königsberg

Vergleich zwischen dem Herzogtum und dem Bistum wegen der Wochenmärkte:

Auf jedem Wochenmarkt soll im Sommer bis neun und im Winter bis zehn Uhr morgens allein den Bürgern des betreffenden Ortes der Kauf von Waren gestattet sein;

danach soll jedem anderen freistehen, mit den Bauern „zu hantieren und zu kauffen"; gänzliches Verbot des Vorkaufs, damit die Zufuhr zu den Wochenmärkten nicht geschmälert wird; die herzoglichen Untertanen sollen ihre Waren bei der zuständigen Ortsobrigkeit im Bistum und die bischöflichen diese bei den herzoglichen Obrigkeiten spezifizieren, damit die Ansprüche der Gläubiger befriedigt werden können; die Gewährung von Anleihen muß mit Wissen der Obrigkeit erfolgen; über den Vergleich werden zwei gleichlautende Exemplare ausgefertigt, von denen eins die bischöfliche und das andere die herzogliche Seite erhalten soll.

Ausfertigung
2 Bogen 21 x 32 cm, S. 3—7 beschrieben.
Siegel des Ausstellers
HBA C 1 Nr. 2465. — Altsignatur: 4/20/29; K. 483.

Nr. 2466

1598 Juni 30/Juli 10, Königsberg

Vergleich wegen der Wochenmärkte:

Gleichlautender Text zu Reg.-Nr. 2465.

Konzept
2 Bogen 20,5 x 31 cm, S. 3—7 beschrieben.
HBA C 1 Nr. 2466. — Altsignatur fehlt; K. 483.

Nr. 2467

1598 Juli 14, Braunsberg

Michael Duntzius an Merten von Pröck, Erbsassen auf Kuraw und Rosenort:

Der König [Sigismund III.] hat seine Absicht, ins Ermland zu kommen, geändert und will mit diesem guten Wind und Wetter nach Schweden segeln.

Ausfertigung
1 Blatt 20 x 34 cm, S. 1 beschrieben, Unterschrift des Ausstellers, S. 2 Außenadresse und Kanzleivermerk.
Siegel des Ausstellers
HBA C 1 Nr. 2467. — Altsignatur fehlt; K. 485.

Nr. 2468

1598 Juli 10/20 [Königsberg]

Herzogliche Oberräte an Bischof Andreas von Ermland:

Befehl an den Kneiphofer Rat, wegen der auf den bischöflichen Schäffer verübten Gewalttat Nachforschungen einzuleiten und über den Verbrecher die gebührende Strafe zu verhängen.

Konzept
1 Blatt 20,5 x 34 cm, S. 1 beschrieben, S. 2 Empfänger-, Datums- und Registraturvermerk.
HBA C 1 Nr. 2468. — Altsignatur fehlt; K. 1233.
Reinkopie: Ostpr. Fol. 77, S. 137—138.

Nr. 2469

1598 Juli 23, Heilsberg

Bischof Andreas von Ermland an die Bürgermeister und Ratmannen der Stadt Braunsberg:

Die Streitigkeiten zwischen dem Stift Ermland und dem Herzogtum Preußen wegen der Wochenmärkte sind durch einen Vergleich beigelegt worden; Befehl an die Adressaten, diesen Vergleich allen Stadtbewohnern öffentlich zur Kenntnis zu bringen; der Burggraf oder Amtmann soll diesen dem Landmann publizieren.

Abschrift
1 Bogen 20,5 x 34 cm, S. 1—2 beschrieben.
HBA C 1 Nr. 2469. — Altsignatur fehlt; K. 483.

Nr. 2470

1598 August 3, Frauenburg

Prälaten, Domherren und Kapitel des Stifts Ermland an die herzoglichen Oberräte:

Ein Dorfschneider oder Bönhase von Balzen hat gegen die Bestimmungen der Landesordnung Schneiderei in den Dörfern des Allensteiner Gebiets betrieben, wodurch er den Allensteiner Schneidern die Nahrung entzogen hat; als besagter Bönhase auf Befehl des Burggrafen im Dorf Wuttrienen ergriffen und nach dem Schloß Allenstein gebracht werden sollte, ist dieser mit gewaffneter Hand auf dem Grund und Boden des Kapitels von dem herzoglichen Untertan Adam Balsky ins Herzogtum entführt worden; Bitte um gebührende Bestrafung Balskys und um Überstellung des Bönhasen nach Allenstein; außerdem beschweren sich die Aussteller über den Burggrafen von Hohenstein, der gewaltsamerweise bei Samen den Bienern mehrere Säcke am Plautzker Fließ entwendet hat; der Hohensteiner Burggraf begründet sein Handeln mit früheren Verträgen zwischen der Krone Polen und dem Herzogtum, die den Domherren nicht bekannt sind; Bitte an die Oberräte, dem Burggrafen ein derartiges Verhalten künftig zu untersagen und den armen Leuten ihre Säcke wiederzugeben.

Behändigte Ausfertigung
1 Bogen 20 x 33 cm, S. 1—3 beschrieben, Unterschrift der Aussteller, S. 4 Außenadresse, Inhalts- und Eingangsvermerk vom 1./11. August 1598.
Siegel der Aussteller
HBA C 1 Nr. 2470. — Altsignatur: 1/13/73; K. 483.

Nr. 2471

1598 August 1/11 [Königsberg]

Herzogliche Oberräte an das Kapitel des Stifts Ermland:

Bereitschaft zur Erforschung der Sache des Balsky bei den Hohensteiner Amtsdienern; auch wegen der entwendeten Säcke wollen sie sich Klarheit verschaffen.

Konzept
1 Bogen 19,5 x 34 cm, S. 1—2 beschrieben, S. 4 Empfänger-, Datums- und Registraturvermerk.
HBA C 1 Nr. 2471. — Altsignatur fehlt; K. 1233.
Reinkopie: Ostpr. Fol. 77, S. 138—139.

Nr. 2472

1598 Dezember 15/25 [Königsberg]

Herzogliche Oberräte an Bischof Andreas von Ermland:

Die Interzession des Bischofs für den Kornschreiber Heinrich Muller hat ihnen der Wormditter Stadtschreiber Caspar Gruber übermittelt; gemäß dem bischöflichen Wunsch ist die Zitation der Erben Hans Mixens am 18. Januar des alten Kalenders vor das fürstliche Hofgericht festgesetzt worden; nach Verhör beider Parteien soll ein gerechtes Urteil erfolgen.

Konzept
1 Bogen 21 x 32 cm, S. 1—2 beschrieben, S. 4 Empfänger-, Datums- und Registraturvermerk.
HBA C 1 Nr. 2472. — Altsignatur fehlt; K. 1233.
Reinkopie: Ostpr. Fol. 77, S. 142—144.

Nr. 2473

1599 Januar 14, Heilsberg

Bischöflicher Kanzler Jacobus Schröter an die herzoglichen Oberräte:

Der unter dem Bischof ansässige Christoff von der Oelsnitz will in seiner Streitsache wider Hans Kalckstein nicht vor dem fürstlichen Hofgericht erscheinen, das er als „forum alienum" bezeichnet; weil der Bischof auf seiner bevorstehenden Reise von Christoff von der Oelsnitz begleitet wird, bittet er die Oberräte, bis zu dessen Rückkehr nichts Rechtliches gegen ihn vorzunehmen; Klage der Braunsberger über die Heiligenbeiler, die dem im Sommer letzten Jahres geschlossenen Vergleich wegen der Wochenmärkte keine Folge leisten; Bitte des Kanzlers um entsprechende Unterrichtung der Heiligenbeiler, damit sie dem Vergleich nachkommen.

Behändigte Ausfertigung
1 Bogen 20,5 x 30 cm, S. 1—3 beschrieben, Unterschrift des Ausstellers, S. 4 Außenadresse, Inhalts- und Eingangsvermerk vom 8./18. Januar 1599.
Siegel des Ausstellers
HBA C 1 Nr. 2473. — Altsignatur fehlt; K. 484.

Nr. 2474

1599 November 8/18 [Königsberg]

Herzogliche Oberräte an das Kapitel des Stifts Ermland:

Empfang des domkapitularischen Schreibens wegen Verdämmung der Passarge bei der Borchertsdorfer Mühle im Amt [Preußisch] Holland; in Kürze soll aufgrund des Berichts der an besagter Stelle gewesenen Kommissarien die Sache beraten werden; die Domherren werden vom Hauptmann zu [Preußisch] Holland schriftliche Antwort erhalten.

Konzept
1 Blatt 20,5 x 32 cm, S. 1—2 beschrieben, S. 2 Empfänger-, Datums- und Registraturvermerk.
HBA C 1 Nr. 2474. — Altsignatur fehlt; K. 1233.
Reinkopie: Ostpr. Fol. 77, S. 179—180.

Nr. 2475

1600 Januar 5/15, Königsberg

Herzogliche Oberräte an das Kapitel des Stifts Ermland:

Empfang eines Schreibens des Königs [Sigismund III.] und der Beschwerde des Kapitels wegen des Wehrs in der Passarge; dieses ist ohne begründete Ursache eingerissen worden, wodurch dem Herzog [Georg Friedrich] kein geringer Schaden bei der Borchertsdorfer Mühle zugefügt worden ist; das Wehr hat dort über 60 Jahre unangefochten gestanden, was beweist, daß es der Schiffahrt in diesem Fluß niemals hinderlich gewesen ist; Ersuchen an das Kapitel, das Wehr wieder aufrichten zu lassen, damit die bisherige gute Nachbarschaft erhalten bleiben kann; falls die Domherren dazu nicht bereit sind, soll an gebührendem Ort Bericht erstattet und Gewalt mit Gewalt vergolten werden.

Ausfertigung
1 Bogen 19,5 x 33 cm, S. 1—3 beschrieben, S. 4 Außenadresse und Kanzleivermerk.
Siegel der Aussteller
HBA C 1 Nr. 2475. — Altsignatur fehlt; K. 485.

Nr. 2476

1600 Januar 24, Heilsberg

Johannes Cretzmerus, Domherr zu Frauenburg und Statthalter des Bistums Ermland, an die herzoglichen Oberräte:

Erneute Supplikation Heinrich Möllers um Rechtshilfe gegen die Erben Hans Mixens; Interzession des Kapitels für den Petenten.

Behändigte Ausfertigung
1 Bogen 20 x 31 cm, S. 1—2 beschrieben, Unterschrift der Aussteller, S. 4 Außenadresse, Inhalts- und Eingangsvermerk zu Königsberg vom 22. Januar/1. Februar 1600.
Siegel der Aussteller
HBA C 1 Nr. 2476. — Altsignatur fehlt; K. 484.

Nr. 2477

1600 Januar 18/28 [Königsberg]

Herzogliche Oberräte an den Burggrafen zu Wormditt:

Supplikation des herzoglichen Untertans Alexander Herder aus Königsberg wegen der Hinterlassenschaft seines in Garben verstorbenen Bruders; Interzession der Oberräte für den Supplikanten zwecks dessen Klaglosstellung.

Reinkopie
Ostpr. Fol. 77, S. 187—188.

Nr. 2478

1600 April 5/15 [Königsberg]

Herzogliche Oberräte an das Kapitel des Stifts Ermland:

Beschwerde des Burggrafen zu Rössel über die Untertanen von Brosowen, die seinen Packmor an der Grenze gewaltsam angegriffen und in Seehesten ins Gefängnis geworfen haben; aus dem Bericht des Burggrafen von Seehesten geht hervor, daß sich der Rösseler Burggraf Georg von Ölsen angemaßt hat, zum Bau eines neuen Vorwerks in Ebertswolla in den herzoglichen Wäldern Holz fällen zu lassen; auf dem Grund und Boden von Brosowen und Simonswalde hat besagter Burggraf ein halbes bzw. eineinhalb Schock Bauholz schlagen lassen und das zum eigenen Nutzen verwendet; wenige Tage später hat er Einwohner von Brosowen, die den freien Wochenmarkt in Rössel besuchen wollten, binden und gefänglich einziehen lassen; außerdem hat er durch drei oder vier nahe beieinander liegende Räumungen den herzoglichen Untertanen großen Schaden zugefügt und ihre Ochsen und Pferde wegnehmen lassen; Bitte an das Kapitel, den Burggrafen zur Einstellung seines Tuns zu veranlassen; die Oberräte wollen die Untertanen des Herzogtums anweisen, sich bis zur endgültigen Regelung der Grenzstreitigkeiten aller Tätlichkeit zu enthalten; Befehl an den Burggrafen zu Seehesten, den inhaftierten Packmor freizugeben.

Konzept
2 Bogen 20,5 x 31 cm, S. 3—8 beschrieben, S. 8 Empfänger-, Datums- und Registraturvermerk.
HBA C 1 Nr. 2478. — Altsignatur fehlt; K. 1234.
Reinkopie: Ostpr. Fol. 77, S. 206—211.

Nr. 2479

1600 Mai 2/12 [Königsberg]

Herzogliche Oberräte an Johann Cretzmerus, Dechanten und Domherrn zu Frauenburg:

Empfang der Beschwerde des Cretzmerus über Hans von Saucken, der von beiden Ufern bis in die Mitte der Passarge ein Wehr errichtet hat, das dem Strom seinen freien Lauf nimmt und auch das Holzflößen behindert; Befehl an die Amtspersonen in Liebstadt, das besagte Wehr zu besichtigen; falls Saucken zu dessen Errichtung nicht befugt ist, soll er es abreißen.

Reinkopie
Ostpr. Fol. 77, S. 214—216.

Nr. 2480

1600 Juni 6/16 [Königsberg]

Herzogliche Oberräte an das Kapitel zu Frauenburg:

Bericht des Amts [Preußisch] Holland über das erneute Einreißen des Wehrs in der Passarge an der Borchertsdorfer Mühle; nach vollbrachter Tat haben die Beauftragten des Domkapitels dem Herzog zum Schimpf und Trotz ihre Rohre abgeschossen; die Oberräte fordern den umgehenden Wiederaufbau des Wehrs, dessen Instandhaltung nach alter Gewohnheit dem Hauptmann auf [Preußisch] Holland obliegt; Ersuchen an das Kapitel, diese Arbeit nicht zu hindern, weil man sonst andere Mittel ergreifen müsse.

Reinkopie
Ostpr. Fol. 77, S. 222—223.

Nr. 2481

1600 Dezember 10/20 [Königsberg]

Herzogliche Oberräte an das Domkapitel zu Frauenburg:

Erdtman Kleinschmidt aus der Königsberger Freiheit Roßgarten zeigt an, daß ihm von dem gewesenen Schulzen zu Groß Kleeberg im Allensteinischen, Hans Saleck, ein Erbe zugefallen ist, was von seiner Frau, die eine Nichte des Saleck sei, herrühre; Bitte der Oberräte an das Kapitel, dem Kleinschmidt zur Erfüllung seiner Ansprüche zu verhelfen.

Konzept
1 Bogen 20 x 33 cm, S. 1—3 beschrieben, S. 4 Empfänger-, Datums- und Registraturvermerk.
HBA C 1 Nr. 2481. — Altsignatur fehlt; K. 1234.

Nr. 2482

1601 Januar 1, Heilsberg

Johannes Cretzmerus, Statthalter des Bistums Ermland, an die herzoglichen Oberräte:

Bezug auf den früheren Grenzvergleich zwischen den bischöflichen Gebieten Rössel und Bischofsburg einer- und den herzoglichen Ämtern Seehesten und Ortelsburg andererseits; weil die Sache damals nicht gänzlich behandelt werden konnte, war verfügt worden, daß die beiderseitigen Untertanen bis zum Austrag der Angelegenheit ruhig in ihrem Besitz verbleiben sollten; dennoch hat der Rösseler Burggraf angezeigt, daß die angrenzenden Dorfschaften auf Seehestener Gebiet weit über die Landesgrenze greifen und viel Holz wegführen; neulich hat Jacob Leußener zu Wentzelsgut Lorentz Bartnitzki in dessen weit hinter der Grenze gelegenem Gut überfallen und von dort 30 Stück Bauholz auf Schlitten in das Herzogtum geführt; weil Gewalt und Unrecht wehe tun, bittet der Statthalter um Veranlassung der Dorfschaften im Seehestenschen, sich in ihren Grenzen ruhig zu verhalten, und um Wiedererstattung des von Leußener weggenommenen Bauholzes.

Behändigte Ausfertigung
1 Bogen 20 x 32 cm, S. 1—3 beschrieben, Unterschrift des Ausstellers, S. 4 Außenadresse, Inhalts- und Eingangsvermerk vom 31. Dezember 1600/10. Januar 1601; Vermerk: „Ist ann den Herrn zue Ortelspurg geschrieben den 3. Januarii Anno etc. 1601".
Siegel des Ausstellers
HBA C 1 Nr. 2482. — Altsignatur fehlt; K. 484.

Nr. 2483

1601 Mai 5, Braunsberg

Peter Tylicki, Bischof von Ermland, an die herzoglichen Oberräte:

Dank für die Gratulation der Oberräte zu seiner Erlangung des ermländischen Bischofstuhls; Bekundung seiner Bereitschaft, an den freundnachbarlichen Beziehungen zum Herzogtum festzuhalten.

Behändigte Ausfertigung
Lateinisch
1 Bogen 20 x 32 cm, S. 1 beschrieben, Unterschrift des Bischofs, S. 4 Außenadresse, Inhalts- und Eingangsvermerk vom 4./14. Mai 1601.
Siegel des Bischofs
HBA C 1 Nr. 2483. — Altsignatur: 1/10; K. 486.

Nr. 2484

1601 Mai 4/14 [Königsberg]

Herzogliche Oberräte an Bischof Peter von Ermland:

Beschwerde Johanns von Bochsen über den Burggrafen von Rössel, der ihn an der Ausübung seiner Fischereigerechtigkeit hindert; Interzession der Oberräte zwecks Klaglosstellung des Supplikanten.

Konzept
1 Blatt 20,5 x 33 cm, S. 1 beschrieben, S. 2 Empfänger-, Datums- und Registraturvermerk.
HBA C 1 Nr. 2484. — Altsignatur fehlt; K. 1234.

Nr. 2485

1601 Mai 8/18, Königsberg

Herzogliche Oberräte an Bischof Peter von Ermland:

Interzession für den Vasallus Johann von Bochsen, der sich über das widerrechtliche Fischen bischöflicher Untertanen in den Seen Wildern und Mandauern beschwert; Bitte um einen Befehl an den Burggrafen zu Rössel, daß dieser seinen Untersassen das Fischen in besagten Seen untersagen soll.

Konzept
Lateinisch
1 Blatt 19,5 x 32 cm, S. 1 beschrieben, S. 2 Empfänger-, Datums- und Registraturvermerk.
HBA C 1 Nr. 2485. — Altsignatur fehlt; K. 1234.
Reinkopie: Ostpr. Fol. 60, S. 281—282.

Nr. 2486

1601 Mai 16/26, Königsberg

Herzogliche Oberräte an Bischof Peter von Ermland:

Empfang der im Auftrag des Bischofs von Johann Pisiński, Domherrn zu Frauenburg und Sekretär des Königs, übermittelten Botschaft, die die strittigen Grenzen zwischen dem Bistum und dem Herzogtum sowie die Angelegenheit der Witwe Heidenstein betrifft; die Antwort der Oberräte wird [Pisiński] dem Bischof bei seiner Ankunft persönlich zur Kenntnis bringen.

Konzept
Lateinisch
1 Blatt 20 x 33 cm, S. 1 beschrieben, S. 2 Empfänger-, Datums- und Registraturvermerk.
HBA C 1 Nr. 2486. — Altsignatur fehlt; K. 1234.
Reinkopie: Ostpr. Fol. 60, S. 283.

Nr. 2487

1601 Juni 7/17, Königsberg

Oberster Burggraf Johann Rautter an Bischof Peter von Ermland:

Empfang der an Georg Friedrich und Johann Sigismund gerichteten Briefe des polnischen Königs durch [Rautter] in Stellvertretung der anderen abwesenden Oberräte; weil es darin um wichtige Sachen betr. das Haff und dessen Ufer geht, können die königlichen Schreiben erst nach Rückkehr der abwesenden Oberräte beraten und beantwortet werden.

Konzept
Lateinisch
1 Blatt 20 x 34 cm, S. 1 beschrieben, S. 2 Empfänger-, Datums- und Registraturvermerk.
HBA C 1 Nr. 2487. — Altsignatur fehlt; K. 1234.

Nr. 2488

1601 Juni 11/21, Königsberg

Herzogliche Oberräte an Bischof Peter von Ermland:

Bezug auf die ihnen durch den Diener des Bischofs übermittelten königlichen Schreiben; Hinweis auf die Botschaft, die [Peter Tylicki] in der strittigen Grenzsache zwischen dem Bistum und dem Herzogtum durch den Frauenburger Domherrn und königlichen Sekretär Johann Pisiński den Oberräten zur Kenntnis gebracht hat; Bitte um Verständnis für die Verzögerung dieser Angelegenheit, weil sie infolge des Kriegszugs Karls [von Södermanland] mit der Verteidigung der Seehäfen und anderen militärischen Rüstungen beschäftigt sind; grundsätzliche Bereitschaft, zu einem günstigeren Zeitpunkt die Grenzfragen durch Kommissarien regeln zu lassen; Erwartung einer Resolution des Bischofs in dieser Angelegenheit.

Konzept
Lateinisch
1 Bogen 20,5 x 32 cm, S. 1—2 beschrieben, S. 4 Empfänger-, Datums- und Registraturvermerk.
HBA C 1 Nr. 2488. — Altsignatur fehlt; K. 1234.
Reinkopie: Ostpr. Fol. 60, S. 288—290.

Nr. 2489

1601 Juli 4, Rössel

Bischof Peter von Ermland an die herzoglichen Oberräte:

Empfang der Schreiben der Oberräte in der Sache des Johann von Bochsen; einige Grenzfragen zwischen dem Bistum und dem Herzogtum sind noch offen geblieben, wozu die Seen Wildern und Mandauern gehören; gemäß dem Wunsch der Oberräte hat der Bischof den Rösselern befohlen, künftig in diesen Seen die Fischerei zu unterlassen; allerdings sollen dann auch die Herzoglichen darauf verzichten, weil es ungerecht ist, allein die ermländischen Untersassen von etwas auszuschließen, worauf sie Anspruch erheben.

Behändigte Ausfertigung
Lateinisch
1 Bogen 19,5 x 33 cm, S. 1—2 beschrieben, Unterschrift des Bischofs, S. 4 Außenadresse, Inhalts- und Eingangsvermerk vom 9./19. Juli 1601.
Siegel des Bischofs
HBA C 1 Nr. 2489. — Altsignatur fehlt; K. 484.

Nr. 2490

1601 Oktober 1/11, Königsberg

Herzogliche Oberräte an Bischof Peter von Ermland:

Empfang des bischöflichen Schreibens wegen der Vorbereitungen für die durchzuführende Grenzrevision zwischen dem Bistum und dem Herzogtum, wozu die Abordnung der beiderseitigen Kommissarien gehört; wegen des Herbstes und der kriegerischen Konflikte dürfte eine Grenzrevision auf Schwierigkeiten stoßen; dennoch sind sie bereit, am 2. November alten Stils Kommissarien an die strittigen Orte zu entsenden, die sich um die Beilegung der Differenzen bemühen sollen; Bitte um Nachricht, ob dieser Termin dem Bischof genehm ist.

Reinkopie
Ostpr. Fol. 60, S. 310—312.

Nr. 2491

1601 Oktober 17, Schmolainen

Bischof Peter von Ermland an die herzoglichen Oberräte:

Bezug auf die Supplikation der Braunsberger Bürger Simon Greber und Simon Müller wegen ihres Pflegesohns Matz Wietten, der einen Totschlag im Herzogtum begangen hat; weil diese Tat nicht vorsätzlich, sondern in Notwehr begangen worden ist, bittet der Bischof, den [Matz Wietten] mit der Leibesstrafe zu verschonen und ihm Gelegenheit zu geben, sich mit der Verwandtschaft des Entleibten zu einigen.

Behändigte Ausfertigung
1 Bogen 19 x 30 cm, S. 1—2 beschrieben, Unterschrift des Bischofs, S. 4 Außenadresse und Eingangsvermerk vom 23. Dezember 1601/2. Januar 1602.
Siegelspuren
HBA C 1 Nr. 2491. — Altsignatur fehlt; K. 486.

Nr. 2492

1601 Oktober 8/18, Königsberg

Herzogliche Oberräte an Bischof Peter von Ermland:

Bitte um Erlaubnis für Georg Kriegeisen, zum Bedarf der herzoglichen Hofhaltung Hopfen im Bistum aufzukaufen.

Konzept
Lateinisch
1 Blatt 20,5 x 34 cm, S. 1 beschrieben, S. 2 Empfänger-, Datums- und Registraturvermerk.
HBA C 1 Nr. 2492. — Altsignatur fehlt; K. 1234.
Reinkopie: Ostpr. Fol. 60, S. 313.

Nr. 2493

1601 Oktober 15/25, Königsberg

Herzogliche Oberräte an Bischof Peter von Ermland:

Vorschlag des Bischofs, die Grenzrevision vom 2. auf den 9. November alten Stils zu verschieben und diese in den Grenzen von Wartenburg zu beginnen; die herzoglichen Kommissarien können aber wegen anderer wichtiger Geschäfte diesen Termin nicht wahrnehmen, wozu die grassierende Pest als weiteres Hindernis kommt; Bitte um Verschiebung der Grenzsache auf das nächste Frühjahr.

Reinkopie
Lateinisch
Ostpr. Fol. 60, S. 314—315.

Nr. 2494

1601 Dezember 24, Braunsberg

Bischof Peter von Ermland an die herzoglichen Oberräte:

Ein im Königreich Polen geborener und vieler Sprachen mächtiger Jüngling ist vom König [Sigismund III.] nach Preußen geschickt worden, um Geld vom Schatzmeister der Lande Preußen in Empfang zu nehmen und dieses dem Monarchen zu überbringen; der Jüngling hat aufgrund unglücklicher Irrtümer und Zufälle nicht gewagt, an den königlichen Hof zu kommen, und sich an verschiedenen Orten herumgetrieben; er ist auf Veranlassung des königlichen Kämmerers Michael Moszyński in Danzig festgenommen und nach Abnahme seines mitgeführten Geldes dem Magistrat zur Bewachung übergeben worden; weil er sich vorher in Ragnit aufgehalten und dort Geld und andere Sachen zurückgelassen hat, die laut Befehl des Königs wie die anderen bei dem Jungen gefundenen Beträge für die Kronarmee bestimmt sind, bittet Bischof [Peter Tylicki] die Oberräte um deren Ausfolgung an den Kämmerer Moszyński.

Behändigte Ausfertigung
Lateinisch
1 Bogen 20 x 32 cm, S. 1—2 beschrieben, Unterschrift des Bischofs, S. 4 Außenadresse, Inhalts- und Eingangsvermerk vom 14./24. Dezember 1601.
Siegel des Bischofs
HBA C 1 Nr. 2494. — Altsignatur fehlt; K. 486.

Nr. 2495

1602 Januar 28/Februar 7, Königsberg

Herzogin Marie Eleonore von Preußen an Bischof Peter von Ermland:

Der Oberste Burggraf Johann Rautter hat verschiedenes in der Angelegenheit seiner Enkelinnen vorgetragen, die der Ehe seiner Tochter Barbara mit Friedrich Pröck entstammen; der Braunsberger Hauptmann hat deren Erbrechte verletzt; Bitte der Herzogin an den Bischof, dem Braunsberger Hauptmann sein Tun zu untersagen und den Mündeln zum Recht zu verhelfen.

Reinkopie
Lateinisch
Ostpr. Fol. 60, S. 345—346.

Nr. 2496

1602 August 13/23, Rastenburg

Herzogliche Oberräte an den Statthalter des Bistums Ermland:

Eingang eines Berichts der Ortelsburger Offizianten über einen Einfall bischöflicher Untertanen aus Wartenburg, Seeburg und Bischofsburg in das dortige Amt, wobei sie auf gewaltsame Weise das Getreide gebunden und ungebunden vom Feld genommen und auf 150 Wagen weggeführt haben; Ersuchen der Oberräte an den Statthalter, die Rückgabe des Getreides an die herzoglichen Untersassen zu veranlassen; anderenfalls soll Gewalt mit Gewalt beantwortet werden.

Konzept
1 Bogen 20 x 34 cm, S. 1—3 beschrieben, S. 4 Empfänger-, Datums- und Registraturvermerk.
HBA C 1 Nr. 2496. — Altsignatur fehlt; K. 1234.

Nr. 2497

1602 August 13/23, Rastenburg

Herzogliche Oberräte an Johann Pisiński, Statthalter des Bistums Ermland:

Gleichlautender Text zur Reg.-Nr. 2496.

Abschrift
1 Bogen 20 x 34 cm, S. 1—3 beschrieben, S. 4 Außenadresse, Inhalts- und Datumsvermerk vom 14. August 1602.
HBA C 1 Nr. 2497. — Altsignatur fehlt; K. 1234.

Nr. 2498

1602 August 14/24, Rastenburg

Herzogliche Oberräte an Herzog Georg Friedrich:

Bitte um Rücksendung ihrer Vollmacht samt fürstlicher Unterschrift, damit sie die steckengebliebenen Verhandlungen mit dem ermländischen Bischof zwecks Regulierung der strittigen Grenzen fortsetzen können.

Konzept
1 Blatt 19,5 x 33 cm, S. 1 beschrieben, S. 2 Empfänger-, Inhalts- und Datumsvermerk.
HBA C 1 Nr. 2498. — Altsignatur fehlt; K. 486.

Nr. 2499

1602 August 24, Schmolainen

Johann Pisiński, Statthalter des Bistums Ermland, an die herzoglichen Oberräte:

Empfang des Briefs der Oberräte mit beiliegender Supplikation etlicher herzoglicher Untertanen vom Adel wegen der Einfälle der Tollnigker in die Grenzen der Dorfschaft

Gudnick im Rastenburgischen; weil die Befragung der Tollnigker wegen der grassierenden Pestilenz zur Zeit nicht erfolgen kann, bittet der Statthalter um Einräumung einer Frist bis zum Erlöschen der Seuche; Hinweis auf die zahlreichen von herzoglichen Untersassen im Bistum verübten Exzesse, die ständig Anlaß zur Klage geben.

Behändigte Ausfertigung
1 Bogen 20 x 31 cm, S. 1—3 beschrieben, Unterschrift des Ausstellers, S. 4 Außenadresse, Inhalts- und Eingangsvermerk vom 26. August/5. September 1602.
Siegel des Ausstellers
HBA C 1 Nr. 2499. — Altsignatur fehlt; K. 486.

Nr. 2500

1602 August 23/September 2, Rastenburg

Herzogliche Oberräte an Johann Pisiński, Statthalter zu Heilsberg:

Beschwerde des Hans Truchseß von Wetzhausen und des Hauptmanns Ludwig Rautter auf Brandenburg über die Einfälle der Tollnigker in das Dorf Gudnick.

Abschrift
1 Bogen 19,5 x 33 cm, S. 1—3 beschrieben, S. 4 Außenadresse, Empfänger- und Datumsvermerk.
HBA C 1 Nr. 2500. — Altsignatur fehlt; K. 1234.

Nr. 2501

1602 September 7, Schmolainen

Johann Pisiński, Statthalter des Bistums Ermland, an die herzoglichen Oberräte:

Er bemerkt zur Beschwerde der Oberräte über die Untersassen zu Wartenburg, Seeburg und Bischofsburg, die den Einwohnern von Botowa ihr Getreide gewaltsamerweise weggenommen haben sollen, daß die bischöflichen Untertanen ihrerseits Klage über Klage gegen die von den herzoglichen Landeskindern im Ermland verübten Exzesse vorbringen; nach dem Abflauen der Pest soll untersucht werden, ob die Beschwerde über die bischöflichen Untertanen der Wahrheit entspricht; in diesem Fall soll die gebührende Bestrafung der Übeltäter erfolgen; Bitte an die Oberräte um Einstellung der Exzesse auf herzoglicher Seite.

Behändigte Ausfertigung
1 Bogen 20 x 32 cm, S. 1—3 beschrieben, Unterschrift des Statthalters, S. 4 Außenadresse, Inhalts- und Eingangsvermerk vom 27. September/7. Oktober 1602, Vermerk: „Ist mit Stillschweigen beantwortet".
Siegel des Statthalters
HBA C 1 Nr. 2501. — Altsignatur fehlt; K. 486.

Nr. 2502

1603 April 10, Heilsberg

Christoff Pfaff, ermländischer Landvogt und Burggraf zu Heilsberg, an die herzoglichen Oberräte:

Im vergangenen Jahr hat Caspar Masuch aus Pustnick im Kammeramt Seehesten, der ein Untertan des Dionysius von Ölsen ist, seinen nahen Blutsverwandten in einer Herberge zu Rössel erbärmlich ermordet; aufgrund vielfacher Interzession Begnadigung des Täters unter Voraussetzung einer Zahlung von 300 polnischen Gulden an den Bischof zu Martini und Mitfasten; trotz Gelöbnisses ist [Masuch] diesen Verpflichtungen nicht nachgekommen; Briefe des Statthalters an [Dionysius von Ölsen] haben gleichfalls keinen Erfolg gehabt; daher Bitte an die Oberräte, den Täter ohne Dilation zur Zahlung anzuhalten.

Behändigte Ausfertigung
1 Bogen 20 x 32 cm, S. 1—2 beschrieben, Unterschrift des Ausstellers, S. 4 Außenadresse, Inhalts- und Eingangsvermerk vom 2./12. April 1602, Vermerk: „Ist wider beandtworttet".
Siegel des Ausstellers liegt lose bei
HBA C 1 Nr. 2502. — Altsignatur: 1/13/74; K. 486.

Nr. 2503

1603 April 16/26, Königsberg

Herzogliche Oberräte an Johann Pisiński, Statthalter des Bistums Ermland:

Hinweis auf die in Aussicht genommene Revision der strittigen Landesgrenze zwischen dem Herzogtum und dem Bistum durch die beiderseitigen Kommissarien; wegen der grassierenden Pest hat die Absendung der herzoglichen Bevollmächtigten bisher nicht erfolgen können; Vorschlag der Oberräte, die Grenzrevision nach Anfertigung von Abrissen auf herzoglicher und bischöflicher Seite vorzunehmen.

Konzept
1 Bogen 20 x 34 cm, S. 1—2 beschrieben, S. 4 Außenadresse, Inhalts- und Datumsvermerk.
HBA C 1 Nr. 2503. — Altsignatur fehlt; K. 1234.

Beilage

[1603, April o. T. u. O.]

Hans Schlubhutt an Herzog Georg Friedrich:

Bitte um Berichtigung der Grenze zwischen seinem im Preußisch Eylauschen gelegenen Gut Reisten und der ermländischen Dorfschaft Katzen; die Katzener haben zwei seiner Hufen mit Gewalt in Beschlag genommen und vermehren ihre Eingriffe von Tag zu Tag; Bitte an den Herzog, eine Grenzrevision umgehend anzuordnen, damit er in seinem Besitz geschützt werde.

Abschrift
1 Bogen 20 x 34 cm, S. 1 beschrieben, S. 4 Kanzlei- und Datumsvermerk.

Nr. 2504

1603 Mai 4, Frauenburg

Johann Pisiński, Domherr zu Frauenburg und Kulmsee, Statthalter des Bistums Ermland, an die herzoglichen Oberräte:

Während der letzten Pestilenz soll der Domherr von Wenden, Caspar Schröter, krank in Königsberg angekommen und dort mit seinem Knecht gestorben sein; er hatte eine große beschlagene Lade bei sich, die er nach Heilsberg bringen sollte; [Schröter] habe auch eine goldene Kette, Armbänder und andere wertvolle Schmuckstücke mitgeführt; Bitte an die Oberräte, von Amts wegen die Lade an einem sicheren Ort zu verwahren und darauf zu achten, daß nichts von den Schmuckstücken und der Hinterlassenschaft des Domherrn wegkomme.

Behändigte Ausfertigung
1 Bogen 20 x 31 cm, S. 1—2 beschrieben, Unterschrift des Statthalters, S. 4 Außenadresse und Inhaltsvermerk.
Siegel des Statthalters
HBA C 1 Nr. 2504. — Altsignatur: 1/13/75; K. 486.

Nr. 2505

1603 Mai 26, Frauenburg

Johann Pisiński, Domherr zu Frauenburg und Kulmsee, Statthalter des Bistums Ermland, an die herzoglichen Oberräte:

Bezug auf die Beschwerde über die Wegführung von etwa 100 Fudern Getreide aus dem Kammeramt Ortelsburg durch bischöfliche Untertanen; wegen der Pest und seiner Reise zum Reichstag nach Krakau konnte [Pisiński] erst jetzt dieser Sache nachgehen; das weggeführte Getreide befand sich nicht auf herzoglichem Boden, sondern auf der zwischen beiden Herrschaften zwistigen Landesgrenze; die Zahl der Getreidebündel ist niedriger als in dem Schreiben der Oberräte angegeben; der Burggraf von Seeburg ist angewiesen worden, an herzogliche Untertanen, die laut glaubwürdigem Zeugnis der Oberräte oder des Ortelsburger Hauptmanns ihren rechtmäßigen Anspruch auf das besagte Getreide nachweisen können, das ihnen Zustehende ausfolgen zu lassen; Bitte an die Oberräte, Einfälle von herzoglicher Seite ins Bistum künftig zu unterbinden, damit jeder Teil seinen Besitz bis zur Berichtigung der Grenzen ruhig genießen kann;

[Pisiński] möchte von den Oberräten erfahren, ob sie eine Lösung des Grenzhandels noch in diesem Jahr betreiben wollen.

Behändigte Ausfertigung
1 Bogen 20 x 32 cm, S. 1—3 beschrieben, Unterschrift des Statthalters, S. 4 Außenadresse, Eingangs- und Beantwortungsvermerk vom 23. Mai/2. Juni 1603.
Siegel des Statthalters
HBA C 1 Nr. 2505. — Altsignatur fehlt; K. 486.

Nr. 2506

1603 Mai 23/Juni 2 [Königsberg]

Herzogliche Oberräte an Johann Pisiński, Statthalter zu Heilsberg:

Absicht zur Entsendung von Bevollmächtigten an den kommenden Hundstagen zwecks Fertigung eines Abrisses von dem strittigen Grenzabschnitt, damit von den beiderseitigen Kommissarien die Revision vorgenommen werden kann; bis zu diesem Zeitpunkt sollen sich die herzoglichen Untertanen friedlich verhalten.

Konzept
1 Bogen 19,5 x 33 cm, S. 1—2 beschrieben, S. 4 Empfänger-, Inhalts- und Registraturvermerk.
HBA C 1 Nr. 2506. — Altsignatur fehlt; K. 1234.

Nr. 2507

1603 Juni 15/25 [Königsberg]

Herzogliche Oberräte an Johann Pisiński, Statthalter zu Heilsberg:

Beschwerde der Dorfschaften Rummy und Battowen über Grenzverletzungen seitens der Ermländer; Ersuchen an den Statthalter, diese Übergriffe zu unterbinden, damit das vorgenommene Werk der Lustration fortgesetzt werden kann.

Konzept
1 Bogen 19,5 x 33 cm, S. 1—2 beschrieben, S. 4 Empfänger-, Datums- und Registraturvermerk.
HBA C 1 Nr. 2507. — Altsignatur fehlt; K. 1234.

Nr. 2508

1603 Juni 18/28 [Königsberg]

Herzogliche Oberräte an Johann Pisiński, Statthalter zu Heilsberg:

Klage der Dorfschaft Battowen über Übergriffe der Bischöflichen; Ersuchen um Abschaffung dieser Exzesse und um gebührende Bestrafung der Verbrecher.

Konzept
1 Bogen 20 x 33 cm, S. 1—3 beschrieben, S. 4 Empfänger- und Datumsvermerk.
HBA C 1 Nr. 2508. — Altsignatur fehlt; K. 1234.

Nr. 2509

1603 August 18, Heilsberg

Christoff Pfaff, ermländischer Landvogt und Burggraf zu Heilsberg, an den Obersten Burggrafen Hans Rautter zu Königsberg:

Er hat Dorothee von Schonewiese und ihrer Schwester Maria 400 Mark Preußisch geliehen und diese trotz häufiger Mahnung und eines Schreibens an den Hauptmann zu Preußisch Eylau nicht zurückerhalten; Bitte an den Obersten Burggrafen als seinen alten vertrauten Freund um Hilfe in dieser Angelegenheit; [Pfaff] hat zwar das Privilegium betr. die Güter der [Dorothee] in seinen Händen, möchte aber lieber sein Geld zurückhaben und auf den Besitz des Privilegiums verzichten.

Behändigte Ausfertigung
1 Bogen 20 x 33 cm, S. 1—2 beschrieben, Unterschrift des Ausstellers, S. 4 Außenadresse, Eingangs- und Beantwortungsvermerk vom 10./20. August 1603, Kanzleivermerk.
Siegelrest
HBA C 1 Nr. 2509. — Altsignatur: 1/13/79; K. 486.

Nr. 2510

1603 Oktober 20, Schmolainen

Johann Pisiński, Domherr zu Frauenburg und Kulmsee, Statthalter des Bistums Ermland, an die herzoglichen Oberräte:

Bezug auf die beiliegende Supplikation Christoff Wolfrieds; [Pisiński] sieht nicht ein, daß dieser wegen einer Sache, die sich auf dem bischöflichen Hause zu Wormditt zugetragen hat, vor das Königsberger Hofgericht zitiert werden soll; Bitte um Übertragung des Falls „ad forum competens“.

Behändigte Ausfertigung
1 Bogen 20 x 32 cm, S. 1—2 beschrieben, Unterschrift des Statthalters, S. 4 Außenadresse, Inhalts- und Eingangsvermerk vom 13./23. Oktober 1603.
Siegel des Statthalters
HBA C 1 Nr. 2510. — Altsignatur: 1/13/77; K. 486.

Beilage

[o. D. u. O.]

Christoff Wolfried an Johann Pisiński:

Hans Brant, Hauptmann zu Mohrungen und Liebstadt, hat ihn wegen etlicher verbaler Injurien, die er 1597 im bischöflichen Schloß Wormditt geäußert haben soll, vor das

Königsberger Hofgericht zitiert; [Wolfried] hat diese Zitation nicht akzeptiert, sondern sich auf die Jurisdiktion des Stifts berufen, der er allein unterworfen ist; dennoch haben die Königsberger Hofgerichtsräte die Klage [Brants] angenommen; Bitte an den Statthalter um Abwendung dieser Rechtsverletzung; seine Petition hat nicht nur für ihn selbst, sondern für die Bewahrung der althergebrachten Statuten und Ordnungen prinzipielle Bedeutung.

1 Bogen 19,5 x 32 cm, S. 1—2 beschrieben.

Nr. 2511

1603 Dezember 12, Heilsberg

Johann Pisiński, Domherr zu Frauenburg und Kulmsee, Statthalter des Bistums Ermland, an die herzoglichen Oberräte:

Bestätigung des Empfangs der Interzession für Moritz Troschke in dessen Streitsache mit dem Ehemann der Witwe seines verstorbenen Bruders, die ihm Dr. Mirander überbracht hat; dieser wird die Oberräte von den Abschieden in der noch schwebenden Angelegenheit unterrichten.

Behändigte Ausfertigung
1 Bogen 20 x 32 cm, S. 1 beschrieben, Unterschrift des Statthalters, S. 4 Außenadresse, Inhalts- und Eingangsvermerk zu Königsberg vom 7./17. Dezember 1603.
Siegel des Statthalters
HBA C 1 Nr. 2511. – Altsignatur: 1/13/81; K. 486.

Nr. 2512

[o. D. u. O.]

Grenz- und landesherrschaftliche Angelegenheiten des Bistums Ermland:

I. [1340—1470, o. O.]

Auszug aus verschiedenen Kämmereibüchern und Handfesten betr. Dietrich von Elme, Komtur zu Balga, und Michel Lesgewang von Hermanshayn.

1 Bogen 21 x 33 cm, S. 2—4 beschrieben.

II. [o. D. u. O.]

Verzeichnis von Hufenbesitzern in Baidesen, Bubwalde, Tungen, Beyslack, Schautzkeim, Babzin, Dreihöfen, Sensburg, Worplauken, Beyditten, Palausin, Tengen, Schlanglauken, Susenicken, Niemergudt, Gudnicken, Sandirsdorf, Wedern, Basters.

Konzept
3 Bogen 21 x 30 cm, S. 7—9 beschrieben.

III. [o. D. u. O.]

Handwerks- und Gesindeordnung des Bistums Ermland.

Konzept
6 Seiten beschrieben.

IV. [o. D. u. O.]

Befehl des Balgaer Hauptmanns an Erhardt von Sacken, an der Regulierung der strittigen Landesgrenze teilzunehmen.

Konzept
2 Blatt 19,5 x 32 cm, S. 1—2 beschrieben.

V. [o. D. u. O.]

Erhardt von Sacken entschuldigt seine Nichtteilnahme an der Grenzrevision; Bitte um Erhaltung seines Mühlteichs.

Konzept
1 Blatt 20,5 x 32 cm, S. 1 beschrieben.
HBA C 1 Nr. 2512. — Altsignatur: 4/20/60; K. 486.

Nr. 2513

1604 Februar 22/März 3, Groß Peisten

Albrecht von Kreytzen an Johann Dirschkaw (Derschau), fürstlichen Hofgerichtsrat:

Bericht über seine Grenzverhandlungen mit den Burggrafen von Heilsberg und Mehlsack:

Gegen den vor fünf Jahren geschlossenen Vertrag haben die Heilsbergischen eine neue Räumung in seinem Gut Willkeim durchgeführt; am vergangenen 18. Februar ist eine neue Vereinbarung wegen der Räumungen getroffen worden, die nach Ansicht Kreytzens dem alten Land- und Grenzprivileg widerspricht, weil er fast 15 Morgen Wald abtreten muß; Bitte an Dirschkaw um Rat, ob er das besagte Abkommen anerkennen oder dieses aufgrund des alten Privilegs ablehnen soll; Beschwerde über die nach Mehlsack gehörigen Workeimer, die widerrechtlich einen „großen Partickel" von Willkeim an sich ziehen; Bitte um Veranlassung der Landmesser zur Lieferung eines Abrisses.

Ausfertigung
1 Bogen 20,5 x 31 cm, S. 1—3 beschrieben, Unterschrift des Ausstellers, S. 4 Außenadresse, Inhalts- und Kanzleivermerk.
Siegelspuren
HBA C 1 Nr. 2513. — Altsignatur fehlt; K. 486.

Nr. 2514

1604 Februar 22/März 3, Groß Peisten

Albrecht von Kreytzen an den herzoglichen Kanzler Christoff von Rappe:

Zusage der Landmesser Vogt, Korasche und Wosegin, ihm die seine Besitzungen betreffenden Abrisse zu liefern; Bitte um Erfüllung dieses Versprechens; Rappe und Dirschkaw sollen ihm raten, wie er in der Grenzirrung verfahren soll.

Ausfertigung
1 Blatt 20 x 31 cm, S. 1 beschrieben, Unterschrift des Ausstellers, S. 2 Außenadresse, Inhalts- und Kanzleivermerk.
Siegelspuren
HBA C 1 Nr. 2514. — Altsignatur fehlt; K. 486.

Nr. 2515

1604 März 13/23 [Königsberg]

Herzogliche Oberräte an den Statthalter zu Heilsberg:

Dr. Johann Mirander hat ihnen die Beschwerden bischöflicher Untertanen über Grenzverletzungen seitens herzoglicher Landeskinder übermittelt; Mißfallen über das Überschreiten der Grenze durch Botho von Eylenburg; Bereitschaft der Oberräte zur Regelung der Grenzfragen im Sinne guter Nachbarschaft; sie erwarten ein entsprechendes Verhalten auf bischöflicher Seite, damit das begonnene Werk der Grenzrevision zu Ende geführt werden kann.

Konzept
1 Bogen 20 x 32 cm, S. 1—3 beschrieben, S. 4 Empfänger-, Datums- und Registraturvermerk.
HBA C 1 Nr. 2515. — Altsignatur fehlt; K. 1234.

Nr. 2516

1605 März 1/11, Königsberg

Herzogliche Oberräte an Bischof Simon Rudnicki von Ermland:

Übersendung ihrer Gratulation zur Erlangung des ermländischen Bischofstuhls; Hoffnung auf eine lange und glückliche Regierungszeit des neuen Bischofs; Bezug auf die [Rudnicki] vom Kanzler Christophorus Rappe in Warschau überreichte Denkschrift wegen der strittigen Grenzen zwischen dem Herzogtum und dem Bistum; Bereitschaft zur Beibehaltung ihres freundnachbarlichen Verhaltens gegenüber dem Ermland.

Konzept
Lateinisch
1 Bogen 21 x 32 cm, S. 1—2 beschrieben, S. 4 Empfänger-, Datums- und Registraturvermerk.
HBA C 1 Nr. 2516. — Altsignatur fehlt; K. 1234.
Reinkopie: Ostpr. Fol. 60, S. 486—487.

Nr. 2517

1605 Mai 7, Heilsberg

Bischof Simon von Ermland an Herzogin Marie Eleonore:

Absendung von Legaten nach [Königsberg], die der Herzogin die freundnachbarliche Gesinnung des Bischofs übermitteln sollen; dabei handelt es sich um den Guttstadter Propst Jacob Szreter, Leonard Szynowski und Stanislaus Tarnowski, denen die Herzogin Gehör schenken soll.

Behändigte Ausfertigung
Lateinisch
1 Bogen 19 x 30 cm, S. 1 beschrieben, Unterschrift des Bischofs, S. 4 Außenadresse, Inhaltsvermerk, Eingangsvermerk vom 29. April/9. Mai 1605, Beantwortungsvermerk vom 1./11. Mai 1605.
Siegel des Bischofs
HBA C 1 Nr. 2517. — Altsignatur fehlt; K. 484.

Nr. 2518

1605 Mai 7, Heilsberg

Bischof Simon von Ermland an die herzoglichen Oberräte:

Absendung seiner Legaten Jacob Szreter, Leonard Szynowski und Stanislaus Tarnowski an die Oberräte, die diesen die freundlichen Grüße des Bischofs überbringen und dessen freundnachbarliche Gesinnung zum Ausdruck bringen sollen.

Behändigte Ausfertigung
Lateinisch
1 Bogen 19 x 30 cm, S. 1 beschrieben, Unterschrift des Bischofs, S. 4 Außenadresse, Eingangsvermerk vom 29. April/9. Mai 1605, Beantwortungsvermerk vom 1./11. Mai 1605.
Siegel des Bischofs
HBA C 1 Nr. 2518. — Altsignatur fehlt; K. 484.

Nr. 2519

1605 Mai 1/11, Königsberg

Herzog Albrecht Friedrich an Bischof Simon von Ermland:

Empfang der Briefe des Bischofs durch dessen Bevollmächtigte; Gratulation zur Besteigung des ermländischen Bischofstuhls; Dank für die Bekundung guter Nachbarschaft, die auch von ihm praktiziert wird.

Konzept
Lateinisch
1 Bogen 20 x 32 cm, S. 1—2 beschrieben, S. 4 Empfänger-, Datums- und Registraturvermerk.
HBA C 1 Nr. 2519. — Altsignatur fehlt; K. 1234.
Reinkopie: Ostpr. Fol. 60, S. 489—490.

Nr. 2520

1605 Mai 1/11, Königsberg

Herzogliche Oberräte an Bischof Simon von Ermland:

Dank für die von den bischöflichen Legaten überbrachte Botschaft; Gratulation zum Besteigen des ermländischen Bischofstuhls; sie versichern den Bischof gleichfalls ihrer freundnachbarlichen Gesinnung.

Konzept
Lateinisch
1 Bogen 21,5 x 32 cm, S. 1 beschrieben, S. 4 Empfänger-, Datums- und Registraturvermerk.
HBA C 1 Nr. 2520. — Altsignatur fehlt; K. 1234.
Reinkopie: Ostpr. Fol. 60, S. 491—492.

Nr. 2521

1605 August 21, Heilsberg

Bischof Simon von Ermland an die herzoglichen Oberräte:

Klage des Rösseler Grundmüllers Lorentz Rex über den Müller zu Kreuzburg, der ihm sein auf 13 Wagen gewesenes Hab und Gut im Dorf Babziens, Rastenburgischen Kammeramts, weggenommen hat; drei Tonnen Bier hat letzterer den Bauern zum Besten gegeben; den anderen Hausrat enthält er dem Kläger bis auf diese Stunde vor; [Rex] hat beim Hauptmann von Rastenburg kein Recht erlangen können; daher Interzession des Bischofs zwecks Klaglosstellung des Petenten.

Behändigte Ausfertigung
1 Bogen 20 x 32 cm, S. 1—2 beschrieben, Unterschrift des Bischofs, S. 4 Außenadresse, Inhaltsvermerk, Eingangs- und Beantwortungsvermerk vom 9./19. September 1605.
HBA C 1 Nr. 2521. — Altsignatur fehlt; K. 484.

Nr. 2522

1605 September 9/19 [Königsberg]

Herzogliche Oberräte an Bischof Simon von Ermland:

Befehl an den Hauptmann zu Rastenburg, gemäß der Interzession des Bischofs dem Grundmüller Lorentz Rex zum Recht zu verhelfen.

Konzept
1 Blatt 20,5 x 33 cm, S. 1—2 beschrieben, S. 2 Empfänger-, Datums- und Registraturvermerk.
HBA C 1 Nr. 2522. — Altsignatur fehlt; K. 1234.

Nr. 2523

1605 September 18/28, Königsberg

Zeugnis der bischöflichen Legaten über den von den herzoglichen Oberräten erlangten Kompromiß in Grenzangelegenheiten:

Heinrich Hindenberg, Domherr zu Frauenburg, Jacob Schröter, Dompropst zu Guttstadt und Kanzler zu Heilsberg, und Jacob Bartsch, Erbsasse zu Crossen, bekunden, daß ihnen die herzoglichen Oberräte einen „Compromis" "pro sua parte in authentica forma" ausgestellt haben, und versprechen ihrerseits, den Oberräten einen entsprechenden Kompromiß mit dem Siegel des Bischofs und dem des Domkapitels zu überschicken.

Ausfertigung
1 Bogen 20 x 32 cm, S. 1 beschrieben, Unterschrift der Aussteller.
Siegel der Aussteller
HBA C 1 Nr. 2523. — Altsignatur fehlt; K. 484.

Nr. 2524

1605 Oktober 6, Rössel

Bischöflicher Kanzler Jacob Schröter an herzoglichen Kanzler Christoff Rappe:

Großes Interesse des Bischofs an einer endgültigen Regelung der Grenzfragen; Hoffnung auf Durchführung dieses Werks ohne weitere Verzögerung; Bedeutung der Arbeiten der herzoglichen Landmesser und des Doktors Derskau.

Abschrift
Lateinisch
1 Bogen 20 x 32 cm, S. 1—2 beschrieben, S. 4 Außenadresse.
HBA C 1 Nr. 2524. — Altsignatur fehlt; K. 482.

Nr. 2525

1605 Oktober 3/13, Königsberg

Herzogliche Oberräte an Bischof Simon von Ermland und das Domkapitel zu Frauenburg:

Empfang und Verlesung des Schreibens des Bischofs und Domkapitels wegen Regulierung der Grenzen; Bezug auf die Tätigkeit des Unterkämmerers zu Marienburg in dieser Sache; Beauftragung des königlichen Sekretärs Reinhold Heidenstein mit Verhandlungen; Dank für die Zuverlässigkeit und Gewandtheit des Bischofs; Bitte um Beantwortung ihres Briefes.

Konzept
Lateinisch
1 Bogen 20,5 x 33 cm, S. 1—3 beschrieben, S. 4 Empfänger-, Datums- und Registraturvermerk.
HBA C 1 Nr. 2525. — Altsignatur fehlt; K. 482.
Reinkopie: Ostpr. Fol. 60, S. 498—499.

Nr. 2526

1605 November 20/30 [Königsberg]

Herzogliche Oberräte an Bischof Simon von Ermland:

Fürbitte für den Müllergesellen Andres Person, der wegen seines Vaters ein im Bistum Ermland ausstehendes Erbe beansprucht.

Konzept
1 Bogen 20,5 x 34 cm, S. 1—2 beschrieben, S. 4 Empfänger-, Datums- und Registraturvermerk.
HBA C 1 Nr. 2526. — Altsignatur fehlt; K. 1234.

Nr. 2527

1606 Januar 13/23 [Königsberg]

Herzogliche Oberräte an Bischof Simon von Ermland:

Fürbitte für Merten von Pröck wegen ungehinderter Nutzung seiner Mühle.

Konzept
1 Bogen 20,5 x 34 cm, S. 1—3 beschrieben, S. 4 Empfänger-, Datums- und Registraturvermerk.
HBA C 1 Nr. 2527. — Altsignatur fehlt; K. 1234.

Nr. 2528

1606 Januar 25, Heilsberg

Bischof Simon von Ermland an die herzoglichen Oberräte:

Keine Möglichkeit einer Überlassung der Windmühle an Merten von Pröck, weil dadurch die bischöflichen Regalien verletzt würden; sonst verbleibt Pröck in seinen „habenden Gerechtigkeiten".

Behändigte Ausfertigung
1 Bogen 19,5 x 32 cm, S. 1—2 beschrieben, Unterschrift des Bischofs, S. 4 Außenadresse, Inhalts- und Eingangsvermerk.
Siegel des Bischofs
HBA C 1 Nr. 2528. — Altsignatur fehlt; K. 484.

Nr. 2529

1606 Februar 3, Heilsberg

Bischof Simon von Ermland an die herzoglichen Oberräte:

Schuldforderung der Wormditter Bürgermeister Peter Radig und Anshelm Lauterwaldt an die Königsberger Bürger Stephan Hilbrandt und Johann Kirsten; bischöfliche Interzession zwecks Klaglosstellung der Petenten.

Behändigte Ausfertigung
Lateinisch
1 Bogen 19,5 x 32 cm, S. 1 beschrieben, Unterschrift des Bischofs, S. 4 Außenadresse, Inhalts- und Eingangsvermerk zu Königsberg vom 21. Februar/3. März 1606.
Siegel des Bischofs
HBA C 1 Nr. 2529. — Altsignatur fehlt; K. 484.

Nr. 2530

1606 Februar 12/22 [Königsberg]

Herzogliche Oberräte an Bischof Simon von Ermland:

Beschwerde Christoff Wolfriedts wegen eines Überfalls, den einige Ratsgenossen und Bürger auf dem freien Markt zu Wormditt auf ihn verübt haben; Bitte der Oberräte um gebührende Bestrafung der Täter.

Konzept
1 Bogen 20,5 x 33 cm, S. 1—2 beschrieben, S. 4 Empfänger-, Datums- und Registraturvermerk.
HBA C 1 Nr. 2530. — Altsignatur fehlt; K. 1234.

Nr. 2531

1606 März 12, Heilsberg

Martinus Kołacki, Administrator des Bistums Ermland, an die herzoglichen Oberräte:

Nach der Abreise des Bischofs zum Warschauer Reichstag haben ihn die Patres des Wartenburger Klosters von dem Entlaufen ihres Mitbruders Achatius Kößling unterrichtet, der in Passenheim ein Eheverlöbnis eingegangen ist; Bitte um Ergreifung und Bestrafung des Täters gemäß den geschlossenen Verträgen; in derartigen Fällen müssen sich die Oberherrschaften gegenseitig unterstützen und das gemeine Übel bekämpfen.

Behändigte Ausfertigung
1 Bogen 20,5 x 33 cm, S. 1—3 beschrieben, Unterschrift des Ausstellers, S. 4 Außenadresse, Inhalts- und Kanzleivermerk.
Siegel des Ausstellers
HBA C 1 Nr. 2531. — Altsignatur: 4/20; K. 486.

Nr. 2532

1606 April 17, Heilsberg

Martinus Kołacki, Administrator des Bistums Ermland, an die herzoglichen Oberräte:

Bezug auf die Klage der Wormditter Bürgermeister Petrus Radig und Anselmus Lauterwaldt wegen ihrer bei den Königsberger Bürgern Johann Kirsten und Steffen Hilbrandt ausstehenden Forderung; Bitte um Befriedigung der Ansprüche der Petenten.

Behändigte Ausfertigung
1 Bogen 20,5 x 33 cm, S. 1—2 beschrieben, Unterschrift des Administrators, S. 4 Außenadresse, Inhalts- und Eingangsvermerk zu Königsberg vom 10./20. April 1606.
Siegel des Administrators
HBA C 1 Nr. 2532. — Altsignatur fehlt; K. 484.

Nr. 2533

1606 Juni 20, Heilsberg

Bischöflicher Kanzler Jacob Schröter an den herzoglichen Kanzler Christoff Rappe:

Bitte um Übersendung der auf dem Königsberger Landtag vereinbarten Handwerkertaxe, damit man sich im Bistum danach richten kann; keine Kenntnis, warum die Verhandlung über die Landesgrenzen unerledigt bleibt.

Behändigte Ausfertigung
Lateinisch
1 Bogen 20,5 x 33 cm, S. 1 beschrieben, Unterschrift des Ausstellers, S. 4 Außenadresse, Inhaltsvermerk, Eingangs- und Beantwortungsvermerk vom 16./26. Juni 1606.
Siegel des Ausstellers
HBA C 1 Nr. 2533. — Altsignatur fehlt; K. 484.

Nr. 2534

1606 Juli 14, Tolkemit

Stanislaus Działyński, Kastellan zu Elbing, an die herzoglichen Oberräte:

Empfang und Verlesung des Schreibens des Mohrunger Hauptmanns Joachimus Belau; keine Möglichkeit zur Behandlung der Streitigkeiten wegen dessen Gütern, weil diese durch Mandate des Königs [Sigismund III.] geregelt werden; die Güter in Tolkemit sind ihm vom König mit dem Auftrag übergeben worden, diese zu vermehren und nicht zu schmälern.

Behändigte Ausfertigung
Lateinisch
1 Bogen 19,5 x 31 cm, S. 1—2 beschrieben, Unterschrift des Ausstellers, S. 4 Außenadresse, Inhalts- und Eingangsvermerk zu Königsberg vom 22. Juli/1. August 1606.
Siegel des Ausstellers
HBA C 1 Nr. 2534. — Altsignatur fehlt; K. 484.

Nr. 2535

1606 August 13/23 [Königsberg]

Herzogliche Oberräte an Bischof Simon von Heilsberg:

Beglaubigungsschreiben für den an den Bischof geschickten herzoglichen Legaten Eustachius von der Groeben; Bitte um Durchführung der Gleichheit in den Handwerkerordnungen mit dem Herzogtum.

Konzept
1 Blatt 20 x 33 cm, S. 1 beschrieben, S. 2 Empfänger-, Datums- und Registraturvermerk.
HBA C 1 Nr. 2535. — Altsignatur fehlt; K. 1234.

Nr. 2536

1606 September 4/14 [Königsberg]

Herzogliche Oberräte an den Landvogt zu Schaaken:

Auf die Entschuldigung des Landvogts, am 5./15. September nicht nach Rastenburg kommen zu können, befehlen ihm die Oberräte, in Anbetracht der wichtigen Grenzhandlung spätestens am kommenden Dienstag oder Mittwoch (9./19. bzw. 10./20. 9.) in Rastenburg zu erscheinen und sich mit den anderen Kommissarien an die Landesgrenze zu begeben.

Konzept
1 Blatt 21 x 33 cm, S. 1 beschrieben, S. 2 Empfänger-, Datums- und Registraturvermerk.
HBA C 1 Nr. 2536. – Altsignatur fehlt; K. 1234.

Nr. 2537

1606 September 6/16 [Königsberg]

Herzogliche Oberräte an Bischof Simon von Ermland:

Bezug auf das bischöfliche Schreiben wegen des aufgefundenen Grenzsteins; Befehl an den Hauptmann zu Preußisch Eylau, den Grenzstein in Augenschein zu nehmen und den umwohnenden Untertanen das Verrücken des Steins zu verbieten; die Besichtigung des Steins muß durch die beiderseitigen Kommissarien geschehen.

Konzept
1 Blatt 20,5 x 33 cm, S. 1 beschrieben, S. 2 Empfänger- und Datumsvermerk.
HBA C 1 Nr. 2357. – Altsignatur fehlt; K. 486.

Nr. 2538

1606 September 21, Kattmedien

Abschied der herzoglichen und bischöflichen Kommissarien in Grenzsachen:

Besichtigung der Grenze vom Stein am Pilzenschen Weg bis zum Rücken über dem See Werder, der Werder und Plönhöfen voneinander scheidet, durch die beiderseitigen Kommissarien; die herzogliche Seite ist vertreten durch den Landvogt Otto von der Groeben, Hans Truchseß von Wetzhausen, Georg von Schlubuth und Johann Derschaw, die bischöfliche durch die Kanoniker Heinrich Hindenberg und Jacob Holtze, den Kanzler Jacob Schröter und Jacob Bartsch; weil der dortige Grenzverlauf bisweilen strittig ist, sollen innerhalb von acht Tagen Landmesser im Beisein der beiderseitigen Amtleute die Grenzlinie markieren.

Ausfertigung
1 Bogen 20,5 x 33 cm, S. 1 beschrieben, Unterschrift der Kommissarien.
Siegel der Kommissarien
HBA C 1 Nr. 2538. – Altsignatur fehlt; K. 486.

Nr. 2539

1606, September 21, Kattmedien

Gleichlautende Abschrift zu Reg.-Nr. 2538.

1 Blatt 20 x 33 cm, S. 1 beschrieben, Unterschrift der Kommissarien.
HBA C 1 Nr. 2539. — Altsignatur fehlt; K. 486.

Nr. 2540

1606 September 24, Stanislowa

Abschied der herzoglichen und bischöflichen Kommissarien in Grenzsachen:

Beschluß der Kommissarien, eine „recta linea" vom See Werder bis zum See Jelmoyen zu ziehen und diese durch eine drei Ruten lange Schüttung mit darauf gesetztem Stein zu kennzeichnen; diese Arbeit und die Aufwerfung weiterer Schüttungen sollen durch beiderseitige geschworene Landmesser verrichtet werden; diese Markierung soll zu ewigen Zeiten als „Scheidung und richtige Landgrenze" zwischen dem Herzogtum Preußen und dem Bistum Ermland gehalten werden.

Ausfertigung
1 Bogen 20 x 33 cm, S. 1 beschrieben, Unterschrift der Kommissarien, Siegel der Kommissarien.
HBA C 1 Nr. 2540. — Altsignatur fehlt; K. 484.

Nr. 2541

I. 1606 September 24, Stanislawa

Abschied der beiderseitigen Kommissarien in Grenzsachen:

Der Text stimmt mit Reg.-Nr. 2540 überein.

II. 1606 September 27, Rudzisken

Weitere Bemerkungen zur Festsetzung des Grenzverlaufs.

Konzept
1 Bogen 20,5 x 33 cm, S. 1—3 beschrieben.
HBA C 1 Nr. 2541. — Altsignatur fehlt; K. 486.

Nr. 2542

1606 September 27, Rudzisken

Abschied der beiderseitigen Kommissarien in Grenzsachen:

Beschluß der Kommissarien, eine gerade Linie vom See Almoyen (Jelmoyen) bis zum Dorf Rummy im Ortelsburgischen zu ziehen und die Grenze durch neue Schüttungen zu kennzeichnen; weitere Markierungspunkte sollen die Eiche an der Schadauer Grenze, der Schwansbruch und der von Rummy nach Kirschbaum führende Landweg sein.

Ausfertigung
1 Bogen 20 x 33 cm, S. 1—2 beschrieben, Unterschrift und Siegel der Kommissarien.
HBA C 1 Nr. 2542. — Altsignatur fehlt; K. 484.

Nr. 2543

1606 September 18/28 [Königsberg]

Herzogliche Oberräte an Bischof Simon von Ermland:

Schuldforderung des Vitalis Mosewitz an etliche Bürger und Einwohner zu Wormditt; Interzession der Oberräte zwecks Klaglosstellung des Supplikanten.

Konzept
1 Bogen 20 x 33 cm, S. 1—2 beschrieben, S. 4 Empfänger-, Datums- und Registraturvermerk.
HBA C 1 Nr. 2543. — Altsignatur fehlt; K. 1234.

Nr. 2544

1606 September 18/28, Eylau

Abschied der beiderseitigen Kommissarien in Grenzangelegenheiten:

Vermehrung der Schüttungen auf der Grenze von Rummy bis zur großen Schüttung mit den drei Steinen, wo die Ämter Allenstein, Wartenburg und Ortelsburg aneinander grenzen; zu „Executores" besagter Grenzregulierung haben die Kommissarien den bischöflichen Kanzler Jacobus Schröter und den Hof- und Gerichtsrat Johannes Dirschovius bestellt; das auf den Grenzräumungen befindliche Holz sollen die beiderseitigen Untertanen untereinander aufteilen.

Ausfertigung
1 Bogen 20 x 33 cm, S. 1—3 beschrieben, Unterschrift und Siegel der Kommissarien.
HBA C 1 Nr. 2544. — Altsignatur fehlt; K. 486.

Nr. 2545

1606 September 18/28, Eylau

Abschied der beiderseitigen Kommissarien in Grenzangelegenheiten:

Gleichlautender Text zu Reg.-Nr. 2544 mit Zusatz der Beschreibung des folgenden Grenzabschnitts bis Kortsadyl und dem Anfang des Flusses Passarge.

Abschrift
1 Bogen 21 x 33 cm, S. 1—3 beschrieben.
HBA C 1 Nr. 2545. — Altsignatur fehlt; K. 486.

Nr. 2546

1606 September 19/29, Ortelsburg

Dr. Johann Derschau an die herzoglichen Oberräte:

Besichtigung der zwistigen Landesgrenze durch ihn, den Landvogt von Schaaken und den Vogt von Fischhausen; Bericht über die von ihm und dem ermländischen Kanzler durchgeführte Exekution des Auftrags der beiderseitigen Kommissarien.

Behändigte Ausfertigung
1 Bogen 20,5 x 32 cm, S. 1—2 beschrieben, Unterschrift des Ausstellers, S. 4 Außenadresse, Inhalts- und Eingangsvermerk zu Königsberg vom 30. September/10. Oktober 1606.
Siegelrest
HBA C 1 Nr. 2546. — Altsignatur fehlt; K. 486.

Nr. 2547

1606 Oktober 2, Heilsberg

Bischof Simon von Ermland an die herzoglichen Oberräte:

Seine Kommissarien haben ihm vom erfolgreichen Abschluß der langwierigen Grenzsache unterrichtet; Bitte um Umsetzung des Rezesses in die Praxis durch die beiderseitigen Exekutoren; Frage nach der Regulierung der anderen strittigen Grenzen und nach der Bewandtnis des zwischen Borchertsdorf und Bunkenhöfen aufgefundenen Steins.

Behändigte Ausfertigung
1 Bogen 20,5 x 32 cm, S. 1—2 beschrieben, Unterschrift des Bischofs, S. 4 Außenadresse, Inhalts- und Eingangsvermerk zu Königsberg vom 27. September/7. Oktober 1606.
Siegel des Bischofs
HBA C 1 Nr. 2547. — Altsignatur fehlt; K. 486.

Nr. 2548

1606 September 24/Oktober 4, Wedern

Johann Derschkaw an die herzoglichen Oberräte:

Hoffnung auf den Eingang seines Schreibens aus Ortelsburg; Hinweis auf die beiliegenden Abschiede der Kommissarien; der erste Abschied setzt eine gerade Linie von Pilzen in Richtung Rössel bis über den See Wedern fest; dadurch gewinnt das Herzogtum gegen den Rezeß von 1374 und die Handfeste des Bischofs Franciscus von 1426 etwa acht oder neun Morgen Acker, während Basters seine besten Äcker, Wiesen und Triften verliert; gemäß dem zweiten Abschied läuft die Grenze zwischen Wedern und Plönhöfen hindurch zum See Almoyen; nach der 1587 erfolgten Zeugenverhörung bildet der Duktus der herzoglichen Räumung auch in der Fischerei auf dem See Almoyen die richtige Grenze; Grenzkorrektur im See Almoyen zugunsten der Bischöflichen; Gemarkungsverluste der Dörfer Wedern, Brosowen und Surmowolla durch die neue Grenzziehung; der dritte Abschied betrifft den Grenzverlauf vom anderen Ufer des Sees Almoyen in Richtung Stenzlowa, wodurch das Herzogtum ein gutes Waldstück erhält, während Parlöse an Fläche einbüßt; Anspruch der Bischöflichen auf den Mühlteich von Rudzisken, den sie bisher nie besessen haben; widerrechtliches Wegführen eines Grenzsteins durch die Bischöflichen, den sie allerdings wieder haben abladen müssen; Absicht Herzog Albrechts des Älteren, bei Rudzisken einen Damm auf bischöflichem Grund zu errichten, was ihm der Bischof nicht gestattet hat; die beiderseitigen Untertanen sind mit der Grenzziehung nicht zufrieden; es müsse „umb Frieden willen doch einmal ein Ende sein", aber nicht auf Kosten des Herzogtums; er [Derschkaw] hat die Grenze bis Basters beschüttet und die Entfernung einer Schüttung von der anderen festgesetzt; wenn die bisher unstrittigen Örter und Grenzzeichen nicht erneuert würden, müsse man in ein Labyrinth geraten; Bitte um Bescheid, ob im Ortelsburgischen die Exekution ihren Fortgang nehmen solle.

Ausfertigung
2 Bogen 20 x 33 cm, S. 1—8 beschrieben, Unterschrift und Siegel des Ausstellers.
HBA C 1 Nr. 2548. — Altsignatur fehlt; K. 486.

Nr. 2549

1606 September 26/Oktober 6 [Königsberg]

Herzogliche Oberräte an Bischof Simon von Ermland:

Bereitschaft zur Durchführung des Hauptwerks der Grenzrevision durch beiderseitige Exekutoren; Mißfallen über Schlubuth, der einen Grenzstein zwischen Borchertsdorf und Bunkenhöfen verrückt haben soll; Befehl an den Hauptmann von Preußisch Eylau, Erkundigungen über diesen Vorfall einzuholen und darüber zu berichten.

Konzept
1 Bogen 20,5 x 33 cm, S. 1—2 beschrieben, S. 4 Empfänger-, Datums- und Registraturvermerk.
HBA C 1 Nr. 2549. — Altsignatur fehlt; K. 1234.

Nr. 2550

1606 Oktober 2/12 [Königsberg]

Herzogliche Oberräte an die Hauptleute von Seehesten, Ortelsburg, Neidenburg, Rastenburg, Hohenstein, mutatis mutandis an die Ämter Liebstadt, Mohrungen und [Preußisch] Holland:

Befehl an die Hauptleute, der Exekution des vereinbarten Grenzrezesses, mit der Dr. Johannes Derschkaw beauftragt ist, persönlich beizuwohnen.

Konzept
1 Blatt 20,5 x 33 cm, S. 1 beschrieben, S. 2 Empfänger-, Datums- und Registraturvermerk.
HBA C 1 Nr. 2550. — Altsignatur fehlt; K. 486.

Nr. 2551

1606 Oktober 2/12 [Königsberg]

Herzogliche Oberräte an Dr. Johannes Derschkaw:

Einverständnis mit dem geschlossenen Grenzrezeß; Beauftragung des Adressaten mit der Exekution des Rezesses, der die Hauptleute der davon betroffenen Ämter persönlich beiwohnen sollen.

Konzept
1 Blatt 20 x 32 cm, S. 1 beschrieben, S. 2 Empfänger-, Datums- und Registraturvermerk.
HBA C 1 Nr. 2551. — Altsignatur fehlt; K. 486.

Nr. 2552

1606 Oktober 9/19 [Königsberg]

Herzogliche Oberräte an den Hauptmann zu Preußisch Eylau:

Anforderung eines Berichts wegen des von Schlubuth verrückten Grenzsteins zwischen Borchertsdorf und Bunkenhöfen.

Konzept
1 Blatt 20 x 34 cm, S. 1 beschrieben, S. 2 Empfänger-, Datums- und Registraturvermerk.
HBA C 1 Nr. 2552. — Altsignatur fehlt; K. 486.

Nr. 2553

1606 Oktober 13/23, Preußisch Eylau

R. von Eppingen, Hauptmann auf Preußisch Eylau, an die herzoglichen Oberräte:

Laut oberrätlichem Befehl hat er mit Stach von der Groeben den besagten Grenzstein besichtigt; Christoff Schlubuth erklärt, daß er diesen, weil er klein gewesen sei und lose zwischen anderen Steinen gestanden habe, ausgehoben, ihn aber dann wieder an seinen alten Platz gesetzt habe; keine Absicht Schlubuths, den Stein eigenmächtig zu verrücken oder wegzubringen; Bezug auf die Aussage des bischöflichen Dieners Jacob Flindt; der mit dem Kreuz und Bischofsstab bezeichnete Stein liegt nach Schlubuths Angabe weit außerhalb der Räumung und ist für die bischöfliche Seite günstig, weil dadurch dem Herzogtum einige Hufen abgehen; Schlubuth hat den Hirten, die den Stein gefunden haben, befohlen, ihn bis zur Ankunft der Kommissarien nicht zu verrücken.

Behändigte Ausfertigung
1 Bogen 20,5 x 33 cm, S. 1—3 beschrieben, Unterschrift des Ausstellers, S. 4 Außenadresse, Inhalts- und Eingangsvermerk vom 18. /28. Oktober 1606.
Siegelspuren
HBA C 1 Nr. 2553. — Altsignatur fehlt; K. 486.

Nr. 2554

1606 [Oktober o. T. u. O.]

Christoff von Schlubhutt an Kurfürst Joachim Friedrich von Brandenburg:

Verwahrung gegen den Vorwurf des ermländischen Bischofs, den Grenzstein zwischen Borchertsdorf und Bunkenhöfen eigenmächtig verrückt zu haben; Bezug auf den Bericht des Hauptmanns von Preußisch Eylau (Reg.-Nr. 2553); unwahre Ausführungen des bischöflichen Dieners Jacob Flindt aus Heilsberg.

Abschrift
1 Bogen 20,5 x 34 cm, S. 1—3 beschrieben, S. 4 Inhalts- und Eingangsvermerk zu Königsberg vom 5./15. November 1606.
HBA C 1 Nr. 2554. — Altsignatur fehlt; K. 486.

Nr. 2555

1606 Dezember 3, Heilsberg

Bischof Simon von Ermland an die herzoglichen Oberräte:

Erhard von Gehren, Bürger und Kaufmann der Alten Stadt Königsberg, hat vom bischöflichen Schäffer 52 Last Weizen und Korn gekauft und dafür 1000 Gulden angezahlt; weil er trotz mehrfacher Mahnung den Rest der Schulden nicht getilgt hat, bittet der Bischof um entsprechende Veranlassung.

Behändigte Ausfertigung
1 Bogen 20,5 x 32 cm, S. 1—2 beschrieben, Unterschrift des Bischofs, S. 4 Außenadresse, Inhalts- und Eingangsvermerk zu Königsberg vom 1./10. Dezember 1606.
Siegel des Bischofs
HBA C 1 Nr. 2555. — Altsignatur fehlt; K. 484.

Nr. 2556

1606 Dezember 8/18 [Königsberg]

Herzogliche Oberräte an das Domkapitel zu Frauenburg:

Beschwerde Thobias Knobbes, Sohnes eines Bürgers von Sensburg, über den Allensteiner Bürger Hans Weyer Müller wegen nicht erfüllter Zahlungsverpflichtungen; Interzession der Oberräte zwecks Klaglosstellung des Supplikanten.

Konzept
1 Bogen 20 x 34 cm, S. 1—2 beschrieben, S. 4 Empfänger-, Datums- und Registraturvermerk.
HBA C 1 Nr. 2556. — Altsignatur fehlt; K. 486.

Nr. 2557

1606 Dezember 31, Braunsberg

Jacob Schröter, bischöflicher Kanzler, an die herzoglichen Oberräte:

Der herzogliche Hof- und Gerichtssekretär Johannes Filhas hat drei Exemplare des Grenzrezesses „sampt dem autographo" in der bischöflichen Kanzlei hinterlegt, die er [Schröter] dem Bischof in Braunsberg überreicht hat; nach erfolgter Kollation hat der Bischof die Übersendung eines Exemplars an das Frauenburger Domkapitel veranlaßt; eine andere Ausfertigung ist Johannes Filhas zwecks Hinterlegung in der preußischen Kanzleiregistratur übergeben worden; Wunsch des Bischofs nach Regelung der anderen strittigen Grenzfragen; [Schröter] ist bereit, mit Dr. Dirschow und den beiderseitigen geschworenen Landmessern noch in diesem Winter die „praeparatoria" vorzunehmen, damit im kommenden Frühjahr der ganze Zwist „extrema manus von den verordneten Herren Compromissariis" beigelegt werden kann.

Behändigte Ausfertigung
1 Bogen 19,5 x 30 cm, S. 1—2 beschrieben, Unterschrift des Ausstellers, S. 4 Außenadresse, Inhalts- und Eingangsvermerk vom 30. Dezember 1606/9. Januar 1607.
Siegel des Kanzlers
HBA C 1 Nr. 2557. — Altsignatur fehlt; K. 484.

Nr. 2558

1607 Februar 13/23 [Königsberg]

Herzogliche Oberräte an Bischof Simon von Ermland:

Fürbitte der Oberräte für Friedrich Erbtruchseß und Freiherrn zu Waldburg, Hauptmann zu Marienwerder, der seine ins Stift Ermland entlaufenen Untersassen zurückfordert; nach Aussage der zwischen der Krone Polen und dem Herzogtum Preußen geschlossenen Verträge hat jede Seite Anspruch auf die Überstellung von entlaufenen Untertanen durch den Vertragspartner.

Konzept
1 Bogen 20,5 x 32 cm, S. 1—2 beschrieben, S. 4 Empfänger-, Datums- und Registraturvermerk.
HBA C 1 Nr. 2558. — Altsignatur fehlt; K. 1234.

Nr. 2559

1607 März 6, Heilsberg

Crispinus Pfaff, ermländischer Landgerichtsverwalter, an die herzoglichen Oberräte:

Die Oberräte dürften sowohl mündlich durch Jacob Fliendt als auch schriftlich durch drei an ihn [Pfaff] gerichtete Briefe des Bartensteiner Rats von der Ehebruchsache des Krügers von Schönberg unterrichtet worden sein; Bitte um Auslieferung der in Bartenstein verhafteten tertia persona zwecks ihrer gebührenden Bestrafung.

Behändigte Ausfertigung
1 Bogen 20 x 33 cm, S. 1—2 beschrieben, Unterschrift des Ausstellers, S. 4 Außenadresse, Inhalts- und Eingangsvermerk vom 26. Februar/8. März 1607, Vermerk: „Ist ann Rath zue Barttenstein geschrieben den 27. Februarii".
Siegelspuren
HBA C 1 Nr. 2559. — Altsignatur fehlt; K. 484.

Nr. 2560

1607 Februar 26/März 8 [Königsberg]

Herzogliche Oberräte an Bischof Simon von Ermland:

Die herzoglichen Adligen Nicolaus Knobloch und Wolfgang von Hohendorff beklagen sich über die Hindernisse, die ihnen bei der Ausfolgung des Erbes der verstorbenen Frau von Erasmus von Dehlen in den Weg gelegt werden; Interzession der Oberräte zwecks Klaglosstellung der Supplikanten.

Konzept
Lateinisch
1 Bogen 20,5 x 33 cm, S. 1—2 beschrieben, S. 4 Empfänger-, Datums- und Registraturvermerk.
HBA C 1 Nr. 2560. — Altsignatur fehlt; K. 1234.
Reinkopie: Ostpr. Fol. 60, S. 543—544.

Nr. 2561

1607 Mai 4, Heilsberg

Bischof Simon von Ermland an die herzoglichen Oberräte:

Gemäß dem Vorschlag der Oberräte ist der Bischof im Einklang mit dem Domkapitel dazu bereit, am Frischen Haff „nach laut und folge des Buchstabens der alten gräntzbeziehung“ den Anfang zu machen. Die „Compromissarii“ hatten dagegen den Oberräten zugesagt, die Grenzrevision „von dem Bischoffstab nach Gudnick uf des Herrn Landthofmeisters dorff“ vorzunehmen; in Anbetracht der Dringlichkeit bittet der Bischof um die Aufnahme des restierenden Werks spätestens bald nach Bartholomei (24. August).

Behändigte Ausfertigung
1 Bogen 20 x 32 cm, S. 1—2 beschrieben, Unterschrift des Bischofs, S. 4 Außenadresse, Inhaltsvermerk, Eingangs- und Beantwortungsvermerk vom 27. April/7. Mai 1607.
HBA C 1 Nr. 2561. — Altsignatur fehlt; K. 484.

Nr. 2562

1607 April 27/Mai 7 [Königsberg]

Herzogliche Oberräte an Bischof Simon von Ermland:

Einverständnis mit dem bischöflichen Vorschlag, die Grenzrevision am Frischen Haff beginnen zu lassen; die Oberräte bitten um Nachricht, ob dem Bischof der 3./13. August 1607 als Termin recht ist.

Konzept
1 Bogen 20,5 x 33 cm, S. 1—2 beschrieben, S. 4 Empfänger-, Datums- und Registraturvermerk.
HBA C 1 Nr. 2562. — Altsignatur fehlt; K. 1234.

Nr. 2563

1607 Juni 8, Heilsberg

Paulus Gornicki, Propst und Administrator des Bistums Ermland, an die herzoglichen Oberräte:

Der Bischof Simon Rudnicki hat ihm während seiner Abwesenheit die Betreibung der Grenzsache auferlegt; nach Rücksprache mit dem Domkapitel stimmt er dem von den Oberräten vorgeschlagenen 3./13. August zwecks Beginn der Revision am Frischen Haff zu; zu bischöflichen Kommissarien werden Samuel Łaski, Seweryn Zaleski, Baliński und Reinhold Heidenstein bestimmt.

Behändigte Ausfertigung
1 Bogen 20 x 33 cm, S. 1—2 beschrieben, Unterschrift des Ausstellers, S. 4 Außenadresse, Inhaltsvermerk, Eingangsvermerk vom 2./12. Juni 1607, Beantwortungsvermerk vom 4./14. Juni 1607.
Siegel des Ausstellers
HBA C 1 Nr. 2563. — Altsignatur fehlt; K. 486.

Nr. 2564

1607 Juni 4/14 [Königsberg]

Herzogliche Oberräte an Paulus Gornicki, Administrator des Bistums Ermland:

Sie schlagen Fabian von Zehmen zum Obmann der mit der Grenzrevision beauftragten Kommissarien vor, weil er mit diesen Angelegenheiten gut vertraut und in der Nähe ansässig ist.

Konzept
1 Bogen 21 x 34 cm, S. 1—2 beschrieben, S. 4 Empfänger-, Inhalts- und Datumsvermerk.
HBA C 1 Nr. 2564. — Altsignatur fehlt; K. 1234.

Nr. 2565

1607 Juni 15/25, Königsberg

Herzogliche Oberräte an Paulus Gornicki, Administrator des Bistums Ermland:

Äußerung zum Vorschlag, Fabian von Zehmen, Woiwoden zu Marienburg und Hauptmann zu Stuhm, zum Obmann zu bestellen; Bereitschaft zur Ergreifung von Verteidigungsmaßnahmen gegen den auf See befindlichen Herzog Karl [von Södermanland].

Konzept
1 Bogen 20 x 33 cm, S. 1—2 beschrieben, S. 4 Außenadresse, Datums- und Registraturvermerk.
HBA C 1 Nr. 2565. — Altsignatur fehlt; K. 1234.

Nr. 2566

1607 Juni 30, Wartenburg

Bischof Simon von Ermland an die herzoglichen Oberräte:

Einverständnis mit dem Vorschlag der Oberräte, den Stuhmer Hauptmann Fabian von Zehmen zum „Superarbiter“ in den strittigen Grenzsachen zu ernennen; Hoffnung auf einen erfolgreichen Vergleich der Angelegenheiten durch die beiderseitigen Deputierten.

Behändigte Ausfertigung
1 Bogen 19 x 31 cm, S. 1—2 beschrieben, Unterschrift des Bischofs, S. 4 Außenadresse, Inhalts- und Eingangsvermerk vom 24. Juni/4. Juli 1607.
Siegel des Bischofs
HBA C 1 Nr. 2566. — Altsignatur fehlt; K. 486.

Nr. 2567

1607 Juni 25/Juli 5 [Königsberg]

Herzogliche Oberräte an Bischof Simon von Ermland:

Dank für die Zustimmung, Fabian von Zehmen zum „Superarbiter“ zu berufen; Bitte um Verschiebung des auf den 3./13. August festgesetzten Termins auf den 14./24. September wegen der Erntezeit.

Konzept
1 Bogen 20,5 x 34 cm, S. 1—2 beschrieben, S. 4 Empfänger-, Datums- und Registraturvermerk, Vermerk: „Der Termin ist geendertt und uff den 2. Septembris verlegtt worden. Actum den 11. Julii Anno 1607“.
HBA C 1 Nr. 2567. — Altsignatur fehlt; K. 1234.

Nr. 2568

1607 Juli 9, Stuhm

Fabian von Zehmen an die herzoglichen Oberräte:

Bereitschaft, sich zu dem angesetzten Termin bei der Grenzrevision einzustellen; Bericht von einem Sieg des Königs [Sigismund III.] über die Aufständischen, wobei 500 Mann gefallen und mehrere Magnaten gefangengenommen sein sollen; der vom Schlachtfeld entkommene Woiwode von Krakau soll von 2000 Mann verfolgt werden.

Behändigte Ausfertigung
1 Bogen 20,5 x 32 cm, S. 1 beschrieben, Unterschrift des Ausstellers, S. 4 Außenadresse, Inhaltsvermerk, Eingangsvermerk zu Königsberg vom 6./16. Juli 1607, Beantwortungsvermerk vom 11./21. Juli 1607.
Siegel des Ausstellers
HBA C 1 Nr. 2568. — Altsignatur fehlt; K. 486.

Nr. 2569

1607 Juli 11/21 [Königsberg]

Herzogliche Oberräte an Bischof Simon von Ermland:

Weil dem Bischof und dem Domkapitel der von ihnen vorgeschlagene neue Termin (14./24. September) ungelegen ist, stimmen sie dem Wunsch des Bischofs zu, den 2./12. September dafür vorzusehen.

Konzept
1 Bogen 21 x 33 cm, S. 1—2 beschrieben, S. 4 Empfänger-, Inhalts- und Datumsvermerk.
HBA C 1 Nr. 2569. — Altsignatur fehlt; K. 1234.

Nr. 2570

1607 Juli 28, Stuhm

Fabian von Zehmen an die herzoglichen Oberräte:

Er will sich am 2./12. September in Balga einfinden, soll aber auf Befehl des Bischofs am 2./12. August nach Braunsberg kommen, wobei sich dieser auf einen entsprechenden Vorschlag der Oberräte bezieht; nach Zehmens Meinung liegt hier ein Irrtum vor, weil der 12. August stylo novo mit dem 2. September stylo vetero nicht identisch ist; Bitte um genauere Unterrichtung seitens der Oberräte, weil er keine Verantwortung für diesen Widerspruch übernehmen will.

Behändigte Ausfertigung
1 Bogen 20 x 33 cm, S. 1—3 beschrieben, Unterschrift des Ausstellers, S. 4 Außenadresse und Kanzleivermerk.
Siegelspuren
HBA C 1 Nr. 2570. — Altsignatur fehlt; K. 486.

Nr. 2571

1607 Juli 30, Heilsberg

Bischof Simon von Ermland an die herzoglichen Oberräte:

Dank für das Einverständnis der Oberräte mit dem von ihm vorgeschlagenen Termin der Grenzbesichtigung (2./12. September); Bitte um Unterrichtung des Obmanns und der herzoglichen Compromissarien von diesem Zeitpunkt; diese sollen sich am vorausgehenden Tag (11. September) in Braunsberg einfinden und am 12. September am Frischen Haff ihre Arbeit beginnen; Hoffnung auf die baldige Beilegung der langwierigen Grenzfragen.

Behändigte Ausfertigung
1 Bogen 20,5 x 32 cm, S. 1—2 beschrieben, Unterschrift des Bischofs, S. 4 Außenadresse, Inhaltsvermerk, Eingangs- und Beantwortungsvermerk vom 23. Juli/2. August 1607.
Siegel des Bischofs
HBA C 1 Nr. 2571. — Altsignatur fehlt; K. 486.

Nr. 2572

1607 Juli 23/August 2 [Königsberg]

Herzogliche Oberräte an Bischof Simon von Ermland:

Gemäß dem Wunsch des Bischofs wollen sie veranlassen, daß sich die herzoglichen Compromissarien am 1./11. September in Braunsberg einfinden und am folgenden Tag ihre Arbeit am Frischen Haff aufnehmen.

Konzept
1 Blatt 20 x 34 cm, S. 1 beschrieben, S. 2 Empfänger-, Datums- und Registraturvermerk.
HBA C 1 Nr. 2572. — Altsignatur fehlt; K. 1234.

Nr. 2573

1607 Juli 28/August 7, Pülz

Georg von Schlubut an Kurfürst Joachim Friedrich von Brandenburg:

Bezug auf seine Mitwirkung bei der Regulierung von Grenzsachen zwischen dem Herzogtum und dem Bistum, wozu er sich am 2./12. September in Balga einfinden soll; außerdem soll er am 11./21. August in Kosslau erscheinen, um mit anderen Deputierten den Streit zwischen den Birkhanern, Stachenern und Wildenauern beizulegen; diese Termine kommen ihm wegen der zu verrichtenden Hauswirtschaft und Ernte des Sommergetreides ungelegen; ein weiterer nachteiliger Faktor ist, daß sein Gesinde während seiner Abwesenheit häufig von den Nachbarn abgeworben wird; daher Bitte Schlubuts um Entbindung von diesen Aufträgen.

Behändigte Ausfertigung
1 Bogen 21 x 33 cm, S. 1—3 beschrieben, Unterschrift des Ausstellers, S. 4 Außenadresse, Inhalts- und Kanzleivermerk, Eingangsvermerk vom 3./13. August 1607.
Siegelspuren
HBA C 1 Nr. 2573. — Altsignatur fehlt; K. 486.

Nr. 2574

1607 Juli 30/August 9 [Königsberg]

Herzogliche Oberräte an Christoff Vogt und Barttel Hünichen:

Die Adressaten sollen sich am 1./11. September in Braunsberg einfinden und am folgenden Tag ihre Arbeit am Frischen Haff im Amt Balga aufnehmen.

Konzept
1 Blatt 20,5 x 33 cm, S. 1 beschrieben, S. 2 Empfänger-, Inhalts- und Registraturvermerk.
HBA C 1 Nr. 2574. — Altsignatur fehlt; K. 1234.

Nr. 2575

1607 Juli 30/August 9 [Königsberg]

Herzogliche Oberräte an die Hauptleute zu Balga, Preußisch Eylau und Rastenburg:

Befehl an die Adressaten, sich und ihre Amtsuntertanen für die Unterstützung der die Grenzrevision bewirkenden Compromissarien bereit zu halten.

Konzept
1 Bogen 20,5 x 33 cm, S. 1—2 beschrieben, S. 4 Empfänger-, Inhalts- und Datumsvermerk.
HBA C 1 Nr. 2575. — Altsignatur fehlt; K. 1234.

Nr. 2576

1607 August 3/13, Königsberg

Herzogliche Oberräte an Botho zu Eulenburg:

Auf Befehl des Kurfürsten Joachim Friedrich soll der Adressat anstelle Georgs von Schlubut an der Grenzregulierung mit dem Bistum Ermland teilnehmen und seine Verpflichtungen als „Compromissarius" erfüllen.

Konzept
1 Bogen 21 x 33 cm, S. 1—2 beschrieben, S. 4 Empfänger-, Inhalts-, Datums- und Registraturvermerk.
HBA C 1 Nr. 2576. — Altsignatur fehlt; K. 1234.

Beilage

1607 August 3/13 [Königsberg]

Weiteres Konzept mit gleichlautendem Text.

1 Bogen 20,5 x 33 cm, S. 1—2 beschrieben, S. 4 Empfänger-, Inhalts- und Datumsvermerk.

Nr. 2577

1607 August 13, Stuhm

Fabian von Zehmen an die herzoglichen Oberräte:

Bereitschaft Zehmens, sich an dem festgesetzten Termin zur Vornahme des Grenzvergleichs einzufinden.

Behändigte Ausfertigung
1 Bogen 21 x 34 cm, S. 1 beschrieben, Unterschrift des Ausstellers, S. 4 Außenadresse, Inhalts- und Eingangsvermerk vom 10./20. August 1607.
Siegel des Ausstellers
HBA C 1 Nr. 2577. — Altsignatur fehlt; K. 486.

Nr. 2578

1607 September 2/12, Königsberg

Herzogliche Oberräte an Bischof Simon von Ermland:

Sie haben dem bischöflichen Schreiben entnommen, daß in Absprache mit dem Frauenburger Kapitel anstelle des verhinderten Heinrich Hindenberg Johann Pröck als „Compromissarius" bestimmt worden ist; Einverständnis der Oberräte mit dieser Entscheidung.

Konzept
1 Bogen 20,5 x 32 cm, S. 1—2 beschrieben, S. 4 Empfänger-, Inhalts-, Registratur- und Datumsvermerk.
HBA C 1 Nr. 2578. — Altsignatur fehlt; K. 1234.

Nr. 2579

1607 September 5/15, Petershagen

Herzogliche Compromissarien an die Oberräte:

Die Ersetzung Hindenbergs durch Johann Pröck hat nicht stattgefunden, weil ersterer am 2. [September] zur Grenzrevision erschienen ist; Hoffnung der Compromissarien, innerhalb von sechs oder sieben Tagen die Grenze vom Frischen Haff bis Krakotin regulieren zu können; Beschwerde über Albrecht von Kalnein und Kuntz von Knobelsdorff, die sich nicht auf „der Grentzen" haben sehen lassen; Bitte um erneute Ermahnung der Hauptleute, der Grenzbesichtigung beizuwohnen und die dafür erforderliche Unterstützung zu leisten.

Konzept
1 Bogen 20,5 x 33 cm, S. 1—3 beschrieben, S. 4 Außenadresse, Inhalts-, Datums- und Registraturvermerk.
HBA C 1 Nr. 2579. — Altsignatur fehlt; K. 486.

Nr. 2580

1607 September 17/27 [Königsberg]

Herzogliche Oberräte an Bischof Simon von Ermland:

Bereitschaft, gemäß dem Wunsch des Bischofs Nachforschungen wegen des von Untersassen des Fischhausener Vogtes Hans Truchseß von Wetzhausen ausgeworfenen Grenzsteins anzustellen.

Konzept
1 Blatt 20,5 x 33 cm, S. 1 beschrieben, S. 2 Empfänger-, Inhalts- und Datumsvermerk.
HBA C 1 Nr. 2580. — Altsignatur fehlt; K. 1234.

Nr. 2581

1607 Oktober 2/12, Hanshagen

Albrecht von Kreytzen an Dr. Johann Derschkau:

Beschwerde über den zu seinen Lasten gehenden Irrtum der Compromissarien; Bitte um Anerkennung seiner Gerechtigkeiten.

Ausfertigung
1 Blatt 20,5 x 33 cm, S. 1 beschrieben, Unterschrift des Ausstellers, S. 2 Außenadresse und Kanzleivermerk.
Siegel des Ausstellers
HBA C 1 Nr. 2581. — Altsignatur fehlt; K. 486.

Nr. 2582

1607 Oktober 23/November 2 [Königsberg]

Herzogliche Oberräte an Bischof Simon von Ermland:

Verzögerung des Abschlusses der Grenzhandlungen; einige Compromissarien sind an die Landesgrenze zwischen dem Herzogtum und Masowien deputiert worden; der verordnete Exekutor Dr. Johann Derschkovius ist „mit Leibesschwachheit behafftet"; Bitte um Verständnis für die Aussetzung der Sache; Bekräftigung ihres Willens, die langwierige Angelegenheit zum Abschluß zu bringen.

Konzept
1 Bogen 21 x 34 cm, S. 1—3 beschrieben, S. 4 Empfänger-, Inhalts- und Datumsvermerk.
HBA C 1 Nr. 2582. — Altsignatur fehlt; K. 1234.

Nr. 2583

1607 November 29, Heilsberg

Bischof Simon von Ermland an die herzoglichen Oberräte:

Abgesandte des zusammengerotteten polnischen Kriegsvolks sind von Hohenstein nach Guttstadt gekommen; sie wollen die Oberräte um „Contentation geldt" und um einen freien Durchzug ins Bistum ersuchen; Bitte des Bischofs um Verweigerung dieser Forderung und um Hilfe für das Ermland in Rat und Tat; das vor zwei Jahren in Livland gedient habende und noch nicht besoldete polnische Kriegsvolk beabsichtigt, in Preußen Winterlager zu halten; obwohl unlängst in Marienburg eine allgemeine Kontribution bewilligt worden ist, weiß man noch nicht, wieweit eine Auszahlung an dieses erfolgt ist; Absicht des Bischofs, sich mit dem Domkapitel wegen der gegenwärtigen Gefahr zu „consuliren"; Hoffnung auf gegenseitige Unterstützung des Bistums und Herzogtums.

Abschrift
1 Blatt 21 x 33 cm, S. 1—2 beschrieben.
HBA C 1 Nr. 2583. — Altsignatur: 4/20; K. 492.

Nr. 2584

1607 November 30, Heilsberg

Bischof Simon von Ermland an die herzoglichen Oberräte:

Kurz nach Absendung ihres Dieners nach [Königsberg] sind vier Soldaten von dem polnischen Kriegsvolk in die Heilsberger Vorstadt gekommen; ihre Audienz beim Bischof hat ergeben, daß sie ohne Befehl ihren Weg ins Ermland genommen haben; sie haben gehofft, man würde hier ihrem Willen ebenso wie zuvor im Kulmischen entsprechen; Bitte des Bischofs an die Oberräte, diesen Leuten derart zu begegnen, daß „in diesem Preußerlandt allenthalb der gewünschte Fried erhalten" bleibe; die Hauptleute von Soldau und Neidenburg sollen auf den Paß von Janowa durch die fürstliche Heide gute Achtung haben.

Abschrift
1 Blatt 21 x 34 cm, S. 1—2 beschrieben.
HBA C 1 Nr. 2584. — Altsignatur: 4/20; K. 492.

Nr. 2585

1607 Dezember 5, Heilsberg

Bischof Simon von Ermland an die herzoglichen Oberräte:

In Janowa und dessen Umgebung sollen sich 3000 Mann des aufständischen Kriegsvolks versammelt haben, die die Absicht haben, ins Bistum Ermland einzufallen; weil von dieser Gefahr auch das Herzogtum betroffen ist, Bitte des Bischofs an die Oberräte, die Hauptleute auf Soldau und Neidenburg vor allem zur guten Achtung auf den Wald von Janowa zu veranlassen.

Abschrift
1 Blatt 21 x 32 cm, S. 1—2 beschrieben.
HBA C 1 Nr. 2585. — Altsignatur: 4/20; K. 492.

Nr. 2586

1608 Januar 28, Braunsberg

Bürgermeister und Rat der Alten Stadt Braunsberg an die herzoglichen Oberräte:

Laut beiliegendem bischöflichen Befehl können die Aussteller dem Ersuchen der Oberräte um Auslieferung Peter Klingers nicht entsprechen; Bitte um Verständnis für ihre Haltung; sie wollen jedoch das erneute Begehren der Oberräte in dieser Angelegenheit dem Bischof zur Kenntnis bringen; Bürgschaftsleistung von zwei „wohlgesessenen Bürgern" für besagten Peter Klinger, wonach dieser auf jeden Fall verpflichtet ist, sich zu stellen.

Behändigte Ausfertigung
1 Bogen 20 x 34 cm, S. 1—2 beschrieben, Unterschrift der Aussteller, S. 4 Außenadresse, Inhalts- und Eingangsvermerk zu Königsberg vom 25. Januar/4. Februar 1608.
Siegel der Aussteller
HBA C 1 Nr. 2586. — Altsignatur fehlt; K. 486.

Beilage

1608 Januar 4, Schlitt

Bischof Simon von Ermland an Bürgermeister und Rat zu Braunsberg:

Klage der Frau Peter Klingers über die Absicht des Braunsberger Rats, ihren Mann wegen seines casus ins Herzogtum auszufolgen; Befehl des Bischofs an die Adressaten, besagten Peter [Klinger] ohne sein Vorwissen nicht zu extradieren.

Abschrift
1 Blatt 20 x 34 cm, S. 1 beschrieben.

Nr. 2587

1608 Februar 20/März 2, Königsberg

Herzogliche Oberräte an Bischof Simon von Ermland:

Peter Klinger, ein Diener der Stadt Braunsberg, hat einen Überfall auf den mit der Grenzrevision befaßten Dr. Johann Derschovius auf freier Landstraße verübt; den wiederholten Ersuchen der Oberräte um Auslieferung des Täters hat der Braunsberger Rat mit Bezug auf einen Befehl des Bischofs keine Folge geleistet; daher Bitte an den Bischof um Veranlassung der Extradition des [Klinger] gemäß altem Herkommen und Brauch, damit dem Recht sein gebührender Lauf gelassen werde.

Konzept
1 Bogen 21 x 34 cm, S. 1—3 beschrieben, S. 4 Empfänger-, Inhalts- und Datumsvermerk.
HBA C 1 Nr. 2587. — Altsignatur fehlt; K. 1235.

Nr. 2588

[1608 nach Februar 20, Braunsberg]

Bürgermeister und Rat der Alten Stadt Braunsberg an Bischof Simon von Ermland:

Bericht über den „actus“ zwischen Dr. Derschkaw und Peter Klinger, der sich bis zur Rückkehr ihres Ratsgenossen Jacob Klein aus Litauen verzögert hat; in Einsiedel hat eine Zusammenkunft ihrer Bevollmächtigten mit herzoglichen Abgesandten stattgefunden, in der darüber beraten worden ist, was in die Grenzsteine eingehauen werden sollte; nach dem Vorschlag der Herzoglichen sollten auf der einen Seite die Buchstaben I. F. M. = Joachim Friedrich Markgraf und auf der anderen C. B. = Civitas Braunsbergensis eingehauen werden; von seiten der Braunsberger wurde die Insignierung der neu gesetzten Steine mit dem Stadtwappen in Form eines Osterlamms verlangt; Schmähung Jacob Kleins durch Dr. Derschkaw; er behauptet, Kleins Vater sei ein Bauer vom Lande gewesen und habe sich in die Stadt einkaufen müssen; nach Äußerung dieser und anderer Injurien wird [Derschkaw] vom Diener Peter Klinger angegriffen, der dafür gefänglich inhaftiert wird; bezüglich der von den Oberräten geforderten Auslieferung Klingers führt der Braunsberger Rat einen Casus aus dem Jahre 1601 an, der den auf freier Straße von dem herzoglichen Adligen Bastian Parth und dem Heiligenbeiler Bürger Gotthart Spies auf einen Braunsberger Bürger verübten Überfall betrifft; die Ersuchen des Braunsberger Rats an den Hauptmann von Balga und den Rat zu Heiligenbeil um Auslieferung der Verbrecher sind damals erfolglos geblieben; ergebnislos ist auch 1602 das Bemühen des bischöflichen Statthalters Johannes Pisiński um Überstellung der herzoglichen Edelleute verlaufen, die einen Bürger der Neustadt Braunsberg verwundet hatten.

Abschrift
2 Bogen 20 x 31 cm, S. 1—7 beschrieben.
HBA C 1 Nr. 2588. — Altsignatur fehlt; K. 486.

Nr. 2589

1608 Februar 27, Heilsberg

Recessus Heilsbergensis:

Bischof Simon von Ermland, Landpropst Heinrich Hindenberg zu Allenstein und Domherr Lucas Bratkowski erkären gemäß Beschluß der kürzlich gehaltenen Tagfahrt, daß der unlängst bewilligte königliche Schoß nicht den Commissariis Regis, sondern dem Schatzmeister von Marienburg übergeben werden soll; Verpflichtung des Schatzmeisters, diese Kontribution zu keinem anderen Zweck als zur Bezahlung und „Contentirung" des livländischen Kriegsvolks zu verwenden; angesichts der von dem zusammengerotteten polnischen Kriegsvolk verübten Plünderungen wird verfügt, daß der Landvogt ein „Possessionatus" und Einzögling dieses Stifts sein soll, der nach altem Brauch das Amt des Feldobersten bekleidet; ihm sollen drei rittermäßige Personen als Kriegsobersten zur Seite stehen, die vom Land und den Städten vorgeschlagen werden und als Honorar für zwei Jahre 300 Gulden Polnisch erhalten sollen; auch die nicht das Bürgerrecht besitzenden Dienstleute sollen zur Erlegung des königlichen Schosses verpflichtet sein und diesen am 11. März an die deputierten Kastenherren entrichten; die Stände haben beschlossen, daß für die Dauer der Tumulte oder Kriegsgefahr auch die Untersassen der Adligen, aber auch diese selbst, zur Errichtung der Landsteuer und des Botengelds verpflichtet sind, wozu noch ein Groschen von jedem Rauch oder Hofsitz kommt; Einsetzung von Visitatoren, die in allen Ämtern die „bruchhaftigen" Türme und Mauern sowie den Mangel an Geschütz und Munition feststellen sollen; dazu sind verordnet Stanislaus Wilzewski auf Ramsau, Jacob Bartsch auf Crossen, Hans von Schwoben, Burggraf zu Mehlsack, sowie die Bürgermeister Anselmus Lauterwaldt zu Wormditt und Caspar Nench zu Allenstein; Befehl an Stanislaus Wilzewski, Jacob Bartsch und Albert Hedman, zunächst vier Falkonetten auf Rädern zu kaufen, die in dem auf dem Schloß Heilsberg befindlichen Zeughaus „neben anderen Kriegswehren" verwahrt werden sollen; Befehl an die Kastenherren oder Kriegszahlmeister, wenigstens einmal im Jahr alle „bellica arma" auf ihren Zustand zu überprüfen; die Bauern sollen von den Amtleuten ermahnt werden, sich teils Musketen, teils gute Hellebarden zu verschaffen und diese parat zu halten; die Beamten sind verpflichtet, laut gedrucktem und publiziertem Edikt auf Bettler und leichtfertige Kriegsknechte sowie auf den Betrug der schottischen Krämer zu achten, die mit ihren Wagen und Pferden außerhalb der öffentlichen Jahrmärkte die Dörfer besuchen; Amtleute, die gegen ihre Aufsichtspflicht verstoßen, sollen ihrer Herrschaft drei Gulden Polnisch zahlen; Verbot für die Adligen, keine „verbotenen" Personen anzunehmen und zu beherbergen; Befehl an die Burggrafen, Adligen, Bürgermeister und Räte in den Städten, dieses Mandat ihren Untersassen zur Kenntnis zu bringen.

Ausfertigung
2 Bogen 20 x 31 cm, S. 1—6 beschrieben, Unterschrift des Kanzlers
Jacobus Schröter, S. 8 Inhaltsvermerk.
2 Siegel des Bischofs und des Kanzlers
HBA C 1 Nr. 2589. — Altsignatur: 4/20; K. 492.

Nr. 2590

1608 Juni 8/18 [Königsberg]

Herzogliche Oberräte an Bischof Simon von Ermland:

Interesse an der Fortführung der gutnachbarlichen Korrespondenz mit dem Bischof; erforderliche Revision der Grenzen zwischen den Ämtern Rastenburg und Rössel und auf der anderen Seite der Passarge nach dem Frischen Haff zu; Beschwerde wegen der Dr. Johannes Derschkaw von dem Braunsberger Diener Peter Klinger zugefügten Verletzung; weil Dr. Derschkaw ein dignitarius sei, gebühre es dem Braunsberger Ratsverwandten Jacob Klein nicht, diesen mit unhöflichen Worten zu traktieren; Ersuchen um Ausfolgung des Klinger zwecks dessen gebührender Bestrafung; der Gegenbericht Derschkaws zur Darstellung des Braunsberger Rats liegt bei; Dank für die Unterrichtung über die starken Kriegsrüstungen Herzog Karls [von Södermanland]; Bereitschaft zur Achtung auf die preußischen Häfen.

Konzept
2 Bogen 21 x 34 cm, S. 1—7 beschrieben, S. 8 Empfänger-, Inhalts- und Datumsvermerk.
HBA C 1 Nr. 2590. — Altsignatur fehlt; K. 1235.

Nr. 2591

1608 Juni 10/20 [Königsberg]

Herzogliche Oberräte an Bischof Simon von Ermland:

Empfang des bischöflichen Schreibens wegen der Kriegsrüstungen Herzog Karls von Södermanland durch Vermittlung des Fischhauser Vogtes Johann Truchseß von Wetzhausen; den Oberräten ist angenehm, daß sich der Bischof den Belangen des Herzogtums annimmt und veranlaßt hat, daß seitens der Republik [Adelsrepublik] alles Erforderliche unternommen wird; es ist gewiß, daß die Nachrichten über diese Seexpedition zugenommen haben; weil darunter aber auch ungewisse Informationen sind, die sich hoffentlich als falsch erweisen, ist nicht klar, was Karl wirklich vorhat und ob er möglicherweise den Durchzug durch das Herzogtum Preußen begehrt; Bereitschaft der Oberräte, an der gebotenen Umsicht nichts mangeln zu lassen und auf alle möglichen Gefahren zu achten.

Reinkopie
Lateinisch
Ostpr. Fol. 60, S. 573—574.

Nr. 2592

1608 Juni 21/Juli 1, Königsberg

Kurfürst Joachim Friedrich von Brandenburg an die zur Regulierung der Grenze verordneten Compromissarien:

Bitte um Erstattung ihres Berichts zur Beschwerde Albrechts von Kreytzen, damit die Sache richtig entschieden werden kann.

Ausfertigung
1 Blatt 20,5 x 33 cm, S. 1 beschrieben, Unterschrift der Oberräte, S. 2 Außenadresse und Kanzleivermerk.
Siegel des Ausstellers
HBA C 1 Nr. 2592. — Altsignatur fehlt; K. 486.

Nr. 2593

1608 Juni 28/Juli 8 [Königsberg]

Herzogliche Oberräte an Bischof Simon von Ermland:

Beschwerde Christoff Wolfriedts über Ulrich Hosius, der ihm eine im Bistum Ermland gelegene Mühle weggenommen hat; Interzession der Oberräte zwecks Klaglosstellung des Petenten.

Konzept
1 Bogen 20 x 33 cm, S. 1—2 beschrieben, S. 4 Empfänger-, Inhalts- und Datumsvermerk.
HBA C 1 Nr. 2593. — Altsignatur fehlt; K. 1235.

Nr. 2594

1608 Dezember 3/13 [Königsberg]

Herzogliche Oberräte an Bischof Simon von Ermland:

Der herzogliche Adlige Christoff Kamnick, der das Eheverlöbnis mit der im Bistum Ermland ansässigen Jungfrau Anna Wankowski eingegangen ist, benötigt zum Vollzug der Heirat und zur Erlangung des Ehegelds aus den väterlichen Gütern der Braut den Konsens des Bischofs; Fürbitte der Oberräte um dessen Erteilung, damit Kamnick den Brautschatz der Jungfrau erhalten kann.

Konzept
1 Bogen 21 x 33 cm, S. 1—2 beschrieben, S. 4 Empfänger-, Datums- und Inhaltsvermerk.
HBA C 1 Nr. 2594. — Altsignatur fehlt; K. 1235.

Nr. 2595

1609 Januar 28/Februar 7 [Königsberg]

Herzogliche Oberräte an Bischof Simon von Ermland:

Beschwerde des Memeler Bürgers Jacob Peßler über Bartel Krüger wegen einer nicht beglichenen Zahlung von 102 Gulden für verkauften Leinsamen; Interzession der Oberräte zwecks Klaglosstellung des [Peßler].

Konzept
1 Bogen 20 x 32 cm, S. 1—2 beschrieben, S. 4 Empfänger-, Inhalts- und Datumsvermerk.
HBA C 1 Nr. 2595. — Altsignatur fehlt; K. 1235.

Nr. 2596

1609 März 6, Heilsberg

Paulus Gornicki an die herzoglichen Oberräte:

Beschwerde des Jacob Bartsch, Erbsassen zu Crossen und Basien, über Michael Perckman, Verwalter auf Rogitten, wegen nicht beglichener Schulden von 12000 Mark an Geld und Getreide; Interzession für Jacob Bartsch wegen dessen Klaglosstellung.

Behändigte Ausfertigung
1 Bogen 20 x 32 cm, S. 1—3 beschrieben, Unterschrift des Ausstellers, S. 4 Außenadresse, Inhalts- und Eingangsvermerk zu Königsberg vom 2./12. März 1609.
Siegel des Ausstellers
HBA C 1 Nr. 2596. — Altsignatur fehlt; K. 484.

Nr. 2597

1609 März 9, Braunsberg

Jacob Bartsch an den Obersten Burggrafen Fabian den Älteren von Dohna:

Beschwerde über Michel Pergman, Verwalter zu Rogitten, der ihn in einem scripto ehrenrührig verletzt hat; Bitte um angemessene Bestrafung des Täters.

Ausfertigung
1 Blatt 19,5 x 29 cm, S. 1 beschrieben, Unterschrift des Ausstellers, S. 2 Außenadresse.
Siegel des Ausstellers
HBA C 1 Nr. 2597. — Altsignatur fehlt; K. 484.

Nr. 2598

1609 März 3/13 [Königsberg]

Herzogliche Oberräte an den bischöflichen Statthalter Paulus Gornicki:

Bereitschaft der Vormünder der Kinder Friedrich Pröcks, sich wegen der Schulden zu vergleichen; Verhandlung der Klage Jacob Bartschs ./. Michael Berckman wegen Injurien vor dem herzoglichen Hofgericht und nicht vor einem forum alienum.

Konzept
1 Blatt 20,5 x 32 cm, S. 1—2 beschrieben, S. 4 Empfänger-, Inhalts- und Datumsvermerk.
HBA C 1 Nr. 2598. — Altsignatur fehlt; K. 1235.

Nr. 2599

1609 März 13/23 [Königsberg]

Herzogliche Oberräte an Bischof Simon von Ermland:

Nach glaubwürdigen Nachrichten soll sich der wegen Erschießens eines armen Mannes auf freier Straße gesuchte Adlige Friedrich Lötze bei einer Frau von Schedlin im Bistum Ermland aufhalten; Bitte um Ergreifung und Ausfolgung des Täters zwecks dessen gebührender Bestrafung.

Konzept
1 Bogen 21 x 33 cm, S. 1—2 beschrieben, S. 4 Empfänger-, Inhalts- und Registraturvermerk.
HBA C 1 Nr. 2599. — Altsignatur fehlt; K. 1235.

Nr. 2600

1609 März 29, Heilsberg

Bischof Simon von Ermland an Kurfürst Johann Sigismund von Brandenburg:

Der seit mehreren Jahren als Leibwächter bei König [Sigismund III.] gedient habende Adlige Jacobus Grzimala Prziborowski hat den Bischof um Interzession beim Kurfürsten [von Brandenburg] gebeten; er hat in seiner Bittschrift angezeigt, daß ihm nach dem Tode seines Vaters, als er minderjährig war und sich außerhalb der Provinz befand, widerrechtlicher Eindrang in seine Güter geschehen ist; Bitte [Grzimalas] um Restitution der Güter; Klage über den Stiefsohn seines verstorbenen Bruders Adam, Henningius Berckman, der sein [Grzimalas] Gut Ressenstein mit allen Zubehörungen im Gebiet Angerburg eigenmächtig verkaufen will; Bitte des Bischofs um Klaglosstellung [Grzimalas].

Behändigte Ausfertigung
Lateinisch
1 Bogen 19,5 x 30 cm, S. 1 beschrieben, Unterschrift des Bischofs, S. 4 Außenadresse, Inhalts- und Eingangsvermerk.
Siegel des Bischofs
HBA C 1 Nr. 2600. — Altsignatur: 5/27/22, K. 486.

Nr. 2601

1609 April 14, Braunsberg

Bischof Simon von Ermland an die herzoglichen Oberräte:

Weil Herzog Karl von Södermanland einen Angriff gegen das Königreich Polen plant, erfordert das gemeinsame Interesse Maßnahmen, um dieser Gefahr zu begegnen; Bitte an die Oberräte, den Pillauer Hafen mit einer Besatzung zu versehen; von vertrauenswürdigen Leuten hat der Bischof erfahren, daß sich der im Dienste Karls von Södermanland stehende Johann Otto in Königsberg aufhalten soll.

Behändigte Ausfertigung
Lateinisch
1 Bogen 19 x 29 cm, S. 1 beschrieben, Unterschrift des Bischofs, S. 4 Außenadresse, Inhalts- und Eingangsvermerk vom 6./16. April 1609.
Siegel des Bischofs
HBA C 1 Nr. 2601. — Altsignatur fehlt; K. 484.

Nr. 2602

1609 April 7/17 [Königsberg]

Herzogliche Oberräte an Bischof Simon von Ermland:

Empfang der Warnung des Bischofs vor dem gegen die Krone Polen gerichteten Kriegszug Herzog Karls von Södermanland und der Bitte, die Küste des Herzogtums Preußen zu befestigen; Bereitschaft der Oberräte, diesen Wünschen zu entsprechen; sie haben die Ihrigen zusammengerufen, um nichts zu versäumen; das Herzogtum hat während dieser Kriegszeit durch Stellung von Kriegsvolk und Geldleistungen seine Pflichten mehr als erfüllt und auch im Pillauer Hafen eine ständige Wache unterhalten; mit Ausnahme der Nachrichten seitens des Königs haben die Oberräte keine Kenntnis von den verderblichen Plänen Johann Ottos erhalten.

Konzept
Lateinisch
1 Bogen 20,5 x 33 cm, S. 1—3 beschrieben, S. 4 Empfänger-, Inhalts- und Datumsvermerk.
HBA C 1 Nr. 2602. — Altsignatur fehlt; K. 1235.

Nr. 2603

1609 April 11/21 [Königsberg]

Herzogliche Oberräte an Bischof Simon von Ermland:

Empfang des bischöflichen Schreibens wegen Berichtigung der Grenze; die Oberräte halten es für unnötig, die Compromissarien in dieser Sache zu beunruhigen, weil es — wie der Bischof anführt — „nur um kleine oder geringe Controversien“ geht; der bischöfliche Kanzler Jacob Schröter und Dr. Johannes Derschovius sind zu beiderseitigen Exekutoren bestellt worden; nur wenn sich diese nicht einigen können, müssen die Compromissarien einbezogen werden; bei Einverständnis des Bischofs kann mit der Grenzrevision an den kommenden Hundstagen am Frischen Haff im Amt Balga begonnen werden.

Konzept
1 Bogen 21 x 33 cm, S. 1—3 beschrieben, S. 4 Empfänger-, Inhalts- und Datumsvermerk.
HBA C 1 Nr. 2603. — Altsignatur fehlt; K. 1235.

Nr. 2604

1609 August 19, Rössel

Bischof Simon von Ermland an die herzoglichen Oberräte:

Bitte um Aufnahme der Grenzrevision bei den strittigen Gütern um Susznick, Langheim und Junkeren, die bisher ausgespart worden sind; Ersuchen an die Oberräte, am 17. oder 18. September Exekutoren mit einem Notar und Landmessern nach Rössel zu schicken, wo sie mit Bevollmächtigten des Bischofs und Kapitels zusammentreffen und den Beschluß der Compromissarien ausführen sollen; Äußerung zur Bestrafung des Freien Barnabas, der vor zwei Jahren die Landesgrenze zwischen Langheim, Susnick und dem bischöflichen Pagus Plessen verrückt hat.

Behändigte Ausfertigung
Lateinisch
1 Bogen 20 x 31 cm, S. 1 beschrieben, Unterschrift des Bischofs, S. 4 Außenadresse, Inhalts-, Eingangs- und Beantwortungsvermerk vom 12./22. August 1609.
Siegel des Bischofs
HBA C 1 Nr. 2604. — Altsignatur: 1/13/82; K. 486.

Nr. 2605

1609 August 12/22 [Königsberg]

Herzogliche Oberräte an Bischof Simon von Ermland:

Gemäß dem Wunsch des Bischofs wird sich Dr. Johannes Derschovius mit einem Kanzleiverwandten und etlichen geschworenen Landmessern am 8./18. September nach Rössel begeben, um mit den Deputierten des Bischofs und Kapitels die noch ausstehenden Grenzstreitigkeiten zu bereinigen; wegen der am Frischen Haff aufzunehmenden Grenzrevision soll der Bischof mit Johannes Derschovius die Vornahme von Präparatorien besprechen; keine Notwendigkeit der Einberufung einer Spezialkommission in der Sache des Barnabas; weil dieser der Botmäßigkeit des Kurfürsten untersteht, soll sein Fall an das Bartensteiner Stadtgericht remittiert werden; dessen Urteil soll unverzüglich an dem Übeltäter vollstreckt werden.

Konzept
1 Bogen 21 x 33 cm, S. 1—3 beschrieben, S. 4 Empfänger-, Inhalts- und Datumsvermerk.
HBA C 1 Nr. 2605. — Altsignatur fehlt; K. 1235.

Nr. 2606

1609 September 1, Rössel

Bischof Simon von Ermland an Kurfürst Johann Sigismund von Brandenburg:

Interzession für Christophorus Pudewels wegen Erlangung einer vakanten Hauptmannsstelle.

Behändigte Ausfertigung
Lateinisch
1 Bogen 20,5 x 33 cm, S. 1 beschrieben, Unterschrift des Bischofs, S. 4 Außenadresse, Inhalts- und Eingangsvermerk zu Königsberg vom 2./12. September 1609.
Siegel des Bischofs
HBA C 1 Nr. 2606. — Altsignatur fehlt; K. 484.

Nr. 2607

1609 September 1, Rössel

Bischof Simon von Ermland an die herzoglichen Oberräte:

Interzession für Christophorus Pudewels, der aus einer bekannten Familie stammt, wegen Erlangung einer vakanten Hauptmannsstelle.

Behändigte Ausfertigung
Lateinisch
1 Bogen 20,5 x 32 cm, S. 1 beschrieben, Unterschrift des Bischofs, S. 4 Außenadresse, Inhalts- und Eingangsvermerk zu Königsberg vom 2./12. September 1609.
Siegel des Bischofs
HBA C 1 Nr. 2607. — Altsignatur fehlt; K. 484.

Nr. 2608

1609 August 30/September 9 [Königsberg]

Herzogliche Oberräte an Bischof Simon von Ermland:

Zuordnung des Vogtes zu Fischhausen, Hans Truchseß von Wetzhausen, zu den mit der Grenzrevision befaßten Exekutoren.

Konzept
1 Bogen 20,5 x 33 cm, S. 1—2 beschrieben, S. 4 Empfänger-, Inhalts- und Datumsvermerk.
HBA C 1 Nr. 2608. — Altsignatur fehlt; K. 1235.

Nr. 2609

1609 Dezember 16/26 [Königsberg]

Herzogliche Oberräte an Bischof Simon von Ermland:

Bezug auf die Supplikation von Bürgermeister und Rat der Stadt Rastenburg in der Angelegenheit der Gewandschneider, Kramer und Handwerker; die Oberräte entnehmen dem Patent des Bischofs, daß den herzoglichen Untertanen die Kirchmessen im Ermland außerhalb der öffentlichen Jahrmärkte verboten sind, was im Herzogtum nicht praktiziert wird; Bitte um Gleichbehandlung ihrer Untertanen mit den bischöflichen Untersassen.

Konzept
1 Bogen 21,5 x 33 cm, S. 1—3 beschrieben, S. 4 Empfänger-, Inhalts- und Datumsvermerk.
HBA C 1 Nr. 2609. — Altsignatur fehlt; K. 1235.

Nr. 2610

1609 Dezember 29/1610 Januar 8 [Königsberg]

Herzogliche Oberräte an Bischof Simon von Ermland:

Flucht des Simon Groß, der als Stadtknecht auf der Freiheit Tragheim gedient hat, aus der Haft; er soll sich nach Heilsberg begeben haben und unter der Jurisdiktion des Bischofs aufhalten; Bitte an den Bischof um subsidium iuris und um Ausfolgung des Übeltäters.

Konzept
1 Blatt 21,5 x 32 cm, S. 1 beschrieben, S. 2 Empfänger-, Inhalts- und Datumsvermerk.
HBA C 1 Nr. 2610. — Altsignatur fehlt; K. 1235.

Beilagen

I. 1609 [o. M. u. T.], Heilsberg

Simon Groß an Bischof Simon von Ermland:

Er hat sich nach Heilsberg begeben, um das Geleit des Bischofs zu erlangen; Bitte um Schutz vor Verfolgung seitens der Herzoglichen.

1 Bogen 20 x 34 cm, S. 1—3 beschrieben, S. 4 Kanzleivermerk.

II. [o. D. u. O.]

Simon Groß an Bischof Simon von Ermland:

Bitte um Beantwortung seiner Petition, damit er sich danach richten kann.

1 Zettel 21 x 12,5 cm, S. 1 beschrieben.

Nr. 2611

1610 Januar 8, Heilsberg

Bischof Simon von Ermland an die herzoglichen Oberräte:

Bitte um Förderung des königlichen Sekretärs Samuel Targowski, damit er nach Erledigung seiner Geschäfte möglichst bald zum König [Sigismund III.] zurückkehren kann.

Behändigte Ausfertigung
1 Bogen 21 x 33 cm, S. 1 beschrieben, Unterschrift des Bischof, S. 4 Außenadresse, Inhalts- und Eingangsvermerk vom 31. Dezember 1609/10. Januar 1610.
Siegelspuren
HBA C 1 Nr. 2611. — Altsignatur fehlt; K. 484.

Nr. 2612

1610 Januar 30, Heilsberg

Bischof Simon von Ermland an die herzoglichen Oberräte:

Die Krämer, Gewandschneider und Handwerksleute haben sich erdreistet, ihre Waren auf den Kirchmessen wie auf Jahrmärkten zu verkaufen; das hat dazu geführt, daß viel mehr Leute die Kirchmessen wegen des Handels als zur Andacht besuchen; daher ist bereits aufgrund des 1586 erfolgten Vergleichs mit Herzog Georg Friedrich dieses den alten Verträgen und Ordnungen zuwiderlaufende Verfahren abgeschafft worden; wenn man eine solche „Hantierung" auf den Dörfern und anderenorts gestattet, muß das zum Untergang der bürgerlichen Nahrung führen; den bischöflichen Untertanen ist lediglich zum Essen und Trinken der Besuch der Kirchmessen auf einen Tag erlaubt.

Behändigte Ausfertigung
1 Bogen 22,5 x 33 cm, S. 1—3 beschrieben, Unterschrift des Bischofs, S. 4 Außenadresse, Inhalts- und Kanzleivermerk.
Siegel des Bischofs
HBA C 1 Nr. 2612. — Altsignatur: 4/3/67 (X); K. 486.

Nr. 2613

1610 Januar 24/Februar 3 [Königsberg]

Herzogliche Oberräte an Bischof Simon von Ermland:

Kreditiv für ihren an den Bischof abgeordneten Gesandten Dr. Johannes Mirander.

Konzept
Lateinisch
1 Blatt 21,5 x 33 cm, S. 1 beschrieben, S. 2 Inhalts- und Datumsvermerk.
HBA C 1 Nr. 2613. — Altsignatur fehlt; K. 1235.

Nr. 2614

1610 Februar 10, Heilsberg

Stephanus Sadorski an die herzoglichen Oberräte:

Bereitschaft, dem Anliegen der Oberräte in der Sache des Königsberger Senators Christophorus Klein zu entsprechen; Versicherung seiner freundnachbarlichen Dienste.

Behändigte Ausfertigung
Lateinisch
1 Bogen 20 x 31 cm, S. 1 beschrieben, Unterschrift des Ausstellers, S. 4 Außenadresse, Inhalts- und Eingangsvermerk zu Königsberg vom 4./14. Februar 1610.
Siegelspuren
HBA C 1 Nr. 2614. — Altsignatur fehlt; K. 484.

Nr. 2615

1610 Juni 8/18 [Königsberg]

Herzogliche Oberräte an Bischof Simon von Ermland:

Wegen des Besuchs der Kirchmessen soll nach dem Vergleich von 1586 verfahren werden; Beschwerde der Rastenburger über das Umfahren, Kaufen und Verkaufen der Bischöflichen, was ihnen zum Schaden gereicht; Bitte an den Bischof, seine Untertanen zur strikten Einhaltung der alten Satzungen und Ordnungen zu veranlassen.

Konzept
1 Bogen 20,5 x 32 cm, S. 1—4 beschrieben, S. 4 Empfänger-, Inhalts- und Datumsvermerk.
HBA C 1 Nr. 2615. — Altsignatur fehlt; K. 1235.

Nr. 2616

1610 Juli 13, Seeburg

Bischof Simon von Ermland an die herzoglichen Oberräte:

Dem Bischof ist nicht bewußt, daß seine Untertanen die geltende Landesordnung verletzen und die bürgerliche Nahrung benachteiligen; Bitte an die Oberräte, ihren Untersassen die Kaufmannschaft auf dem Lande zu verbieten, was er [der Bischof] umgekehrt auch seinen Landeskindern untersagen will.

Behändigte Ausfertigung
1 Bogen 22,5 x 33 cm, S. 1—2 beschrieben, Unterschrift den Bischofs, S. 4 Außenadresse, Inhalts- und Eingangsvermerk zu Königsberg vom 20./30. Juli 1610.
Siegelspuren
HBA C 1 Nr. 2616. — Altsignatur: 4/3/67 (XI); K. 486.

Beilage

1610 Juli 3, Rössel

Bürgermeister und Rat der Stadt Rössel an Bischof Simon von Ermland:

Den Rösseler Gewandschneidern ist vor zwei Jahren das Feilhalten ihrer Waren auf der Kirchmesse in Nikolaiken verboten worden, während herzogliche Untertanen dazu befugt gewesen sind; Bitte der Stadt Rössel um generelles Verbot des Kaufens und Verkaufens auf den Kirchmessen im Bistum und im Herzogtum; falls die herzogliche Seite nur ihren eigenen Nutzen im Auge habe und ihre Kirchmessen allein den Bischöflichen verwehre, müsse „mutua frequentatio“ — wie bisher üblich — gehalten werden.

Abschrift
1 Bogen 22 x 33 cm, S. 1—2 beschrieben.

Nr. 2617

1611 Januar 13, Heilsberg

Bischof Simon von Ermland an die herzoglichen Oberräte:

Klage der in Seeburg befindlichen Erben der Ertmut, Witwe des Hohensteiner Burggrafen und Bürgermeisters Lucas Ritter, wegen unrechtmäßiger Erhebung des Vierten Pfennigs pro fisco Principis; Bitte des Bischofs um Gewährung des Rechts für die Supplikanten gemäß den erneuerten Pakten von 1587.

Behändigte Ausfertigung
1 Bogen 20,5 x 32 cm, S. 1—2 beschrieben, Unterschrift des Bischofs, S. 4 Außenadresse, Inhalts- und Eingangsvermerk vom 7./17. Januar 1611, Kanzleivermerk: „Ist ann Hohenstein geschrieben den 7. Januarii“.
Siegel des Bischofs
HBA C 1 Nr. 2617. — Altsignatur fehlt; K. 484.

Nr. 2618

1611 Januar 20, Heilsberg

Bischof Simon von Ermland an die herzoglichen Oberräte:

Bezug auf den zwischen Herzog [Georg Friedrich] und Bischof Martin Kromer geschlossenen Vertrag vom 15. März 1587, in dem beide Seiten auf die Erhebung des Vierten Pfennigs verzichtet haben; dennoch hat der herzogliche Fiskal von Christoff Immel aus Kiwitten wegen eines ihm von seinem Bruder Johann Immel in Liebemühl zugefallenen Erbes den Vierten Pfennig erhoben; Bitte um Ausfolgung des Erbes an Immel ohne Erhebung des Vierten Pfennigs.

Behändigte Ausfertigung
1 Bogen 20,5 x 32 cm, S. 1—3 beschrieben, Unterschrift des Bischofs, S. 4 Außenadresse, Inhalts-, Kanzlei- und Beantwortungsvermerk vom 14./24. Januar 1611.
Siegelspuren
HBA C 1 Nr. 2618. — Altsignatur fehlt; K. 484.

Nr. 2619

1611 Februar 25/März 7 [Königsberg]

Herzogliche Oberräte an Bischof Simon von Ermland:

Nach einem Gerücht soll der König ein Schreiben wegen eines angekündigten Reichstags an die Stände des Reiches gerichtet haben; weil dem Kurfürsten und Herzog in Preußen sehr an einer rechtzeitigen Benachrichtigung gelegen ist, bittet er den Bischof, wenn ein derartiges Schreiben an ihn gelangt ist, um Unterrichtung.

Konzept
Lateinisch
1 Blatt 21 x 32 cm, S. 1 beschrieben, S. 2 Empfänger- und Datumsvermerk.
HBA C 1 Nr. 2619. — Altsignatur fehlt; K. 1235.
Reinkopie: Ostpr. Fol. 60, S. 739.

Nr. 2620

1611 März 10, Schmolainen

Bischof Simon von Ermland an die herzoglichen Oberräte:

Der König [Sigismund III.] wird in Kürze in sein Reich zurückkehren; in den an den Bischof gelangten Schreiben wird bestätigt, daß [Stanislaw] Żółkiewski, der Palatinus von Kiew und oberste Heerführer, mit Briefen nach Moskau geschickt worden ist; wenn er [der Bischof] Schreiben des Königs erhält, wird er diese den Oberräten zur Kenntnis bringen; Interesse des Bischofs an Informationen über den Zustand in Deutschland; er wird nicht aufhören, für die Eintracht unter den Fürsten und die Ruhe der Christenheit zu beten.

Behändigte Ausfertigung
Lateinisch
1 Bogen 19,5 x 30 cm, S. 1 beschrieben, Unterschrift des Bischofs, S. 4 Außenadresse, Inhalts- und Eingangsvermerk vom 2./12. März 1611.
Siegel des Bischofs
HBA C 1 Nr. 2620. — Altsignatur fehlt; K. 484.

Nr. 2621

1611 März 15, Heilsberg

Bischof Simon von Ermland an die herzoglichen Oberräte:

Heute kann er sein den Oberräten gegebenes Versprechen, sie von Neuigkeiten zu unterrichten, erfüllen; er hat vom königlichen Kämmerer ein Schreiben [Sigismunds

III.] erhalten, in dem der Monarch Einzelheiten über den zu veranstaltenden Reichstag bekannt gibt; gestern hat er einen Brief erhalten, aus dem hervorgeht, daß der Reichstag um Pfingsten oder Johannis (24. Juni) stattfinden wird.

Behändigte Ausfertigung
Lateinisch
1 Bogen 20 x 31 cm, S. 1 beschrieben, Unterschrift des Bischofs, S. 4 Außenadresse und Eingangsvermerk zu Königsberg vom 8./18. März 1611.
Siegel des Bischofs
HBA C 1 Nr. 2621. — Altsignatur: 4/20/82; K. 484.

Nr. 2622

1611 März 15, Heilsberg

Bischof Simon von Ermland an die herzoglichen Oberräte:

Möglicherweise plant der dänische König [Christian IV.] einen Krieg gegen Herzog Karl von Södermanland; die dänische und schwedische Flotte sollen in Kriegsbereitschaft versetzt worden sein; Bitte des Bischofs an die Oberräte, den Hafen von Pillau zu verstärken und mit Wachen zu besetzen; Erwartung, daß die Oberräte sich in dieser Gefahr klug und aufmerksam verhalten.

Behändigte Ausfertigung
Lateinisch
1 Bogen 20,5 x 32 cm, S. 1 beschrieben, Unterschrift des Bischofs, S. 4 Außenadresse und Eingangsvermerk zu Königsberg vom 8./18. März 1611.
Siegel des Bischofs
HBA C 1 Nr. 2622. — Altsignatur: 4/20/81; K. 484.

Nr. 2623

1611 März 8/18 [Königsberg]

Herzogliche Oberräte an Bischof Simon von Ermland:

Keine genaue Kenntnis vom Stand der dänischen und schwedischen Kriegsrüstungen; Hoffnung auf Gottes Barmherzigkeit, damit die Krone Polen und das Herzogtum Preußen vom Krieg verschont bleiben; der König von Dänemark [Christian IV.] steht nicht nur dem Königreich Polen freundlich gegenüber, sondern ist auch dem Kurfürsten und Herzog in Preußen verwandtschaftlich verbunden; der Hafen von Pillau ist gegenüber dem Herzog von Södermanland in Verteidigungsbereitschaft versetzt worden; Dank für die Nachrichten über den bevorstehenden polnischen Reichstag.

Konzept
Lateinisch
1 Bogen 20,5 x 32 cm, S. 1—2 beschrieben, S. 4 Empfänger- und Datumsvermerk.
HBA C 1 Nr. 2623. — Altsignatur fehlt; K. 1235.

Nr. 2624

1611 April 20/30 [Königsberg]

Herzogliche Oberräte an Bischof Simon von Ermland:

Interesse an der Revision der Landesgrenze bei der Passarge; Befehl an Dr. Johannes Dirschovius, sich mit den bischöflichen Beauftragten wegen der Zeit und des Ortes zwecks Vornahme der Präparatorien zu vergleichen.

Konzept
1 Bogen 20,5 x 32 cm, S. 1—2 beschrieben, S. 4 Empfänger-, Inhalts- und Datumsvermerk.
HBA C 1 Nr. 2624. — Altsignatur fehlt; K. 1235.

Nr. 2625

1611 Juni 10, Schmolainen

Bischof Simon von Ermland an die herzoglichen Oberräte:

Weil die Oberräte ihre geschworenen Landmesser zum 2. Juni nicht haben abfertigen können, muß es bei dem 31. Juli stylo novo bleiben; Erstaunen des Bischofs über die Absicht des Dr. Dirschovius, mit den Präparatorien in Hohenstein zu beginnen, obwohl die Passarge „eine fertige genugsame Landtgräntz" bilde und dort nichts Strittiges zu finden sei; besser sei es, vom Haff aus den Anfang zu nehmen; Bitte an die Oberräte, den Dr. Dirschovius am genannten Termin zum Erscheinen bei Braunsberg zu veranlassen, damit er am darauffolgenden Tag mit den bischöflichen Deputierten die Präparatorien in Angriff nehmen kann.

Behändigte Ausfertigung
1 Bogen 20,5 x 33 cm, S. 1—2 beschrieben, Unterschrift des Bischofs, S. 4 Außenadresse, Inhalts- und Eingangsvermerk vom 3./13. Juni 1611.
Siegelspuren
HBA C 1 Nr. 2625. — Altsignatur fehlt; K. 482.

Nr. 2626

1611 Juni 15/25 [Königsberg]

Herzogliche Oberräte an Bischof Simon von Ermland:

Übersendung der Abschrift eines Briefes mit der Nachricht von der Eroberung der Festung Smolensk; Freude über den Sieg der polnischen Truppen; Bereitschaft zur Unterrichtung des Bischofs von weiteren wichtigen Ereignissen.

Konzept
Lateinisch
1 Blatt 19,5 x 33 cm, S. 1 beschrieben, S. 2 Empfänger- und Datumsvermerk.
HBA C 1 Nr. 2626. — Altsignatur fehlt; K. 1235.
Reinkopie: Ostpr. Fol. 60, S. 759—760.

Nr. 2627

1611 Juni 28, Schmolainen

Bischof Simon von Ermland an die herzoglichen Oberräte:

Er hat aus Wilna einen Brief erhalten, der von der Einnahme der Stadt Smolensk berichtet; Freude über den Erfolg der polnischen Waffen; die königlichen Mandate wegen Einberufung des Reichstags und der Landtage sind ausgegangen; der Bischof ist davon unterrichtet worden, daß der Beginn des Reichstags auf den 26. September festgesetzt ist; die Deputierten des Bischofs und des Domkapitels werden sich am 31. Juli des neuen Kalenders in Braunsberg oder Frauenburg einfinden, um die noch ausstehenden Teile der Grenzrevision vorzunehmen; Bitte an die Oberräte, ihre Bevollmächtigten gleichfalls dorthin abzusenden.

Behändigte Ausfertigung
Lateinisch
1 Bogen 20 x 31 cm, S. 1 beschrieben, Unterschrift des Bischofs, S. 4 Außenadresse, Inhalts- und Eingangsvermerk vom 20./30. Juni 1611.
Siegel des Bischofs
HBA C 1 Nr. 2627. — Altsignatur fehlt; K. 486.

Nr. 2628

1611 Juni 27/Juli 7 [Königsberg]

Herzogliche Oberräte an Bischof Simon von Ermland:

Empfang des bischöflichen Schreibens mit der Nachricht über die glückliche Eroberung von Smolensk; Dank für die Unterrichtung vom Beginn des Reichstags am 26. September; Übersendung einiger Nachrichten an den Bischof, die über die Umstände bei der Einnahme von Smolensk Aufschluß geben; aus zwingenden Gründen hat Dr. Dirschovius den Befehl erhalten, mit der Grenzrevision im Hohensteinschen zu beginnen.

Konzept
Lateinisch
1 Blatt 21 x 31 cm, S. 1 beschrieben, S. 2 Empfänger- und Datumsvermerk.
HBA C 1 Nr. 2628. — Altsignatur fehlt; K. 1235.
Reinkopie: Ostpr. Fol. 60, S. 756—757.

Nr. 2629

1611 Juli 1/11 [Königsberg]

Herzogliche Oberräte an Bischof Simon von Ermland:

Glückwünsche zum Sieg des polnischen Königs [Sigismund III.] bei Smolensk; Hoffnung auf einen glücklichen Verlauf des Feldzuges und auf einen günstigen Frieden; sie hätten gern dem Wunsch des Bischofs nach Aufnahme der Grenzrevision am Frischen Haff entsprochen, wenn sie nicht zwingende Gründe daran gehindert hätten; diese erfordern den Beginn der Revision im Hohensteinschen; Bitte um Abordnung der bischöflichen Kommissarien zum vereinbarten Zeitpunkt in dieses Gebiet, um mit den herzoglichen Beauftragten die Regulierung zu beginnen; Übersendung eines Briefs des Kurfürsten [Johann Sigismund] an den Bischof.

Konzept
Lateinisch
1 Bogen und 1 Blatt 20 x 32 cm, S. 1—4 beschrieben, S. 6 Empfänger- und Datumsvermerk.
HBA C 1 Nr. 2629. — Altsignatur fehlt; K. 482.
Reinkopie: Ostpr. Fol. 60, S. 764—766.

Nr. 2630

1611 August [o. T.], Heilsberg

Bischof Simon von Ermland an den herzoglichen Kanzler Christophorus Rappe:

Übersendung seiner Antwort auf das Schreiben des Kurfürsten mit der Bitte, dieses an [Johann Sigismund] weiterzuleiten.

Behändigte Ausfertigung
Lateinisch
1 Bogen 20 x 31 cm, S. 1 beschrieben, Unterschrift des Bischofs, S. 4 Außenadresse und Inhaltsvermerk.
Siegel des Bischofs
HBA C 1 Nr. 2630. — Altsignatur fehlt; K. 484.

Nr. 2631

1611 August 8, Heilsberg

Stephanus Sadorski an den herzoglichen Kanzler Christophorus Rappe:
Übersendung eines Briefes Wilhelm Kochańskis; aus Wilna ist die Nachricht von der Einnahme der ungarischen Festung Raab durch die Türken eingetroffen.

Behändigte Ausfertigung
Lateinisch
1 Bogen 19,5 x 30 cm, S. 1 beschrieben, Unterschrift des Ausstellers, S. 4 Außenadresse, Inhalts- und Kanzleivermerk.
Siegelspuren
HBA C 1 Nr. 2631. — Altsignatur fehlt; K. 484.

Nr. 2632

1611 August 8/18 [Königsberg]

Herzogliche Oberräte an das Domkapitel zu Frauenburg:

Empfang des Schreibens des Kapitels wegen der Grenzrevision; Befehl an die Ämter Balga und Eylau, die dort aufgerichteten Malzeichen in Augenschein zu nehmen.

Konzept
1 Blatt 20,5 x 32 cm, S. 1 beschrieben, S. 2 Empfänger-, Inhalts- und Datumsvermerk.
HBA C 1 Nr. 2632. — Altsignatur fehlt; K. 1235.

Nr. 2633

1611 August 20, Wormditt

Bischof Simon von Ermland an die herzoglichen Oberräte:

In der Grenzrevision sind einige Fehler aufgetreten, weil es wegen der eine unstrittige Grenzlinie bildenden Passarge weniger wichtig gewesen ist, die Besichtigung am Ursprung dieses Flusses beginnen zu lassen; Beschwerde über die Familie Dohna, deren Untertanen Übergriffe auf den seit undenklichen Zeiten in seinem Besitz befindlichen Wald verübt haben und daher von dem Braunsberger Burggrafen bestraft worden sind; 14 Tage vor Beginn des Reichstags soll der Superarbiter mit vier Compromissarien diese Differenzen untersuchen; der Bischof will den Stuhmer Hauptmann Fabian von Zehmen und seine Deputierten davon unterrichten, daß sie am 12. September in Braunsberg mit den herzoglichen Bevollmächtigten die strittigen Grenzfragen klären sollen.

Behändigte Ausfertigung
Lateinisch
1 Bogen 20 x 31 cm, S. 1—2 beschrieben, Unterschrift des Bischofs, S. 4 Außenadresse, Inhaltsvermerk, Eingangs- und Beantwortungsvermerk.
Siegel des Bischofs
HBA C 1 Nr. 2633. — Altsignatur fehlt; K. 486.

Nr. 2634

1611 August 13/23 [Königsberg]

Herzogliche Oberräte an Bischof Simon von Ermland:

Empfang der Beschwerde des Bischofs über Herrn von Dohna; dessen Gegenbericht soll dem Bischof zur Kenntnis gebracht werden; Bitte um Verständnis für die Verzögerung in der Sache der Compromissarien.

Konzept
1 Bogen 20 x 34 cm, S. 1 beschrieben, S. 4 Empfänger-, Inhalts- und Registraturvermerk.
HBA C 1 Nr. 2634. — Altsignatur fehlt; K. 1235.

Nr. 2635

1611 August 25, Braunsberg

Bürgermeister und Rat der Alten Stadt Braunsberg an die herzoglichen Oberräte:

Verhaftung zweier Diebe, die durch den Gebrauch ungewöhnlicher Münzen aufgefallen sind; sie sollen in Königsberg ein Schiff bestohlen haben; Bereitschaft der Aussteller, dem Auslieferungsersuchen der Oberräte zu entsprechen, und entsprechende Anweisung an das Braunsberger Stadtgericht.

Behändigte Ausfertigung
1 Bogen 19 x 31 cm, S. 1 beschrieben, S. 4 Außenadresse, Inhalts- und Eingangsvermerk zu Königsberg vom 17./27. August 1611.
Siegelspuren
HBA C 1 Nr. 2635. — Altsignatur fehlt; K. 484.

Nr. 2636

1611 September 4, Heilsberg

Bischof Simon von Ermland an die herzoglichen Oberräte:

Die Erwartung des Bischofs, die langwierige Grenzsache endlich zum Abschluß zu bringen, hat sich nicht erfüllt; Bitte an die Oberräte, die Grenzstreitigkeiten vor Beginn des Reichstags zu beheben.

Behändigte Ausfertigung
1 Bogen 21 x 30 cm, S. 1—2 beschrieben, Unterschrift des Bischofs, S. 4 Außenadresse, Inhalts- und Eingangsvermerk zu Königsberg vom 28. August/7. September 1611.
Siegelspuren
HBA C 1 Nr. 2636. — Altsignatur fehlt; K. 484.

Nr. 2637

1611 November 10, Heilsberg

Stephanus Sadorski an die herzoglichen Oberräte:

Er hat aus Elbing die Nachricht erhalten, daß die herzoglichen Kommissarien einen Vergleich mit dem aus Smolensk anrückenden polnischen Heer geschlossen haben; sie haben 93000 Gulden für den Fall bewilligt, daß das Heer aus den Landen Preußen abzieht; nach Ansicht der Kommissarien soll das Bistum Ermland dazu eine Summe von 19000 Gulden beitragen.

Behändigte Ausfertigung
Lateinisch
1 Bogen 20,5 x 32 cm, S. 1 beschrieben, Unterschrift des Ausstellers, S. 4 Außenadresse.
Siegel des Ausstellers
HBA C 1 Nr. 2637. — Altsignatur fehlt; K. 484.

Nr. 2638

1611 Dezember 20, Heilsberg

Bischof Simon von Ermland an Kurfürst Johann Sigismund von Brandenburg:

Glückwünsche zur Belehnung des Kurfürsten mit dem Herzogtum Preußen; Versicherung seiner freundnachbarlichen Gefühle; Hoffnung auf eine glückliche Regierung des Kurfürsten als Herzog in Preußen.

Behändigte Ausfertigung
Lateinisch
1 Bogen 19 x 30 cm, S. 1 beschrieben, Unterschrift des Bischofs, S. 4 Außenadresse, Inhalts- und Eingangsvermerk zu Königsberg vom 13./23. Dezember 1611.
Siegelspuren
HBA C 1 Nr. 2638. — Altsignatur fehlt; K. 484.

Nr. 2639

1611 Dezember 14/24 [Königsberg]

Herzogliche Oberräte an Bischof Simon von Ermland:

Dank für die Glückwünsche des Bischofs zur Belehnung des Kurfürsten [Johann Sigismund] mit dem Herzogtum Preußen; Bereitschaft der Oberräte, im einzelnen und allgemeinen zum Nutzen des Preußenlandes mitzuwirken; sie hoffen, daß der zwischen Polen und Schweden geschlossene Frieden dauerhaft ist.

Konzept
Lateinisch
1 Bogen 20,5 x 32 cm, S. 1—3 beschrieben, S. 4 Empfänger-, Datums- und Registraturvermerk.
HBA C 1 Nr. 2639. — Altsignatur fehlt; K. 1235.
Reinkopie: Ostpr. Fol. 60, S. 791—793.

Nr. 2640

1612 Februar 5, Heilsberg

Bischof Simon von Ermland an Kurfürst Johann Sigismund von Brandenburg:

Er hat gestern einen Brief des Königs erhalten, der ihm wie den anderen Senatoren zugegangen ist; darin geht es um die noch unerledigte preußische Angelegenheit und um die Vollendung der auszuführenden Transaktion wegen des polnischen Heeres; Bitte um Mitteilung, ob der Kurfürst mit der Behandlung dieser Angelegenheit auf einem „conventus provintialis“ einverstanden ist; Bereitschaft des Bischofs, dem Kurfürsten zu Diensten zu sein.

Behändigte Ausfertigung
Lateinisch
1 Bogen 19,5 x 29,5 cm, S. 1 beschrieben, Unterschrift des Bischofs, S. 4 Außenadresse, Inhalts- und Eingangsvermerk vom 27. Januar/6. Februar 1612.
Siegel des Bischofs
HBA C 1 Nr. 2640. — Altsignatur fehlt; K. 484.

Nr. 2641

1612 Januar 28/Februar 7 [Königsberg]

Herzogliche Oberräte an Bischof Simon von Ermland:

Der zu ihnen gekommene Gesandte des polnischen Königs, Magnus Nolde, hat die baldige Einberufung eines Landtags im Herzogtum Preußen gefordert; dieser soll am 20. Februar alten Stils in Königsberg eröffnet werden; der Akt der Intromission in dieses Herzogtum soll in feierlicher Weise begangen werden, wobei die Oberräte hoffen, daß der Bischof als der ihnen unmittelbar benachbarte königliche Senator daran teilnimmt; aus den Briefen des Bischofs ersehen sie, daß der König ihre Bitten wohlwollend aufgenommen hat und der Bischof die preußischen Belange mit Eifer unterstützt, was sie auf gleiche Weise vergelten wollen; sie wollen ihm und den anderen Senatoren alle erforderlichen Informationen über den Landtag zur Kenntnis bringen; wegen der Kürze der Zeit soll sich der Bischof mit seinen Kollegen beraten; die Oberräte hoffen, daß die königlichen Kommissarien Ende Februar oder Anfang März des alten Kalenders nach Königsberg kommen und alle für die Krone Polen und das Preußenland wichtigen Probleme geklärt werden können.

Konzept
Lateinisch
1 Bogen und 1 Blatt 21 x 33 cm, S. 1—4 beschrieben, S. 6 Empfänger- und Datumsvermerk.
HBA C 1 Nr. 2641. — Altsignatur fehlt; K. 1235.
Reinkopie: Ostpr. Fol. 60, S. 802—805.

Nr. 2642

1612 Juni 2, Heilsberg

Bischof Simon von Ermland an Kurfürst Johann Sigismund von Brandenburg:

Gegen sein Widerstreben hat ihm der kurfürstliche Rat Richard Beier ein stattliches Honorar im Auftrag seines Herrn überreicht, das er nur angenommen hat, um die Großmütigkeit [Johann Sigismunds] nicht zu verletzen; Versicherung seiner guten Wünsche und Dienste; Hoffnung auf eine glückliche Regierung des Kurfürsten.

Behändigte Ausfertigung
Lateinisch
1 Bogen 19,5 x 30 cm, S. 1 beschrieben, Unterschrift des Bischofs, S. 4 Außenadresse.
Siegel des Bischofs
HBA C 1 Nr. 2642. — Altsignatur fehlt; K. 484.

Nr. 2643

1612 Mai 27/Juni 6 [Königsberg]

Kurfürst Johann Sigismund an Bischof Simon von Ermland:

Begründung seines durch Richard Beier überreichten Geschenkes mit seiner Hochachtung und Dankbarkeit gegenüber dem Bischof; Hoffnung auf dessen weitere Unterstützung in den Belangen des Herzogtums Preußen.

Konzept
Lateinisch
1 Bogen 20,5 x 33 cm, S. 1—2 beschrieben, S. 4 Empfänger- und Datumsvermerk.
HBA C 1 Nr. 2643. — Altsignatur fehlt; K. 1235.

Nr. 2644

1612 Oktober 13, Heilsberg

Bischof Simon von Ermland an Kurfürst Johann Sigismund:

Empfehlungsschreiben für den zum Kurfürsten reisenden königlichen Sekretär Wilhelm Kochański.

Behändigte Ausfertigung.
Lateinisch
1 Bogen 19,5 x 30 cm, S. 1 beschrieben, Unterschrift des Bischofs, S. 4 Außenadresse, Inhalts- und Eingangsvermerk zu Königsberg vom 20. Oktober 1612.
HBA C 1 Nr. 2644. — Altsignatur fehlt; K. 484.

Nr. 2645

1612 Oktober 16 [Königsberg]

Kurfürst Johann Sigismund an Bischof Simon von Ermland:

Wilhelm Kochański hat ihm ein Schreiben des Bischofs überreicht, das die Verhandlungen auf der Marienburger Tagfahrt über das konföderierte Heer zum Inhalt hat; wegen anderweitiger Aufgaben bittet er um Verständnis für die Verzögerung seiner Antwort.

Konzept
Lateinisch
1 Blatt 20, 5 x 33 cm, S. 1 beschrieben, S. 2 Empfänger- und Datumsvermerk.
HBA C 1 Nr. 2645. — Altsignatur fehlt; K. 1235.
Reinkopie: Ostpr. Fol. 60, S. 861.

Nr. 2646

1612 Oktober 26 [Königsberg]

Kurfürst Johann Sigismund an Bischof Simon von Ermland, das Domkapitel und den Konvent zu Marienburg:

Er schickt an die Adressaten in Belangen der Lande Preußen Hans Truchseß von Wetzhausen, Hauptmann von Fischhausen, Eustachius von der Groeben und den Königsberger Bürgermeister als seine Legaten, die er mit den erforderlichen Vollmachten versieht.

Konzept
Lateinisch
1 Bogen 20,5 x 32 cm, S. 1—3 beschrieben, S. 4 Empfänger- und Datumsvermerk.
HBA C 1 Nr. 2646. — Altsignatur fehlt; K. 1235.
Reinkopie: Ostpr. Fol. 60, S. 865—867.

Nr. 2647

1612 November 3 [Königsberg]

Kurfürst Johann Sigismund an Bischof Simon von Ermland und den Palatinus von Marienburg [Stanisław Działyński]:

Kreditivschreiben für seinen an die Adressaten abgeordneten Legaten Hans Truchseß von Wetzhausen, Hauptmann von Fischhausen.

Konzept
Lateinisch
1 Blatt 21 x 33 cm, S. 1 beschrieben, S. 2 Empfänger- und Datumsvermerk.
HBA C 1 Nr. 2647. — Altsignatur fehlt; K. 1235.
Reinkopie: Ostpr. Fol. 60, S. 873—874.

Nr. 2648

1612 Dezember 14, Heilsberg

Bischof Simon von Ermland an die herzoglichen Oberräte:

Aus dem Braunsberger Gebiet ist die Nachricht eingegangen, daß die Bauern aus Ebersbach, einem der Familie Dohna gehörigen Dorf, die Grenze überschritten und in dem bischöflichen Wald Federsdorf Holz geschlagen haben; Bitte um Regulierung der dortigen Grenze durch die beiderseitigen Compromissarien und um Veranlassung der Ebersbacher zum Verzicht auf derartige Übergriffe, damit er [der Bischof] im ruhigen und ungestörten Besitz des Waldes Federsdorf bleiben kann.

Behändigte Ausfertigung
Lateinisch
1 Bogen 20,5 x 33 cm, S. 1 beschrieben, Unterschrift des Bischofs, S. 4 Außenadresse, Inhalts-, Kanzlei- und Eingangsvermerk vom 17. Dezember 1612.
Siegel des Bischofs
HBA C 1 Nr. 2648. — Altsignatur fehlt; K. 484.

Nr. 2649

1612 Dezember 17 [Königsberg]

Herzogliche Oberräte an Bischof Simon von Ermland:

Sie haben die Herren von Dohna von der Beschwerde des Bischofs wegen des Waldes Federsdorf unterrichtet und hoffen, daß sich diese künftig dem Recht gemäß verhalten werden; die Oberräte bitten um Verschiebung der vom Bischof gewünschten Grenzrevision, weil inzwischen der Winter eingefallen ist.

Konzept
Lateinisch
1 Bogen 20,5 x 32 cm, S. 1 beschrieben, S. 4 Empfänger-, Datums- und Registraturvermerk.
HBA C 1 Nr. 2649. — Altsignatur fehlt; K. 1235.
Reinkopie: Ostpr. Fol. 60, S. 842—843.

Nr. 2650

1612 Dezember 31 [Königsberg]

Herzogliche Oberräte an Bischof Simon von Ermland:

Der Bischof hat ihnen genauere Nachrichten über den gegenwärtigen Zustand des konföderierten Heeres übersandt; die Oberräte bekunden gegenüber dem König [Sigismund III.] und der Republik Polen ihre Treue und Observanz; sie zweifeln nicht daran, daß Seine Majestät und die Stände des Königreichs alle Maßnahmen ergreifen, um die Gefahren abzuwenden; Bereitschaft der Oberräte, für das Herzogtum Preußen dabei mitzuwirken; Befehl an die Hauptleute der Grenzämter, Maßnahmen zu ergreifen, falls Truppen den Durchmarsch durch das Herzogtum ins Bistum Ermland beabsichtigen, um Schaden von den beiderseitigen Untertanen abzuwenden.

Konzept
Lateinisch
1 Bogen 20,5 x 33 cm, S. 1—3 beschrieben, S. 4 Empfänger- und Datumsvermerk.
HBA C 1 Nr. 2650. — Altsignatur fehlt; K. 1235.

Nr. 2651

1613 Januar 23, Brześć

Jan Zaleski im Namen der Konföderierten an Kurfürst Johann Sigismund:

Die Konföderierten versichern den Kurfürsten ihrer guten Dienste und danken ihm für die Wohltaten, die er ihnen durch seine Gesandten hat zukommen lassen; sie wollen erneut ihre Bevollmächtigten an ihn absenden, die untertänigst um die Erhöhung des Donativs bitten sollen.

Behändigte Ausfertigung
Polnisch
1 Bogen 20 x 30 cm, S. 1 beschrieben, Unterschrift des Ausstellers, S. 4 Außenadresse, Inhaltsvermerk, Eingangsvermerk zu Königsberg vom 11. Februar 1613, Beantwortungsvermerk vom 12. Februar 1613.
Siegel des Ausstellers
HBA C 1 Nr. 2651. — Altsignatur fehlt; K. 484.

Nr. 2652

1613 Januar 29, Marienburg

Bischof Simon von Ermland an Kurfürst Johann Sigismund:

Interzession für Thomas Bartnicius.

Behändigte Ausfertigung
Lateinisch
1 Bogen 19,5 x 30 cm, S. 1 beschrieben, Unterschrift des Bischofs, S. 4 Außenadresse, Inhalts- und Eingangsvermerk zu Königsberg vom 15. Februar 1613.
Siegelspuren
HBA C 1 Nr. 2652. — Altsignatur fehlt; K. 484.

Nr. 2653

1613 Februar 3 [Königsberg]

Kurfürst Johann Sigismund an Bischof Simon von Ermland:

Dem Brief des Bischofs hat er entnommen, wie groß dessen freundliche Gesinnung gegenüber ihm ist; der Kurfürst ist im Begriff, nach Deutschland aufzubrechen; er hat den zum Regiment verordneten Räten aufgetragen, die Bewahrung der Freundschaft zum Bischof im Auge zu haben; Bitte an ihn, sich auf künftigen Zusammenkünften der Belange des Herzogtums anzunehmen; der Kurfürst hofft, seine Angelegenheiten in Deutschland glücklich betreiben zu können.

Konzept
Lateinisch
1 Bogen 20,5 x 32 cm, S. 1—2 beschrieben, S. 4 Empfänger- und Datumsvermerk.
HBA C 1 Nr. 2653. — Altsignatur fehlt; K. 1235.
Reinkopie: Ostpr. Fol. 61, Bl. 4 r. — 5 r.

Nr. 2654

1613 Februar 18, Heilsberg

Bischof Simon von Ermland an Kurfürst Johann Sigismund:

Bezug auf seine wiederholte Interzession für Hermann Breuer, dem durch zwei Reskripte des Kurfürsten Hoffnung auf eine vakante Stelle gemacht worden ist; Verweis auf die beiliegende Supplikation Breuers; auch wenn er [der Bischof] dem Kurfürsten eine Person viel weniger als den [Breuer] empfohlen hat, ist dieser Bitte stets stattgegeben worden.

Behändigte Ausfertigung
Lateinisch
1 Bogen 21 x 32 cm, S. 1 beschrieben, Unterschrift des Bischofs, S. 4 Außenadresse.
Siegelspuren
HBA C 1 Nr. 2654. — Altsignatur fehlt; K. 484.

Nr. 2655

1613 März 18 [Königsberg]

Herzogliche Oberräte an Bischof Simon von Ermland:

Empfang der Nachrichten des Bischofs über die Rüstungen der konföderierten Truppen; sie haben mit Betrübnis zur Kenntnis genommen, daß diese Soldaten auch nicht während der Dauer des Reichstags, selbst nicht in dem Augenblick, als ihre Angelegenheit verhandelt wurde, in ihren Schranken geblieben sind und den Bischof nicht haben schonen wollen; Bereitschaft der Oberräte, den Bischof in dieser Lage zu unterstützen; Hoffnung, daß es dem Reichstag gelingt, die Truppen zu beruhigen und die öffentliche Sicherheit und Ruhe wiederherzustellen.

Konzept
Lateinisch
1 Bogen 20 x 33 cm, S. 1—2 beschrieben, S. 4 Empfänger-, Inhalts- und Datumsvermerk.
HBA C 1 Nr. 2655. — Altsignatur fehlt; K. 1235.
Reinkopie: Ostpr. Fol. 61, Bl. 8 r. — 9 r.

Nr. 2656

1613 Mai 8, Heilsberg

Beschluß der Tagfahrt zu Heilsberg:

Bischof Simon von Ermland und die Domherren Heinrich Hindinberg und Johannes von Pröck als Verordnete des Frauenburger Domkapitels tun kund, daß auf der Tagfahrt in Heilsberg zur Bezahlung des aus Moskau zurückgekehrten Kriegsvolks und zur Abwendung von Gefahren für die Krone Polen folgende Kontribution bewilligt worden ist:
ein Adliger, Freier, Schulze, Bauer, Müller, Biener und Krüger zahlen von jeder besetzten und bewohnten Hufe 3 Gulden;
ein Edelmann, der keine Bauern hat, zahlt von jeder Vorwerkshufe 1 1/2 Gulden;
ein Gärtner, der einen gekauften Garten hat, zahlt 1 Gulden, 6 Groschen;
ein Gärtner, der sich mit Dreschen ernährt und für die Herrschaften scharwerkt, 12 Groschen;
Instleute, die Vieh haben, 12 Groschen;
Instleute, die nichts haben, für Mann und Weib 6 Groschen;
Losgänger und Knechte 2 Gulden;
ehelose Weiber und Mägde 1 Gulden;
Handwerker in Dörfern oder Vorstädten, die nicht der Stadtjurisdiktion unterworfen sind, zahlen von ihrem „Handtwerck heuslein“ und Garten 18 Groschen;
Handwerker, die zur Miete wohnen, 9 Groschen;
Sackpfeifer, Fiedler und Spielleute auf Dörfern 24 Groschen;
Fischer, die Seue [Fischerboote] gemietet haben, zahlen von jeder Mark, die sie zur Miete geben, 6 Groschen, ihre Gesellen 12 Groschen;
Fischer zahlen von jeder Mark, die sie zur Miete eines Floßes geben, 1 Groschen, ihre Gesellen 8 Groschen;
Krüger, die einen gekauften Krug haben, Bier brauen und ausschenken, zahlen einen Hufenschoß von 2 Gulden;
Krüger, die zur Miete wohnen, 1 Gulden;
abgebrannte Bauern sollen vier Jahre von diesem Schoß befreit sein;
Müller in einer gekauften eigenen Mühle zahlen von jedem Rad 3 Gulden;
die auf Miete oder Metze sitzen, 1 1/2 Gulden;
von kleinen Mühlen, die nicht ständig mahlen, 24 Groschen;
Schneide-, Sämisch-, Stampf-, Walk-, Loh- und Schleifmühlen von jedem Rad 2 Gulden;
von Salpetersiedern zahlt der Meister 3 Gulden, der Geselle 15 Groschen;
Teer- und Pechbrenner zahlen zusammen mit ihren Gesellen 24 Groschen;
Kupfermüller zahlen 3 Gulden, ihre Gesellen 12 Groschen;
nichtansässige Schotten, die auf Jahrmärkten umherfahren, zahlen von jedem Roß 12 Gulden;
Schotten mit Paudelen [längliche schmale Kistchen] zahlen 6 Gulden;
Kesselführer, die mit ihren Waren auf öffentliche Jahrmärkte fahren, zahlen von jedem Roß 3 Gulden;
Personen, die Groppen [eiserne Kessel] haben und Branntwein brennen, zahlen 2 Gulden und 12 Groschen;

die Städte müssen dreifache Akzise erlegen, d. h. von jedem Scheffel Malz 6 Schillinge; die Akzise ist dem bischöflichen Schäffer einzuhändigen, der sie an den königlichen Schatzmeister in Marienburg überweisen muß; Befehl an die Amtleute und die Räte in den Städten, die Bettler und Umstreicher aufzugreifen und des Landes zu verweisen; Zusage der Stände, zur Bestellung zweier Rittmeister und eines Kapitäns jährlich 300 Gulden aus dem gemeinen Kasten zu geben; dagegen ist die Herrschaft verpflichtet, diese mit den notwendigen Viktualien zu versorgen; die Rittmeister und der Kapitän müssen die Dienstpflichtigen des Stifts jährlich zweimal nach Ostern und nach der Ernte mustern und unterweisen; gemäß Ersuchen des Kurfürsten [Johann Sigismund] um Reformation der Landesordnung Auftrag an Jacob Bartsch zu Crossen und Baisen, Christoff von Knobelsdorff zu Meinen und Fehlau, Johann Petzelt, Burggrafen zu Mehlsack, sowie die Bürgermeister Leonard Salfeld zu Braunsberg, Mathis Schmidt zu Guttstadt und Lorentz Bucholtz zu Allenstein, sich nach Guttstadt oder Wormditt zu begeben und die in der bischöflichen Kanzlei befindliche Handwerkertaxe mit der Königsberger Fassung zu kollationieren, damit eine für alle Seiten verbindliche Ordnung erreicht werden kann.

Abschrift
2 Bogen 21 x 31 cm, S. 1—6 beschrieben, Unterschrift des Kanzlers Jacobus Schröter, S. 8 Inhaltsvermerk.
Siegel des Kanzlers
HBA C 1 Nr. 2656. — Altsignatur fehlt; K. 492.

Nr. 2657

1613 Juli 1 [Königsberg]

Herzogliche Oberräte an Bischof Simon von Ermland:

Eingang des bischöflichen Briefes wegen der Tagfahrt in Graudenz oder Marienburg und des von Smolensk zurückkehrenden Heeres; wegen Abwesenheit einiger Oberräte konnte er nicht früher beantwortet werden; die Oberräte hoffen, daß durch die Beschlüsse der Tagfahrt der Friede und die allgemeine Ruhe gestärkt werden; „möge Gott in seiner Barmherzigkeit diesen betrübten Zustand der [Adels]republik bedenken und sie aus sovielen Wirbeln und Stürmen in einen ruhigen und friedlichen Hafen geleiten"; Bereitschaft zur freundnachbarlichen Unterstützung des Bischofs.

Konzept
Lateinisch
1 Bogen 20,5 x 33 cm, S. 1—2 beschrieben, S. 4 Empfänger-, Inhalts- und Datumsvermerk.
HBA C 1 Nr. 2657. — Altsignatur fehlt; K. 1235.
Reinkopie: Ostpr. Fol. 61, Bl. 14 v. — 15 r.

Nr. 2658

1613 Juli 20 [Königsberg]

Herzogliche Oberräte an Bischof Simon von Ermland:

Empfang der dem bischöflichen Brief beigefügten Landesordnung des Königlichen Preußen; Dank für die konstante freundschaftliche Gesinnung des Bischofs; sie begrüßen die auf der Marienburger Tagfahrt gefaßten Beschlüsse zur Abwehr feindlicher Angriffe, wobei es vor allem um das konföderierte Heer geht, das möglicherweise einen Einfall in Preußen versucht; Bereitschaft des Herzogtums, sich an den gemeinsamen Verteidigungsmaßnahmen zu beteiligen; von in Litauen befindlichen Vertrauensleuten haben die Oberräte erfahren, daß das konföderierte Heer die Stadt Kauen und die umliegenden Orte in Beschlag genommen hat; dessen Zahl beträgt ohne den Troß etwa 2000 Mann; 280 in Kauen zurückgelassene Soldaten haben ringsherum ihre Standlager; diese haben Verbindung mit dem König [Sigismund III.] aufgenommen und erwarten in nächster Zeit dessen Legaten, der mit ihnen die Zahlung ihres Soldes besprechen soll; das Heer will dort vier oder fünf Wochen verharren, damit in der Zwischenzeit ein Konvent oder eine Beratung, die sie „kolo" [Kreis, Zirkel] nennen, mit dem königlichen Legaten verhandeln kann; sollte sich die Auszahlung der Löhnung verzögern, werden sie nach Auflösung des Heeres scharenweise — wenn ihnen der freie Durchzug durch das Herzogtum nicht gestattet wird — gewaltsam in Polen eindringen und dort solange bleiben, bis sie ihren Sold erhalten haben; zum „marschalcus" soll Zbigneus Silnicki erwählt worden sein, dem zwölf Assessoren für die Erledigung der Sachen zugeordnet sind; Hoffnung auf eine erfolgreiche Vermittlungstätigkeit des Legaten; von dem Dönhoffschen Heer ist nur bekannt, daß es eine Rebellion gegen seinen Präfekten Dönhoff unternimmt, was diesen dazu veranlaßt hat, in Memel Schutz zu suchen; vergebliches Unternehmen der Dönhoffschen Truppen, mit Gewalt den Durchzug durch das Herzogtum zu erzwingen; lediglich auf Bitten Dönhoffs ist ihnen in Gruppen zu zehn Mann nur mit umgehängtem Schwert durch separate Orte der Durchzug gestattet worden, so daß kein Untertan vor ihnen Angst haben muß; Bereitschaft der Oberräte zur Erfüllung ihrer nachbarlichen Pflichten gegenüber dem Bischof.

Konzept
Lateinisch
2 Bogen 20,5 x 32 cm, S. 1—6 beschrieben, S. 8 Empfänger-, Inhalts- und Datumsvermerk.
HBA C 1 Nr. 2658. — Altsignatur fehlt; K. 1235.
Reinkopie: Ostpr. Fol. 61, Bl. 16r. — 18r.

Nr. 2659

1613 August 27 [Königsberg]

Herzogliche Oberräte an Bischof Simon von Ermland:

Der Hauptmann von Neidenburg hat ihnen die betrübliche Nachricht vom Einfall der Sapiehaschen Truppen in das Bistum Ermland übermittelt; sie versprechen dem Bischof, in dieser Situation alles in ihrer Macht Stehende zu tun.

Konzept
Lateinisch
1 Blatt 21 x 32 cm, S. 1 beschrieben, S. 2 Empfänger-, Inhalts- und Datumsvermerk.
HBA C 1 Nr. 2659. — Altsignatur fehlt; K. 1235.
Reinkopie: Ostpr. Fol. 61, Bl. 19 r. — 19 v.

Nr. 2660

1613 August 29, Rössel

Bischof Simon von Ermland an die herzoglichen Oberräte:

In einem gestern eingegangenen Brief hat ihn der Hauptmann von Neidenburg davon unterrichtet, daß außer denjenigen Konföderierten, die gestern das Bistum verlassen mußten, mehrere mit größerer Gefolgschaft ins Bistum eindringen wollen; weil diese zuvor durch das Herzogtum ziehen müssen, bittet der Bischof die Oberräte, keine Verletzung der Grenzen durch ein solches Gesindel zuzulassen; er will diesem, sobald es die Notwendigkeit erfordert, mit seinen Vasallen und dem Aufgebot entgegenziehen; die Oberräte sollen ihm dazu ihre Meinung mitteilen; Hinweis auf die in Abschrift beiliegende Information der Elbinger über den Einfall jener Soldateska ins Bistum; Bitte um Erteilung des Durchzugsrechts für die assoziierten Truppen, die sowohl aus den Landen Preußen als auch aus den größeren Städten durch das Herzogtum ins Bistum gelangen wollen, wie umgekehrt für die aus dem Bistum ins Königliche Preußen marschierenden Soldaten.

Behändigte Ausfertigung
Lateinisch
1 Bogen 19,5 x 31 cm, S. 1 beschrieben, Unterschrift des Bischofs, S. 4 Außenadresse, Inhalts- und Eingangsvermerk vom 30. August 1613.
Siegelspuren
HBA C 1 Nr. 2660. — Altsignatur fehlt; K. 484.

Nr. 2661

1613 August 29 [Königsberg]

Herzogliche Oberräte an Bischof Simon von Ermland:

In dem Augenblick, als der Notar des Bischofs zu ihnen gekommen ist, haben sie diesen mit einem Brief an seinen Herrn abgefertigt; aus der bischöflichen Nachricht ersehen sie, was die Unterhändler des Sapiehaschen Heeres von diesem gefordert haben; sie erkennen, daß der Sturm, der die Adelsrepublik erschüttert, sich bisher nicht gelegt hat; die Oberräte wollen in dieser Lage alles in ihrer Macht Stehende tun, damit die bisherige beiderseitige gute Nachbarschaft erhalten bleibt.

Konzept
Lateinisch
1 Bogen 20,5 x 33 cm, S. 1—2 beschrieben, S. 4 Empfänger-, Inhalts- und Datumsvermerk.
HBA C 1 Nr. 2661. — Altsignatur fehlt; K. 1235.
Reinkopie: Ostpr. Fol. 61, Bl. 20 r. — 20 v.

Nr. 2662

1613 August 31 [Königsberg]

Herzogliche Oberräte an Bischof Simon von Ermland:

Keine Beruhigung der Lage in Anbetracht des Verhaltens der Konföderierten; gestern ist der Hauptmann von Przasnysz, Sigismundus Nisicki, Janusz Radziwiłł auf seinem Wege von Brześć begegnet, wo er dem an diesen Tagen erfolgten Abschluß der Verträge mit den Konföderierten beigewohnt hat; er hat den Oberräten berichtet, daß sowohl das Sborovianische als auch das Sapiehasche Heer noch nicht seinen vollständigen Sold erhalten hat und daß dafür der 8. September als letzter Termin festgesetzt worden ist; angesichts der Schwierigkeiten der Adelsrepublik müssen diese Provinz [das Preußenland] und das gesamte Gebiet des Königreichs entsprechende Vorsorge treffen; nach Ansicht der Oberräte ist dem öffentlichen Dekret des Reichstags kaum etwas hinzuzufügen; die an sie und den Kurfürsten abgeordneten Unterhändler der Konföderierten sind niemals leer entlassen worden; nach Auffassung der Oberräte kann damit der Frieden eher erlangt werden, als wenn man sich dem zweifelhaften Würfel der Waffen unterwirft; wenn sie auch bisher diese friedlichen Mittel ergriffen haben, sind sie doch, wenn es die Lage erfordert, zur Verteidigung der Grenzen des Herzogtums bereit; Genehmigung des vom Bischof erbetenen Durchzugs der assoziierten Truppen durch das Herzogtum unter der Voraussetzung, daß die dortigen Untertanen keinen Schaden erleiden.

Konzept
Lateinisch
2 Bogen 20 x 32 cm, S. 1—7 beschrieben, S. 8 Empfänger-, Inhalts- und Registraturvermerk.
HBA C 1 Nr. 2662. — Altsignatur fehlt; K. 1235.
Reinkopie: Ostpr. Fol. 61, Bl. 20 v. — 22 v.

Nr. 2663

1613 September 13, Königsberg

Herzogliche Oberräte an Bischof Simon von Ermland:

Sie halten eine Regelung der noch offenen Grenzfragen ohne fernere Verzögerung für erforderlich und schlagen dafür den 23. Oktober vor; Bitte um Benachrichtigung, ob der Bischof mit diesem Termin einverstanden ist.

Konzept
Lateinisch
1 Blatt 20,5 x 33 cm, S. 1 beschrieben, S. 2 Empfänger-, Inhalts- und Datumsvermerk.
HBA C 1 Nr. 2663. — Altsignatur fehlt; K. 482.

Nr. 2664

1613 September 21, Heilsberg

Bischof Simon von Ermland an die herzoglichen Oberräte:

Die Antwort der Oberräte auf den Brief der Stände des Königlichen Preußen, die an den Palatinus von Kulm [Ludwik Mortęski] gerichtet ist, hat er an diesen weitergeleitet; nach Meinung des Bischofs dürften die Stände des Königlichen Preußen mit dieser Antwort zufrieden sein, weil sie sehen, daß die Oberräte Maßnahmen zur Abwendung der Gefahren ergreifen wollen; in dieser Stunde hat er [der Bischof] die Nachricht erhalten, daß Unterhändler der Sapiehaschen Konföderierten auf dem Wege zu ihm sind, die Genugtuung verlangen für Übergriffe, die bischöfliche Untertanen an ihnen begangen haben; Bereitschaft des Bischofs, ihren Wünschen zu entsprechen, um ihnen keine Gelegenheit für Beschwerden und Feindseligkeiten zu geben.

Behändigte Ausfertigung
Lateinisch
1 Bogen 19,5 x 29,5 cm, S. 1 beschrieben, Unterschrift des Bischofs, S. 4 Außenadresse, Inhalts- und Eingangsvermerk vom 24. September 1613.
Siegel des Bischofs
HBA C 1 Nr. 2664. — Altsignatur fehlt; K. 484.

Nr. 2665

1613 September 27 [Königsberg]

Herzogliche Oberräte an Bischof Simon von Ermland:

Kreditiv für ihren an den Bischof entsandten Legaten Johann Mirander.

Konzept
Lateinisch
1 Blatt 20,5 x 33 cm, S. 1 beschrieben, S. 2 Empfänger-, Inhalts- und Datumsvermerk.
HBA C 1 Nr. 2665. — Altsignatur fehlt; K. 1235.
Reinkopie: Ostpr. Fol. 61, Bl. 24 r.

Nr. 2666

1613 Oktober 1, Heilsberg

Bischof Simon von Ermland an die herzoglichen Oberräte:

Vor einigen Tagen hat ihm der tabellarius der Oberräte ein Schreiben wegen Regulierung der Grenzen überreicht; weil er sich zunächst erst mit dem Domkapitel besprechen mußte, hat sich die Beantwortung verzögert; Bitte um verbindliche Mitteilung, ob der dafür vorgesehene 23. Oktober sicher ist, weil er den Stuhmer Hauptmann [Fabian von Zehmen] als „Superarbiter" ersuchen muß, zu diesem Termin im Bistum zwecks Durchführung der Angelegenheit zu erscheinen; der Bischof will außerdem seine Compromissarien und alle an der Sache Interessierten zur Teilnahme an der Grenzrevision veranlassen.

Behändigte Ausfertigung
Lateinisch
1 Bogen 20 x 30 cm, S. 1 beschrieben, Unterschrift des Bischofs, S. 4 Außenadresse und Eingangsvermerk vom 3. Oktober 1613.
Siegel des Bischofs
HBA C 1 Nr. 2666. — Altsignatur fehlt; K. 482.

Nr. 2667

1613 Oktober 4 [Königsberg]

Herzogliche Oberräte an Bischof Simon von Ermland:

Dank für die Bereitschaft des Bischofs, am 23. Oktober die Erörterung der noch offenen Grenzfragen vorzunehmen; sie haben den Hauptmann von Stuhm gebeten, an dem genannten Termin als „Superarbiter" zur Verfügung zu stehen; nach ihrer Auffassung soll mit der Revision in Hohenstein begonnen werden; Hoffnung auf den Abschluß eines soliden Rezesses.

Konzept
Lateinisch
1 Bogen 20,5 x 33 cm, S. 1—2 beschrieben, S. 4 Empfänger-, Inhalts- und Datumsvermerk.
HBA C 1 Nr. 2667. — Altsignatur fehlt; K. 482.
Reinkopie: Ostpr. Fol. 61, Bl. 26 v. — 27 r.

Nr. 2668

1613 Oktober 7, Heilsberg

Bischof Simon von Ermland an die herzoglichen Oberräte:

Dank für die verbindliche Bestätigung des Termins der Grenzrevision; ihm sind die Gründe nicht bekannt, weshalb die Oberräte die Grenzrevision an der Quelle der Passarge beginnen wollen; diese ist — wie er ausführt — dort kaum erforderlich, weil die Passarge eine unstrittige Grenze zwischen dem Herzogtum und dem Bistum bildet; lediglich wegen zweier Hindernisse, die in diesem Fluß entdeckt worden sind, könnte es Differenzen geben; inzwischen hat er den Hauptmann von Stuhm [Fabian von Zehmen] vom Beginn der Grenzrevision unterrichtet.

Behändigte Ausfertigung
Lateinisch
1 Bogen 19 x 30 cm, S. 1 beschrieben, Unterschrift des Bischofs, S.4 Außenadresse, Inhalts- und Eingangsvermerk zu Königsberg vom 9. Oktober 1613.
Siegel des Bischofs
HBA C 1 Nr. 2668. — Altsignatur: 4/20/65; K. 491.

Nr. 2669

1613 Oktober 10 [Königsberg]

Herzogliche Oberräte an Bischof Simon von Ermland:

Übersendung der Übereinkunft, die die herzoglichen Legaten mit dem von Smolensk zurückgekehrten Heer wegen des Durchzugs durch das Herzogtum getroffen haben.

Konzept
Lateinisch
1 Blatt 20 x 34 cm, S. 1 beschrieben, S.2 Empfänger-, Inhalts- und Datumsvermerk.
HBA C 1 Nr. 2669. — Altsignatur fehlt; K. 1235.

Nr. 2670

1613 Oktober 16 [Königsberg]

Herzogliche Oberräte an Bischof Simon von Ermland:

Sie hatten neben anderen Compromissarien den Hauptmann von Fischhausen, Andreas von Kreytzen, zu der bevorstehenden Grenzbesichtigung abgeordnet; wegen dessen Verhinderung benennen sie an seiner Stelle den Soldauer Hauptmann Sigismund von Birckhan.

Konzept
Lateinisch
1 Blatt 20 x 32 cm, S. 1 beschrieben, S. 2 Empfänger-, Inhalts- und Datumsvermerk.
HBA C 1 Nr. 2670. — Altsignatur fehlt; K. 482.
Reinkopie: Ostpr. Fol. 61, Bl. 30 v.

Nr. 2671

1613 Oktober 19, Heilsberg

Bischof Simon von Ermland an die herzoglichen Oberräte:

Anstelle des erkrankten Compromissars Jacobus Holstius benennt er den Frauenburger Domherrn Laurentius Kochius und im Bedarfsfall den Adligen Michael von Damarau.

Behändigte Ausfertigung
Lateinisch
1 Bogen 19 x 27 cm, S. 1 beschrieben, Unterschrift des Bischofs, S. 4 Außenadresse und Eingangsvermerk zu Königsberg vom 21. Oktober 1613.
Siegel des Bischofs
HBA C 1 Nr. 2671. — Altsignatur fehlt; K. 491.

Nr. 2672

1613 Oktober 21 [Königsberg]

Herzogliche Oberräte an Bischof Simon von Ermland:

Eingang der bischöflichen Anzeige von der Ersetzung des Jacobus Holstius durch Laurentius Kochius und im Bedarfsfall durch Michael von Damarau.

Konzept
Lateinisch
1 Bogen 20 x 32 cm, S. 1 beschrieben, S. 2 Empfänger-, Inhalts- und Datumsvermerk.
HBA C 1 Nr. 2672. — Altsignatur fehlt; K. 482.
Reinkopie: Ostpr. Fol. 61, Bl. 31 v. — 32 r.

Nr. 2673

1613 Oktober 22 [Königsberg]

Herzogliche Oberräte an Bischof Simon von Ermland:

Beschwerde des Obersten Burggrafen Johannes Truchseß von Wetzhausen über den aus dem Herzogtum stammenden Hector Gleissenthaler, der ihm mit Hilfe von Bauern aus dem Bezirk Wildenau vier Pferde von seinem Hof Reichau weggenommen hat; der Schreiber [Wetzhausens] hat [Gleissenthaler] mit einigen Leuten verfolgt und ihn im Wildenauer Gebiet überrascht; [Gleissenthaler] weigert sich, die Pferde, die er in Bauernhütten versteckt hat, herauszugeben, und provoziert den Schreiber zum Duell; Befehl an die Hauptleute und anderen Amtsträger des Herzogtums, den besitzlosen und vagabundierenden Hector Gleissenthaler zu ergreifen; weil sich dieser gegenwärtig im Bistum Ermland aufhalten soll, bitten die Oberräte um Ergreifung und Überstellung des Täters.

Konzept
Lateinisch
1 Bogen 20,5 x 34 cm, S. 1—3 beschrieben, S. 4 Empfänger-, Inhalts- und Datumsvermerk.
HBA C 1 Nr. 2673. — Altsignatur fehlt; K. 1235.
Reinkopie: Ostpr. Fol. 61, Bl. 32 r. — 33 r.

Nr. 2674

1613 November 1 [Königsberg]

Herzogliche Oberräte an Bischof Simon von Ermland:

Sie bitten um Ausfolgung Hector Gleissenthalers gemäß der für solche Fälle üblichen Praxis zwischen dem Herzogtum und den Landen des Königlichen Preußen; falls der Bischof dazu nicht bereit ist, sind sie damit einverstanden, daß die Justiz gegen den Übeltäter auf Veranlassung des Bischofs oder seiner „Officiales" ausgeübt wird; Johann Zadorski hat die Oberräte daran erinnert, daß laut einer Transaktion am kommenden Martinstag (11. November) 2000 Mark für die Ausstattung der Kirche [die zu erbauende katholische Kirche in Königsberg?] zu bezahlen sind; Zadorski hat diesen Betrag in ungarischem Gold erhalten.

Konzept
Lateinisch
1 Bogen 20 x 32 cm, S. 1—3 beschrieben, S. 4 Empfänger-, Inhalts- und Eingangsvermerk.
HBA C 1 Nr. 2674. — Altsignatur fehlt; K. 1235.
Ostpr. Fol. 61, S. 34 r. — 35 r.

Nr. 2675

1613 November 5, Heilsberg

Bischof Simon von Ermland an die herzoglichen Oberräte:

Entgegen seiner Hoffnung auf eine rasche Erledigung der Grenzfrage wollen die Oberräte bei Hohenstein mit der Grenzrevision beginnen; er hat den „Superarbiter" [Fabian von Zehmen] gebeten, am 15. November nach Braunsberg zu kommen, um dort die Grenzverhandlungen mit den beiderseitigen Compromissarien zu betreiben; Bitte an die Oberräte, im Interesse der guten Nachbarschaft die langwierige Grenzrevision schnell zum Abschluß zu bringen.

Behändigte Ausfertigung
Lateinisch
1 Bogen 20,5 x 32 cm, S. 1—2 beschrieben, Unterschrift des Bischofs, S. 4 Außenadresse und Eingangsvermerk zu Königsberg vom 8. November 1613.
Siegel des Bischofs
HBA C 1 Nr. 2675. — Altsignatur fehlt; K. 491.

Nr. 2676

1613 November 6 [Königsberg]

Herzogliche Oberräte an Bischof Simon von Ermland:

Sie haben dem Brief des Bischofs entnommen, daß die Verhandlung gegen Gleissenthaler am kommenden Donnerstag (feria quinta proxima) in Heilsberg stattfinden soll; weil diese Sache den Obersten Burggrafen direkt betrifft, hat er den herzoglichen Rat Dr. Johann Mirander mit seiner Vertretung beauftragt.

Konzept
Lateinisch
1 Blatt 21 x 32 cm, S. 1 beschrieben, S. 2 Empfänger-, Inhalts- und Datumsvermerk.
HBA C 1 Nr. 2676. — Altsignatur fehlt; K. 1235.
Reinkopie: Ostpr. Fol. 61, Bl. 35 v.

Nr. 2677

1614 Januar 15 [Königsberg]

Herzogliche Oberräte an Bischof Simon von Ermland:

Ein Weib namens Walpurgis oder Wolbrecht, mit dem Caspar Aulack einen Ehebruch begangen hat, ist aus dem Gefängnis in Königsberg entflohen und hat sich nach Rössel begeben; Bitte um Veranlassung des dortigen Burggrafen zur Auslieferung der Ehebrecherin.

Konzept
1 Blatt 20,5 x 32 cm, S. 1 beschrieben, S. 2 Empfänger-, Inhalts-, Datums- und Registraturvermerk.
HBA C 1 Nr. 2677. — Altsignatur fehlt; K. 1235.
Reinkopie: Ostpr. Fol. 61, Bl. 51 r. — 51 v.

Nr. 2678

1614 Januar 15 [o. O.]

Ludwig Aulack an Kurfürst Johann Sigismund:

Das Weib Wolbrecht, mit dem Caspar Aulack einen Ehebruch begangen hat, soll ausgesagt haben, daß sie nicht wisse, wo das Kind, das sie in Gegenwart Caspar Aulacks und dessen Ehefrau geboren habe, geblieben sei; Bitte an den Kurfürsten, beim Bischof oder dessen Statthalter die Überstellung der Übeltäterin zu veranlassen.

Abschrift
1 Blatt 21 x 32 cm, S. 1 beschrieben, S. 2 Inhalts- und Kanzleivermerk.
HBA C 1 Nr. 2678. — Altsignatur fehlt; K. 1235.

Nr. 2679

1614 Mai 10 [Königsberg]

Herzogliche Oberräte an Bischof Simon von Ermland:

Sie teilen dem Bischof mit, daß mit dem Fundament der katholischen Kirche in Königsberg, deren Errichtung in einem Vertrag zwischen dem polnischen König [Sigismund III.] und dem Kurfürsten [Johann Sigismund] beschlossen worden ist, nach dem kommenden Pfingstfest begonnen werden soll; nach dem Wunsch des Kurfürsten soll der ermländische Bischof den Grundstein zu diesem Bauwerk legen; für diesen Festakt ist der 21. Mai vorgesehen, d. h. der Mittwoch nach Pfingsten; Bitte um Nachricht, ob der Bischof mit diesem Termin einverstanden ist; der Festakt soll „ritu animoque moderato" erfolgen, weil die katholische Religion in [Königsberg] etwas Neues ist.

Reinkopie
Lateinisch
Ostpr. Fol. 61, Bl. 69 v. — 70 v.

Nr. 2680

1614 Mai 15 [Königsberg]

Herzogliche Oberräte an Bischof Simon von Ermland:

Bereitschaft, bezüglich der zu errichtenden katholischen Kirche nach den Verträgen zu verfahren; der Akt der Grundsteinlegung soll in moderater Weise erfolgen, weil es durch das Zusammenströmen der eigenen Untertanen wie auch von Fremden, z. B. Seeleuten und Handwerkern, leicht zu Unruhen kommen kann; die Ankunft des Bischofs ist den Oberräten angenehm; sie bitten ihn aber zu bedenken, daß durch die Menge kirchlicher Personen das Werk behindert werden kann.

Reinkopie
Lateinisch
Ostpr. Fol. 61, Bl. 70 v. — 71 v.

Nr. 2681

1614 Mai 22 [Königsberg]

Herzogliche Oberräte an Bischof Simon von Ermland:

Sie haben den bischöflichen Legaten, den Kanzler Jacob Schröter, empfangen und ihm zu seiner Sicherheit einen Begleiter mitgegeben, der ihn zum Ort der Grundsteinlegung begleitet und von dort wieder zurückgeführt hat; der Festakt hat ohne Störung in ruhiger Atmosphäre stattgefunden; der Kirchenbau soll von erfahrenen Handwerkern ausgeführt werden; die Oberräte sind bereit, den Vorstellungen Schröters wegen der Sakristei und anderer Dinge zu folgen; bei der Sakristei stellt sich die Frage, ob sie innerhalb oder außerhalb des Mauerangers errichtet werden soll; weil nach Meinung der Oberräte die Glocken zum Kirchengerät gehören, wofür der Bischof bereits 2000 Mark versprochen und bezahlt hat, glauben sie nicht, daß der Bischof für diese aufkommen muß; der Superarbiter Fabian von Zehmen soll sich am 9. Juli in Braunsberg einfinden, um die Grenzhandlung vorzunehmen; entsprechende Weisung haben sie an ihre Compromissarien ergehen lassen.

Reinkopie
Lateinisch
Ostpr. Fol. 61, Bl. 71 v. — 72 v.

Nr. 2682

1614 Juni 13, Schmolainen

Bischof Simon von Ermland an die herzoglichen Oberräte:

Unklarheit, ob Fabian von Zehmen am 9. Juni oder 9. Juli nach Braunsberg kommen wird; Bitte [Zehmens], sich durch den Hauptmann von Fischhausen oder Johannes Loca vertreten zu lassen.

Behändigte Ausfertigung
Lateinisch
1 Bogen 20,5 x 32 cm, S. 1 beschrieben, Unterschrift des Bischofs, S. 4 Außenadresse und Eingangsvermerk zu Königsberg vom 16. Juni 1614.
Siegel des Bischofs
HBA C 1 Nr. 2682. — Altsignatur fehlt; K. 484.

Nr. 2683

1614 Juni 15, Schmolainen

Bischof Simon von Ermland an die herzoglichen Oberräte:

Bitte an die Oberräte um Anweisung an das Gericht zu Hohenstein, dem Schmolainer Burggrafen Johannes Gansiorowski in dessen Klage gegen den Adligen Felix Gardinski wegen restierender Schulden zum Recht zu verhelfen.

Behändigte Ausfertigung
Lateinisch
1 Bogen 20 x 32 cm, S. 1 beschrieben, Unterschrift des Bischofs, S. 4 Außenadresse und Inhaltsvermerk, Vermerk: „Ist ann das Hohensteinische Landtgerichtt geschrieben den 17. Junii 1614".
Siegel des Bischofs
HBA C 1 Nr. 2683. — Altsignatur fehlt; K. 484.

Nr. 2684

1614 Juni 16 [Königsberg]

Herzogliche Oberräte an Bischof Simon von Ermland:

Sie haben dem Brief des Bischofs und der beiliegenden Nachricht des Stuhmer Hauptmanns entnommen, daß dieser zwar den 9. Juli als Termin der Grenzrevision nicht zurückweist, aber aus gesundheitlichen Gründen nichts Gewisses versprechen kann; der an [Fabian von Zehmen] abgeschickte herzogliche Bote ist ohne Antwort von ihm zurückgekehrt; die Oberräte stimmen daher dem Rat des Bischofs zu, bei einer Verhinderung Zehmens einen anderen an dessen Stelle zu benennen; weil der Hauptmann von Fischhausen mit anderen Angelegenheiten des Herzogtums befaßt ist, kommt Johannes Loca dafür in Betracht.

Konzept
Lateinisch
1 Bogen 20,5 x 33 cm, S. 1—3 beschrieben, S. 4 Empfänger-, Inhalts- und Datumsvermerk.
HBA C 1 Nr. 2684. — Altsignatur fehlt; K. 482.
Reinkopie: Ostpr. Fol. 61, Bl. 76 r. — 77 r.

Nr. 2685

1614 Juni 24, Schmolainen

Bischof Simon von Ermland an die herzoglichen Oberräte:

Aus beiliegendem Brief des Stuhmer Hauptmanns können die Oberräte ersehen, daß dieser bereit ist, an der abschließenden Grenzrevision mitzuwirken und den vereinbarten Termin einzuhalten; jetzt steht nur noch aus, die beiderseitigen Compromissarien mit den anderen Interessenten zum Erscheinen an dem anberaumten Tag zu veranlassen.

Behändigte Ausfertigung
Lateinisch
1 Bogen 19,5 x 31 cm, S. 1 beschrieben, Unterschrift des Bischofs, S. 4 Außenadresse und Eingangsvermerk.
Siegel des Bischofs
HBA C 1 Nr. 2685. — Altsignatur fehlt; K. 484.

Nr. 2686

1614 Juni 27 [Königsberg]

Herzogliche Oberräte an Bischof Simon von Ermland:

Dank für die Nachricht über die Teilnahme des Stuhmer Hauptmanns an der abschließenden Grenzhandlung; am [9. Juli] wird diese kaum begonnen werden können, weil am 6. Juli die Vermählung des Mohrunger Hauptmanns Fabian von Dohna stattfindet, womit dessen Familie einige Tage beschäftigt sein wird; die gravierendste noch zu behebende Grenzstreitigkeit betrifft gerade die Güter des Barons von Dohna; daher Vorschlag der Oberräte, die Zusammenkunft der Compromissarien auf den 14. Juli zu verschieben; Zusage einer entsprechenden Unterrichtung des Hauptmanns von Stuhm.

Konzept
Lateinisch
1 Bogen 21 x 32 cm, S. 1—2 beschrieben, S. 4 Empfänger-, Inhalts- und Datumsvermerk.
HBA C 1 Nr. 2686. — Altsignatur fehlt; K. 482.
Reinkopie: Ostpr. Fol. 61, Bl. 78 v. — 79 r.

Nr. 2687

1614 Juli 7 [Königsberg]

Herzogliche Oberräte an Bischof Simon von Ermland:

Dank für die wohlwollende Aufnahme ihrer Bitte, den Zeitpunkt der Grenzrevision zu verschieben; sie haben den herzoglichen Compromissarien kraft kurfürstlichen Mandats befohlen, sich am vereinbarten Termin in Braunsberg einzufinden und die Grenzverhandlungen zu beginnen; der Dr. Derschovius soll bereits zwei Tage vor den anderen — d. h. am 12. Juli — in Braunsberg sein, was für den Kanzler Schröter von Interesse sein dürfte.

Konzept
Lateinisch
1 Bogen 20 x 33 cm, S. 1 beschrieben, S. 4 Empfänger-, Inhalts- und Datumsvermerk.
HBA C 1 Nr. 2687. — Altsignatur fehlt; K. 482.
Reinkopie: Ostpr. Fol. 61, Bl. 79 v. — 80 r.

Nr. 2688

1614 August 4 [Königsberg]

Herzogliche Oberräte an Bischof Simon von Ermland:

Bezug auf die Exzesse, Räubereien, Plünderungen und Morde, die von einigen Männern innerhalb der Grenzen des Herzogtums bei Lyck, Marggrabowa, Insterburg und anderen Orten begangen worden sind; um diesen Überfällen zu begegnen, haben die Oberräte von dort und aus anderen Ämtern Männer zum Vasallendienst verpflichtet, die sich an die bedrohten Plätze begeben sollen; weil einige von ihnen dabei das Bistum Ermland passieren müssen, Bitte um Gewährung des Durchzugsrechts und von Hilfeleistungen für diese.

Konzept
Lateinisch
1 Blatt 20,5 x 33 cm, S. 1—2 beschrieben, S. 2 Empfänger-, Inhalts- und Datumsvermerk.
HBA C 1 Nr. 2688. — Altsignatur fehlt; K. 1235.

Nr. 2689

1614 August 7, Warschau

Johannes Hortensius an die herzoglichen Oberräte:

Bezug auf die Absicht der Oberräte, beim polnischen König eine Regelung des Gerichts- und Appellationswesens zu bewirken; eine schriftliche Zusammenfassung ihrer Vorschläge soll Herr Sadorski dem Monarchen überreichen; die Streitenden können viel Zeit und Kosten sparen, wenn die Fälle in einer vorher festgesetzten Zeit entschieden und die Urteile ohne längere Verzögerung vollstreckt werden; die Oberräte werden sich bei allen „provinciales" höchsten Ruhm und unsterbliches Lob erwerben, wenn sie die Republik mit guten Gesetzen und Ordnungen schmücken und stärken, die Ungerechtigkeiten abschaffen und das Heil aller Bürger im Auge haben; Bereitschaft des [Hortensius], den Oberräten in Angelegenheiten vor dem königlichen Gericht behilflich zu sein.

Behändigte Ausfertigung
Lateinisch
1 Bogen 20 x 31 cm, S. 1—2 beschrieben, Unterschrift des Ausstellers, S. 4 Außenadresse, Inhalts- und Eingangsvermerk zu Königsberg vom 14. August 1614.
Siegelspuren
HBA C 1 Nr. 2689. — Altsignatur fehlt; K. 484.

Nr. 2690

1614 August 9, Rössel

Bischof Simon von Ermland an die herzoglichen Oberräte:

Freude über den glücklichen Abschluß der Grenzrevision; lediglich am Ursprung der Passarge sind die dort in früheren Jahren angebrachten Metallzeichen und Felsen von neuem zu revidieren; wo sie herausgerissen worden sind, müssen sie gemäß dem neulich in Braunsberg von den beiderseitigen Compromissarien verabschiedeten Rezeß von den dazu deputierten Exekutoren restauriert werden; Hoffnung auf beständigen Frieden und Ruhe unter den Untertanen; Dr. Derschovius, der den Rezeß der Compromissarien im Original hat, soll mit den Oberräten bereden, wie diese Grenzzeichen eine größere Stabilität erlangen können; Bitte des Bischofs um entsprechende Unterrichtung.

Behändigte Ausfertigung
Lateinisch
1 Bogen 20 x 32 cm, S. 1 beschrieben, Unterschrift des Bischofs, S. 4 Außenadresse, Inhalts- und Eingangsvermerk zu Königsberg vom 15. August 1614.
Siegelspuren
HBA C 1 Nr. 2690. — Altsignatur fehlt; K. 491.

Nr. 2691

1614 August 9 [Königsberg]

Herzogliche Oberräte an Bischof Simon von Ermland:

Dank für die Gewährung des Durchzugs herzoglicher Vasallen durch das Bistum, die den im Herzogtum marodierenden Plünderern und Räubern entgegentreten sollen.

Konzept
Lateinisch
1 Bogen 20,5 x 32 cm, S. 1 beschrieben, S. 4 Empfänger-, Inhalts- und Datumsvermerk.
HBA C 1 Nr. 2691. — Altsignatur fehlt; K. 1235.
Reinkopie: Ostpr. Fol. 61, Bl. 81 v. — 82 r.

Nr. 2692

1614 September 1, Rössel

Bischof Simon von Ermland an die herzoglichen Oberräte:

Vor einigen Jahren ist ein gewisser Achatius Kieslinski, bischöflicher Untertan und Mönch in Wartenburg, während er sich als Schatzmeister des Klosters betätigt hat, mit dem, was gute Männer für die Bernhardinerpatres gesammelt hatten, entflohen; er hat sich mit den Pferden und dem Wagen des Klosters ins Herzogtum begeben, ist aber nach seiner Rückkehr ins Bistum auf dem Schloß Allenstein festgesetzt worden, von wo er nach Aufbrechung des Gefängnisses und Beschädigung der Mauern in der Nacht entwichen ist; ein Priester namens Joachim Glöser hat in diesem Jahr um Pfingsten seine Pfarrei in Schlitt, Kammeramt Guttstadt, verlassen und sich mit einer Giftmischerin nach [Preußisch] Holland begeben, wobei er zum Schaden seiner Pfarrkinder gewisse Sachen der dortigen Kirche mitgenommen hat; weil sich nach glaubwürdigen Nachrichten der erstgenannte Achatius in Jagarzewo, Amt Neidenburg, aufhält und Joachim auf dem einem gewissen Adligen Druzynski gehörigen Gut Tumpitten, Amt [Preußisch] Holland, als Hofmann oder Gutsverwalter tätig sein soll, bittet der Bischof um Auslieferung der beiden Flüchtigen und Abtrünnigen gemäß den neuen und alten Verträgen.

Behändigte Ausfertigung
Lateinisch
1 Bogen 20,5 x 32 cm, S. 1 beschrieben, Unterschrift des Bischofs, S. 4 Außenadresse und Eingangsvermerk vom 3. September 1614.
Siegel des Bischofs
HBA C 1 Nr. 2692. — Altsignatur fehlt; K. 492.

Nr. 2693

1614 September 4 [Königsberg]

Herzogliche Oberräte an Bischof Simon von Ermland:

Sie haben dem Wunsch des Bischofs, nach den beiden Flüchtigen zu fahnden, entsprochen und den für ihre gegenwärtigen Zufluchtsorte zuständigen Amtspersonen befohlen, alles für die Ergreifung der Täter Erforderliche zu tun; diese berichten dem Bischof, daß er die inzwischen gefangenen Täter an Ort und Stelle durch seine Leute in Empfang nehmen kann.

Konzept
Lateinisch
1 Blatt 20,5 x 32 cm, S. 1 beschrieben, S. 2 Empfänger-, Inhalts- und Datumsvermerk.
HBA C 1 Nr. 2693. — Altsignatur fehlt; K. 1235.
Reinkopie: Ostpr. Fol. 61, Bl. 83 r.

Nr. 2694

1614 September 13, Königsberg

Herzogliche Oberräte an Bischof Simon von Ermland:

Anweisung an den Hauptmann von Neidenburg, den flüchtigen Achatius Kieslinski ohne Verzug und Ausflucht an den Bischof auszuliefern.

Konzept
Lateinisch
1 Bogen 21 x 33 cm, S. 1 beschrieben, S. 4 Empfänger-, Inhalts-, und Datumsvermerk.
HBA C 1 Nr. 2694. — Altsignatur fehlt; K. 1235.
Reinkopie: Ostpr. Fol. 61, Bl. 83 r. — 83 v.

Nr. 2695

1614 September 22 [Königsberg]

Herzogliche Oberräte an Bischof Simon von Ermland:

Beschwerde des kurfürstlichen Dieners und Königsberger Bürgers Bernhard Pöpping über den bischöflichen Untertan Erdmann Schudbott, Bürger zu Wartenburg, wegen einer nicht beglichenen Schuld in Höhe von 75 polnischen Gulden; Interzession der Oberräte zwecks Klaglosstellung des Supplikanten.

Konzept
Lateinisch
1 Blatt 20 x 33 cm, S. 1 beschrieben, S. 2 Empfänger-, Inhalts- und Datumsvermerk.
HBA C 1 Nr. 2695. — Altsignatur fehlt; K. 1235.
Reinkopie: Ostpr. Fol. 61, Bl. 86 v. — 87 r.

Nr. 2696

1614 November 24, Heilsberg

Bischof Simon von Ermland an die herzoglichen Oberräte:

Kreditiv für seinen nach Königsberg reisenden Gesandten Stephan Sadorski, der sich um die Belange der künftigen dortigen katholischen Gemeinde kümmern will.

Behändigte Ausfertigung
Lateinisch
1 Bogen 20 x 31 cm, S. 1 beschrieben, Unterschrift des Bischofs, S. 4 Außenadresse und Inhaltsvermerk.
Siegel des Bischofs
HBA C 1 Nr. 2696. — Altsignatur fehlt; K. 484.

Nr. 2697

1614 Dezember 12, Heilsberg

Bischof Simon von Ermland an die herzoglichen Oberräte:

Empfang des Schreibens der Oberräte vom 28. November wegen des dem Pfarrer der katholischen Kirche in Königsberg zustehenden Salariums und der Abschaffung der Hindernisse in der Alle; er hat durch Vermittlung Sadorskis etliche Exemplare der Gesindeordnung des Herzogtums Preußen erhalten, die er mit der im Bistum geltenden Ordnung den mit der Revision und Kollationierung des Werks beauftragten Deputierten zugesandt hat; durch die übereinstimmende Handhabung dieses Reglements auf beiden Seiten soll das Entlaufen des Gesindes aus dem Herzogtum ins Bistum unterbunden werden.

Behändigte Ausfertigung
1 Bogen 19,5 x 31 cm, S. 1—2 beschrieben, Unterschrift des Bischofs, S. 4 Außenadresse, Inhalts- und Eingangsvermerk zu Königsberg vom 17. Dezember 1614.
Siegel des Bischofs
HBA C 1 Nr. 2697. — Altsignatur fehlt; K. 484.

Nr. 2698

1615 Januar 12, Heilsberg

Bischof Simon von Ermland an die herzoglichen Oberräte:

Bitte an die Oberräte, die Streitigkeiten zwischen den bischöflichen Untertanen in Lauterhagen und dem Herrn von Eulenburg als Besitzer der Güter in Hermenhagen nicht in Bartenstein, wie der Hauptmann von Eylau empfohlen hat, sondern in Lauterhagen oder in Hermenhagen durch Kommissarien entscheiden zu lassen.

Behändigte Ausferigung
Lateinisch
1 Bogen 20,5 x 32 cm, S. 1 beschrieben, Unterschrift des Bischofs, S. 4 Außenadresse und Inhaltsvermerk.
Siegelrest
HBA C 1 Nr. 2698. — Altsignatur fehlt; K. 484.

Nr. 2699

1615 März 24 [Königsberg]

Herzogliche Oberräte an Paulus Gornicki, Administrator des Bistums Ermland:

Hinweis auf Übeltäter, die im Herzogtum Preußen Raub und Mordtaten begangen haben und worunter einige sind, die als Vagabunden bezeichnet werden müssen; Befehl an die Amtleute, in ihren Distrikten nach den Verbrechern zu fahnden und ein Verzeichnis ihrer Namen an die Oberräte zu schicken; vor allem sollen sie dafür sorgen, daß die Übeltäter inhaftiert und an der Flucht gehindert werden; Bitte um entsprechende Maßnahmen im Bistum, was nicht nur der Adelsrepublik, sondern auch dem Herzogtum zum Nutzen gereicht.

Konzept
Lateinisch
1 Bogen 21,5 x 32 cm, S. 1—2 beschrieben, S. 4 Empfänger-, Inhalts- und Datumsvermerk.
HBA C 1 Nr. 2699. — Altsignatur fehlt; K. 1236.

Nr. 2700

1615 März 29, Heilsberg

Paulus Gornicki, Statthalter des Bistums Ermland, an die herzoglichen Oberräte:

Empfang des Schreibens der Oberräte wegen der Verbrecher und Vagabunden im Herzogtum Preußen; Bezug auf ein Mandat des Bischofs vor dessen Abreise zum Reichstag nach Warschau, worin er allen seinen Amtleuten befohlen hat, die sich als Soldaten und Bettler ausgebenden Vagabunden zu ergreifen und gefesselt in das Schloß [Heilsberg?] zu bringen; Bereitschaft zur Übersendung der Namensliste der Verbrecher an die Oberräte.

Behändigte Ausfertigung
Lateinisch
1 Bogen 20,5 x 32 cm, S. 1 beschrieben, Unterschrift des Statthalters, S. 4 Außenadresse, Inhalts- und Eingangsvermerk vom 1. April 1615.
Siegel des Statthalters
HBA C 1 Nr. 2700. — Altsignatur fehlt; K. 484.

Nr. 2701

1615 Mai 21, Schmolainen

Bischof Simon von Ermland an die herzoglichen Oberräte:

Bitte um einen Befehl an Dr. Dirschovius, sich am 28. Juni bei Nerwicken und Gegothen einzufinden, um die dortige Grenze zu revidieren; dieser soll veranlassen, daß die zerbrochenen Steine durch die beiderseitigen Untertanen erneuert werden; die entstandenen Kontroversen erfordern, daß von Stein zu Stein feste Zäune errichtet werden müssen; der ermländische Kanoniker Jacob Schröter wird mit den bischöflichen und domkapitularischen Bevollmächtigten rechtzeitig zur Stelle sein, um das Revisionswerk gemeinsam mit Dr. Dirschovius zu verrichten.

Behändigte Ausfertigung
Lateinisch
1 Bogen 20 x 32 cm, S. 1 beschrieben, Unterschrift des Bischofs, S. 4 Außenadresse, Inhalts- und Eingangsvermerk vom 25. Mai 1615, Vermerk: „Ist rescribiret worden den 25. Maii Ao 1615".
Siegel des Bischofs
HBA C 1 Nr. 2701. — Altsignatur fehlt; K. 482.

Nr. 2702

1615 Mai 25 [Königsberg]

Herzogliche Oberräte an Bischof Simon von Ermland:

Wegen der Abwesenheit des Dr. Johann Dirschovius können sie ihm nicht befehlen, am 28. Juni zur Revision der Grenzen zu erscheinen; da sie täglich dessen Rückkehr erwarten, wollen sie das nachholen und bitten um Verständnis für die Verzögerung.

Konzept
Lateinisch
1 Blatt 20,5 x 32 cm, S. 1 beschrieben, S. 2 Empfänger-, Inhalts- und Datumsvermerk.
HBA C 1 Nr. 2702. — Altsignatur fehlt; K. 482.

Nr. 2703

1615 Juni 15, Schmolainen

Bischof Simon von Ermland an die herzoglichen Oberräte:

Empfang des am 24. Mai in Königsberg ausgestellten Schreibens der Oberräte; Beschwerde Georgs von Schlubut über die Behinderung seiner Besitzrechte im Dorf Molditten, die er gemeinsam mit seinem Schwager Erhard Truchseß ausübt; Bitte

[Schlubuts] um Interzession des Bischofs; dieser erinnert sich zwar an eine gewisse Kontroverse zwischen Schlubut und einem Herrn Stanislavius, weiß aber nichts von Differenzen zwischen Truchseß und Stanislavius; letzterer hat sich über die von Schlubut verübten Übergriffe auf seine Äcker und sein Vieh beklagt; Bitte des Bischofs an die Oberräte, den Schlubut zur gütlichen Einigung mit Stanislavius zu veranlassen.

Behändigte Ausfertigung
Lateinisch
1 Bogen 21 x 32 cm, S. 1—2 beschrieben, Unterschrift des Bischofs, S. 4 Außenadresse, Inhalts- und Eingangsvermerk vom 19. Juni 1615.
Siegel des Bischofs
HBA C 1 Nr. 2703. — Altsignatur fehlt; K. 484.

Nr. 2704

1615 Juni 16, Heilsberg

Bischof Simon von Ermland an die herzoglichen Oberräte:

Er hat die Antwort der Oberräte wegen der Revision der Grenzen durch die beiderseitigen Exekutoren am 28. Juni erwartet; Erneuerung seiner Bitte, Dr. Derschovius am besagten Termin zum Erscheinen bei Jegothen zu veranlassen, um gemeinsam mit Herrn Schröter die dortige Landesgrenze zu besichtigen und zu revidieren; die herzoglichen Hauptleute und Offizianten sollen ihren Untertanen befehlen, an der Erneuerung der dortigen zerbrochenen Steine mitzuwirken und die Adligen dazu veranlassen, diese Arbeiten im Sinne guter Nachbarschaft nicht zu unterbrechen.

Behändigte Ausfertigung
Lateinisch
1 Bogen 20,5 x 31 cm, S. 1 beschrieben, Unterschrift des Bischofs, S. 4 Außenadresse.
Siegel des Bischofs
HBA C 1 Nr. 2704. — Altsignatur fehlt; K. 482.

Nr. 2705

1615 Juni 19 [Königsberg]

Herzogliche Oberräte an Bischof Simon von Ermland:

Weil Dr. Johannes Derschovius wegen Wahrnehmung anderer Aufgaben am 28. Juni verhindert ist, bitten die Oberräte um die Verschiebung der Grenzrevision auf den 13. Juli; sie wollen die davon betroffenen Hauptleute ersuchen, ihre Untertanen für die Erneuerung der Steine zur Verfügung zu stellen.

Konzept
Lateinisch
1 Blatt 20,5 x 32 cm, S. 1—2 beschrieben, S. 2 Empfänger-, Inhalts- und Datumsvermerk.
HBA C 1 Nr. 2705. — Altsignatur fehlt; K. 1236.

Nr. 2706

1615 Juni 25 [Königsberg]

Herzogliche Oberräte an Bischof Simon von Ermland:

Empfang des Schreibens des Königs [Sigismund III.] wegen des über die Stadt Elbing verhängten Interdikts; die Oberräte haben erfahren, daß die Elbinger den Monarchen um Aufhebung des Interdikts gebeten haben; Hoffnung auf ein friedfertiges Verhalten Elbings in der Zukunft; falls wider Erwarten die Elbinger von dieser Proskription nicht befreit werden, wird die herzogliche Regierung hier alle ihre Pflichten ohne Verzögerung erfüllen.

Reinkopie
Lateinisch
Ostpr. Fol. 61, Bl. 105 v. — 106 r.

Nr. 2707

1615 Oktober 9, Heilsberg

Bischof Simon von Ermland an die herzoglichen Oberräte:

Interzession für Christophorus von Dietrichsdorff, der Pomiana genannt wird, den der verstorbene Hauptmann von Neidenburg zu einer Geldstrafe verurteilt hatte, weil er ein Gebäude in der Nachbarschaft des Anwesens des Bruders des Hauptmanns errichtet hat; Bitte des Bischofs um Aufhebung der dem Supplikanten auferlegten Strafe, was dem beiderseitigen freundschaftlichen Verhältnis dienlich ist.

Behändigte Ausfertigung
Lateinisch
1 Bogen 19,5 x 30 cm, S. 1 beschrieben, Unterschrift des Bischofs, S. 4 Außenadresse und Inhaltsvermerk.
Siegel des Bischofs
HBA C 1 Nr. 2707. — Altsignatur fehlt; K. 484.

Nr. 2708

1615 Oktober 15 [Königsberg]

Herzogliche Oberräte an Bischof Simon von Ermland:

Bezug auf das Ersuchen des Bischofs um Beseitigung der Sperren im Fluß Alle; der Bischof hatte sich dabei auf entsprechende Vorstellungen seines Vorgängers [Martin Kromer] bezogen; obwohl die herzoglichen Adligen zur Errichtung derartiger Hindernisse rechtlich befugt sind, haben sie dennoch die Pflicht, den Lauf des Flusses unangetastet zu lassen.

Reinkopie
Lateinisch
Ostpr. Fol. 61, Bl. 113 v. — 114 r.

Nr. 2709

1615 November 12 [Königsberg]

Kommission der Oberräte an [Reinhold von Eppingen] Hauptmann von Preußisch Eylau, Caspar Lesgewang, und Hans Ebert von Tettau:

Anordnung an die Adressaten, die Streitigkeiten zwischen Ernst von Eulenburg auf Hermenhagen mit den bischöflichen Untertanen zu Lauterhagen zu untersuchen; Eulenburg will keine Feldzäune zwischen seinem Besitz und Lauterhagen setzen und belegt die bischöflichen Untertanen widerrechtlich mit Pfandgeld, das für ein Pferd etliche Taler beträgt; Eulenburg hatte den Lauterhagenern gestattet, ein Weidenbruch zu roden und davon das Holz abzuführen sowie zwei Jahre den Wiesenwachs zu nutzen; infolge der Nichteinhaltung dieser Frist durch die Lauterhagener hat ihnen Eulenburg 10 Ochsen und 20 Pferde wegtreiben lassen und diese etliche Wochen festgehalten; er will das Vieh erst nach einer Zahlung von 48 Gulden zurückgeben, was der beiderseitigen guten Nachbarschaft abträglich ist; Befehl an die Adressaten, den Sachverhalt zu erkunden und die Differenzen beizulegen.

Konzept
1 Bogen 20 x 32 cm, S. 1—3 beschrieben, S. 4 Empfänger-, Inhalts- und Datumsvermerk.
HBA C 1 Nr. 2709. — Altsignatur fehlt; K. 482.

Beilage

[o. D. u. O.]

Gründe für die Abordnung von Kommissarien zur Untersuchung der Streitigkeiten zwischen Ernst von Eulenburg zu Hermenhagen und den bischöflichen Untertanen in Lauterhagen:

1. Ernst von Eulenburg hält böse Nachbarschaft mit den bischöflichen Untertanen zu Lauterhagen;
2. Eulenburg will gegen den Beschluß der Kommissarien keine Feldzäune zwischen seinem Besitz und Lauterhagen setzen;
3. Ernst von Eulenburg belegt die bischöflichen Untertanen mit widerrechtlichem Pfandgeld, das für ein Pferd etliche Taler beträgt;
4. Ernst von Eulenburg hat im Jahre 1615 den Lauterhagenern ein Weidenbruch zu roden, das Holz davon abzuführen und dann zwei Jahre den Wiesenwachs zu nutzen verschrieben; weil diese die Frist nicht eingehalten haben, hat er ihnen 10 Ochsen und 20 Pferde wegtreiben lassen, die er seit mehreren Wochen in „Arrest“ hält; Eulenburg will das Vieh erst nach der Zahlung von 48 Gulden freigeben; als Kommissarien werden vorgeschlagen Reinhold von Eppingen, Hauptmann zu Eylau, Caspar Lesgewang auf Lisken und Hans Ebert von Tettau auf Sislaucken.

Abschrift
1 Blatt 20 x 33 cm, S. 1 beschrieben.

Nr. 2710

1615 November 13 [Königsberg]

Herzogliche Oberräte an Bischof Simon von Ermland:

Empfang der Botschaft Stephan Sadorskis, des Sekretärs des polnischen Königs, in dessen Eigenschaft als Legat des Bischofs; sie wollen gemäß den Verträgen dem katholischen Pfarrer in Königsberg 1000 Gulden jährlich bezahlen; Sadorski hat diesen Betrag erhalten, wofür sie um die Quittung des Bischofs bitten; dieser hat dem Kurfürsten [Johann Sigismund] für das Amt des Priesters Johann Byllina präsentiert, was in der Erwartung akzeptiert wird, daß der Benannte seine Pflichten korrekt erfüllt; in der Sache des Barons von Eulenburg haben die Oberräte Deputierte abgeordnet, die die vorgefallenen Injurien untersuchen und darüber entscheiden sollen.

Reinkopie
Ostpr. Fol. 61, Bl. 116 r. — 116 v.

Nr. 2711

1615 November 19, Heilsberg

Bischof Simon von Ermland an die herzoglichen Oberräte:

Bezug auf die beiliegende Supplikation des Georgius Spiegel; Interzession des Bischofs für dessen gefänglich inhaftierten Schwiegersohn.

Behändigte Ausfertigung
Lateinisch
1 Bogen 21 x 33 cm, S. 1 beschrieben, Unterschrift des Bischofs, S. 4 Außenadresse, Inhalts- und Eingangsvermerk vom 21. November 1615.
Siegel des Bischofs
HBA C 1 Nr. 2710. — Altsignatur fehlt; K. 484.

Beilage

[o. D. u. O.]

Georgius Spiegel an Bischof Simon von Ermland:

Er hat zur Unterrichtung seiner Kinder einen Schreiber angestellt, der seine Aufgaben fleißig und sorgfältig erfüllt und ihm gute Dienste in den Auseinandersetzungen mit seinen Gegnern geleistet hat; dieser habe ihn beharrlich gedrängt, ihm seine Tochter zur Gemahlin zu geben, die Heirat sei aber wegen des Widerstandes seines Schwagers Truchseß ausgesetzt worden; aufgrund des fälschlichen Vorwurfs, die beiden Verlobten hätten sich fleischlich beigewohnt, habe die Ehe vollzogen werden müssen; der Bruder seiner Frau hat den Schwiegersohn [Spiegels] ergreifen und in das Amt Seehesten bringen lassen, wo er gefänglich festgehalten wird; Bitte an den Bischof, bei den Oberräten und Johann Truchseß die Freilassung des Inhaftierten zu erwirken.

Lateinisch
1 Bogen 20,5 x 33 cm, S. 1—3 beschrieben, Unterschrift des Ausstellers.

Nr. 2712

1615 Dezember 5 [Königsberg]

Herzogliche Oberräte an Bischof Simon von Ermland:

Empfang des bischöflichen Schreibens in der Sache des Barons von Eulenburg; sie haben den Kommissarien schriftlich befohlen, den Eulenburg zur Einhaltung des Grenzrezesses zu verpflichten; sie wollen darauf achten, daß der guten Nachbarschaft entsprochen wird.

Konzept
Lateinisch
1 Blatt 21 x 33 cm, S. 1 beschrieben, S. 2 Empfänger-, Inhalts- und Datumsvermerk.
HBA C 1 Nr. 2712. — Altsignatur fehlt; K. 1236.
Reinkopie: Ostpr. Fol. 61, Bl. 118 r.

Nr. 2713

1616 Januar 5 [Königsberg]

Herzogliche Oberräte an Bischof Simon von Ermland:

Glückwünsche für das neue Jahr; Empfang der Interzession des Bischofs für Jacob Prang; dieser, der 27 Jahre verheiratet ist, hat eine Magd geschwängert, die nach der Geburt des Kindes dieses getötet hat; beide sind daraufhin gefänglich inhaftiert und zum Tode verurteilt worden; aufgrund der Bitte der Frau [Prangs] an den Kurfürsten, ihrem Mann diese Tat zu verzeihen, ist die Strafe in Landesverweisung umgewandelt worden; keine Möglichkeit der Oberräte, gerichtliche Dekrete in Fällen von Ehebruch und Kindesmord aufzuheben.

Konzept
Lateinisch
1 Bogen 20,5 x 33 cm, S. 1—3 beschrieben, S. 4 Empfänger-, Inhalts- und Datumsvermerk.
HBA C 1 Nr. 2713. — Altsignatur fehlt; K. 1236.
Reinkopie: Ostpr. Fol. 61, Bl. 122 v. — 123 v.

Nr. 2714

1616 März 16, Heilsberg

Stephan Sadorski an die herzoglichen Oberräte:

Bitte an die Oberräte, das noch ausstehende Subsidium an den König [Sigismund III.] zu entrichten; sie möchten in dieser Angelegenheit jede Verzögerung vermeiden.

Behändigte Ausfertigung
Lateinisch
1 Bogen 21,5 x 33 cm, S. 1 beschrieben, Unterschrift des Ausstellers, S. 4 Außenadresse, Inhalts- und Eingangsvermerk vom 18. März 1616.
Siegel des Ausstellers
HBA C 1 Nr. 2714. — Altsignatur fehlt; K. 484.

Nr. 2715

1616 Juni 16 [Königsberg]

Herzogliche Oberräte an Bischof Simon von Ermland:

Kreditiv für den Rat Johannes Mirander, der in Angelegenheiten des Kurfürsten an den Bischof entsandt wird.

Konzept
Lateinisch
1 Blatt 22 x 33 cm, S. 1 beschrieben, S. 2 Empfänger-, Inhalts- und Datumsvermerk.
HBA C 1 Nr. 2715. — Altsignatur fehlt; K. 1236.
Reinkopie: Ostpr. Fol. 61, Bl. 136 r.

Nr. 2716

1616 Juni 23, Heilsberg

Bischof Simon von Ermland an die herzoglichen Oberräte:

Empfang der von Dr. Mirander übermittelten Botschaft; Bereitschaft des Bischofs zur Bewahrung der beiderseitigen guten Nachbarschaft; er ist davon überzeugt, daß der Kurfürst [Johann Sigismund] nicht in die Gerichtsbarkeit des Bistums eingreifen will; bisher ist keine Zitation Schlubuths durch die Oberräte erfolgt; er [Simon] hat bereits den Herrn Stanislavius zur Annahme des Vergleichs bewogen; Bitte an die Oberräte, eine entsprechende Anordnung an Schlubuth ergehen zu lassen.

Behändigte Ausfertigung
Lateinisch
1 Bogen 20,5 x 32 cm, S. 1 beschrieben, Unterschrift des Bischofs, S. 4 Außenadresse, Inhalts- und Eingangsvermerk vom 29. Juni 1616.
Siegel des Bischofs
HBA C 1 Nr. 2716. — Altsignatur fehlt; K. 484.

Nr. 2717

1616 Juni 29 [Königsberg]

Herzogliche Oberräte an Bischof Simon von Ermland:

Empfang des Schreibens des Königs [Sigismund III.]; der Pfarrer Bielina ist für die katholische Kirche in Königsberg präsentiert worden; wegen seiner mittelmäßigen Bildung und Unkenntnis der deutschen Sprache soll aber ein anderer Kandidat vorgeschlagen werden; das katholische Gotteshaus ist inzwischen zum größten Teil fertiggestellt worden; die gezimmerten Decken und der Glockenturm sind den Handwerkern zur Fertigstellung übergeben worden; die Oberräte hoffen, daß der Bau bald zum Abschluß kommt.

Reinkopie
Lateinisch
Ostpr. Fol. 61, Bl. 137 v. — 138 r.

Nr. 2718

1616 Juli 28 [Königsberg]

Herzogliche Oberräte an Stephan Sadorski:

Empfang des Schreibens Sadorskis wegen des ausstehenden Subsidiums an den König; Befehl an die Amtshauptleute, das eingegangene Geld nach Königsberg zu schicken; Frage an Sadorski, ob er es dort in Empfang nehmen will oder ob es nach Heilsberg geschickt werden soll.

Reinkopie
Lateinisch
Ostpr. Fol. 61, Bl. 140 r.

Nr. 2719

1616 August 23 [Königsberg]

Herzogliche Oberräte an Stephan Sadorski:

Unterichtung des Adressaten von dem Sachverhalt, daß das restierende Subsidium am 30. August vollständig in Königsberg sein wird; Frage an Sadorski, ob er zu diesem Zeitpunkt in Königsberg sein wird, um den Empfang des Geldes zu quittieren oder ob es ihm zugeschickt werden soll.

Reinkopie
Lateinisch
Ostpr. Fol. 61, Bl. 141 v.

Nr. 2720

1616 August 26, Rössel

Stephan Sadorski an die herzoglichen Oberräte:

Empfang des oberrätlichen Schreibens vom 23. August; er wird am 30. des Monats persönlich nach Königsberg kommen, um das Geld entgegenzunehmen und andere Sachen zu besprechen.

Behändigte Ausfertigung
Lateinisch
1 Bogen 21 x 32 cm, S. 1 beschrieben, Unterschrift des Ausstellers, S. 4 Außenadresse, Inhalts- und Eingangsvermerk vom 29. August 1616.
Siegel des Ausstellers
HBA C 1 Nr. 2720. — Altsignatur fehlt; K. 484.

Nr. 2721

1616 Oktober [o. T.] [Königsberg]

Herzogliche Oberräte an Bischof Simon von Ermland:

Bei der Introduktion Johannes Bylinas sind Schwierigkeiten aufgetreten, weil der katholische Kirchenbau nicht fertig ist und das Pfarrgebäude von anderen bewohnt wird; wider Erwarten hat sich der Bau der Kirche verzögert und kann in diesem Jahr nicht abgeschlossen werden; auch der Glockenturm und Friedhof sind bisher nicht fertiggestellt; das Pfarrgebäude wird aber in wenigen Tagen geräumt sein, das Bylina dann in Anspruch nehmen kann; auch bei dem Glockenturm und anderen Bauten wollen die Oberräte für schnelle Fertigstellung sorgen; sie sind bereit, den Bestimmungen der mit der Krone geschlossenen Verträgen zu entsprechen.

Reinkopie
Lateinisch
Ostpr. Fol. 61, Bl. 144 r. — 145 r.

Nr. 2722

1616 November 9, Heilsberg

Bischof Simon von Ermland an die herzoglichen Oberräte:

Am morgigen Tag wird die Zahlung der jährlichen Pension aus dem Waldauer Kammeramt für den katholischen Pfarrer in Königsberg fällig; Bitte an die Oberräte, dem Pfarrer zu seiner eigenen Verfügung 200 Gulden auszuzahlen; wenn die restliche Pension entrichtet wird, will er den Oberräten eine von ihm unterschriebene Quittung zuschicken; diese sollen gemäß der Verpflichtung des Kurfürsten dem Pfarrer vierteljährlich Holz zur Verfügung stellen.

Behändigte Ausfertigung
Lateinisch
1 Bogen 21 x 32 cm, S. 1 beschrieben, Unterschrift des Bischofs, S. 4 Außenadresse, Inhalts- und Eingangsvermerk vom 12. November 1616.
Siegel des Bischofs
HBA C 1 Nr. 2722. — Altsignatur fehlt; K. 484.

Nr. 2723

1616 November 12, Heilsberg

Bischof Simon von Ermland an die herzoglichen Oberräte:

Das Schreiben der Oberräte wegen einer „misthätigen" Person hat ihm der Richter von Brandenburg überreicht; sie konnte in Heilsberg nicht ergriffen werden; falls sie im Bistum angetroffen wird, sollen sie die Amtsverwalter an die Oberräte extradieren.

Behändigte Ausfertigung
1 Bogen 20,5 x 32 cm, S. 1 beschrieben, Unterschrift des Bischofs, S. 4 Außenadresse, Inhalts- und Eingangsvermerk zu Königsberg vom 18. November 1616.
Siegel des Bischofs
HBA C 1 Nr. 2723. — Altsignatur fehlt; K. 484.

Nr. 2724

1616 Dezember 16, Heilsberg

Bischof Simon von Ermland an Kurfürst Johann Sigismund:

In diesen Tagen ist die katholische Kirche in Königsberg soweit fertiggestellt worden, daß dort der Gottesdienst gehalten werden kann; auf Bitten des Pfarrers hat er ihm einen Priester unterstellt, der der Bevölkerung die Predigt in deutscher Sprache vermitteln kann; Bitte an den Kurfürsten, den Klerus und die katholische Bevölkerung gemäß den Pakten in sein „Patrocinium" zu nehmen.

Behändigte Ausfertigung
Lateinisch
1 Bogen 20 x 31 cm, S. 1—2 beschrieben, Unterschrift des Bischofs, S. 4 Außenadresse, Inhalts- und Eingangsvermerk zu Königsberg vom 20. Dezember 1616.
Siegel des Bischofs
HBA C 1 Nr. 2724. — Altsignatur fehlt; K. 484.

Nr. 2725

1616 Dezember 30 [Königsberg]

Kurfürst Johann Sigismund an Bischof Simon von Ermland:

Bereitschaft des Kurfürsten, dem Klerus und der katholischen Gemeinde in Königsberg seinen Schutz zu gewähren, was den Bestimmungen der Verträge entspricht.

Reinkopie
Lateinisch
Ostpr. Fol. 61, Bl. 147 r.

Nr. 2726

1617 April 14, Heilsberg

Stephan Sadorski an die herzoglichen Oberräte:

Ankündigung des Eintreffens des zum königlichen Legaten bestellten Castellanus Visogrodiensis [Adam Kossobucki] in Königsberg, der am dortigen Landtag teilnehmen soll; Bitte, diesem eine angemessene Herberge zur Verfügung zu stellen.

Behändigte Ausfertigung
Lateinisch
1 Bogen 20 x 32 cm, S. 1 beschrieben, Unterschrift des Ausstellers, S. 4 Außenadresse, Inhalts- und Eingangsvermerk zu Königsberg vom 15. April 1617.
Siegelspuren
HBA C 1 Nr. 2726. — Altsignatur fehlt; K. 484.

Nr. 2727

1617 Mai 29 [Königsberg]

Kurfürst Johann Sigismund an Bischof Simon von Ermland:

Er präsentiert anstelle des verstorbenen Johannes Bielina Valentinus Dombkowski zum katholischen Pfarrer in Königsberg und hofft, daß der Bischof diesem Vorschlag zustimmt.

Konzept
Lateinisch
1 Blatt 19 x 32 cm, S. 1 beschrieben, S. 2 Empfänger-, Inhalts- und Datumsvermerk.
HBA C 1 Nr. 2727. — Altsignatur fehlt; K. 1236.
Reinkopie: Ostpr. Fol. 61, Bl. 158 r.

Nr. 2728

1617 Oktober 5 [Königsberg]

Herzogliche Oberräte an Bischof Simon von Ermland:

Wegen der Abwesenheit anderer Oberräte kann dem Ersuchen des Bischofs um Auslieferung eines abtrünnigen Mönchs zur Zeit nicht entsprochen werden; Ankündigung einer Resolution der Oberräte in dieser Sache.

Konzept
Lateinisch
1 Blatt 20 x 32 cm, S. 1 beschrieben, S. 2 Empfänger-, Inhalts- und Datumsvermerk.
HBA C 1 Nr. 2728. — Altsignatur fehlt; K. 1236.
Reinkopie: Ostpr. Fol. 61, Bl. 160 v.

Nr. 2729

1617 November 11 [Königsberg]

Herzogliche Oberräte an Bischof Simon von Ermland:

Antwort auf die Frage des Bischofs nach der Handhabung des Rechts im Herzogtum Preußen, wenn in einem Erbfall der Bruder aus einer Linie mit den Kindern von Brüdern aus einer anderen Linie konkurriert; Bereitschaft zur Übersendung der Formalien des entsprechenden Gesetzes an den Bischof.

Konzept
Lateinisch
1 Bogen 20,5 x 31 cm, S. 1 beschrieben, S. 4 Empfänger-, Inhalts- und Datumsvermerk.
HBA C 1 Nr. 2729. — Altsignatur fehlt; K. 1236.
Reinkopie: Ostpr. Fol. 61, Bl. 161 r.

Nr. 2730

1617 Dezember 14 [Königsberg]

Herzogliche Oberräte an Bischof Simon von Ermland:

Aufgrund der Interzession des Bischofs ist die vom Sensburger Gericht über den Adligen Florian von Langheimb und dessen Komplizin Catharina Wildowna verhängte Todesstrafe in fünfjährige Verbannung umgewandelt worden; der Adlige Mathias Liga hat angezeigt, daß besagter Langheimb auch seinen Bruder getötet hat, wofür er die verhängung der Todesstrafe fordert; weil die Oberräte keinem Adligen das Recht verweigern können, müssen sie dem Gang der Justiz freien Lauf lassen.

Konzept
Lateinisch
1 Bogen 20 x 32 cm, S. 1—2 beschrieben, S. 4 Empfänger-, Inhalts- und Datumsvermerk.
HBA C 1 Nr. 2730. — Altsignatur fehlt; K. 1236.
Reinkopie: Ostpr. Fol. 61, Bl. 161 v.

Nr. 2731

1618 [Februar 6] [Königsberg]

Kurfürst Johann Sigismund an Bischof Simon von Ermland:

Dank für die bischöflichen Glückwünsche zu seiner Ankunft im Herzogtum; er hat die Bitte des Bischofs, Johannes Kinapell das Notariatsamt in Pillau zu verleihen, zur Kenntnis genommen; für dieses Amt ist eine Person erforderlich, die fleißig und in nautischen Dingen erfahren ist; ihm [dem Kurfürsten] ist nicht genau bekannt, ob dieser Platz im [Pillauer] Hafen unbesetzt ist; wenn das der Fall ist, will er der Interzession des Bischofs entsprechen.

Konzept
Lateinisch
1 Bogen 20 x 32 cm, S. 1—2 beschrieben, S. 4 Empfänger-, Inhalts- und Datumsvermerk.
HBA C 1 Nr. 2731. — Altsignatur fehlt; K. 1236.
Reinkopie: Ostpr. Fol. 61, Bl. 163 r. — 163 v.

Nr. 2732

1618 Februar 12 [Königsberg]

Kurfürst Johann Sigismund an Bischof Simon von Ermland:

Er hat das Schreiben des Bischofs seinem Bürger und Untertan Johannes Kinappel zur Kenntnis gegeben; Bekundung seiner freundlichen Dienste gegenüber dem Bischof.

Konzept
Lateinisch
1 Blatt 20 x 32 cm, S. 1 beschrieben, S. 2 Empfänger-, Inhalts- und Datumsvermerk.
HBA C 1 Nr. 2732. — Altsignatur fehlt; K. 1236.
Reinkopie: Ostpr. Fol. 61, Bl. 163 v.

Nr. 2733

1618 März 20 [Königsberg]

Herzogliche Oberräte an Bischof Simon von Ermland:

Der Sohn des im Amt Barten ansässigen Christophorus von Ölsen hat im vergangenen Herbst auf öffentlicher Straße einen unschuldigen Menschen getötet und nach der Tat die Flucht ergriffen; die Oberräte haben erfahren, daß er sich ins Bistum begeben und bei seinem Verwandten Georgius von Ölsen Zuflucht gesucht hat; Bitte um Ergreifung des Verbrechers und um dessen Auslieferung an den Hauptmann von Barten zwecks gebührender Bestrafung.

Konzept
Lateinisch
1 Blatt 20,5 x 32 cm, S. 1 beschrieben, S. 2 Empfänger-, Inhalts- und Datumsvermerk.
HBA C 1 Nr. 2733. — Altsignatur fehlt; K. 1236.
Reinkopie: Ostpr. Fol. 61, Bl. 165 r. — 165 v.

Nr. 2734

1618 Juli 16 [Königsberg]

Herzogliche Oberräte an Bischof Simon von Ermland:

Beschwerde des Rates und Assessors am herzoglichen Hofgericht, Georg von Schlubuth, über Ludwig Stanislawski, der die im Bistum gelegenen Güter [Schlubuths] in Molditten verwüstet hat; [Schlubuth] hat bisher beim Bischof kein Recht erhalten, wie seine beiliegende Klageschrift ausweist; Bitte der Oberräte an den Bischof, dem [Schlubuth] zu seinem Recht zu verhelfen und durch den Tausch der Äcker diese Kontroverse, die aus dem gemeinsamen Besitz entstanden ist, auf gütliche Weise beizulegen.

Konzept
Lateinisch
1 Bogen 20 x 33 cm, S. 1—2 beschrieben, S. 4 Empfänger-, Inhalts- und Datumsvermerk.
HBA C 1 Nr. 2734. — Altsignatur fehlt; K. 1236.
Reinkopie: Ostpr. Fol. 61, Bl. 172 v. — 173 r.

Nr. 2735

1618 August 1 [Königsberg]

Herzogliche Oberräte an Bischof Simon von Ermland:

Empfang der Warnung des Bischofs vor den in der Ostsee kreuzenden schwedischen Schiffen und der von diesen ausgehenden Bedrohung der Lande Preußen; Verweis auf die schon früher erfolgte Besetzung der Meeresküste mit Wachen und Warten, so daß nicht leicht ein feindlicher Einfall erfolgen kann; auf diese Weise wird ein Angriff auf den Pillauer Hafen und auf das Herzogtum und Bistum unterbunden.

Konzept
Lateinisch
1 Bogen 21,5 x 33 cm, S. 1 beschrieben, S. 4 Empfänger-, Inhalts- und Datumsvermerk.
HBA C 1 Nr. 2735. — Altsignatur fehlt; K. 1236.
Reinkopie: Ostpr. Fol. 61, Bl. 173 r. — 173 v.

Nr. 2736

1618 September 17 [Königsberg]

Kurfürst Johann Sigismund an Bischof Simon von Ermland:

Empfang des Kondolenzschreibens des Bischofs zum Tode Herzog Albrecht Friedrichs; Bedauern darüber, daß er und sein Sohn [Georg Wilhelm] auf der Rückkehr ins Herzogtum den Bischof in Rössel nicht gesehen haben; er empfiehlt den Kurprinzen dem Wohlwollen und der Liebe des Bischofs.

Konzept
Lateinisch
1 Bogen 20 x 32 cm, S. 1—2 beschrieben, S. 4 Empfänger-, Inhalts- und Datumsvermerk.
HBA C 1 Nr. 2736. — Altsignatur fehlt; K. 1236.
Reinkopie: Ostpr. Fol. 61, Bl. 173 v. — 174 r.

Nr. 2737

1618 Oktober 13 [Königsberg]

Herzogliche Oberräte an Bischof Simon von Ermland:

Der Kurfürst wird morgen in die Mark Brandenburg zurückreisen; Interesse [Johann Sigismunds], bei der Durchreise den Bischof zur Bekundung seiner Freundschaft und seines Wohlwollens zu treffen.

Konzept
Lateinisch
1 Blatt 20 x 32 cm, S. 1 beschrieben, S. 2 Empfänger-, Inhalts- und Datumsvermerk.
HBA C 1 Nr. 2737. — Altsignatur fehlt; K. 1236.
Reinkopie: Ostpr. Fol. 61, Bl. 174 r. — 174 v.

Nr. 2738

1618 November 19, Heilsberg

Bischof Simon von Ermland an die herzoglichen Oberräte:

Ankündigung der Absendung seines Schloßnotars Albert Strzebilinski, der die jährliche Pension in Höhe von 1000 Gulden für den Pfarrer der katholischen Kirche in Königsberg gemäß dem abgeschlossenen Vertrag aus der kurfürstlichen Kammer in Empfang nehmen und den Oberräten die darüber ausgestellte Quittung des Bischofs übergeben soll.

Behändigte Ausfertigung
Lateinisch
1 Bogen 21 x 32 cm, S. 1 beschrieben, Unterschrift des Bischofs, S. 4 Außenadresse, Inhalts- und Eingangsvermerk vom 22. November 1618.
Siegel des Bischofs
HBA C 1 Nr. 2738. — Altsignatur fehlt; K. 484.

Nr. 2739

1618 Dezember 30, Varmiae apud Ecclesiam meam Cathedralem Varmiensem:

Bischof Simon von Ermland an Kurfürst Johann Sigismund:

Glückwunsch zur erneuten Rückkehr des Kurfürsten in das Herzogtum [Preußen]; Segenswünsche für das bevorstehende neue Jahr.

Behändigte Ausfertigung
Lateinisch
1 Bogen 21 x 33 cm, S. 1 beschrieben, Unterschrift des Bischofs, S. 4 Außenadresse und Eingangsvermerk zu Königsberg vom 9. Januar 1619.
Siegelspuren
HBA C 1 Nr. 2739. — Altsignatur fehlt; K. 484.

Nr. 2740

1619 Januar 10 [Königsberg]

Kurfürst Johann Sigismund an Bischof Simon von Ermland:

Dank für die Glückwünsche zur Rückkehr ins Herzogtum und zum Neuen Jahr; Versicherung seiner freundschaftlichen Gesinnung gegenüber dem Bischof; der Kurfürst hat die Nachricht erhalten, daß der Bischof im Begriff ist, zum Reichstag nach Warschau aufzubrechen; Bitte an [Simon], darauf zu achten, daß auf dem Reichstag nichts beschlossen wird, was zum Nachteil der kurfürstlichen Rechte gereicht.

Reinkopie
Lateinisch
Ostpr. Fol. 61, Bl. 178 r. — 178 v.

Nr. 2741

1619 Februar 5 [Königsberg]

Kurfürst Johann Sigismund an Bischof Simon von Ermland:

Erneute Bitte an den Bischof um Förderung der kurfürstlichen Belange auf dem bevorstehenden Reichstag in Warschau; wegen der auf dem Reichstag zu erwartenden Intrigen, die seiner Position abträglich sind, will er Peter Bergmann und Michael Adersbach dorthin abordnen, die die Verhandlungen aufmerksam verfolgen und den Querelen, Spitzfindigkeiten und Zweifeln entgegentreten sollen; Bitte an den Bischof, diesen Bevollmächtigten Beistand zu gewähren, soweit es deren Auftrag erfordert.

Reinkopie
Lateinisch
Ostpr. Fol. 61, Bl. 185 v. — 186 r.

Nr. 2742

1619 Mai 10 [Königsberg]

Herzogliche Oberräte an Bischof Simon von Ermland:

Supplikation Martins von Pröck um Konsens zur Veräußerung seines Pagus Perlauken; er drängt auf die Durchführung dieser Sache, weil er seine Gläubiger befriedigen muß; Interzession der Oberräte für den Petenten, weil diese Veräußerung dem Bischof nicht zum Schaden und Präjudiz gereicht.

Reinkopie
Lateinisch
Ostpr. Fol. 61, Bl. 213 r. — 213 v.

Nr. 2743

1619 Mai 11 [Königsberg]

Herzogliche Oberräte an Bischof Simon von Ermland:

Empfang des bischöflichen Schreiben wegen der „militum Lissovianorum"; sie haben von hier den Weg ins Herzogtum Litauen genommen und wollen den Durchzug durch das Herzogtum Semigallen und Kurland erzwingen; der dortige Herzog Friedrich hat sie aber mit bewaffneter Hand zurückgeschlagen; auf Befehl des Königs [Sigismund III.] haben sie ihr Lager nahe bei Kauen aufgeschlagen und befinden sich somit nicht weit von den Grenzen des Herzogtums Preußen entfernt; Befehl des Kurfürsten an die Hauptleute der in der Nähe der litauischen Grenze befindlichen Ämter, einen Übertritt dieses Heeres ins Herzogtum zu verhindern; der Kurfürst hat seine Bevollmächtigten instruiert, diese Truppen durch Geldzahlungen von feindlichen Aktionen abzuhalten; Aufforderung an den Bischof, sich an diesen Vorsorgemaßnahmen zu beteiligen und gleichfalls Deputierte an die Grenze zu schicken.

Reinkopie
Lateinisch
Ostpr. Fol. 61, Bl. 213 v. — 214 v.

Nr. 2744

1619 Juni 16 [Königsberg]

Herzogliche Oberräte an Bischof Simon von Ermland:

In diesem Moment ist eine Nachricht vom Hauptmann von Ragnit eingetroffen, daß jenes in Litauen stehende Heer große Exzesse an der Grenze des Herzogtums verübt hat; inzwischen habe es aber aufgrund militärischer Maßnahmen des Palatins von Wilna und litauischen Großfeldherrn das Lager aufgegeben und das Großfürstentum verlassen; der Bischof erhält beiliegend eine Abschrift des Briefes des Ragniter Hauptmanns; Hoffnung auf die Wiederherstellung von Frieden und Ruhe im Königreich Polen, damit dessen Untertanen ihre häuslichen Angelegenheiten ohne Hinderung betreiben können.

Reinkopie
Lateinisch
Ostpr. Fol. 61, Bl. 220 r. — 220 v.

Nr. 2745

1619 Juli 9, Allenstein

Johannes Rudzki an die herzoglichen Oberräte:

Beschwerde über den Überfall der Adligen Friedrich und Hartwig Baldscius, die dem Bezirk Allenstein benachbart sind, auf die Äcker von Butrinen, wobei sie aus unerklärlichem Grund einige domkapitularische Untertanen verletzt und halbtot liegengelassen haben; auf Veranlassung [Rudzkis] hat der Allensteiner Burggraf den Hauptmann von Neidenburg um Festsetzung der Übeltäter ersucht, was allerdings ohne Resonanz geblieben ist; Hinweis auf die Rechtshilfe, die er [Rudzki] dem Hauptmann von Hohenstein im Falle des Adligen Sigismund Vildenau geleistet hat; das Domkapitel hat sich gegenüber den Hauptleuten und Richtern des Herzogtums so verhalten, wie es umgekehrt auf herzoglicher Seite praktiziert worden ist; Bitte an die Oberräte, den besagten Hauptmann zur Anerkennung der beiderseitig geübten Gepflogenheiten zu veranlassen; dieser soll die Übeltäter ergreifen und die Ausübung der Justiz nicht verzögern.

Ausfertigung
Lateinisch
1 Bogen 20 x 34 cm, S. 1—2 beschrieben, Unterschrift des Ausstellers, S. 4 Außenadresse.
Siegel des Ausstellers
HBA C 1 Nr. 2745. — Altsignatur fehlt; K. 484.

Nr. 2746

1619 September 14, Heilsberg

Bischof Simon von Ermland an die herzoglichen Oberräte:

Bitte um Bemühung der Oberräte, beim Kurfürsten eine rasche Beantwortung seines Schreibens zu erwirken.

Behändigte Ausfertigung
Lateinisch
1 Bogen 20 x 31 cm, S. 1 beschrieben, Unterschrift des Bischofs, S. 4 Außenadresse, Inhalts- und Eingangsvermerk vom 17. September 1619.
Siegel des Bischofs
HBA C 1 Nr. 2746. — Altsignatur fehlt; K. 484.

Nr. 2747

1619 Oktober 2 [Königsberg]

Herzogliche Oberräte an Bischof Simon von Ermland:

Der Insterburger Hauptmann Wolfgang Heinrich Truchseß zu Waldburg hat angezeigt, daß drei seiner Mägde in das Bistum Ermland geflohen und auf dem bischöflichen Gut Schmolainen entdeckt worden sind; Interzession der Oberräte zwecks Ausfolgung der Mägde an [Waldburg] auf der Grundlage der geltenden Verträge.

Reinkopie
Lateinisch
Ostpr. Fol. 61, Bl. 224 v. — 225 r.

Nr. 2748

1619 Oktober 9 [Königsberg]

Herzogliche Oberräte an Bischof Simon von Ermland:

Die Bürgermeister und Ratmannen der Alten Stadt Königsberg haben angezeigt, daß ihr Mitbürger Reinhold Boye, der wegen begangener Verbrechen inhaftiert wurde, aus dem Gefängnis ausgebrochen ist und sich in die Diözese des Bischofs begeben hat; er soll jetzt in Heilsberg gesehen worden sein; weil die Republik [Polen] Interesse an der gebührenden Bestrafung eines solchen Verbrechens hat, bitten die Oberräte um Überstellung des Täters an den Bevollmächtigten des Königsberger Rats, damit dessen Verbrechen geahndet werden kann.

Reinkopie
Lateinisch
Ostpr. Fol. 61, Bl. 224 r. — 224 v.

Nr. 2749

1619 Oktober 14, Heilsberg

Bischof Simon von Ermland an die herzoglichen Oberräte:

Auf Ersuchen Wolfgang Heinrichs Truchseß zu Waldburg ist die jüngste der drei entlaufenen Mägde an ihn überstellt worden; dagegen zweifelt der Burggraf von Schmolainen daran, ob er die beiden anderen in Wormditt geborenen Mägde ausliefern soll; weil diese aber seit ihrer Jugend unter der Herrschaft des Truchseß erzogen und ihm [dem Bischof] kaum durch irgendein Servitut verpflichtet sind, hat er den Burggrafen von Schmolainen angewiesen, sie nicht länger festzuhalten.

Behändigte Ausfertigung
Lateinisch
1 Bogen 20 x 31 cm, S. 1 beschrieben, Unterschrift des Bischofs, S. 4 Außenadresse, Inhalts- und Eingangsvermerk zu Königsberg vom 18. Oktober 1619.
Siegel des Bischofs
HBA C 1 Nr. 2749. — Altsignatur fehlt; K. 484.

Nr. 2750

1619 Oktober 22, Königsberg

Georg von Schlubuth an Bischof Simon von Ermland:

Er hat die Zitation des Bischofs vom 2. Oktober erhalten; darin heißt es, daß das Urteil in der Streitsache zwischen ihm [Schlubuth] und Stanislavius wegen des im Herzogtum Preußen gelegenen Fischteichs, genannt Eiserteich, am 29. Oktober vollzogen werden soll; wegen amtlicher Verpflichtungen ist [Schlubuth] verhindert, an diesem Termin in Molditten zu erscheinen; nach seiner Auffassung sprechen viele Gründe gegen die Ausführung dieser Sentenz; zwei von diesen sind für jetzt ausreichend, von denen der eine die an den König [Sigismund III.] gerichtete Appellation [Schlubuths] ist; ohne die königliche Justifikation hat keine Sentenz Rechtskraft; der zweite Grund ist darin zu suchen, daß der Teich, auf den sich die Sentenz des Bischofs bezieht, außerhalb der Hufen des Pagus Rosenberg liegt und ihm [Schlubuth] unbekannt ist; wegen dieses Teichs hat er keinen Streit angefangen, weil er sich außerhalb seines Besitzes befindet; der Herzog in Preußen hat ihm nur eine Entschädigung gewährt, weil der Teich, um den es geht, auf Rosenberger Boden liegt; das habe er im anderen Fall nicht tun können; die Exekution der Sache müsse daher nicht im Bistum, sondern im Herzogtum erfolgen.

Abschrift
Lateinisch
1 Bogen 20,5 x 33 cm, S. 1—2 beschrieben.
HBA C 1 Nr. 2750. — Altsignatur fehlt; K. 484.

Nr. 2751

1619 Oktober 23 [Königsberg]

Herzogliche Oberräte an Bischof Simon von Ermland:

Sie bitten um Entschuldigung für das Nichterscheinen des Rats und Assessors am herzoglichen Hofgericht, Georg Schlubuth, am 29. Oktober, weil er amtliche Aufgaben wahrnehmen muß; an diesem Termin soll nichts gegen den abwesenden Schlubuth vorgenommen werden, was Präjudizcharakter hat.

Reinkopie
Lateinisch
Ostpr. Fol. 61, Bl. 226r.

Nr. 2752

1619 Oktober 27, Heilsberg

Bischof Simon von Ermland an die herzoglichen Oberräte:

Bezug auf das Schreiben Georg Schlubuths; dessen Protest verhöhnt nicht nur sein Dekret, sondern auch das des Kurfürsten; sowohl sein Dekret als auch die Schrift des Kurfürsten belegen, daß besagter Teich nicht im Pagus Rosenberg, sondern außerhalb dieses Pagus liegt, daraus folgt, daß er nicht auf Rosenberger Boden liegt; er befindet sich nicht im jetzigen Gau Rosenberg oder auf den Hufen, die gegenwärtig zum Ort Rosenberg gehören, sondern in der Nähe von diesem; aus dem Teich macht [Schlubuth] etwa 20 oder 30 Hufen, was nicht der Fall ist; der Bischof kann daher der Interzession der Oberräte nicht entsprechen.

Behändigte Ausfertigung
Lateinisch
1 Bogen 20 x 31 cm, S. 1 beschrieben, Unterschrift des Bischofs, S. 4 Außenadresse, Inhalts- und Eingangsvermerk zu Königsberg vom 30. Oktober 1619.
Siegel des Bischofs
HBA C 1 Nr. 2752. — Altsignatur fehlt; K. 484.

Postskript [o. D. u. O.]

Der Bischof ist bereit, die Intromission in die im Ermland gelegenen Güter Schlubuths um drei Wochen zu verschieben, nicht Schlubuth, sondern den Oberräten zum Gefallen.

Lateinisch
1 Blatt 20 x 9 cm, S. 1 beschrieben.

Nr. 2753

1619 Oktober 31 [Königsberg]

Herzogliche Oberräte an Bischof Simon von Ermland:

Dank für die Bereitschaft, den für Georg Schlubuth angesetzten Termin um drei Wochen zu verschieben; sie haben dem Schreiben des Bischofs entnommen, daß dieser über Schlubuth verärgert ist; die Oberräte führen aus, daß Schlubuth seine Äußerungen nicht aus böswilligem Gemüt, sondern zur Verteidigung seiner Sache vorgebracht habe; der Bischof möge ihm daher verzeihen; [Simon] sei über die Lage des Eiserteiches nicht richtig informiert, wenn er behaupte, daß dieser nicht auf den zum Pagus Rosenberg gehörenden Hufen liege; Schlubuth habe den Teil seiner Hufen, die im Bistum Ermland liegen, an Stanislavius verkauft, womit dieser einverstanden gewesen sei; die Eintracht zwischen beiden sei dadurch hergestellt worden, was den Bischof von weiteren Belastungen befreie.

Reinkopie
Lateinisch
Ostpr. Fol. 61, Bl. 227 r. — 228 r.

Nr. 2754

1619 Dezember 19 [Königsberg]

Herzogliche Oberräte an Bischof Simon von Ermland:

Kreditiv für den an den Bischof entsandten kurfürstlichen Diener und Mandatarius Fisci Christian Winter.

Reinkopie
Lateinisch
Ostpr. Fol. 61, Bl. 228 r. — 228 v.

Nr. 2755

[um 1620, o. M., T. u. O.]

Klage eines nicht namentlich genannten Adligen über Bischof Simon von Ermland wegen der im Bistum gelegenen Güter Mainen und Felau:

Der Aussteller hat sich bereits vor etwa zwölf Jahren bei dem Vorgänger des jetzigen päpstlichen Legaten in Polen über Bischof Simon von Ermland beklagt; dieser hat ihm, einem „homo catholicus“, die Güter Mainen und Felau widerrechtlich entzogen und diese an einen Häretiker verkauft; der Vorgänger des jetzigen päpstlichen Legaten hat Bischof Simon vor sein Gericht gezogen und dem Kläger sein Recht zuerkannt; den noch hat der Bischof diesem die besagten Güter nicht zurückgegeben und die entstandenen Schäden nicht erstattet; Bitte an den Legaten, den Bischof zur Annullierung des mit dem Häretiker geschlossenen Verkaufsvertrages zu veranlassen und ihn vor ein kompetentes geistliches und weltliches Gericht zu laden; den Protest des Klägers soll der Legat in den Akten vermerken und ihm davon einen Auszug zustellen; der verstorbene Bischof Tylicki hat die Güter Mainen und Felau dem Herrn Łaski übertragen, nachdem diese nach dem Tode des Erasmus von Dhilen an die bischöfliche Landesherrschaft zurückgefallen waren; der Administrator des als Vizekanzler am königlichen Hof residierenden [Tylicki] hat dem Łaski die Intromission in die beiden Güter untersagt, was diesen zur Zession seiner Besitzrechte an den Aussteller bewogen hat; der neue Bischof Simon Rudnicki hat alle, die Ansprüche auf die unter Sequester stehenden Güter hatten, vor sein Forum geladen, wo die Sentenz des genannten Administrators gebilligt worden ist; der bischöfliche Fiskal hat gegenüber dem Aussteller vorgebracht, daß die Güter nicht dem Herrn Łaski, sondern dem Bischof zugesprochen seien; Bitte des Ausstellers an den Legaten, ihn in seinen Privilegien zu schützen; der Bischof hat von ihm und Łaski verlangt, einen anderen speziellen Konsens vorzulegen, weil eine Alienation von Gütern im Bistum nicht gebräuchlich sei; vor dem Regierungsantritt Bischof Simon Rudnickis sei es nicht vorgekommen, daß ein „homo catholicus" seiner Güter beraubt und diese an einen Häretiker verkauft worden seien.

Konzept
Lateinisch
1 Bogen 20 x 32 cm, S. 1—4 beschrieben.
HBA C 1 Nr. 2755. — Altsignatur: 4/20; K. 486.

Nr. 2756

1620 Januar 3 [Königsberg]

Herzogliche Oberräte an Bischof Simon von Ermland:

Die Adlige Dorothea Auer hat seit einigen Jahren ein unkeusches Leben geführt und fünf illegitime Kinder geboren; zwei von diesen hat sie, nachdem sie das Licht der Welt erblickt haben, dem Tode preisgegeben; als sie zur Ahndung ihrer Verbrechen vor Gericht gezogen werden sollte, hat sie die Flucht ergriffen und sich bei ihrer Schwester Catharina Auer, die mit einem Adligen Melitz auf Garsen verheiratet ist, versteckt; Bitte um Ergreifung der Täterin und um ihre Überstellung in Fesseln an den Hauptmann von Mohrungen und Liebstadt.

Reinkopie
Lateinisch
Ostpr. Fol. 61, Bl. 233 r.

Nr. 2757

1620 Januar 31 [Königsberg]

Herzogliche Oberräte an Bischof Simon von Ermland:

Empfang der bischöflichen Interzession für Christophorus Hosius wegen seines Gutes Rudau; nach den Vermessungen der Geometer hat besagter Hosius keine Ursache zur Klage, worüber der Bischof nicht genau unterrichtet ist; die Oberräte können daher den Petitionen des Hosius nicht stattgeben; Bereitschaft zur Absendung von Kommissarien, die den strittigen Ort besichtigen und entscheiden sollen, was rechtens ist.

Reinkopie
Lateinisch
Ostpr. Fol. 61, Bl. 234 v. — 235 r.

Nr. 2758

1620 Februar 14 [Königsberg]

Herzogliche Oberräte an Bischof Simon von Ermland:

Sie entnehmen dem Brief des Bischofs, daß König Gustav [Adolf] von Schweden mit vielen Tausenden von Soldaten über den Pillauer Hafen eine Invasion in das Herzogtum Preußen und in das diesem benachbarte Bistum Ermland beabsichtigt; obwohl die Oberräte von diesem Unternehmen des schwedischen Königs nichts vernommen haben, wollen sie Verteidigungsmaßnahmen ergreifen und dafür sorgen, daß die Meeresküste um den Pillauer Hafen herum vor einem feindlichen Angriff Gustav [Adolfs] geschützt wird.

Reinkopie
Lateinisch
Ostpr. Fol. 61, Bl. 236 v. — 237 r.

Nr. 2759

1620 Februar 27 [Königsberg]

Herzogliche Oberräte an Bischof Simon von Ermland:

Interzession des Bischofs für Christophorus Janikowski wegen einer ihm vom Kurfürsten auszuzahlenden Pension; die Oberräte bemerken dazu, daß der Kurfürst aus seinen, den preußischen Hof betreffenden Gründen an einige Personen, denen er verpflichtet gewesen sei, Zahlungen geleistet habe; dazu habe auch der besagte Janikowski gehört; dieser habe akzeptiert, daß in der Berechnung seiner Pension ein gewisser Rückstand geblieben sei; er wisse, daß ihm der Kurfürst nichts weiter erstatte.

Reinkopie
Lateinisch
Ostpr. Fol. 61, Bl. 240 r. — 240 v.

Nr. 2760

1620 März 17 [Königsberg]

Herzogliche Oberräte an Bischof Simon von Ermland:

Interzession des Bischofs für Adam Stanus, gegen den das Warschauer Assessorialgericht ein „decretum contumaciae“ [Dekret wegen Nichterscheinens vor Gericht] erlassen hat; der Bischof hatte um die Suspension dieses Dekrets ersucht, weil Adam Stanus seine Sache „mediis ordinariis“ betreibe; den Oberräten ist von diesem Dekret nichts bekannt; sie haben den Magistrat von Marienwerder aufgefordert, ihnen den Fall mitzuteilen; in der Zwischenzeit soll nichts vorgenommen werden, was Adam Stanus zum Nachteil gereicht.

Reinkopie
Lateinisch
Ostpr. Fol. 61, Bl. 247 r. — 247 v.

Nr. 2761

1620 November 14, Fürstenau

Stephan Sadorski an die herzoglichen Oberräte:

Der König [Sigismund III.] hat ihn beauftragt, die Oberräte zur Zahlung des von den Ständen des Herzogtums Preußen versprochenen restierenden Subsidiums an die Krone zu veranlassen; [Sadorski] erwartet, daß die Oberräte das königliche Ersuchen erfüllen.

Behändigte Ausfertigung
Lateinisch
1 Bogen 20 x 32 cm, S. 1 beschrieben, Unterschrift des Ausstellers, S. 4 Außenadresse, Inhalts- und Eingangsvermerk vom 15. November 1620.
Siegel des Ausstellers
HBA C 1 Nr. 2761. — Altsignatur fehlt; K. 484.

Nr. 2762

1621 Mai 18 [Königsberg]

Herzogliche Oberräte an Bischof Simon von Ermland:

Interzession für den Secretarius Georgius von Schedell, der vom Bischof 20 Hufen gekauft und dafür schon einen Teil des Kaufpreises, nämlich 1000 Mark Preußisch, bezahlt hat.

Reinkopie
Lateinisch
Ostpr. Fol. 61, Bl. 265 v. — 266 r.

Nr. 2763

1621 Oktober 29, Frauenburg

Prälaten, Domherren und Kapitel des Stifts Ermland an die herzoglichen Oberräte:

Beschwerde der Räte und Städte des Bistums Ermland über die ihnen benachbarten Städte des Herzogtums; das Kapitel ersucht die Oberräte, ihre Untertanen zur Einhaltung der „vor undenklichen Zeiten" geschlossenen Verträge und Gewohnheiten zu veranlassen und keine Veränderung der alten Konstitutionen zu gestatten; die „mutua mercimonia et negociationes" müßten beibehalten werden.

Behändigte Ausfertigung
1 Bogen 20 x 33 cm, S. 1—2 beschrieben, Unterschrift der Aussteller, S. 4 Außenadresse, Inhalts-, Eingangs- und Beantwortungsvermerk vom 2. November 1621.
Siegel der Aussteller
HBA C 1 Nr. 2763. — Altsignatur: 4/3/67 (VI); K. 484.

Nr. 2764

1621 November 2 [Königsberg]

Herzogliche Oberräte an Prälaten, Domherren und Kapitel des Stifts Ermland:

Sie haben die Beschwerde der ermländischen Städte wegen der vertragswidrigen Sperrung der Wochenmärkte in den benachbarten Orten des Herzogtums zur Kenntnis genommen; Bezug der Oberräte auf die vielfachen Klagen auf herzoglicher Seite, vor allem in den drei Städten Königsberg, über den von den Bischöflichen praktizierten Vorkauf von Flachs, Korn und Weizen, die kürzlich auf dem in Königsberg veranstalteten Landtag vorgebracht worden sind; weil aber die Oberräte an der Beibehaltung der freien Negoziation interessiert sind, wollen sie in dieser Sache Ausschreiben an die Ämter Balga, Mohrungen und Liebstadt richten; sie erwarten aber, daß auf bischöflicher Seite der rechtswidrige Vorkauf unterbunden wird.

Konzept
1 Bogen 20,5 x 33 cm, S. 1—3 beschrieben, S. 4 Empfänger- und Datumsvermerk.
HBA C 1 Nr. 2764. — Altsignatur fehlt; K. 1236.

Nr. 2765

1621 Dezember 5, Heilsberg

Michael Działyński, Administrator des Bistums Ermland, an die herzoglichen Oberräte:

Gemäß den Verträgen müssen aus der Kammer des Herzogtums Preußen jährlich 1000 Gulden für den Pfarrer der katholischen Kirche in Königsberg bezahlt werden; der

Bischof hat diese Summe immer „pro festo Sancti Martini" (11. November) erhalten; die Oberräte sollen das Geld an einen Heilsberger Bürger auszahlen, der ihnen eine vom Administrator besiegelte und unterschriebene Quittung übergibt; einige bischöfliche Untertanen haben sich wegen der Hinderung des freien Laufes der Alle durch Adlige des Herzogtums Preußen beklagt, was den Verträgen widerspricht; die Oberräte sollen diese zur Beseitigung der Hindernisse veranlassen, anderenfalls will er [der Administrator] die Sache vor den König bringen.

Behändigte Ausfertigung
Lateinisch
1 Bogen 20,5 x 33 cm, S. 1—2 beschrieben, Unterschrift des Ausstellers, S. 4 Außenadresse, Inhalts- und Eingangsvermerk zu Königsberg vom 12. Dezember 1621.
Siegel des Ausstellers
HBA C 1 Nr. 2765. — Altsignatur fehlt; K. 484.

Nr. 2766

1621 Dezember 6, Braunsberg

Bürgermeister und Rat der Alten Stadt Braunsberg an die herzoglichen Oberräte:

Sie haben eine Deputation an den Hauptmann von Balga geschickt, der den Braunsbergern am vergangenen Donnerstag (2. Dezember) zugesagt hat, daß sie gemäß den alten Pakten kaufen und „wegen" lassen dürfen; am folgenden Tag hat er jedoch auf Drängen der Heiligenbeiler diese Zusage widerrufen, wodurch den Braunsbergern ein Markttag nach dem anderen entgeht; deshalb können die Landleute den Braunsberger Bürgern ihre Schulden nicht bezahlen, wodurch diesen merklicher Schaden zugefügt wird, der mindestes 1000 Gulden beträgt; Bitte an die Oberräte, der Stadt Heiligenbeil zu befehlen, daß sie eine solche Neuerung, die sie „proprio ausu und absque licentia superioritate Dominii" eingeführt hat, abschafft.

Behändigte Ausfertigung
1 Bogen 20 x 33 cm, S. 1—3 beschrieben, Unterschrift der Aussteller, S. 4 Außenadresse, Inhaltsvermerk, Eingangsvermerk vom 8. Dezember 1621, Beantwortungsvermerk vom 10. Dezember 1621.
Siegel der Aussteller
HBA C 1 Nr. 2766. — Altsignatur fehlt; K. 486.

Nr. 2767

1621 Dezember 26, Braunsberg

Bürgermeister und Rat der Alten Stadt Braunsberg an die herzoglichen Oberräte:

Dank für die Öffnung der Heiligenbeiler Wochenmärkte für die Braunsberger; gegen die Gravamina der Stadt Heiligenbeil bringen sie vor, daß etliche Städte des benachbarten Herzogtums den Bischöflichen ihre Wochenmärkte verschließen, was im Verhalten Heiligenbeils ./. Braunsberg und Liebstadts ./. Wormditt sichtbar werde; Bezug auf die alten Konstitutionen von 1529, die 1598 erneuert worden sind, wonach die „mutua commercia" auf den gewöhnlichen Jahr- und Wochenmärkten gestattet sind; das Verbot für die Balgaer Amtsuntersassen, mit den Braunsbergern zu handeln, widerspricht den Landesbeschlüssen; den Ausstellern ist das Verbot des Umreitens und Landkaufs bekannt; sie unterwerfen sich hier den Bestimmungen der Landesordnung; daß die Kaufleute den Landleuten, die durch Feuersbrunst, Mißwachs und Viehpest geschädigt sind, Geld leihen, ist nach dem Vergleich von 1598 zulässig; es sei allgemein bekannt, daß die Kaufleute im Jahre 1613, als Mißwachs geherrscht habe, den Bauern mit Brotkorn und Saatgut durch das Jahr geholfen hätten; die herzoglichen Städte dürften sich zwar Willküren geben, die für ihre eigenen Bürger verbindlich seien; es widerspreche aber den Landesordnungen, diese auf andere zu extendieren; nicht der Landmann werde von den Kaufleuten ausgesaugt, sondern es sei vielmehr umgekehrt, weil viele Bauern ihre bei den Kaufleuten ausstehenden Schulden nicht begleichen können; nach Meinung der bischöflichen Kaufleute dienen die Wochenmärkte im Herzogtum nur dem Nutzen der dortigen Untertanen; sei damit nicht dem beiderseitigen freundnachbarlichen Verhältnis das „Vale" gegeben?; die Wochenmärkte sollen im Herzogtum und Bistum „reciproce" frei sein, weil beide Landesherrschaften dieselben „Constitutiones" miteinander geschlossen haben; nichtzutreffende Behauptung der Heiligenbeiler, sie dürften auf bischöflichen Märkten nicht ein Huhn, Butter, Käse, Eier u. a. kaufen; die Praktiken der Heiligenbeiler sind „ein feindlicher anlauff wider alter pacta, consuetudines und ... statuta" des Königlichen Teils Preußen; es stimmt gleichfalls nicht, daß die Passarge den herzoglichen Untertanen versperrt ist; die Braunsberger sind nicht schuldig, die von ihnen mit schweren Unkosten erbaute Ausfahrt außerhalb der Passarge jedermann gemein zu machen.

Behändigte Ausfertigung
2 Bogen 20,5 x 33 cm, S. 1—7 beschrieben, Unterschrift der Aussteller, S. 8 Außenadresse, Inhaltsvermerk, Eingangsvermerk zu Königsberg vom 29. Dezember 1621, Beantwortungsvermerk vom 30. Dezember 1621, Vermerk: „hievonn eine Abschrifftt zue machen undt ann Balga beyzulegen".
Siegel der Aussteller
HBA C 1 Nr. 2767. — Altsignatur fehlt; K. 486.

Nr. 2768

1622 Januar 24 [Königsberg]

Herzogliche Oberräte an den Administrator des Bistums Ermland:

Interzession für die Witwe des Erbsassen Martin von Pröck auf Curau, der zu ihren Rechten verholfen werden soll.

Reinkopie
Lateinisch
Ostpr. Fol. 61, Bl. 283 r. — 284 r.

Nr. 2769

1622 Januar 26, Heilsberg

Michael Działyński, Administrator des Bistums Ermland, an die herzoglichen Oberräte:

Bezug auf die an ihn und das Domkapitel gerichtete Supplikation der ermländischen Städte wegen der Wochenmärkte; die Oberräte sollen dafür sorgen, daß die Landesordnungen und Verträge eingehalten und die diesen widersprechenden Edikte kassiert werden, damit das beiderseitige gute Verhältnis intakt bleiben kann.

Behändigte Ausfertigung
Lateinisch
1 Bogen 20 x 33 cm, S. 1 beschrieben, Unterschrift des Statthalters, S. 4 Außenadresse, Inhalts- und Eingangsvermerk zu Königsberg vom 31. Januar 1622, Vermerk: „Ist ann den Haubtmannn zur Balga geschrieben den 31. Jan[uarii]".
Siegel des Ausstellers
HBA C 1 Nr. 2769. — Altsignatur 4/3/67 (VII); K. 484.

Nr. 2770

1622 Januar 26 [Königsberg]

Herzogliche Oberräte an den Praepositus Varmiensis:

Interzession für die Witwe Fabians von Sacken in deren Schuldsache ./. den [Frauenburger] Kanoniker Hindenberg.

Reinkopie
Lateinisch
Ostpr. Fol. 61, Bl. 284 r. — 285 r.

Nr. 2771

1622 [Januar, o. O.]

Die Städte des Bistums Ermland an die herzoglichen Oberräte:

Sie haben sich auf dem am 8. März 1621 in Guttstadt gehaltenen Landtag darüber beschwert, daß ihnen etliche Städte im benachbarten Herzogtum Preußen die Wochenmärkte gesperrt haben, was den alten Verträgen widerspricht; nach dem Tode Bischof Simons von Ermland hat das die Landesherrschaft im Bistum wahrnehmende Frauenburger Domkapitel eine Interzession an die Oberräte gerichtet, die von diesen mit der Zusage beantwortet worden ist, die freie Negoziation gemäß den alten Pakten zu bewahren; Bezug auf die oberrätliche Versicherung an die Braunsberger gleichen Inhalts; die

Landesordnung von 1529 hat bestimmt, daß nur Hopfen und Flachs in die nächsten Marktstädte gebracht werden müssen, jedermann aber das Recht hat, Getreide, Milchspeise und andere Waren in seine oder eine andere Herrschaft zu führen und dort frei zu verkaufen; Verlesung eines Edikts von den Kanzeln im Amt Balga, daß künftig die Landsassen, d. h. die Freien, Schulzen oder Bauern, alle ihre Waren zum öffentlichen Verkauf in die Städte dieses Amts bringen müssen; solange die Marktfahne ausgehängt ist, dürfen sie nur an die dortigen Bürger verkaufen; nach Ansicht der ermländischen Städte ist damit nicht nur die freie Zufuhr untersagt, sondern auch der Status der freien Märkte beseitigt; unter Hinweis auf den Rezeß von 1598 bitten sie um Zessierung solcher Edikte, die dem nachbarlichen Verhältnis abträglich sind.

Abschrift
1 Bogen 20 x 34 cm, S. 1—3 beschrieben, S. 4 Inhalts- und Eingangsvermerk vom 31. Januar 1622.
HBA C 1 Nr. 2771. — Altsignatur fehlt; K. 486.

Nr. 2772

1622 Februar 7, Frauenburg

Michael Działyński an die herzoglichen Oberräte:

Er kann der oberrätlichen Interzession für die Witwe Martins von Pröck nicht entsprechen, weil die Güter ihres Mannes der Landesherrschaft gehören und von dieser auf Veranlasssung des Warschauer Archidiakons Paweł Piasecki in Besitz genommen worden sind.

Behändigte Ausfertigung
Lateinisch
1 Bogen 21 x 33 cm, S. 1 beschrieben, Unterschrift des Ausstellers, S. 4 Außenadresse, Inhalts- und Eingangsvermerk vom 18. Februar 1622.
Siegel des Ausstellers
HBA C 1 Nr. 2772. — Altsignatur fehlt; K. 484.

Nr. 2773

1622 April 7, Heilsberg

Michael Działyński, Administrator des Bistums Ermland, an die herzoglichen Oberräte:

Die ermländischen Städte haben ihn erneut gebeten, wegen der Wochenmärkte im Herzogtum bei den Oberräten vorstellig zu werden; Ersuchen des Administrators um Öffnung der Wochenmärkte für die Bischöflichen gemäß den Pakten und Konstitutionen.

Behändigte Ausfertigung
Lateinisch
1 Bogen 22 x 34 cm, S. 1 beschrieben, Unterschrift des Ausstellers, S. 4 Außenadresse, Inhaltsvermerk, Eingangsvermerk zu Königsberg vom 2. Mai 1622, Beantwortungsvermerk vom 21. Mai 1622.
Siegel des Ausstellers
HBA C 1 Nr. 2773. — Altsignatur: 4/3/67 (XII); K. 486.

Nr. 2774

1622 Mai 21 [Königsberg]

Herzogliche Oberräte an den Administrator des Bistums Ermland:

Verzögerung ihrer Antwort wegen anderweitiger Verpflichtungen; Beschwerde über den widerrechtlichen Landkauf der Bischöflichen im Herzogtum; sie müssen ihre Waren auf den freien Markt bringen, wo die Bürger und Fremden freien Kaufhandel treiben können; Bezug auf eine kürzlich im Bistum erlassene Handelsordnung, nach der aller Flachs und Hopfen in die nächsten Marktstädte gebracht werden muß, wobei der Kauf dieser Waren keinem Fremden, sondern nur dem dortigen Bürger gestattet sein soll; sie [die Oberräte] seien daher berechtigt, entsprechend zu verfahren, wollen aber keine gegen die alten Verträge gerichteten Neuerungen einführen und bitten den Administrator, im Handel und Wandel die Gleichheit zu bewahren.

Konzept
Lateinisch
1 Bogen 20 x 33 cm, S. 1—3 beschrieben, S. 4 Empfänger-, Inhalts- und Datumsvermerk.
HBA C 1 Nr. 2774. — Altsignatur fehlt; K. 1236.

Nr. 2775

1622 Juni 4 [Königsberg]

Herzogliche Oberräte an den Adminstrator des Bistums Ermland:

Der Administrator des Bistums Ermland hat Georg Truchseß von Wetzhausen aufgefordert, ihm den Huldigungseid zu leisten; wegen dessen zur gleichen Zeit angesetzter Vorladung vor das Königsberger Hofgericht kann er der Ladung des Administrators nicht nachkommen; Interzession der Oberräte für [Georg Truchseß], der Vasall und Untertan des Kurfürsten [Georg Wilhelm] ist, daß er den Eid in der alten, in den Privilegien verbrieften Form und nicht nach dem neuen Formular leisten muß.

Reinkopie
Lateinisch
Ostpr. Fol. 61, Bl. 291 r. — 293 r.

Nr. 2776

1622 Juni 9 [Königsberg]

Herzogliche Oberräte an den Administrator des Bistums Ermland:

Ein gewisser Nicolaus Selneccer hat einen gottlosen Mord an dem Rastenburger Bürger Benedict Bernhard begangen und ist aus dem Herzogtum, wo er die Tat verübt hat, in die Diözese Ermland entflohen; Bitte der Oberräte um Auslieferung des Verbrechers, weil die Verträge besagen, daß ein Mörder von einer anderen Jurisdiktion nicht begünstigt werden darf.

Reinkopie
Lateinisch
Ostpr. Fol. 61, Bl. 293 r. — 293 v.

Nr. 2777

1622 Juli 11 [Königsberg]

Herzogliche Oberräte an den Administrator des Bistums Ermland:

Beschwerde der Witwe Martins von Pröck, Elisabeth Lehndorff, über die Untertanen zu Perlaken, die Eingriffe in ihr Gut Krebswalde verübt haben; sie hat eine Kommission des Statthalters erwirkt, der den Parteien den 18. Juli als „Tag" eingeräumt hat; weil dieser Termin der Witwe [Pröck] zu kurzfristig ist, bitten die Oberräte um eine Verschiebung der Sache auf zwei Wochen; in der Zwischenzeit sollen sich die Einwohner von Perlaken aller „Turbation" enthalten.

Reinkopie
Lateinisch
Ostpr. Fol. 61, Bl. 294 v. — 295 r.

Nr. 2778

1622 Oktober 8, Warschau

Bischof Johann Albert von Ermland an die herzoglichen Oberräte:

Kreditiv für die von ihm und dem Domkapitel an die Oberräte entsandten Deputierten, die die Zwietracht zwischen den Untertanen des Bistums und des Herzogtums Preußen beilegen sollen.

Behändigte Ausfertigung
Lateinisch
1 Bogen 20,5 x 31 cm, S. 1 beschrieben, Unterschrift des Bischofs, S. 4 Außenadresse und Eingangsvermerk vom 3. November 1622.
Siegel des Bischofs
HBA C 1 Nr. 2778. — Altsignatur fehlt; K. 484.

Nr. 2779

1622 Oktober 18, Wormditt

Michael Działyński, Administrator des Bistums Ermland, an die herzoglichen Oberräte:

Bischof Johann Albert von Ermland hat in wichtigen Angelegenheiten einige Legaten an die Oberräte entsandt; weil wegen der Abwesenheit einiger Oberräte die Mission der Bevollmächtigten umsonst ist, bittet der Administrator um Mitteilung, wann die Oberräte vollzählig in Königsberg versammelt sein werden.

Behändigte Ausfertigung
Lateinisch
1 Bogen 20,5 x 31 cm, S. 1 beschrieben, Unterschrift des Ausstellers, S. 4 Außenadresse, Inhalts- und Eingangsvermerk vom 20. Oktober 1622.
Siegel des Ausstellers
HBA C 1 Nr. 2779. — Altsignatur fehlt; K. 484.

Nr. 2780

1622 Oktober 21 [Königsberg]

Herzogliche Oberräte an den Administrator des Bistums Ermland:

Der Administrator wird sich leicht an das erinnern, was die Oberräte wegen des flüchtigen Verbrechers Selneccer vorgebracht haben; Bitte um Auslieferung des Selneccer, der auf dem Schloß Rössel inhaftiert ist, an das für dessen Aburteilung zuständige Gericht gemäß den Verträgen.

Reinkopie
Lateinisch
Ostpr. Fol. 61, Bl. 297 r. — 297 v.

Nr. 2781

1622 Oktober 21 [Königsberg]

Herzogliche Oberräte an den Administrator des Bistums Ermland:

Empfang der Nachricht des Administrators über die Entsendung bischöflicher Gesandter nach Königsberg; in der folgenden Woche werden die Oberräte vollzählig in Königsberg anwesend sein; die Gesandten sollen um den 26. Oktober kommen.

Reinkopie
Lateinisch
Ostpr. Fol. 61, Bl. 297 v. — 298 r.

Nr. 2782

1622 November 1, Frauenburg

Michael Działyński, Administrator des Bistums Ermland, an die herzoglichen Oberräte:

Ankündigung des Aufbruchs der bischöflichen Legaten nach Königsberg; Bitte um Erteilung einer Antwort an diese; Bischof [Johann Albert] hofft, daß die pacta conventa zwischen dem Bistum Ermland und dem Herzogtum Preußen uneingeschränkt beachtet und alle Differenzen beigelegt werden; es ist erforderlich, daß die von einigen herzoglichen Hauptleuten publizierten vertragswidrigen Mandate widerrufen werden.

Behändigte Ausfertigung
Lateinisch
1 Bogen 20,5 x 31 cm, S. 1 beschrieben, Unterschrift des Ausstellers, S. 4 Außenadresse, Inhalts- und Eingangsvermerk vom 3. November 1622.
Siegel des Ausstellers
HBA C 1 Nr. 2782. — Altsignatur fehlt; K. 484.

Nr. 2783

1622 Dezember 19 [Königsberg]

Herzogliche Oberräte an den Administrator des Bistums Ermland:

Empfang des Briefes des Adminstrators wegen der fälligen Zahlung für den Pfarrer der katholischen Kirche in Königsberg; sie haben dem Bevollmächtigen des Administrators die Summe gegen Quittung ausgehändigt.

Reinkopie
Lateinisch
Ostpr. Fol. 61, Bl. 299 v.

Nr. 2784

1623 März 3, Braunsberg

Bürgermeister und Rat der Alten Stadt Braunsberg an die herzoglichen Oberräte:

Freude über die Erneuerung der alten Pacta zwischen dem Bistum und Herzogtum wegen der Wochenmärkte; gegenüber den Heiligenbeilern hat das neue Vertragswerk aber nichts gefruchtet, weil sich diese weiterhin auf die erdichteten zehn Markttage berufen; der Balgaer Hauptmann hat zwar den neuen Rezeß den Heiligenbeilern zur Kenntnis gegeben, aber wegen der von diesen vorgebrachten Exzeptionen den Braunsbergern die Appellation an die kurfürstliche Regierung empfohlen; daher Bitte der

Aussteller an die Oberräte, den Hauptmann von Balga zu einem Spezialbefehl an die Heiligenbeiler zu veranlassen, der diesen die Einhaltung des neuen Vertrags auferlegt; Bereitschaft der Braunsberger, den Heiligenbeilern ihre Markttage zum Kauf der Bauernwaren einzuräumen.

Behändigte Ausfertigung
1 Bogen 19,5 x 32 cm, S. 1—2 beschrieben, Unterschrift der Aussteller, S. 4 Außenadresse, Inhalts- und Eingangsvermerk zu Königsberg vom 4. März 1623, Vermerk: „Ist ann Haubtmann zur Balga geschrieben den 8. Martii".
Siegel der Aussteller
HBA C 1 Nr. 2784. — Altsignatur: 4/3/67 (XIV); K. 486.

Nr. 2785

1623 März 27 [Königsberg]

Herzogliche Oberräte an den Administrator des Bistums Ermland:

Beschwerde der Zünfte der Stadt Heiligenbeil, nämlich der Schuster, Walker, Schmiede und Töpfer, über die Stadt Braunsberg, wo ihnen die Rechte, die sie im Herzogtum Preußen besitzen, verweigert werden; Bitte der Oberräte an den Administrator, die Braunsberger zur Einhaltung der Verträge zu veranlassen und den Heiligenbeiler Zünften die Freiheit von Handel und Wandel in ihrer Stadt zu gestatten.

Konzept
Lateinisch
1 Bogen 20,5 x 33 cm, S. 1—2 beschrieben, S. 4 Empfänger-, Inhalts- und Datumsvermerk.
HBA C 1 Nr. 2785. — Altsignatur fehlt; K. 1236.

Nr. 2786

1623 März 31, Braunsberg

Bürgermeister und Rat der Alten Stadt Braunsberg an die herzoglichen Oberräte:

Sie haben die Nachricht der Oberräte von Jacob Bartsch erhalten; unzutreffende Behauptung der Heiligenbeiler, in Braunsberg würden ihnen an Jahrmarktstagen ungewöhnliche und abgelegene Plätze zwischen den Scheunen und bei der Vogelstange angewiesen; Verwunderung der Braunsberger, daß die Heiligenbeiler ihre Obrigkeit mit solchen „absurdis" molestieren; es sei allgemein bekannt, daß die Tuchhändler und Gewandschneider seit undenklichen Jahren ihre Stände zwischen den Scheunen neben den Braunsberger Bürgern in „ebener Reihe" haben; entsprechend stehen die Schuster bei den Schustern, die Kürschner bei den Kürschnern und die Schmiede bei den Schmieden; die Heiligenbeiler Kramer haben ihre Stände in einem Gang neben und zwischen den Braunsbergern, Danzigern, Elbingern und Marienburgern in gemauerten

Buden; keinem Kramer ist bisher ein Platz bei der Vogelstange angewiesen worden; an den Kaufmontagen haben die Königsberger und Heiligenbeiler Kramer vor der Tür von Jacob Bartsch, auf dem Markt in dem Haus des seligen Thewes Kirsten, am Rathaus und anderen Orten ihre Waren ausgelegt und verkauft; Bereitschaft der Braunsberger, die vorigen Verträge und die jüngst zwischen den Oberräten und den bischöflichen Legaten getroffene Transaktion einzuhalten, was sie auch von den Städten und Gewerken im Herzogtum erwarten; Öffnung der Bladiauer Kirchmesse für den Adel und die Landleute des Herzogtums.

Behändigte Ausfertigung
1 Bogen 19,5 x 32 cm, S. 1—3 beschrieben, Unterschrift der Aussteller, S. 4 Außenadresse, Inhalts- und Eingangsvermerk zu Königsberg vom 3. April 1623, Vermerk: „hie von soll abschrifft gemacht undt naher Balga mit geschicket werden".
Siegel der Aussteller
HBA C 1 Nr. 2786. — Altsignatur: 4/3/67 (XV); K. 486.

Nr. 2787

1623 April 7, Frauenburg

Michael Działyński, Administrator des Bistums Ermland, an die herzoglichen Oberräte:

Er antwortet erst jetzt auf das Schreiben der Oberräte, weil er sich zuvor von den Braunsbergern über den Sachverhalt unterrichten lassen mußte; diese haben die alten und neuen zwischen dem Bistum und dem Herzogtum geschlossenen Verträge beachtet; er [der Administrator] ist wie die Oberräte an der Bewahrung der beiderseitigen guten Nachbarschaft interessiert; auf Anordnung des Bischofs [Johann Albert] soll eine Generalvisitation in der ermländischen Diözese erfolgen, die sich auch auf die katholische Kirche in Königsberg erstreckt.

Behändigte Ausfertigung
Lateinisch
1 Bogen 20 x 32 cm, S. 1 beschrieben, Unterschrift des Ausstellers, S. 4 Außenadresse, Inhalts- und Eingangsvermerk vom 16. April 1623.
Siegel des Ausstellers
HBA C 1 Nr. 2787. — Altsignatur: 4/3/67 (XIII); K. 486.

Nr. 2788

1623 September 3, Heilsberg

Michael Działyński, Administrator des Bistums Ermland, an die herzoglichen Oberräte:

Hinweis auf die zahlreichen Ersuchen früherer Bischöfe um Beseitigung der Hindernisse in der Alle; im vergangenen Jahr haben die Oberräte den Gesandten Bischof

Johann Alberts zugesagt, für die Erfüllung dieser Bitte Sorge zu tragen; dennoch ist durch Errichtung einer Mühle in Bartenstein der Flußlauf erneut gehemmt worden; weil ihm [Działyński] der Bischof aufgetragen hat, kein Präjudiz zum Nachteil des landesherrschaftlichen Besitzes zuzulassen, bittet er um Demolition der erneut in Bartenstein gebauten Mühle.

Behändigte Ausfertigung
Lateinisch
1 Bogen 20 x 31 cm, S. 1—2 beschrieben, Unterschrift des Ausstellers, S. 4 Außenadresse, Inhalts- und Eingangsvermerk vom 7. September 1623.
Siegel des Ausstellers
HBA C 1 Nr. 2788. — Altsignatur fehlt; K. 484.

Nr. 2789

1623 Oktober 23, Frauenburg

Michael Działyński, Administrator des Bistums Ermland, an die herzoglichen Oberräte:

Sein Famulus Adam Vidowski hat ihn davon unterrichtet, daß dessen Vater Peter Vidowski am 27. Oktober vor die Oberräte zitiert worden ist; weil letzterer getötet worden ist, bittet der Administrator die Oberräte, die Erben des Peter Vidowski von der Einhaltung des Termins zu entbinden.

Behändigte Ausfertigung
Lateinisch
1 Bogen 20 x 32 cm, S. 1 beschrieben, Unterschrift des Ausstellers, S. 4 Außenadresse und Inhaltsvermerk.
Siegel des Ausstellers
HBA C 1 Nr. 2789. — Altsignatur fehlt; K. 484.

Nr. 2790

1623 Oktober 26, Fürstenau

Stephan Sadorski an die herzoglichen Oberräte:

Schreiben des Ausstellers wegen 19 Hufen seiner Untertanen im Herzogtum, die zur Kontribution an die Krone herangezogen werden sollen; er bittet darum, daß während seiner Abwesenheit der Hauptmann von Neidenburg die auf diesen Hufen ruhende Kontribution vorstreckt.

Behändigte Ausfertigung
Lateinisch
1 Bogen 20 x 32 cm, S. 1 beschrieben, Unterschrift des Ausstellers, S. 4 Außenadresse, Inhalts- und Kanzleivermerk.
Siegel des Ausstellers
HBA C 1 Nr. 2790. — Altsignatur fehlt; K. 484.

Nr. 2791

1624 Januar 7, Braunsberg

Bürgermeister und Rat der Alten Stadt Braunsberg an die herzoglichen Oberräte:

Erneute Beschwerde über die Heiligenbeiler, die trotz der Verträge von 1529 und 1598 und des kürzlich geschlossenen Rezesses den Braunsbergern nur zehn Markttage im Jahr gestatten wollen; am vergangenen Herbstjahrmarktstag haben diese am Stadttor und Rathaus publiziert, daß kein Fremder vor elf Uhr etwas kaufen darf; außerdem haben sie zusätzlich zum gewöhnlichen Waaggeld von jeder Last Flachs zehn Groschen „Schelgeld" erhoben; der Hauptmann von Balga hat aufgrund dieser Gravamina die Heiligenbeiler befragt, die auf ihre erneute Vorstellung bei den Oberräten verweisen, auf die noch kein Bescheid erfolgt sei; die Erhebung des „Schelgelds" begründen sie damit, daß dieses andernorts auch von ihnen verlangt werde; auch hinsichtlich der Bestrafung der Verbrecher würden die Heiligenbeiler den beiderseitigen Constitutionibus zuwiderhandeln.

Behändigte Ausfertigung
1 Bogen 20 x 33 cm, S. 1—3 beschrieben, Unterschrift der Aussteller, S. 4 Außenadresse, Inhalts- und Eingangsvermerk vom 8. Januar 1624, Beantwortungsvermerk vom 16. Januar 1624.
Siegelspuren
HBA C 1 Nr. 2791. — Altsignatur: 4/3/67 (XVI); K. 486.

Nr. 2792

1624 Januar 10, Wartenburg

Michael Działyński, Administrator des Bistums Ermland, an die herzoglichen Oberräte:

Interzession für Crispinus Pfaff Patricki, Vasallus des Bischofs Johann Albert, wegen dessen Schuldforderung in Höhe von 1000 Gulden an Daniel von der Oelsnitz, Hauptmann zu Neidenburg; Bitte um Aufhebung des Zufuhrverbots zu den Mühlen des Bistums aus einigen Orten des Herzogtums, insbesondere im Amt Ortelsburg.

Behändigte Ausfertigung
Lateinisch
1 Bogen 20 x 34 cm, S. 1—2 beschrieben, Unterschrift des Ausstellers, S. 4 Außenadresse, Inhalts- und Eingangsvermerk vom 16. Februar 1624.
Siegel des Ausstellers
HBA C 1 Nr. 2792. — Altsignatur fehlt; K. 484.

Nr. 2793

1624 Februar 4, Heilsberg

Michael Działyński, Administrator des Bistums Ermland, an die herzoglichen Oberräte:

Er schickt den Oberräten einen Brief des polnischen Königs [Sigismund III.]; der König hat an [Działyński] in der Sache der von Dr. Behm herausgegebenen berüchtigten Schrift an den Papst [Urban VIII.] geschrieben; der König beschwert sich auch darüber, daß in Königsberg beleidigende Reden gegen den Papst und die Verehrer des katholischen Glaubens gehalten werden, was den Verträgen widerspreche; die Oberräte sollen Behm und andere Feinde der katholischen Kirche bestrafen, um den König zufrieden zu stellen.

Behändigte Ausfertigung
Lateinisch
1 Bogen 20 x 32 cm, S. 1 beschrieben, Unterschrift des Ausstellers, S. 4 Außenadresse, Inhalts- und Eingangsvermerk zu Königsberg vom 5. Februar 1624.
Siegel des Ausstellers
HBA C 1 Nr. 2793. — Altsignatur fehlt; K. 484.

Nr. 2794

1624 Februar 9, Heilsberg

Michael Działyński, Administrator des Bistums Ermland, an die herzoglichen Oberräte:

Die Oberräte haben ihn von dem Streit zwischen Erhard Truchseß von Wetzhausen und dem Adligen Ludwig Stanislawski unterrichtet; Stanislawski beruft sich in dieser Erbschaftssache nicht auf das herzogliche Gericht, sondern hat [Truchseß] aufgrund eines 1588 im Bistum geschlossenen Kontrakts zitieren lassen; er unterwirft sich der Autorität und Jurisdiktion Bischof Johann Alberts; der Administrator kann daher der Interzession der Oberräte für [Truchseß] nicht entsprechen.

Behändigte Ausfertigung
Lateinisch
1 Bogen 20 x 32 cm, S. 1 beschrieben, Unterschrift des Ausstellers, S. 4 Außenadresse, Inhalts- und Eingangsvermerk zu Königsberg vom 14. Februar 1624.
Siegel des Ausstellers
HBA C 1 Nr. 2794. — Altsignatur fehlt; K. 484.

Nr. 2795

1624 Mai 21, Schmolainen

Michael Działyński, Administrator des Bistums Ermland, an die herzoglichen Oberräte:

Er benötigt keine Ermahnung seines der Oberräte; diese sollen vielmehr die Hauptleute des Herzogtums und andere, die ihrer Jurisdiktion unterworfen sind, ermahnen; er kennt nicht den Grund, weshalb im Bistum und Herzogtum begüterte Adlige zum selben Termin in beiden Herrschaften gerichtlich vorgeladen werden; nichts sei häufiger als die Entschuldigung, sie [die Adligen] seien zum selben Zeitpunkt nach Königsberg zitiert worden; durch derartige Fälle werde die Autorität des Bischofs mißachtet; indem die Adligen der Ladung des bischöflichen Gerichts nicht Folge leisteten, werde dieses verspottet; er [Działyński] verteidige die Autorität seines Fürsten so, wie sie [die Oberräte] es bei der des Kurfürsten [Georg Wilhelm] täten; in der Sache des von der Oelsnitz sei bisher kein von ihm bevollmächtigter Mandatarius erschienen; er sei daher erneut vorgeladen worden.

Behändigte Ausfertigung
Lateinisch
1 Bogen 21 x 32 cm, S. 1 beschrieben, Unterschrift des Administrators, S. 4 Außenadresse, Inhalts- und Eingangsvermerk vom 22. Mai 1624.
Siegel des Ausstellers
HBA C 1 Nr. 2795. — Altsignatur fehlt; K. 484.

Nr. 2796

1625 Januar 29 [Königsberg]

Herzogliche Oberräte an den Administrator des Bistums Ermland:

Dem Brief des Administrators wird entnommen, daß dieser eine Antwort bezüglich der an ihn zu verkaufenden Stuten erwartet; nach Aussage des Vorstehers des Stalls sind keine zum Verkauf geeigneten Pferde vorhanden; er wird aber im Frühling zum Verkauf bestimmte Pferde in den benachbarten Ämtern erhalten, so daß dann dem Wunsch des Administrators entsprochen werden kann.

Reinkopie
Lateinisch
Ostpr. Fol. 61, Bl. 309 r.

Nr. 2797

1625 April 7, Braunsberg

Michael Działyński, Administrator des Bistums Ermland, an die herzoglichen Oberräte:

Der Pfarrer der katholischen Kirche in Königsberg hat ihm in Braunsberg von dem Zustand dieser Kirche berichtet; unter anderem hat er bemängelt, daß der Turm noch nicht fertiggestellt sei; der Administrator zweifelt nicht daran, daß die Oberräte den „pactis conventis" entsprechen werden; seines Amtes sei, die Kirchensachen zu fördern; Ersuchen an die Oberräte, ohne Verzögerung den Turm, das Brascatorium und andere Bauten fertigzustellen.

Behändigte Ausfertigung
Lateinisch
1 Bogen 20 x 32 cm, S. 1 beschrieben, Unterschrift des Ausstellers, S. 4 Außenadresse, Inhalts- und Eingangsvermerk zu Königsberg vom 12. April 1625.
Siegel des Ausstellers
HBA C 1 Nr. 2797. — Altsignatur fehlt; K. 484.

Nr. 2798

1625 November 28 [Königsberg]

Herzogliche Oberräte an den Administrator des Bistums Ermland:

Der Baron Ernst von Eulenburg hat angezeigt, daß sich ohne sein Wissen und Konsens einige seiner Untersassen ins Bistum Ermland begeben haben; Bitte um Erfüllung der billigen Forderungen Eulenburgs und um Auslieferung der besagten Untertanen an diesen.

Reinkopie
Lateinisch
Ostpr. Fol. 61, Bl. 363 r. — 363 v.

Nr. 2799

1626 Mai 5 [Königsberg]

Herzogliche Oberräte an den Administrator des Bistums Ermland:

Der Adlige Jacob Kuchmeister, Einwohner dieses Herzogtums Preußen, hat angezeigt, daß ihm einige seiner Bauern und Kolonen widerrechtlich von der Witwe des verstorbenen Herrn Hosius vorenthalten werden; Interzession der Oberräte zwecks Ausfolgung dieser Bauern und Kolonen an [Kuchmeister].

Reinkopie
Lateinisch
Ostpr. Fol. 61, Bl. 367 v. — 368 r.

Nr. 2800

1626 Mai 8 [Königsberg]

Herzogliche Oberräte an den Administrator des Bistums Ermland:

Der Ortelsburger Hauptmann Dionysius von Ölsen hat angezeigt, daß zahlreiche kurfürstliche Untertanen aus diesem Herzogtum ins Bistum Ermland geflohen sind und unter einigen Adligen dieser Diözese leben; auf seine Requisition hin sind sie bis jetzt nicht entlassen worden; 15 von ihnen hält die Witwe des Herrn von Hosius auf Rassingken unter dem Prätext des Rechts fest; vor allem hat sich der Ortelsburger Hauptmann über den Adligen Caspar Wildenhan in Schönbruch beklagt, der neulich mit Gewalt einen Diener im Pagus Rudzisken gefesselt aus der herzoglichen Jurisdiktion weggeführt hat, wodurch die Verträge verletzt worden sind; weil viele Kolonien im Herzogtum und im Amt Ortelsburg durch die letzte Pest wüst geworden sind, hat sich der dortige Hauptmann intensiv um die Rückforderung der Flüchtlinge bemüht; Bitte der Oberräte an den Administrator, die Witwe Hosius und die anderen bischöflichen Adligen gemäß beiliegender Konsignation zur Auslieferung der entflohenen kurfürstlichen Untertanen an den Hauptmann von Ortelsburg zu veranlassen; desgleichen ersuchen sie um Bestrafung Caspar Wildenhans für sein gewaltsames Eindringen in das Herzogtum.

Reinkopie
Lateinisch
Ostpr. Fol. 61, Bl. 368 r. — 369 r.

Nr. 2801

1626 Juni 1, Heilsberg

Michael Działyński, Administrator des Bistums Ermland, an die herzoglichen Oberräte:

Empfang des Schreibens der Oberräte wegen der ins Bistum entlaufenen kurfürstlichen Untertanen; er hat den Sohn der Witwe Hosius zur Auslieferung der Flüchtlinge ermahnt; nach dessen Ausführungen sind von den besagten 15 Flüchtlingen einige an der Pest gestorben; von den übrigen seien alle außer zwei Personen seit zehn Jahren auf den Gütern seiner Mutter ansässig und brauchten daher nach landesüblichem Brauch nicht ausgeliefert zu werden; der Administrator will an die Witwe Hosius schreiben und deren Antwort dem Ortelsburger Hauptmann mitteilen; Bereitschaft zur Ansetzung eines „Tags“ für diesen, woraus die Oberräte seinen geneigten Willen in dieser Sache ersehen können.

Behändigte Ausfertigung
Lateinisch
1 Bogen 21 x 33 cm, S. 1—2 beschrieben, Unterschrift des Ausstellers, S. 4 Außenadresse, Inhalts- und Eingangsvermerk vom 10. Juni 1626.
Siegel des Ausstellers
HBA C 1 Nr. 2801. — Altsignatur fehlt; K. 484.

Nr. 2802

1626 Juni 18 [Königsberg]

Herzogliche Oberräte an den Administrator des Bistums Ermland:

Sie haben dem Brief des polnischen Königs entnommen, welche Absichten und Pläne Gustav [Adolf] gegen die Lande Preußen hegt; sie zweifeln nicht daran, daß dem Administrator die im Pillauer und Memeler Hafen sowie an anderen Abschnitten der Küste errichteten Festungs- und Defensionsanlagen bekannt sind; außerdem haben sie das Landesaufgebot im Herzogtum einberufen; sie fragen, in welcher Weise sie dem Administrator „consiliis et auxiliis" nützen können.

Reinkopie
Lateinisch
Ostpr. Fol. 61, Bl. 373 r.

Nr. 2803

1626 August 20 [Königsberg]

Herzogliche Oberräte an den Administrator des Bistums Ermland:

Sie haben erfahren, daß sich dem unter dem Befehl des polnischen Königs [Sigismund III.] stehenden Heerführer [Jakob] Butler einige Ermländer, darunter Michael Thiel aus Braunsberg, angeschlossen haben, die verschiedene Drohungen gegen herzogliche Untertanen ausgestoßen haben; wegen dieser Drohungen haben die in Mehlsack, Braunsberg und Frauenburg befindlichen herzoglichen Landeskinder die Hauptleute des [Fürstentums Preußen] um Hilfe und Schutz ersucht; die Oberräte verweisen auf die Mandate des polnischen Königs, in denen er den Einwohnern des Herzogtums im Falle einer feindlichen Invasion seine Unterstützung zugesagt hat; Bitte an den Administrator, nicht nur durch seine Klugheit alle Gefahren vom Herzogtum abzuwenden, sondern auch den Läufern und Briefboten die Passage durch das Bistum zu gestatten; sie haben befohlen, einige Last Weizen aus dem Amt [Preußisch] Holland nach Königsberg zu bringen, und bitten den Administrator, den mit diesem Transport befaßten Untertanen die Passage durch das Bistum zu gestatten.

Reinkopie
Lateinisch
Ostpr. Fol. 61, Bl. 374 r. — 375 r.

Nr. 2804

1626 September 23 [Königsberg]

Herzogliche Oberräte an den Administrator des Bistums Ermland:

Die von ihnen vorgebrachten Klagen über die Bischöflichen sind berechtigt; die „milites dioecesani" haben nicht nur die Güter des Barons von Dohna ausgeplündert, sondern auch Achatius von Dohna selbst sei auf öffentlicher königlicher Straße mit Gewalt gefangengenommen und aus dem Herzogtum weggeführt worden; Frage der Oberräte, ob ein solches Verhalten dem Mandat des polnischen Königs, die Herzoglichen nicht zu kränken, und dem Verbot des Administrators entspreche; besagter Baron Dohna hat auf der Rückreise von einer Gesandtschaft an den brandenburgischen Kurfürsten [Georg Wilhelm] das Lager des Königs [Sigismund III.] besucht und ist von dem Monarchen wohlwollend aufgenommen und gnädig verabschiedet worden; gegen den königlichen Willen hat er die Plünderung seiner Güter und seine Gefangennahme erduldet; vielleicht sei der Administrator von Übelwollenden überzeugt worden, daß Untertanen der Barone von Dohna und andere aus dem Kammeramt Liebstadt bei der Belagerung von Guttstadt gesehen worden seien und Herzogliche den besagten Butler zwischen Braunsberg und Wormditt getötet hätten; den Oberräten ist nicht bekannt, daß gewisse herzogliche Adlige Butler Geld weggenommen haben, und sie können daher nicht die Justiz administrieren; die besagten Adligen führen aus, daß nicht sie es seien, die sich auf herzoglicher Seite mit den Schweden verbunden hätten; Ersuchen der Oberräte an den Administrator, das, was er schriftlich verspreche, in die Tat umzusetzen, und nichts, was die gute Nachbarschaft schädige, zuzulassen; vor allem solle er dafür sorgen, daß das Heer nicht ungestraft Verbrechen verübe; insbesondere solle er die Freilassung des inhaftierten Achatius von Dohna und dessen sichere Weiterleitung an das nächstgelegene herzogliche Schloß verfügen; sie wollen von diesem Fall den König [Sigismund III.] und den Kurfürsten [Georg Wilhelm] unterrichten.

Reinkopie
Lateinisch
Ostpr. Fol. 61, Bl. 376 r. — 377 r.

Nr. 2805

1626 Oktober 3, Heilsberg

Dekret des Administrators des Bistums Ermland, Michael Działyński:

Befehl an alle Magistrate und Amtsträger, den herzoglichen Läufern und Briefboten den Transit durch das Ermland zu gestatten; Bitte an das im Bistum stehende königliche Heer, den besagten Läufern keine Schwierigkeiten zu bereiten.

Ausfertigung
Lateinisch
1 Bogen 20,5 x 32 cm, S. 1 beschrieben, Unterschrift des Ausstellers.
Siegel des Ausstellers
HBA C 1 Nr. 2805. — Altsignatur fehlt; K. 492.

Nr. 2806

1626 Oktober 3, Heilsberg

Michael Działyński, Administrator des Bistums Ermland, an die herzoglichen Oberräte:

Bereitschaft des Königs [Sigismund III.] zur Abberufung der Kosaken aus dem Ermland, damit sie keinen feindlichen Einfall in das Herzogtum verüben; Interesse an der Beibehaltung der bisherigen guten Nachbarschaft; er [der Administrator] will einen Bevollmächtigten nach Königsberg schicken, der dort Geschützpulver aufkaufen soll; er will die Oberräte von den Absichten der Feinde unterrichten und schickt den Passagebrief für die herzoglichen Läufer und Briefboten.

Behändigte Ausfertigung
Lateinisch
1 Bogen 20 x 32 cm, S. 1 beschrieben, Unterschrift des Ausstellers, S. 4 Außenadresse, Inhalts- und Eingangsvermerk vom 4. Oktober 1626.
Siegel des Ausstellers
HBA C 1 Nr. 2806. — Altsignatur fehlt; K. 492.

Nr. 2807

1626 Oktober 12, Allenstein

Albert Rudnicki, Administrator zu Allenstein, an die herzoglichen Oberräte:

Er zeigt an, daß kürzlich der reichsfreie Ritter und Edelmann Hans Demerski, vom König [Sigismund III.] bestellter Leutnant des Hauses Allenstein, der zwecks Einkaufs von Musketen und anderen Notwendigkeiten nach Königsberg geschickt wurde, dort von einem gewissen von Schlubuth ermordet worden ist; Bitte um Inhaftierung des Täters, damit dieser seiner gerechten Bestrafung zugeführt werden kann; bevor er den Mord an [Demerski] dem König berichten kann, benötigt er den genauen Namen des Verbrechers, den ihm die Oberräte mitteilen sollen.

Behändigte Ausfertigung
1 Bogen 20 x 32 cm, S. 1—2 beschrieben, Unterschrift des Ausstellers, S. 4 Außenadresse, Inhaltsvermerk, Eingangsvermerk vom 14. Oktober 1626, Beantwortungsvermerk vom 15. Oktober 1626.
Siegel des Ausstellers
HBA C 1 Nr. 2807. — Altsignatur: 4/32/21; K. 486.

Nr. 2808

1626 Oktober 16 [Königsberg]

Herzogliche Oberräte an den Administrator des Bistums Ermland:

Beschwerde der Burggrafen von Dohna über das im Bistum bei Mehlsack stehende königliche Heer, das sich den Grenzen des Herzogtums nähert und neue Exzesse in des sen Herrschaftsbereich androht; weil ein solches Verhalten den geschlossenen Verträgen widerspricht, bitten die Oberräte den Administrator, das Heer durch Regeln der militärischen Disziplin im Zaum zu halten.

Reinkopie
Lateinisch
Ostpr. Fol. 61, Bl. 379 r. — 380 r.

Nr. 2809

1626 Oktober 21 [Königsberg]

Herzoglicher Kanzler Martin von Wallenrodt an den Administrator des Bistums Ermland:

Er möchte den Administrator in einer privaten Angelegenheit belästigen; den Anlaß dafür liefert dessen an die Oberräte gerichtetes Schreiben vom 18. Oktober; danach soll Sigismund von Wallenrodt gegen sein eigenes Versprechen den in Liebstadt zurückgebliebenen schwedischen Fahnenträger nicht ausgeliefert und das dem König schriftlich angezeigt haben; nach den Worten des Kanzlers ist seine Familie dem König treu ergeben und kollaboriert nicht mit dem Feind; nach anderen Berichten soll besagter Fahnenträger ohne Wissen [Sigismunds von Wallenrodt] heimlich aus dem Versteck, in dem er sich einige Stunden verborgen hatte, entflohen sein; die Schuld seines Bruders Sigismund sei lediglich, daß er nicht befohlen habe, den Flüchtigen aufzuspüren; Bitte des Kanzlers an den Administrator, sich für [Sigismund] zu verwenden.

Reinkopie
Lateinisch
Ostpr. Fol. 61, Bl. 380 r. — 380 v.

Nr. 2810

1627 Juli 12 [Königsberg]

Herzogliche Oberräte an den Administrator des Bistums Ermland:

Zur Bekundung ihrer Treue gegenüber der Krone Polen schicken sie 1000 Mann Fußvolk, 100 Reiter und drei Geschütze in das Lager des Königs und des polnischen Kronfeldherrn [Stanisław Koniecpolski]; weil diese Truppen das Gebiet des Bistums Ermland durchqueren müssen, bitten die Oberräte um Gewährung des Durchzugsrechts; der Kriegskommissar Albert von Kalckstein soll dafür sorgen, daß das herzogliche Kontingent keine Übergriffe im Bistum verübt.

Reinkopie
Lateinisch
Ostpr. Fol. 61, Bl. 412 v. — 413 r.

Nr. 2811

1627 August 20 [o. O.]

Andreas Łaski (?) an den Notar des polnischen Thesaurarius Stanisław Fraskiewicz:

Ein Kosak hat ihm ein Faszikel des Notars mit einem beiliegenden Schreiben der Oberräte überreicht, in dem darum gebeten wird, die Tilgung von 50000 Gulden Polnisch gemäß dem inserierten Wechsel vorzunehmem und eine auf dem üblichen Formular ausgestellte Quittung des Thesaurarius zurückzugeben; von dieser Summe sind 1000 polnische Gulden für den Thesaurarius und 200 an den Adressaten bestimmt; Bereitschaft [Łaskis], dem Wunsch des Kurfürsten und der Oberräte zu entsprechen.

Abschrift
Lateinisch
1 Blatt 19,5 x 32 cm, S. 1 beschrieben, Unterschrift des Ausstellers, S. 2 Außenadresse.
HBA C 1 Nr. 2811. — Altsignatur fehlt; K. 484.

Nr. 2812

1627 November 23, Heilsberg

Michael Działyński, Administrator des Bistums Ermland, an Kurfürst Georg Wilhelm:

Untertanen Bischof Johann Alberts, vor allem Heilsberger Bürger, sind auf dem Rückweg von Königsberg nach Heilsberg auf öffentlicher Straße und im Eylauschen Wald von Straßenräubern überfallen worden, die sich in den umliegenden Dörfern versteckt haben sollen; Bitte des Administrators an den Kurfürsten, für die Reinigung der öffentlichen Straßen im Herzogtum von derartigem Gesindel zu sorgen; sonst werde kein Einwohner des Bistums Ermland mehr nach Königsberg ziehen, was gerade hinsichtlich des Warenhandels zum großen Nachteil dieser Stadt gereiche; von den Troßbuben und Marketendern des im Ermland stehenden polnischen Heeres sind einige in das Herzogtum eingebrochen; der Administrator hat darauf den Befehlshaber dieser Soldaten um deren angemessene Bestrafung ersucht; falls das nichts nutzt, will er an den Feldherrn [Koniecpolski] persönlich schreiben.

Behändigte Ausfertigung
Lateinisch
1 Bogen 20 x 31 cm, S. 1—2 beschrieben, Unterschrift des Ausstellers, S. 4 Außenadresse und Kanzleivermerk.
Siegel des Ausstellers
HBA C 1 Nr. 2812. — Altsignatur fehlt; K. 484.

Nr. 2813

1627 November 25 [Königsberg]

Herzogliche Oberräte an den Administrator des Bistums Ermland:

Sie haben dem Hauptmann zu Preußisch Eylau befohlen, Wächter und andere Untertanen zur Sicherheit gegen die Räuber einzusetzen; dieser soll Verdächtige ergreifen und befragen lassen; sie [die Oberräte] sind nicht weniger als andere daran interessiert, daß die öffentlichen Straßen von allen Überfällen frei sind.

Reinkopie
Lateinisch
Ostpr. Fol. 61, Bl. 429 r. — 429 v.

Nr. 2814

1627 Dezember 13 [Königsberg]

Herzogliche Oberräte an den Administrator des Bistums Ermland:

Am vergangenen 29. November haben die Brüder Abraham und Achatius von Dohna angezeigt, daß sie einen beladenen Wagen in Begleitung von zwölf bewaffneten Reitern, die sich teils aus kurfürstlichen Soldaten, die ihr Lager in der Stadt Heiligenbeil hatten, teils aus Untertanen und Dienern der [Dohnas] zusammensetzten, zum Haus Brandenburg geschickt haben; der Wagen sei zwar unbehelligt durch das Bistum ins Amt Balga gelangt; auf dem Rückweg wäre aber die Begleitung im bischöflichen Pagus Auken von etwa 60 polnischen Reitern umringt worden, die sie ausgeplündert und dann gefangen zunächst nach Heilsberg und dann nach Allenstein gebracht hätten; einer der ergriffenen Untertanen sei, als der Flucht ergreifen wollte, mehrfach verwundet worden, woran er gestorben sei; obwohl die meisten der besagten Untertanen der [Dohnas] entkommen sind, werden bis jetzt zwei ihrer Diener und Soldaten mit zwölf Pferden festgehalten; weil solche Exzesse gegen den Willen des Königs und des Feldherrn [Koniecpolski] verstoßen, ersuchen die Oberräte den Administrator, kraft seiner Autorität die Freilassung der Soldaten und Diener der Dohnas mit ihren Pferden und Sachen zu bewirken.

Reinkopie
Lateinisch
Ostpr. Fol. 61, Bl. 429 v. — 430 r.

Nr. 2815

1627 Dezember 15 [Königsberg]

Herzogliche Oberräte an den Administrator des Bistums Ermland:

Zwei ihrer Soldaten, Nicolaus Torbeck und Johannes Hunteburg, haben aus Furcht vor Strafe für ein begangenes Verbrechen die Flucht ergriffen und sich nach Heilsberg begeben, wo sie unter der Fahne des Kavaliers Juticki dienen; als das der Hauptmann, unter dem die Flüchtlinge vorher gedient haben, erfuhr, hat er den königlichen Hauptmann Lesgewang um deren Auslieferung ersucht; dieser wandte sich sogleich an den Kavalier [Juticki], der die Entlassung der Flüchtigen unter Bezug auf deren Eidesleistung an den König abgelehnt hat; auch wenn andere zu ihm kommen würden, sei er zur Auslieferung nicht bereit; ein solches Verhalten lädt nach Ansicht der Oberräte andere zu einer ähnlichen Flucht ein; sie bitten den Administrator, bei Judicki zu bewirken, daß dieser die besagten Fahnenflüchtigen nicht mehr begünstigt, sondern sie in Ketten an die Oberräte überstellt, zumal diese herzogliche Leibeigene seien; im vergangenen Jahr wären sie wegen ihrer Verbrechen in der Mark [Brandenburg] zum Tode durch den Strang verurteilt, dann aber unter der Bedingung, daß sie den Oberräten lebenslange Dienste leisteten, begnadigt worden.

Reinkopie
Lateinisch
Ostpr. Fol. 61, Bl. 430 v. — 431 r.

Nr. 2816

1627 Dezember 16 [Königsberg]

Herzogliche Oberräte an den Administrator des Bistums Ermland:

Beschwerde des Erbherrn in Scraunen, Kammeramt Preußisch Eylau, Georg Sack in seinem Namen und dem seiner Nachbarn über die vom polnischen Heer ausgestreuten Drohungen und Ankündigungen künftiger Einfälle und Raubzüge, wodurch sie in große Furcht versetzt werden; weil sie alle Kontributionen an besagtes Heer geleistet haben, bitten sie um Interzession der Oberräte bei dem ermländischen Administrator; die Oberräte bitten [Działyński], bei den Offizieren und Befehlshabern in Heilsberg und Seeburg zu bewirken, daß die herzoglichen Untertanen künftig vor derartigen Drohungen sicher sein können.

Reinkopie
Lateinisch
Ostpr. Fol. 61, Bl. 431 v.

Nr. 2817

1627 Dezember 20 [Königsberg]

Herzogliche Oberräte an den Administrator des Bistums Ermland:

Außer den zwei flüchtigen Soldaten, die der Kurfürst [Georg Wilhelm] bereits dem Administrator bekanntgemacht hat, haben drei weitere Fußsoldaten, die Häuser aufgebrochen und mehr als 800 Gulden gestohlen haben, die Flucht ergriffen und sich ins

Bistum Ermland begeben; dabei handelt es sich um die Pikeniere Sebastian Rehedorff und Michael Kappell sowie um den Musketier Nicolaus Temich; Bitte um deren Ergreifung und Überstellung in Ketten an die Oberräte.

Reinkopie
Lateinisch
Ostpr. Fol. 61, Bl. 426 v.

Nr. 2818

1628 Februar 20 [Königsberg]

Herzogliche Oberräte an den Administrator des Bistums Ermland:

Dem Untertan Martin Blodovius des Barons Wolfgang Heinrich von Waldburg sind drei Pferde gestohlen worden; Bitte der Oberräte an den Administrator, diesem armen Bauern die Suche nach seinen Pferden in der Diözese Ermland zu gestatten und dafür zu sorgen, daß sie ihm ausgefolgt werden; desgleichen ersuchen sie um Auslieferung der wegen Mordes gesuchten Gregor Hecht und Christophorus Hechselschneider, die sich in Heilsberg aufhalten, an den Baron Wolfgang Heinrich von Waldburg.

Reinkopie
Lateinisch
Ostpr. Fol. 61, Bl. 444 v.

Nr. 2819

1628 Februar 21 [Königsberg]

Herzogliche Oberräte an den Administrator des Bistums Ermland:

Bitte um Erlaubnis für den Königsberger Bürger Christophorus Rode, zum Bedarf der kurfürstlichen Hofhaltung Hopfen aufkaufen und nach [Königsberg] führen zu dürfen; diese Erlaubnis ist erforderlich, weil Privatleuten der Hopfenkauf verboten und die Häfen für den Handel gesperrt sind.

Reinkopie
Lateinisch
Ostpr. Fol. 61, Bl. 445 r.

Nr. 2820

1628 Februar 27, Heilsberg

Michael Działyński, Administrator des Bistums Ermland, an die herzoglichen Oberräte:

Er übermittelt seine Stellungnahme zu dem Gesuch der Oberräte wegen des Hopfenkaufs im Bistum Ermland.

Behändigte Ausfertigung
Lateinisch
1 Bogen 23 x 32 cm, S. 1 beschrieben, Unterschrift des Ausstellers, S. 4 Außenadresse, Inhalts- und Eingangsvermerk vom 1. März 1628.
Siegel des Ausstellers
HBA C 1 Nr. 2820. — Altsignatur fehlt; K. 484.

Nr. 2821

1628 März 4 [Königsberg]

Herzogliche Oberräte an den Administrator des Bistums Ermland:

Anstelle zweier Königsberger Bürger, von denen einer in Heilsberg und der andere in Bischofstein Hopfen aufkaufen sollte, haben sie Christophorus Rode mit dem Hopfenkauf im Bistum beauftragt; weil für den Bedarf des Hofes und des Schlosses Memel 100 Sack Hopfen ausreichen, bitten sie um eine entsprechende Genehmigung für Rode, diesen Kauf zu tätigen; der Vorsteher der Bartensteiner Mühle soll die Bezahlung der Lieferanten übernehmen.

Reinkopie
Lateinisch
Ostpr. Fol. 61, Bl. 446 r.

Nr. 2822

1628 März 6 [Königsberg]

Herzogliche Oberräte an den Administrator des Bistums Ermland:

Beschwerde des Liebstadter Bürgers David Jeske, der am vergangenen 2. März zwischen Mehlsack und Wormditt, als er sich mit drei beladenen Wagen auf dem Wege nach Königsberg befand, von einigen deutschen Reitern ausgeplündert worden ist; die Reiter hatten ihren Überfall damit begründet, daß die Wege gesperrt und jeglicher Handel verboten sei; die Reiter haben die Wagen und 100 Bündel Flachs mit sechs Pferden in den bei Heilsberg gelegenen Pagus Lauda geführt und den Flachs bei dem dortigen colonus Poschmann deponiert, während sie die Pferde untereinander aufgeteilt haben; Ersuchen der Oberräte um Wiedererstattung der Waren, Pferde und Wagen an [Jeske].

Reinkopie
Lateinisch
Ostpr. Fol. 61, Bl. 447 v. — 448 r.

Nr. 2823

1628 April 6 [Königsberg]

Herzogliche Oberräte an den Administrator des Bistums Ermland:

Bitte an den Administrator, dem an den militärischen Befehlshaber im Ermland, Nicolaus Kossakowski, entsandten kurfürstlichen Diener Jonas Held freie Passage zu gestatten, damit er ungehindert reisen und zurückkehren kann.

Reinkopie
Lateinisch
Ostpr. Fol. 61, Bl. 450 r.

Nr. 2824

1628 Juli 10 [Königsberg]

Herzogliche Oberräte an den Militärpräfekten im Ermland, Andreas Slatkowski:

Sie haben von der Bedrohung des Alexander Magnus von Borchsdorff durch das im Bistum Ermland stehende polnische Heer Kenntnis erhalten; die Soldaten wollen in seine Güter einfallen und ihn mit Waffengewalt vernichten; einige zur Sicherung des Weges entsandte herzogliche Soldaten sind von polnischem Militär aus dem Hinterhalt angegriffen und verstümmelt zurückgelassen worden; der Grund für diese Exzesse liegt nach Ansicht der Oberräte in dem Konflikt um den Fluß und die Schenke von Passarge; die genaue Untersuchung dieses Konflikts hat die Unschuld des Herrn von Borchsdorff ergeben; seine Verfolgung durch das polnische Heer ist daher widerrechtlich; Bitte an den Präfekten, den [Borchsdorff] vor derartigen Übergriffen zu schützen.

Reinkopie
Lateinisch
Ostpr. Fol. 61, Bl. 458 v. — 459 r.

Nr. 2825

1628 Juli 14 [Königsberg]

Herzogliche Oberräte an Andreas Slatkowski:

Aufgrund der von den Gesandten [Slatkowskis] gegebenen Zusage haben sie ein friedliches Verhalten des polnischen Heeres erwartet; dennoch hat sich Christophorus von Podewils über die Wegnahme von 23 Pferden und 19 Ochsen durch das im Ermland befindliche königliche Militär beklagt; Ersuchen der Oberräte an [Slatkowski] um Bestrafung der Schuldigen und Erstattung des entwendeten Viehs an [Podewils].

Reinkopie
Lateinisch
Ostpr. Fol. 61, Bl. 459 v.

Nr. 2826

1628 Juli 18, Heilsberg

Andreas Slatkowski an die herzoglichen Oberräte:

Empfang zweier oberrätlicher Schreiben wegen des Hauptmanns Borchsdorff und des dem Herrn von Podewils weggenommenen Viehs; Stellungnahme zu diesen Vorwürfen und Zusage entsprechender Maßnahmen gegen die Schuldigen.

Behändigte Ausfertigung
Polnisch
1 Bogen 19 x 30 cm, S. 1—2 beschrieben, Unterschrift des Ausstellers, S. 4 Außenadresse und Eingangsvermerk vom 21. Juli 1628.
Siegel des Ausstellers
HBA C 1 Nr. 2826. — Altsignatur fehlt; K. 484.

Nr. 2827

1628 September 13, Heilsberg

Andreas Slatkowski an die herzoglichen Oberräte:

Bezug auf weggenommenes Vieh im Dorf Grünau; unter den Tätern soll sich nach Ansicht der Oberräte ein gewisser Deutscher namens Wobbe befunden haben; er [Slatkowski] hat aber unter seiner Fahne keine Deutsche, sondern nur Polen; die deutschen Kompanien sind nach Jaziadowa abgezogen.

Behändigte Ausfertigung
Polnisch
1 Bogen 20 x 32 cm, S. 1 beschrieben, Unterschrift des Ausstellers, S. 4 Außenadresse und Eingangsvermerk vom 15. September 1628.
Siegel des Ausstellers
HBA C 1 Nr. 2827. — Altsignatur fehlt; K. 484.

Nr. 2828

1628 Oktober 7 [Königsberg]

Herzogliche Oberräte an den Administrator des Bistums Ermland:

Der Kurfürst [Georg Wilhelm] hat seinerseits die Abmachungen über das gegenseitige Durchzugsrecht anerkannt; Erwartung, daß von der anderen Seite dieses Recht gleichfalls anerkannt wird; Hinweis auf die kürzlich von Polen im Grenzgebiet weggenommenen Ochsen und Bitte um Abstellung derartiger Übergriffe.

Reinkopie
Lateinisch
Ostpr. Fol. 61, Bl. 481 v. — 482 r.

Nr. 2829

1629 Januar 3, Heilsberg

Michael Działyński, Administrator des Bistums Ermland, an die herzoglichen Oberräte:

Er hat dem oberrätlichen Schreiben entnommen, daß der Hauptmann von [Preußisch] Eylau und die Herren von Eulenburg vom polnischen Heer geschädigt worden sind; Bemühung des Administrators um Erstattung dieser Schäden; er hat bei dem polnischen Kronfeldherrn ein Universalschreiben erwirkt, das jeden, der im Herzogtum Plünderungen begeht, mit der Todesstrafe bedroht; er hofft, daß damit Vergeltungsmaßnahmen auf herzoglicher Seite unterbunden werden.

Behändigte Ausfertigung
Lateinisch
1 Bogen 21 x 32 cm, S. 1 beschrieben, Unterschrift des Ausstellers, S. 4 Außenadresse und Eingangsvermerk vom 5. Januar 1629.
Siegel des Ausstellers
HBA C 1 Nr. 2829. — Altsignatur fehlt; K. 486.

Nr. 2830

1629 Januar 8, Heilsberg

Michael Działyński, Administrator des Bistums Ermland, an die herzoglichen Oberräte:

Er hat dem oberrätlichen Schreiben entnommen, in welchem Maße Plünderungen, Morde und Brandstiftungen u. a. von umherstreifenden Soldaten im Herzogtum begangen worden sind; er ist zur Unterstützung bereit, falls diese in seinen Kräften liegt; er vertraut den Pfarrer der katholischen Kirche in Königsberg und die diesem unterstellten Geistlichen dem Schutz der Oberräte an.

Behändigte Ausfertigung
Lateinisch
1 Bogen 20,5 x 32 cm, S. 1 beschrieben, Unterschrift des Ausstellers, S. 4 Außenadresse und Eingangsvermerk vom 16. Januar 1629.
Siegel des Ausstellers
HBA C 1 Nr. 2830. — Altsignatur fehlt; K. 484.

Nr. 2831

1629 Januar 8, Heilsberg

Michael Działyński, Administrator des Bistums Ermland, an den Obersten Burggrafen Johann Truchseß von Wetzhausen:

Dem jüngsten Schreiben des Obersten Burggrafen entnimmt er, daß der Friede nicht erlangt worden ist; anmaßendes Verhalten [Axel] Oxenstiernas, der die Friedensvorschläge der preußischen Abgesandten nicht angenommen hat; Hoffnung, daß Gott diesen Übermut bestrafen wird.

Behändigte Ausfertigung
Lateinisch
1 Bogen 19,5 x 30 cm, S. 1 beschrieben, Unterschrift des Ausstellers, S. 4 Außenadresse und Kanzleivermerk.
Siegel des Ausstellers
HBA C 1 Nr. 2831. – Altsignatur fehlt; K. 484.

Nr. 2832

1629 Januar 28, Heilsberg

Burggraf Johann Gąsiorowski an Johann Eberhard von Tettau, Hauptmann zu Preußisch Eylau:

Er hat erfahren, daß die nicht zufrieden gestellte Soldateska, die im Ermland überwintert, die Adelsgüter in den Ämtern Preußisch Eylau und Brandenburg unter sich aufteilen will und beschlossen hat, dort Wachen aufzustellen; er will die Oberräte davon unterrichten, damit sie diesem Übel rechtzeitig begegnen; Tettau soll Vorsorge treffen, daß seine im Ermland gelegenen Güter gesichert sind; [Gąsiorowski] bittet um Übersendung der vom Administrator gekauften Geschütze, die im Schloß Eylau deponiert sein sollen.

Behändigte Ausfertigung
Lateinisch
1 Blatt 20,5 x 32 cm, S. 1 beschrieben, Unterschrift des Ausstellers, S. 2 Außenadresse, Kanzleivermerk: „Cito, citissime".
Siegelspuren
HBA C 1 Nr. 2832. – Altsignatur fehlt; K. 484.

Nr. 2833

[o. D. u. O.]

[Johann Gąsiorowski an Daniel von Tettau:]

Keine Möglichkeit, [Tettau] in der Sache seines Viehs zu helfen; in Heilsberg ist kein Offizier vorhanden, mit dem er sprechen kann; die Polen wollen sich „starck vorsamlen", um in das Herzogtum Preußen einzufallen; [Tettau] soll seinen Bruder [Johann Eberhard] veranlassen, einem Heilsberger Fleischer, dem seine Waren in Preußisch Eylau abgenommen worden sind, das beschlagnahmte Gut zurückzugeben; andernfalls werde großer Schaden daraus entstehen; an diesem Gut seien meistens polnische Adlige beteiligt.

Abschrift
1 Blatt 20 x 32 cm, S. 1 beschrieben, S. 2 Kanzleivermerk.
HBA C 1 Nr. 2833. – Altsignatur fehlt; K. 484.

Nr. 2834

1629 Januar 28, Heilsberg

Johann Gąsiorowski an die herzoglichen Oberräte:

Die in Heilsberg überwinternden militärischen Abteilungen wollen unter sich die Adelshöfe und -güter in den Ämtern Preußisch Eylau und Brandenburg aufteilen; er will die Oberräte von dieser Gefahr unterrichten, damit sie rechtzeitig Vorsorgemaßnahmen treffen; er wird am morgigen Tag die bischöflichen Untertanen, die zwangsweise Beutegut nach Heilsberg gebracht haben, befragen und ist auch sonst zur Hilfeleistung bereit.

Behändigte Ausfertigung
Lateinisch
1 Bogen 20 x 32 cm, S. 1 beschrieben, Unterschrift des Ausstellers, S. 4 Außenadresse, Eingangsvermerk vom 30. Januar 1629, Kanzleivermerk: „Cito, citissime".
Siegel des Ausstellers
HBA C 1 Nr. 2834. — Altsignatur fehlt; K. 484.

Nr. 2835

1629 Juni 22 [o. O.]

Michael Działyński, Administrator des Bistums Ermland, an Kurfürst Georg Wilhelm:

Versicherung seiner Bereitschaft, zur Abstellung der Übergriffe des polnischen Heeres auf die Untertanen des Kurfürsten im Rahmen seiner Möglichkeiten beizutragen.

Behändigte Ausfertigung
Lateinisch
1 Bogen 19,5 x 32 cm, S. 1 beschrieben, Unterschrift des Ausstellers, S. 4 Außenadresse und Eingangsvermerk vom 26. Juni 1629.
Siegel des Ausstellers
HBA C 1 Nr. 2835. — Altsignatur fehlt; K. 484.

Nr. 2836

1629 November 2, Heilsberg

Michael Działyński, Administrator des Bistums Ermland, an Kurfürst Georg Wilhelm:

Er hat die vom Eylauer Hauptmann übermittelte Botschaft des Kurfürsten zur Kenntnis genommen; in dieser Zeit zieht das polnische Heer aus dem Ermland ab; sobald er etwas Genaueres weiß, wird er darüber den Hauptmann von [Preußisch] Eylau unterrichten.

Behändigte Ausfertigung
Lateinisch
1 Bogen 20 x 32 cm, S. 1 beschrieben, Unterschrift des Ausstellers, S. 4 Außenadresse und Kanzleivermerk.
Siegel des Ausstellers
HBA C 1 Nr. 2836. — Altsignatur fehlt; K. 484.

Nr. 2837

1630 September 5, Heilsberg

Michael Działyński, Administrator des Bistums Ermland, an die herzoglichen Oberräte:

Beschwerde über herzogliche Untertanen, die Exzesse an bischöflichen Landeskindern verübt haben; so hat ein gewisser Taubenheim aus Worlack im Amt [Preußisch] Eylau Übergriffe an dem Müller aus Basien und dessen Herrn Jacob Bartschius begangen; Bitte des Administrators um Ahndung dieses Verbrechens, das der guten Nachbarschaft abträglich ist; er rügt, daß herzogliche Untertanen gemeinsam mit den Schweden polnisches Militär, das schwedische Reiter, die Vieh aus dem Kammeramt Mehlsack gestohlen hatten, verfolgen wollte, zurückgeschlagen haben; Klage des Hauptmanns von Rössel über den Adligen Hector von Ölsen, der zwei Kühe vom Acker der zum Rösseler Kammeramt gehörigen Gemeinde Stenlauken weggetrieben hat; ein weiterer Adliger Boxen hat vier Viehherden weggeführt; Ersuchen des Administrators um Bestrafung der Täter und um Ausfolgung des Viehs.

Behändigte Ausfertigung
Lateinisch
1 Bogen 20 x 32 cm, S. 1—2 beschrieben, Unterschrift des Ausstellers, S. 4 Außenadresse, Inhalts- und Eingangsvermerk vom 11. September 1630, Kanzleivermerk: „Ist an Sehesten undt Rastenburgk geschrieben".
Siegel des Ausstellers
HBA C 1 Nr. 2837. — Altsignatur: 1/3/123; K. 486.

Nr. 2838

1630 Oktober 4, Heilsberg

Michael Działyński, Administrator des Bistums Ermland, an die herzoglichen Oberräte:

Interzession für Anna von Schedlin, deren Ehemann von ihr im Gebiet Neidenburg getrennt lebt.

Behändigte Ausfertigung
Lateinisch
1 Bogen 19,5 x 32 cm, S. 1 beschrieben, Unterschrift des Ausstellers, S. 4 Außenadresse, Inhalts- und Eingangsvermerk vom 17. Oktober 1630.
Siegel des Ausstellers
HBA C 1 Nr. 2838. — Altsignatur fehlt; K. 484.

Nr. 2839

1631 Januar 8, Heilsberg

Michael Działyński, Administrator des Bistums Ermland, an die herzoglichen Oberräte:

Erinnerung an die Zahlung von 1000 Gulden aus der kurfürstlichen Kammer „pro festo Purificationis" (2. Februar); Bitte um Einhaltung dieses Termins; der Braunsberger Bürgermeister Johann Hinter soll diesen Betrag in Empfang nehmen und quittieren.

Behändigte Ausfertigung
Lateinisch
1 Bogen 20 x 33 cm, S. 1 beschrieben, Unterschrift des Ausstellers, S. 4 Außenadresse, Inhalts- und Eingangsvermerk vom 13. Januar 1631.
HBA C 1 Nr. 2839. — Altsignatur fehlt; K. 484.

Nr. 2840

1631 Januar 15, Guttstadt

Michael Działyński, Administrator des Bistums Ermland, an die herzoglichen Oberräte:

Schuldforderung des Guttstadter Bürgermeisters Merten Altoff an die Witwe Caspars von Wolframsdorff aus einer vom Braunsberger Bürgermeister Hans Meyer herrührenden Erbschaft; Interzession des Administrators für den Petenten zwecks dessen Klaglosstellung.

Behändigte Ausfertigung
1 Bogen 20 x 32 cm, S. 1 beschrieben, Unterschrift des Ausstellers, S. 4 Außenadresse, Inhalts- und Eingangsvermerk vom 20. Januar 1631, Vermerk: „Es ist an Balga rescribiret den 22 Januarii 1631".
Siegel des Ausstellers
HBA C 1 Nr. 2840. — Altsignatur fehlt; K. 484.

Nr. 2841

1631 Juni 7, Fürstenau

Stephan Sadorski an die herzoglichen Oberräte:

Übersendung eines Schreibens des Königs [Sigismund III.] an die Oberräte; darin ersucht der Monarch um die Zahlung der Schatullengelder aus der kurfürstlichen Kammer.

Behändigte Ausfertigung
Lateinisch
1 Bogen 19 x 32 cm, S. 1 beschrieben, Unterschrift des Ausstellers, S. 4 Außenadresse, Inhaltsvermerk, Eingangsvermerk vom 10. Juni 1631, Beantwortungsvermerk vom 13. Juni 1631.
Siegel des Ausstellers
HBA C 1 Nr. 2841. — Altsignatur fehlt; K. 484.

Nr. 2842

1632 [Januar o. T.], Heilsberg

Michael Działyński, Administrator des Bistums Ermland, an die herzoglichen Oberräte:

Weil infolge des Todes von Georg Merten die Pfarrstelle an der katholischen Kirche in Königsberg vakant geworden ist, erwartet er seitens der Oberräte die Präsentation eines geeigneten Kandidaten; der Administrator empfiehlt den Doktor der Theologie, Michael Sidler, für dieses Amt.

Behändigte Ausfertigung
Lateinisch
1 Bogen 20,5 x 32 cm, S. 1 beschrieben, Unterschrift des Ausstellers, S. 4 Außenadresse, Inhalts- und Eingangsvermerk vom 29. Januar 1632.
Siegel des Ausstellers
HBA C 1 Nr. 2842. — Altsignatur fehlt; K. 484.

Nr. 2843

1632 Mai 11, Heilsberg

Michael Działyński, Administrator des Bistums Ermland, an den Obersten Burggrafen Johann Truchseß von Wetzhausen:

Er entnimmt dem Schreiben des Obersten Burggrafen, daß Michael Schambogen als Pfarrer der katholischen Kirche in Königsberg präsentiert worden ist; dieser kann allerdings aus berechtigten Gründen das Amt nicht übernehmen; der Bischof [Johann Albert] wird in Kürze einen geeigneten Kandidaten empfehlen.

Behändigte Ausfertigung
Lateinisch
1 Bogen 20 x 32 cm, S. 1 beschrieben, Unterschrift des Ausstellers, S. 4 Außenadresse.
Siegel des Ausstellers
HBA C 1 Nr. 2843. — Altsignatur fehlt; K. 484.

Nr. 2844

1632 Mai 11, Heilsberg

Michael Działyński, Administrator des Bistums Ermland, an die herzoglichen Oberräte:

Er war gerade in Warschau, als König [Sigismund III.] aus diesem Leben abberufen wurde; Hoffnung auf einen Nachfolger, der in gleicher Weise um das Wohl seiner Untertanen besorgt ist; erneuter Hinweis auf die Gründe Schambogens, die ihm die Übernahme der Königsberger Pfarrstelle verbieten; bevor Bischof [Johann Albert] einen geeigneten Kandidaten für dieses Amt empfiehlt, soll Peter Rhees, der als Capellanus bei der Königsberger Kirche fungiert, die Pfarrstelle verwalten.

Behändigte Ausfertigung
Lateinisch
1 Bogen 20,5 x 32 cm, S. 1 beschrieben, Unterschrift des Ausstellers, S. 4 Außenadresse, Inhalts- und Eingangsvermerk vom 13. Mai 1632.
Siegel des Ausstellers
HBA C 1 Nr. 2844. — Altsignatur fehlt; K. 484.

Nr. 2845

1632 Mai 27, Heilsberg

Michael Działyński, Administrator des Bistums Ermland, an die herzoglichen Oberräte:

Bezug auf die wiederholte Bitte der Stadt Wormditt an den Hauptmann von Liebstadt, die Brücke über die Passarge, auf der der Weg nach Elbing verläuft, restaurieren zu lassen; durch die Tatenlosigkeit des Hauptmanns ist den Wormdittern beträchtlicher Schaden erwachsen; Interzession des Administrators für die Wormditter; die besagte Brücke soll ohne Verzögerung ausgebessert werden, weil sie nicht nur den bischöflichen, sondern auch den herzoglichen Untertanen förderlich ist.

Behändigte Ausfertigung
Lateinisch
1 Bogen 20 x 32 cm, S. 1 beschrieben, Unterschrift des Ausstellers, S. 4 Außenadresse, Inhalts- und Eingangsvermerk vom 4. Juni 1632, Vermerk: „Ist an Liebstadt geschrieben den 4 Junii 1632".
Siegel des Ausstellers
HBA C 1 Nr. 2845. — Altsignatur fehlt; K. 484.

Nr. 2846

1632 Juli 6, Heilsberg

Michael Działyński, Administrator des Bistums Ermland, an die herzoglichen Oberräte:

Bitte um Ernennung des Peter Rhees zum Pfarrer der katholischen Kirche in Königsberg gemäß der Empfehlung des Bischofs Johann Albert.

Behändigte Ausfertigung
Lateinisch
1 Bogen 20,5 x 32 cm, S. 1 beschrieben, Unterschrift des Ausstellers, S. 4 Außenadresse, Inhalts- und Eingangsvermerk vom 11. Juli 1632.
Siegel des Ausstellers
HBA C 1 Nr. 2846. — Altsignatur fehlt; K. 484.

Nr. 2847

1632 August 9, Heilsberg

Michael Działyński, Administrator des Bistums Ermland, an Kurfürst Georg Wilhelm:

Vakanz der Königsberger Pfarrstelle infolge des Todes von Georg Merten; weil der Kurfürst das „ius patronatus" besitzt, ist er für die Präsentation eines Nachfolgers verantwortlich; der von den Oberräten präsentierte Heilsberger Pfarrer Michael Schambogen kann aus berechtigten Gründen das Amt nicht übernehmen; deshalb empfiehlt der Administrator dem Kurfürsten Peter Rhees.

Behändigte Ausfertigung
Lateinisch
1 Bogen 20,5 x 32 cm, S. 1 beschrieben, Unterschrift des Ausstellers, S. 4 Außenadresse und Eingangsvermerk vom 16. August 1632.
Siegel des Ausstellers
HBA C 1 Nr. 2847. — Altsignatur fehlt; K. 484.

Nr. 2848

1632 August 10, Heilsberg

Michael Działyński, Administrator des Bistums Ermland, an Kurfürst Georg Wilhelm:

Dank für die freundliche Aufnahme seiner Glückwünsche zur Rückkehr des Kurfürsten in sein Herzogtum Preußen; weil Prinz Johann Albert inzwischen zum Bischof von Krakau berufen worden ist, hat er [Działyński] sich bei dem neuen polnischen König Władysław [IV.] um Verleihung des Bistums Ermland bemüht; in Anbetracht seiner dem Kurfürsten in den Kriegszeiten geleisteten vielfältigen Dienste bittet er ihn um Fürsprache bei dem Monarchen.

Behändigte Ausfertigung
Lateinisch
1 Bogen 21 x 32 cm, S. 1 beschrieben, Unterschrift des Ausstellers, S. 4 Außenadresse und Eingangsvermerk vom 16. August 1632.
Siegel des Ausstellers
HBA C 1 Nr. 2848. — Altsignatur fehlt; K. 492.

Nr. 2849

1632 August 12, Heilsberg

Michael Działyński, Administrator des Bistums Ermland, an die herzoglichen Oberräte:

Kurfürstliche Reiter haben den bischöflichen Untertanen aus Glockstein im Kammeramt Rössel auf dem Wege nach Königsberg vier Pferde abgenommen; Bitte des Administrators um Rückgabe dieser Pferde an die Glocksteiner im Interesse beiderseitiger guter Nachbarschaft.

Behändigte Ausfertigung
Lateinisch
1 Bogen 20,5 x 32 cm, S. 1 beschrieben, Unterschrift des Ausstellers, S. 4 Außenadresse und Eingangsvermerk vom 16. August 1632.
Siegel des Ausstellers
HBA C 1 Nr. 2849. — Altsignatur fehlt; K. 484.

Nr. 2850

1633 August 29, Braunsberg

Andreas Koskull(?) an die herzoglichen Oberräte:

Er hat den in Braunsberg liegenden Soldaten der schwedischen Königin [Christine] die Gewaltanwendung gegen kurfürstliche Untertanen verboten; aufgrund seiner Unterredung mit Saucken und Brandt sollen ohne Paß im Herzogtum angetroffene Soldaten ergriffen und an ihn [Koskull] ausgeliefert werden; Saucken und Brandt dürfen im Falle von Kapitalverbrechen den Tätern „die Helßer endtzweyschlagen", womit ihm [Koskull] „ein großer Dienst geschehe"; Klage der Heiligenbeiler Bürger über Soldaten, die ihnen mit Einquartierung drohen, weil ihre königliche Münze dort nicht angenommen wird; [Koskull] bittet um Benennung solcher Soldaten, damit sie gebührend bestraft werden können; wegen Handhabung der Münze will er die Entscheidung des Generalgouverneurs des „schwedischen Antheils Preußen" abwarten; der schwedische Ditken soll drei preußischen Groschen entsprechen.

Behändigte Ausfertigung
1 Bogen 20 x 33 cm, S. 1—2 beschrieben, Unterschrift des Ausstellers, S. 4 Außenadresse, Kanzleivermerk.
Siegel des Ausstellers
HBA C 1 Nr. 2850. — Altsignatur: 6/30/8; K. 491.

Nr. 2851

1634 April 9, Heilsberg

Bischof Nicolaus Szyszkowski von Ermland an die herzoglichen Oberräte:

Anzeige seines Regierungsantritts als Bischof von Ermland; Bereitschaft, an den gutnachbarlichen Beziehungen zum Herzogtum festzuhalten; Ankündigung der Absendung des Seeburger Burggrafen Ludwik Stanislawski an die Oberräte.

Behändigte Ausfertigung
Lateinisch
1 Bogen 19,5 x 32 cm, S. 1 beschrieben, Unterschrift des Ausstellers.
Außenadresse, Inhalts- und Beantwortungsvermerk vom 13. April 1634 lose beiliegend.
Siegel des Bischofs
HBA C 1 Nr. 2851. — Altsignatur: 4/20/1; K. 491.

Nr. 2852

1634 April 11, Königsberg

Herzogliche Oberräte an Bischof Nicolaus von Ermland:

Glückwünschschreiben zum Regierungsantritt [Szyszkowskis]; Kurfürst [Georg Wilhelm] will seinerseits an dem freundnachbarlichen Verhältnis, das zu den Vorgängern von Bischof Nicolaus bestanden hat, festhalten; die Oberräte wollen den Obersten Burggrafen Johann Truchseß von Wetzhausen an den Bischof absenden.

Konzept
Lateinisch
1 Bogen 20 x 33 cm, S. 1—3 beschrieben, S. 4 Empfänger-, Inhalts- und Datumsvermerk.
HBA C 1 Nr. 2852. — Altsignatur: 4/20/2; K. 1236.

Nr. 2853

1634 April 14, Königsberg

Herzogliche Oberräte an Bischof Nicolaus von Erinland:

Bezug auf die im Auftrag des Bischofs stattfindende Mission des Seeburger Burggrafen Ludwik Stanislawski; Bekundung ihres geneigten Willens gegenüber dem Bischof.

Konzept
Lateinisch
1 Bogen 20,5 x 33 cm, S. 1—2 beschrieben, S. 4 Empfänger-, Inhalts- und Registraturvermerk.
HBA C 1 Nr. 2853. — Altsignatur fehlt; K. 1236.

Nr. 2854

1634 Oktober 25, Rössel

Bischof Nicolaus von Ermland an die herzoglichen Oberräte:

Einladung der Oberräte zu der am 21. November in Heilsberg stattfindenden Vermählung der Tochter seiner Schwester mit dem königlichen Höfling Luca Bogoria Podleski.

Behändigte Ausfertigung
Lateinisch
1 Bogen 21,5 x 31 cm, S. 1 beschrieben, Unterschrift des Bischofs, S. 4 Inhalts- und Eingangsvermerk vom 28. Oktober 1634.
Siegel fehlt
HBA C 1 Nr. 2854. — Altsignatur: 4/20/83; K. 491.

Nr. 2855

1641 April 15, Heilsberg

Bischof Nicolaus von Ermland an die herzoglichen Oberräte:

Übersendung eines Briefs des Königs [Władysław IV.], aus dem zu ersehen ist, wie sehr der Monarch den Frieden und die Eintracht unter den Dissidenten fördert; immer wieder hat der König verlangt, das Bauwerk in der Nähe der katholischen Kirche in Sackheim, dessen Fundamente gerade erst errichtet sind, zu demolieren; außer den Katholiken, die darin die Freiheit und Sicherheit ihrer Religionsausübung in Königsberg gefährdet sehen, verhehlen nicht wenige Bekenner der „Augustana Confessio", daß damit die Saat vieler Tumulte gelegt sei; Kurfürst Johann Sigismund habe König Sigismund III. die Errichtung einer katholischen Kirche auf dem Schloßgrund und auch die Ausübung der katholischen Religion in den Kirchen der Augsburger Konfession zugesagt; diese in den Pakten und Privilegien verbriefte Freiheit werde durch das neue Werk auf dem Sackheim verhindert; wenn sich schon die Sackheimer darüber beklagten, daß sie wegen ihrer engen Kirche die davon nicht weit entfernte in Löbenicht besuchen müßten, sei es für die Katholiken um so weniger zumutbar, eine Kirche in der äußersten Vorstadt zu haben, zumal sie in der weiträumigen Stadt verstreut wären; in den Protest des ermländischen Bischofs stimmen die Angehörigen des Ritter- und Bürgerstandes aus Polen und dem Großfürstentum Litauen ein, die sich aus Handelsgründen in Königsberg aufhalten; Beschwerde über die kalvinischen Geistlichen, die die Katholiken schmähen.

Behändigte Ausfertigung
Lateinisch
1 Bogen 21 x 29,5 cm, S. 1—3 beschrieben, Unterschrift des Bischofs.
Siegel fehlt
HBA C 1 Nr. 2855. — Altsignatur: 4/35/15; K. 491.

Nr. 2856

1641 August 6, Heilsberg

Bischof Nicolaus von Ermland an die herzoglichen Oberräte:

Nicht nur in einem Schreiben hat der König gefordert, das in der Nähe der katholischen Kirche in Sackheim befindliche Werk nicht fortzusetzen; auch seine auf den Königsberger Landtag entsandten Legaten haben das verlangt; Verspottung des Kruzifixes und der katholischen Religion, woraus man ersehen könne, wie es mit der Freiheit und Sicherheit der katholischen Kirche in Königsberg bestellt sei; es werde zu Tumulten und Ausschreitungen kommen, wenn dieses neue, zum Nutzen der Confessio Augustana begonnene Gebäude fertiggestellt sei; erneute Forderung, den Sackheimern diesen Bau, der dem gemeinen Frieden und der katholischen Kirche nachteilig sei, zu verbieten; keine Absicht des Bischofs, die Ausübung der Augsburger Konfession in Königsberg oder andernorts im Herzogtum zu verhindern; dadurch sollen nur nicht die Rechte der Katholiken geschmälert werden.

Behändigte Ausfertigung
Lateinisch
1 Bogen 20,5 x 31 cm, S. 1—3 beschrieben, Unterschrift des Bischofs.
HBA C 1 Nr. 2856. — Altsignatur: 4/35/15; K. 491.

Nr. 2857

1643 Februar 19, Heilsberg

Martin Szyszkowski an Kurfürst Friedrich Wilhelm:

Einladung des Kurfürsten zum Begräbnis seines Bruders, des ermländischen Bischofs, das am 23. März in Frauenburg stattfindet.

Behändigte Ausfertigung
Lateinisch
1 Bogen 19,5 x 30 cm, S. 1 beschrieben, Unterschrift des Ausstellers.
Außenadresse und Eingangsvermerk vom 16. März 1643 liegen lose bei.
Siegel des Ausstellers
HBA C 1 Nr. 2857. — Altsignatur: 4/20/3; K. 491.

Nr. 2858

1643 Februar 19, Heilsberg

Martin Szyszkowski an die herzoglichen Oberräte:

Einladung der Oberräte zum Begräbnis seines Bruders in Frauenburg.

Behändigte Ausfertigung
Lateinisch
1 Bogen 19,5 x 30 cm, S. 1 beschrieben, Unterschrift des Ausstellers.
Außenadresse und Eingangsvermerk vom 16. März 1643 liegen lose bei.
Siegel des Ausstellers
HBA C 1 Nr. 2858. — Altsignatur: 4/20/3; K. 491.

Nr. 2859

1643 März 17 [Königsberg]

Herzogliche Oberräte an Martin Szyszkowski:

Kondolenz zum Tode des Bischofs Nicolaus von Ermland; sie wollen Christoph von Podewils in ihrem Namen zu den Begräbnisfeierlichkeiten nach Frauenburg abordnen.

Konzept
Lateinisch
1 Blatt 19,5 x 31 cm, S. 1 beschrieben, S. 2 Empfänger-, Inhalts- und Datumsvermerk.
HBA C 1 Nr. 2859. — Altsignatur: 4/20/3; K. 1236.

Nr. 2860

1643 März 17 [Königsberg]

Kurfürst Friedrich Wilhelm an Martin Szyszkowski:

In seinem Auftrag wird der Rat Friedrich von Götzen an den Begräbnisfeierlichkeiten in Frauenburg teilnehmen.

Konzept
Lateinisch
1 Blatt 20,5 x 32 cm, S. 1 beschrieben, S. 2 Empfänger-, Inhalts- und Datumsvermerk.
HBA C 1 Nr. 2860. — Altsignatur: 4/20/3; K. 1236.

Nr. 2861

1643 März 17 [Königsberg]

Kurfürst Friedrich Wilhelm an Friedrich von Götzen:

Befehl an Friedrich von Götzen, sich am 23. März zeitig in Frauenburg einzufinden und den Kurfürsten beim Begräbnis des Bischofs zu vertreten.

Konzept
1 Blatt 19 x 32 cm, S. 1 beschrieben, S. 2 Empfänger-, Inhalts- und Registraturvermerk.
HBA C 1 Nr. 2861. — Altsignatur: 4/20/3; K. 1236.

Nr. 2862

1643 März 17 [Königsberg]

Herzogliche Oberräte an Christoph von Podewils:

Bitte an Podewils, die Oberräte bei den Begräbnisfeierlichkeiten in Frauenburg zu vertreten.

Konzept
1 Blatt 19 x 33 cm, S. 1 beschrieben, S. 2 Empfänger-, Inhalts- und Datumsvermerk.
HBA C 1 Nr. 2862. — Altsignatur: 4/20/3; K. 1236.

Nr. 2863

1644 April 7, Wilna

Wazław Leszczyński, Bischof von Ermland, an die herzoglichen Oberräte:

Dank für die Glückwünsche der Oberräte für die Erlangung des ermländischen Bischofstuhls; er versichert, die von seinen Vorgängern geschlossenen Verträge mit dem Herzogtum einhalten zu wollen.

Behändigte Ausfertigung
Lateinisch
1 Bogen 19,5 x 32 cm, S. 1 beschrieben, Unterschrift des Bischofs, S. 4 Inhalts- und Beantwortungsvermerk vom 17. Mai 1644.
HBA C 1 Nr. 2863. — Altsignatur: 4/20/4; K. 491.

Nr. 2864

1660 August 3, Heilsberg

Bischof Jan Stefan Wydżga an die herzoglichen Oberräte:

Festhalten am freundnachbarlichem Verhältnis zum Kurfürsten Friedrich Wilhelm; er will dem Wunsch der Oberräte nach Auslieferung der sich im Bistum verbergenden rebellischen Soldaten gerne nachkommen und dafür sorgen, daß die öffentliche Ruhe wiederhergestellt wird.

Behändigte Ausfertigung
Lateinisch
1 Bogen 20 x 32 cm, S. 1—2 beschrieben, Unterschrift des Bischofs, S. 4 Außenadresse und Eingangsvermerk vom 4. August 1660.
Siegel des Bischofs
HBA C 1 Nr. 2864. — Altsignatur fehlt; K. 484.

Nr. 2865

1667 August 13, Frauenburg

Prälaten und Kanoniker der Frauenburger Domkirche an die herzoglichen Oberräte:

Bereitschaft, ohne Verzug den Bernstein an die kurfürstlichen Verwalter zu liefern; für die Lieferung werden die landesüblichen Kosten und Sporteln veranschlagt.

Behändigte Ausfertigung
Lateinisch
1 Bogen 20,5 x 32 cm, S. 1 beschrieben, Unterschrift der Aussteller, S. 4 Außenadresse und Kanzleivermerk.
Siegelspuren
HBA C 1 Nr. 2865. — Altsignatur fehlt; K. 484.

Nr. 2866

1674 Juli 2, Heilsberg

Bischof Jan Stefan Wydżga an die herzoglichen Oberräte:

Kreditiv für seinen an die Oberräte entsandten Legaten Caspar Hattyński.

Behändigte Ausfertigung
Lateinisch
1 Bogen 19,5 x 33 cm, S. 1 beschrieben, Unterschrift des Bischofs, S. 4 Außenadresse und Eingangsvermerk vom 5. Juli 1674.
Siegelspuren
HBA C 1 Nr. 2866. — Altsignatur 4/20/37; K. 491.

Nr. 2867

1681 September 20, Heilsberg

Bischof Michael Radziejowski an die herzoglichen Oberräte:

Einladung der Oberräte zu seiner am 29. September stattfindenden Investitur.

Behändigte Ausfertigung
Lateinisch
1 Bogen 22,5 x 33 cm, S. 1 beschrieben, Unterschrift des Bischofs, Eingangsvermerk vom 22. September 1681.
Siegelspuren
HBA C 1 Nr. 2867. — Altsignatur: 4/20/5; K. 491.

Nr. 2868

1681 September 22, Königsberg

Herzogliche Oberräte an Bischof Michael Radziejowski:

Dank für ihre Einladung zur Investitur des Bischofs; Glückwünsche zu dessen Erlangung des ermländischen Bischofstuhls; wegen dringlicher Geschäfte bitten sie jedoch, ihre Abwesenheit zu entschuldigen.

Konzept
Lateinisch
1 Bogen 20,5 x 33 cm, S. 1—2 beschrieben, S. 4 Empfänger-, Inhalts- und Datumsvermerk.
HBA C 1 Nr. 2868. — Altsignatur: 4/20/5; K. 1236.

Nr. 2869

1683 Juni 14 [Königsberg]

Ernst Boguslaw von Croy, kurfürstlicher Statthalter in Königsberg, an Bischof Michael Radziejowski:

Bezug auf die vom Bischof angekündigte Visitation der katholischen Kirche in Königsberg; Einverständnis mit dieser, sofern sie den kurfürstlichen Rechten nicht abträglich ist; der Statthalter bittet um Angabe, an welchem Tag der Bischof in Königsberg eintreffen wird.

Konzept
Lateinisch
1 Blatt 19,5 x 32 cm, S. 1 beschrieben, S. 2 Empfänger-, Inhalts- und Datumsvermerk.
HBA C 1 Nr. 2869. — Altsignatur: 4/20/6; K. 1236.

Beilage

1683 Juni 28, Heilsberg

Bischof Michael Radziejowski an Ernst Boguslaw von Croy:

Er will nur zur Vornahme der Visitation nach Königsberg kommen; damit ist kein Eingriff in die kurfürstlichen Rechte verbunden; Festhalten des Bischofs an den geschlossenen Pakten.

Behändigte Ausfertigung
Lateinisch
1 Bogen 19,5 x 31 cm, S. 1—2 beschrieben, Unterschrift des Bischofs, Eingangsvermerk vom 1. Juli 1683.
Siegel des Bischofs

Nr. 2870

1683 Juli 1, Königsberg

Ernst Boguslaw von Croy an Bischof Michael Radziejowski:

Das bischöfliche Schreiben vom 28. Juni hat ihn von der bevorstehenden Ankunft Radziejowskis in Königsberg unterrichtet; er erwartet, daß durch die Visitation die Rechte des Kurfürsten nicht verletzt werden; während des Aufenthalts des Bischofs wird er ihm seine freundschaftlichen Dienste erweisen.

Konzept
Lateinisch
1 Blatt 21 x 32 cm, S. 1 beschrieben, S. 2 Empfänger-, Inhalts- und Datumsvermerk.
HBA C 1 Nr. 2870. — Altsignatur: 4/20/6; K. 1236.

Nr. 2871

1686 Oktober 2, Königsberg

Herzogliche Oberräte an Bischof Michael Radziejowski:

Glückwünsche für [Radziejowski] anläßlich seiner Ernennung zum Kardinal.

Konzept
Lateinisch
1 Blatt 20,5 x 33 cm, S. 1—2 beschrieben, S. 2 Empfänger-, Inhalts- und Datumsvermerk.
HBA C 1 Nr. 2871. — Altsignatur: 4/20/7; K. 1236.

Nr. 2872

1686 Oktober 12, Heilsberg

Bischof Michael Radziejowski an die herzoglichen Oberräte:

Dank für die Glückwünsche der Oberräte zur Verleihung des Kardinalspurpurs.

Behändigte Ausfertigung
Lateinisch
1 Bogen 20 x 31 cm, S. 1 beschrieben, Unterschrift des Bischofs, S. 4 Eingangsvermerk vom 15. Oktober 1686.
Siegel des Bischofs
HBA C 1 Nr. 2872. — Altsignatur: 4/20/7; K. 491.

Nr. 2873

1689 Mai 28, Heilsberg

Bischof Jan Stanisław Zbąski an die herzoglichen Oberräte:

Anzeige seiner Ankunft im Bistum Ermland; Versicherung seiner freundnachbarlichen Gefühle gegenüber den Oberräten.

Behändigte Ausfertigung
Lateinisch
1 Bogen 22 x 34 cm, S. 1 beschrieben, Unterschrift des Bischofs, S. 4 Außenadresse und Eingangsvermerk vom 1. Juni 1689.
Siegel des Bischofs
HBA C 1 Nr. 2873. — Altsignatur: 4/20/8; K. 491.

Beilage

1689 Juni 1 [Königsberg]

Herzogliche Oberräte an Bischof Jan Stanisław Zbąski:

Übersendung ihrer Glückwünsche zur Erlangung des ermländischen Bischofstuhls.

Konzept
Lateinisch
1 Blatt 20 x 33 cm, S. 1 beschrieben.

Nr. 2874

1689 Juli 13, Wesel

Kurfürst Friedrich III. von Brandenburg an Bischof Jan Stanisław Zbąski:

Glückwünsche zum Regierungsantritt des Bischofs; Bereitschaft, an den bisherigen guten Beziehungen zum Bistum festzuhalten.

Abschrift
Lateinisch
1 Bogen 20 x 33 cm, S. 1 beschrieben, S. 4 Empfänger-, Inhalts- und Datumsvermerk.
HBA C 1 Nr. 2874. — Altsignatur: 4/20/9; K. 1236.

Nr. 2875

1699 September 6, Heilsberg

Bischof Andrzej Chryzostom Załuski an die herzoglichen Oberräte:

Anzeige seiner Erlangung der ermländischen Bischofswürde; Versicherung seiner freundnachbarlichen Gefühle gegenüber den Adressaten.

Abschrift
Lateinisch
1 Blatt 21 x 33 cm, S. 1 beschrieben, S. 2 Eingangsvermerk vom 8. September 1699.
HBA C 1 Nr. 2875. — Altsignatur: 4/20/11; K. 491.

Nr. 2876

1699 September 9, Königsberg

Herzogliche Oberräte an Bischof Andrzej Chryzostom Załuski:

Der aus Heilsberg zurückgekehrte Pfarrer Drescher, der der katholischen Kirche in Königsberg vorsteht, hat sie von der glücklichen Ankunft des Bischofs in seiner Diözese unterrichtet; Übermittlung ihrer Glückwünsche zum Amtsantritt [Załuskis].

Konzept
Lateinisch
1 Bogen 21 x 34 cm, S. 1—2 beschrieben, S. 4 Empfänger-, Inhalts- und Datumsvermerk.
HBA C 1 Nr. 2876. — Altsignatur: 4/20/12; K. 1236.

Nr. 2877

1699 September 10 [Königsberg]

Herzogliche Oberräte an Kurfürst Friedrich III.:

Der Pfarrer der katholischen Kirche in Königsberg, Johann Drescher, hat der Oberratsstube ein Schreiben des Bischofs Załuski übergeben, in dem dieser seine Ankunft im

Bistum Ermland notifiziert; Drescher bittet um die Genehmigung, den Bischof auf einer längeren Reise begleiten zu dürfen; während seiner Abwesenheit sollen die „sacra" von fünf Patres der Societas Jesu versehen werden; Protest gegen die von [Załuski] verwendete Bezeichnung als „Episcopus und Princeps Sambiensis", womit er den kurfürstlichen Rechten zu nahe tritt; Bitte um Verhaltensmaßregeln in dieser Sache.

Konzept
1 Bogen 21 x 34 cm, S. 1—3 beschrieben, S. 4 Empfänger-, Inhalts- und Datumsvermerk.
HBA C 1 Nr. 2877. — Altsignatur: 4/20/12; K. 1236.

Nachträge zu den Bänden 1 bis 3 der Abteilung C 1 „Ermland“

Nr. 2878

[1526 o. M., T. u. O.]

Landesordnung des Bistums Ermland:

Aufrichtung der Landesordnung durch Bischof Mauritius [Ferber], den Dechanten Johann Ferber, den Kustos Tidemann Giese, den Archidiakon Johannes Sculteti, die Domherren Albert Bischoff und Nicolaus Copperling sowie das gesamte Kapitel der Kirche Ermland;

1. von christlicher Einigkeit und bürgerlichem Regiment
2. von Feiertagen
3. von geistlichen Renten
4. von Pfennigzinsern und Erbgeldern
5. von unmäßigen Kosten
6. vom Kaufen und Verkaufen
7. von Gewicht und Maß
8. vom Bierbrauen und Schenken
9. von den Bauern
10. von den Wildgruben und dem Büchsenschießen in den Wäldern;

Ermahnung der Untertanen zur christlichen Eintracht; Verbot heimlicher Zusammenkünfte, die gegen die christliche Ordnung, die Obrigkeit oder die bürgerliche Einigkeit gerichtet sind; Befehl an die Krüger, Gastwirte und Bierschenker, Personen dem Amtmann zu melden, die ketzerische Lehre verbreiten oder auf andere Weise dem christlichen Wandel zuwiderhandeln; ohne Genehmigung der Oberherrschaft darf kein städtischer Rat die Gemeinde zusammenrufen; jeder in den Rat, die Schöppenbank oder zum Ältermann eines Gewerks Berufene muß zuvor der Obrigkeit den Eid leisten; an Feiertagen soll vor dem Ende der Hochmesse kein Bier oder Branntwein ausgeschenkt werden; wenn Wochenmärkte auf Feiertage fallen, darf vor dem Ende der Hochmesse bei Verlust der Waren nichts verkauft oder gekauft werden; Dezem, Opferhühner und andere geistliche Zinsen und Renten sollen nach alter Gewohnheit entrichtet werden; die Landesherrschaft behält sich vor, in Jahren mit Mißwachs die Getreidepreise so zu regulieren, daß sie für die Armen erträglich sind; der Dezem soll zwischen Martini (11. November) und Lichtmeß (2. Februar) entrichtet werden; das Opfer soll nicht auf den Altar gelegt, sondern den Pfarrern persönlich übergeben werden; ein Hauswirt soll für jedes Mitglied seines Haushalts, das das Sakrament empfängt, 14 Pfennige Opfergeld erlegen; wer diesen Bestimmungen zuwiderhandelt, muß eine halbe Mark Buße bezahlen; wer die erledigte Hufe seines Nachbarn zum vollen Zins und allen Pflichten übernimmt, soll dem Pfarrer den gebührenden Dezem entrichten; Pächter wüster Felder und Äcker müssen von jeder Mark Zins, die sie der Herrschaft bezahlen, dem Pfarrer vier Schillinge Dezem geben; von Wäldern und Heiden wird kein Dezem erhoben; der Pfarrer soll hier wie die anderen das Recht der freien Holzung haben; von jedem Garten, in dem Leute mit häuslicher Wohnung sitzen, soll der Pfarrer ein Paar Hühner erhalten; lediglich die Hirten sind davon befreit; jedes Kirchenmitglied soll in seinem Testament seiner Pfarrkirche ein Legat einräumen; andernfalls wird dieses kraftlos; bei der Erhebung des Pfennigzinses oder Erbgeldes von wüsten Gründen, abgebrannten und niedergefallenen Häusern soll die Exekution bis zum künftigen Allerheiligentag (1. November) verschoben werden; niemand darf sein Erbe mit einer Hypothek belasten, bevor er es völlig bezahlt hat; Verbot des Kindelbieres in den Dörfern und Städten; Beschränkung der „Brautkostung und Wirtschaft"; keiner darf sich nach dem Tode seines Ehegatten erneut verheiraten, bevor er die nachgelassenen Kinder und Erben des Verstorbenen nach Landesgewohnheit abgefunden hat; die Märkte in den Städten stehen einheimischen Bürgern und fremden Kaufleuten offen; die Bürger dürfen nicht eigenmächtig Satzungen erlassen, die den Handel und Wandel regeln; Verbot des Vorkaufs auf dem Lande; keiner darf Salz, Dorsch, Hering, Aal und andere Artikel in den Dörfern verkaufen; Flachs, Hopfen und Wolle müssen zunächst auf dem nächstgelegenen Markt zum Verkauf gebracht werden; erst dann sind diese Artikel an anderen Orten zum Verkauf freigegeben; Getreide, Milchspeise und andere Lebensmittel fallen allerdings nicht unter diese Regelung; Einrichtung von Braken in den Städten, um Unterschleife beim Flachs, Hopfen und anderen Waren zu verhüten; Flachs und andere Artikel dürfen nur auf der Stadtwaage durch den geschworenen Wäger gewogen werden; um Brände zu vermeiden, müssen Brechstuben und Hopfendarren entfernt von den Höfen angelegt werden; Übertretungen werden mit zehn Mark Strafe geahndet; die Räte in den Städten sollen Gewichte und Maße überwachen; die Krämer, Goldschmiede und Kaufleute müssen sich in ihren Gewichten und Ellen nach dem Landesgebrauch richten; Verbot des Bierschanks für Adlige und Priester; sie dürfen nur zum eigenen Bedarf Bier brauen; Entsprechendes gilt für die Freien, Schultheißen und Bauern; lediglich Krüger, die eine Meile von der Stadt entfernt wohnen oder privilegiert sind, dürfen soviel Bier in ihren Krügen brauen wie sie ausschenken; der Verlag von Bier bei Fässern, Tonnen und halben Tonnen ist ihnen aber untersagt; Verbot des Ausschanks fremden Biers in den Krügen; jährlich zu Allerheiligen sollen die Amtsverweser mit den Räten in den Städten den Bierpreis nach „Gelegenheit der Gerste und des Hoppens" taxieren; jeder Bauer muß bei Sonnenschein die Stadt, deren Markt er besucht hat, verlassen und sich auf den Heimweg begeben; andernfalls wird er aufgegriffen, in Ketten gespannt und in harte Strafe genommen; weil der Flachsanbau zu Lasten der Getreideernte geht, darf ein Bauer von einer Hufe nur einen halben Morgen mit Leinsamen besäen; Verbot der Jagd mit Büchsen, Wildgruben und Stricken in den Wäldern; lediglich die Anlage von Wolfsgruben ist mit Erlaubnis der Herrschaft gestattet.

Abschrift
7 Bogen 21 x 34 cm, S. 3—22 beschrieben.
HBA C 1 Nr. 2878. — Altsignatur: 4/20; K. 493.

Nr. 2879

[o. D.], Brüssel:

Erteilung eines Freipasses für Donatus Sachs durch Kaiser Karl V.:

Befehl an alle geistlichen und weltlichen Personen, den Vorweiser dieser Urkunde, Donatus Sachs, bei dessen Reisen und Geschäften zu fördern und ihn sicher und ungehindert passieren zu lassen; Hinweis auf die Dienste, die Sachs dem Kaiser in dessen Feldzug gegen die Franzosen durch die Stellung von Pferden und Soldaten leistet.

Abschrift
Lateinisch
1 Blatt 21 x 32 cm, S. 1 beschrieben.
HBA C 1 Nr. 2879. — Altsignatur fehlt; K. 492.

Nr. 2880

1549 Januar 31, Königsberg

Hans von Kreytzen, herzoglicher Kanzler, an die Prälaten, Domherren und das Kapitel des Stifts Ermland:

Bitte an das Kapitel, dem unter domkapitularischer Herrschaft stehenden Schulzen von Drewenz zu gestatten, sich unter ihm [Kreytzen] niederzulassen, weil er dort ein besseres Auskommen habe.

Ausfertigung
1 Bogen 21 x 32 cm, S. 1—2 beschrieben, Unterschrift des Kanzlers, S. 4 Außenadresse.
Siegel des Ausstellers
HBA C 1 Nr. 2880. — Altsignatur fehlt; K. 492.

Nr. 2881

[o. D. u. O.]

Deklaration des Frauenburger Domkapitels:

Die auf der jüngsten Marienburger Tagfahrt versammelt gewesenen Stände des Königlichen Teils Preußen haben beschlossen, eine „stattliche Botschaft“ an beide Könige [Sigismund I. und Sigismund II. August] zu schicken, um Klage zu erheben gegen die Schwächung ihrer Privilegien durch etliche Herren aus der Krone Polen; diese dringen in Ämter ein, die allein den Einzöglingen der Lande Preußen offen stehen; Bedrohung der Städte und Dörfer dieses Gebiets durch mutwillige Personen, darunter Donat Sachs; der Gesandtschaft gehören Bischof Tidemann von Kulm, der Marienburger Woiwode Achatius von Zehmen, der Danziger Kastellan Hans von Baysen und Bevollmächtigte der drei Städte Thorn, Elbing und Danzig an; zur Finanzierung dieser Legation haben die Stände eine Kontribution ausgeschrieben, die von jeder adligen, freien und zinsbaren Hufe einen Groschen beträgt; das Kapitel befiehlt seinen Untertanen, diese Kontribution bis Matthei (21. September) zu erlegen; folgende Kontributionsbeträge sind verzeichnet:

Braunsberg	50 Mark
Wormditt	30 Mark
Guttstadt	20 Mark
Wartenburg	10 Mark
Seeburg	10 Mark
Bischofsburg	10 Mark
Bischofstein	10 Mark
Rössel	20 Mark
Heilsberg	20 Mark
Allenstein	30 Mark
Mehlsack	20 Mark
Frauenburg	10 Mark
Tolkemit	10 Mark

Abschrift
1 Bogen 21 x 30 cm, S. 1—3 beschrieben.
HBA C 1 Nr. 2881. — Altsignatur: 1/11/105 a; K. 457.

Nr. 2882

1613 März 13, Warschau

Bischof Simon von Ermland an die herzoglichen Oberräte:

Er hat gestern erfahren, daß die Konföderierten ein Regiment oder eine Reiterabteilung ins Bistum Ermland schicken wollen und dafür Standorte verlangen; keine Kenntnis des Bischofs, ob sie einen Angriff auf das Herzogtum Preußen planen; Bitte an die Oberräte, das vom Herzogtum umgebene Bistum vor Schwierigkeiten zu bewahren.

Behändigte Ausfertigung
Lateinisch
1 Bogen 19, 5 x 29, 5 cm, S. 1 beschrieben, Unterschrift des Bischofs, S. 4 Außenadresse und Eingangsvermerk zu Königsberg vom 18. März 1613.
Siegel des Bischofs
HBA C 1 Nr. 2882. — Altsignatur fehlt; K. 489.

Nr. 2883

1613 Juni 9, Schmolainen

Bischof Simon von Ermland an die herzoglichen Oberräte:

Am 25. Juni werden sich die Stände des Königlichen Preußen in Graudenz oder Marienburg versammeln, um über die öffentliche Ruhe zu beraten; aus den beiliegenden

Abschriften königlicher Schreiben geht hervor, daß das nun von Smolensk abgezogene konföderierte Heer durch das Herzogtum Preußen und die diesem benachbarten Gebiete nach Großpolen marschieren will; Bitte an die Oberräte, sich an der Erlegung des Solds für dieses Militär zu beteiligen.

Behändigte Ausfertigung
Lateinisch
1 Bogen 20 x 31 cm, S. 1 beschrieben, Unterschrift des Bischofs, S. 4 Außenadresse.
Siegel des Bischofs
HBA C 1 Nr. 2883. — Altsignatur fehlt; K. 489.

Nr. 2884

1613 Juli 19, Frauenburg

Bischof Simon von Ermland an die herzoglichen Oberräte:

Er übersendet ein Schreiben der Stände, die sich kürzlich in Marienburg versammelt hatten; dort hat man inzwischen mit der Verteidigung den Anfang gemacht und die Aushebung von Truppen beschlossen; das konföderierte Heer will in diese Lande Preußen ziehen und sich dort postieren; es befindet sich jetzt in Litauen und Samogitien in der Nähe des Herzogtums Preußen; wenn dieses Heer an die preußischen Küsten gelangt, sollen die Oberräte mit ihm [dem Bischof] aus Liebe zum Vaterland zusammenwirken; diese Bedrohung berührt nicht nur das Bistum, sondern erstreckt sich auch auf das Herzogtum.

Behändigte Ausfertigung
Lateinisch
1 Bogen 20 x 32 cm, S. 1—2 beschrieben, Unterschrift des Bischofs, S. 4 Außenadresse, Inhalts- und Eingangsvermerk vom 20. Juli 1613.
Siegel des Bischofs
HBA C 1 Nr. 2884. — Altsignatur fehlt; K. 489.

Nr. 2885

1613 August 6, Heilsberg

Bischof Simon von Ermland an die herzoglichen Oberräte:

Beschwerde über die Familie Dohna, die den im Kammeramt Braunsberg gelegenen bischöflichen Wald Federsdorff usurpiert hat; Bitte an die Oberräte, die dortige Grenze von den Compromissarien und dem Superarbiter [Fabian von Zehmen] besichtigen zu lassen, damit Friede und Ruhe wiederhergestellt werden.

Behändigte Ausfertigung
Lateinisch
1 Bogen 19,5 x 30 cm, S. 1 beschrieben, Unterschrift des Bischofs, S. 4 Außenadresse, Inhalts- und Eingangsvermerk vom 24. September 1613.
Siegel des Bischofs
HBA C 1 Nr. 2885. — Altsignatur fehlt; K. 489.

Nr. 2886

1613 August 28, Rössel

Bischof Simon von Ermland an die herzoglichen Oberräte:

Gestern hat er die Gesandten des konföderierten Heeres empfangen und diesen erklärt, daß sie wegen der Armut der Untertanen keine Standorte im Bistum erlangen können; der Bischof hat sie gebeten, möglichst bald sein Territorium zu verlassen; Klage über die Exzesse der Konföderierten im Bistum; sie haben sich nicht mit dem Kammeramt Allenstein begnügt, sondern damit begonnen, ihre Truppen auf das ganze Ermland zu verteilen; Bitte um Beistand der Oberräte in dieser gefährlichen Lage.

Behändigte Ausfertigung
Lateinisch
1 Bogen 20 x 30 cm, S. 1 beschrieben, Unterschrift des Bischofs, S. 4 Außenadresse und Eingangsvermerk zu Königsberg vom 29. August 1613.
Siegel des Bischofs
HBA C 1 Nr. 2886. — Altsignatur fehlt; K. 489.

Nr. 2887

1613 Oktober 28, Heilsberg

Bischof Simon von Ermland an die herzoglichen Oberräte:

Zusage seiner Unterstützung in der Sache des Verbrechers Hector Gleisentaler.

Behändigte Ausfertigung
Lateinisch
1 Bogen 20 x 30 cm, S. 1 beschrieben, Unterschrift des Bischofs, S. 4 Außenadresse und Eingangsvermerk vom 30. Oktober 1613.
Siegel des Bischofs
HBA C 1 Nr. 2887. — Altsignatur fehlt; K. 489.

Nr. 2888

1613 November 3, Heilsberg

Bischof Simon von Ermland an die herzoglichen Oberräte:

Erneute Versicherung seiner Unterstützung im Fall Gleissentaler, der am kommenden Donnerstag (7. November) in Heilsberg sein wird.

Behändigte Ausfertigung
Lateinisch
1 Bogen 20 x 31 cm, S. 1 beschrieben, Unterschrift des Bischofs, S. 4 Außenadresse.
Siegel des Bischofs
HBA C 1 Nr. 2888. — Altsignatur fehlt; K. 489.

Nr. 2889

1614 Juni 30, Neuhof

Fabian von Zehmen an die herzoglichen Oberräte:

Bereitschaft, am 9. Juli als Superarbiter an der Grenzrevision teilzunehmen.

Abschrift
Polnisch
1 Blatt 19,5 x 32 cm, S. 1 beschrieben.
HBA C 1 Nr. 2889. — Altsignatur fehlt; K. 489.

Nr. 2890

1614 Juli 3, Schmolainen

Bischof Simon von Ermland an die herzoglichen Oberräte:

Empfang des oberrätlichen Schreibens wegen Verschiebung der Grenzrevision vom 9. auf den 14. Juli; er hat davon den Hauptmann von Stuhm [Fabian von Zehmen] unterrichtet, der an diesem Termin anwesend sein wird; gemäß der Absprache zwischen Dr. Johannes Dirschovius und dem bischöflichen Kanzler [Schröter], bereits zwei oder drei Tage vor Ankunft der Compromissarien nach Braunsberg zu kommen, um dort einige dubia vorab zu klären, bittet er um entsprechende Verfügung an Dirschovius.

Behändigte Ausfertigung
Lateinisch
1 Bogen 20,5 x 32 cm, S. 1 beschrieben, Unterschrift des Bischofs, S. 4 Außenadresse und Eingangsvermerk zu Königsberg vom 5. Juli 1614.
Siegel des Bischofs
HBA C 1 Nr. 2890. — Altsignatur fehlt; K. 489.

Nr. 2891

1614 August 6, Rössel

Bischof Simon von Ermland an die herzoglichen Oberräte:

Bedauern wegen der von den konföderierten Truppen verübten Gewalttaten an herzoglichen Untertanen; wenn sie sich auch in Auflösung befinden und sich von „unseren Grenzen" entfernt haben, ist doch von ihnen weiterhin Böses zu befürchten; Bitte an die Oberräte, dafür Vorsorge zu tragen, daß man nichts mehr von ihnen befürchten muß; er hat den am gestrigen Tag vom Amt [Preußisch] Holland geschickten 300 Fußsoldaten nicht nur den Durchzug durch das Bistum gestattet, sondern auch die Präfekten und Hauptleute angewiesen, jenen Proviant zu einem mäßigen Preis zu liefern.

Behändigte Ausfertigung
Lateinisch
1 Bogen 20,5 x 32 cm, S. 1 beschrieben, Unterschrift des Bischofs, S. 4 Außenadresse und Eingangsvermerk zu Königsberg vom 8. August 1614.
Siegel des Bischofs
HBA C 1 Nr. 2891. — Altsignatur fehlt; K. 489.

Nr. 2892

1614 September 11, Rössel

Bischof Simon von Ermland an die herzoglichen Oberräte:

Bezug auf seine Ersuchen an die Hauptleute von [Preußisch] Holland und Neidenburg um Auslieferung bischöflicher Untertanen; einer dieser entwichenen Abtrünnigen, Joachim Glöser, der sich im Amt [Preußisch] Holland aufhält, ist inzwischen an ihn überstellt worden; der andere, Achatius Kieslinski, der bis jetzt im Pagus Mosacken (Muschaken) gelebt hat, wird im Schloß Neidenburg festgehalten; der dortige Hauptmann begründet das damit, daß im Mandat der Oberräte der Pagus Jagarzewo anstelle von Mosacken erscheine; Bitte des Bischofs um Auslieferung [Kieslinskis].

Behändigte Ausfertigung
Lateinisch
1 Bogen 20 x 32 cm, S. 1 beschrieben, Unterschrift des Bischofs, S. 4 Außenadresse und Eingangsvermerk zu Königsberg vom 13. September 1614.
Siegel des Bischofs
HBA C 1 Nr. 2892. — Altsignatur fehlt; K. 489.

Nr. 2893

1614 September 24, Heilsberg

Bischof Simon von Ermland an die herzoglichen Oberräte:

Übermittlung eines königlichen Empfehlungsschreibens für die Witwe des Adligen Ludwig Auer; weil der Bischof dieser in seinem Territorium nicht verschaffen kann, was sie benötigt, bittet er die Oberräte, ihr in ihrem Anliegen behilflich zu sein.

Behändigte Ausfertigung
Lateinisch
1 Bogen 20 x 32 cm, S. 1 beschrieben, Unterschrift des Bischofs, S. 4 Außenadresse und Eingangsvermerk vom 30. September 1614.
Siegel des Bischofs
HBA C 1 Nr. 2893. — Altsignatur: 5/27/49; K. 489.

Nr. 2894

1615 Dezember 16, Heilsberg

Bischof Simon von Ermland an die herzoglichen Oberräte:

Hinweis auf die beiliegende Supplikation Jacob Prangs; aufgrund von dessen Bitten hat er diesem Flüchtling für einige Zeit den Aufenthalt im Bistum gestattet; nachdem diese verstrichen ist, hat [Prang] den Bischof wiederum mit seiner Supplikation belästigt; Verbrechen müssen nach göttlichem und menschlichem Recht gebührend bestraft werden; [Stephan] Sadorski wird in der Angelegenheit des Supplikanten mit den Oberräten verhandeln; Bitte um Gnade für diesen.

Behändigte Ausfertigung
Lateinisch
1 Bogen 20 x 32 cm, S. 1 beschrieben, Unterschrift des Bischofs, S. 4 Außenadresse, Inhaltsvermerk, Eingangsvermerk vom 2. Januar 1616, Beantwortungsvermerk vom 5. Januar 1616.
HBA C 1 Nr. 2894. — Altsignatur fehlt; K. 489.

Beilage

[o. D. u. O.]

Jacob Prang an Bischof Simon von Ermland:

Dank für seine Aufnahme im Bistum Ermland; wenn ihm der Bischof künftig keinen Schutz mehr gewährt, wird er auf der ganzen Erde als Flüchtiger hin- und hergetrieben werden, wodurch er keine Gelegenheit erhält, sein Leben zu verbessern; Bitte um erneute Protektion seitens des Bischofs nicht in seinem Namen, sondern in dem Gottes und in dem seiner Frau.

Abschrift
Lateinisch
1 Blatt 18,5 x 31 cm, S. 1—2 beschrieben.

Nr. 2895

1616 Februar 8, Heilsberg

Bischof Simon von Ermland an die herzoglichen Oberräte:

Empfang des oberrätlichen Schreibens wegen eines gesuchten Verbrechers, der sich in Heilsberg heimlich aufhält; aufgrund seiner Anordnung haben die Heilsberger Bürgermeister den Übeltäter dingfest gemacht; die Oberräte sollen die Angelegenheit an der Stelle, wohin sie gehört, behandeln.

Behändigte Ausfertigung
1 Bogen 20, 5 x 32 cm, S. 1 beschrieben, Unterschrift des Bischofs, S. 4 Außenadresse und Inhaltsvermerk.
Siegel des Bischofs
HBA C 1 Nr. 2895. — Altsignatur fehlt; K. 489.

Nr. 2896

1616 September 26 [Königsberg]

Kurfürst Johann Sigismund an Bischof Simon von Ermland:

Weil laut den Verträgen das „ius praesentandi" für den Pfarrer der katholischen Kirche in Königsberg ihm zusteht, präsentiert er dem Bischof Johannes Bielina; der Bischof möge dafür sorgen, daß dessen Einführung möglichst bald geschehe.

Reinkopie
Lateinisch
Ostpr. Fol. 61, Bl. a r.

Nr. 2897

1617 September 2, Heilsberg

Bischof Simon von Ermland an die herzoglichen Oberräte:

Als er sich vor wenigen Wochen in Rössel aufhielt, ist in folgender Sache an ihn appelliert worden: eine gewisse Einwohnerin aus Rössel ohne natürliche Erben hat von einer Seite einen Bruder und von der anderen Kinder ihrer Brüder hinterlassen; auf die Frage, wer in der Erbfolge näher stehe, hat der Rösseler Rat alle Personen zur Erbschaft zugelassen, wogegen der Bruder protestiert hat; Berufung des Bischofs auf das im Ermland und fast in ganz Preußen geltende Kulmer Recht, das nur bei Lehen nicht angewendet wird; er hat der von dem königlichen Sekretär Scherbitius ins Lateinische übersetzten Fassung des alten Kulmer Rechts entnommen, daß der Bruder Vorrang vor den Kindern der Brüder habe; dagegen stellt eine andere Version des Kulmer Rechts den Bruder und die Kinder der Brüder in der Erbfolge gleich; ob es dabei nach Stämmen oder Köpfen geht, wird nicht gesagt; Abweichung des kaiserlichen und Übereinstimmung des Magdeburger mit dem Kulmer Recht; das sächsische Recht läßt von der einen Seite den Bruder und von der anderen die Kinder der Brüder, teils nach Köpfen, teils nach Stämmen, zur Erbschaft zu; angesichts dieser Unterschiede ist der Bischof in Verwirrung geraten; er bittet die Oberräte um Information, wie ein solcher Fall im Herzogtum rechtlich entschieden wird.

Behändigte Ausfertigung
Lateinisch
1 Bogen 20,5 x 31 cm, S. 1—2 beschrieben, Unterschrift des Bischofs, S. 4 Außenadresse und Eingangsvermerk vom 6. September 1617.
Siegel des Bischofs
HBA C 1 Nr. 2897. — Altsignatur fehlt; K. 489.

Nr. 2898

1618 Februar 9, Rössel

Bischof Simon von Ermland an Kurfürst Johann Sigismund:

Beglückwünschung des Kurfürsten wegen dessen Ankunft im Herzogtum Preußen; mit Freude hat er in der Vergangenheit die Bekundungen der Freundschaft und des Wohlwollens [Johann Sigismunds] zur Kenntnis genommen; er erfleht Gottes Segen für dessen künftige Regierungszeit.

Behändigte Ausfertigung
Lateinisch
1 Bogen 19,5 x 32 cm, S. 1 beschrieben, Unterschrift des Bischofs, S. 4 Außenadresse und Eingangsvermerk zu Königsberg vom 11. Februar 1618.
Siegel des Bischofs
HBA C 1 Nr. 2898. — Altsignatur fehlt; K. 489.

Nr. 2899

1618 Juli 31, Heilsberg

Bischof Simon von Ermland an die herzoglichen Oberräte:

Nach einem ihm zugegangenen Bericht sollen sich einige schwedische Schiffe in der Nähe der Küste befinden, die kleinere Schiffe im Schlepptau haben, von denen 1000

Mann an Land gesetzt werden können; Befürchtung eines Angriffs auf Preußen und benachbarte Orte und auch auf Frauenburg; das soll Peter Goldtbergk aus Lauenburg an seinen adligen Freund geschrieben haben; in einem abgefangenen, von Carol Carolsen an Gustav [Adolf] gerichteten Schreiben soll ersterer den König vor einem feindlichen Einfall in die Lande [Preußen] gewarnt haben; vor etwa zwei Wochen ist ein schwedisches Schiff bei Nacht im Danziger Hafen gewesen; außerdem sollen auf dem Meer mehrere Geschosse auf Königsberg abgefeuert worden sein; die Danziger haben das Schloß und die Küste mit Wachen besetzt; Bitte des Bischofs an die Oberräte, aus Liebe zum Vaterland jegliche Sorgfalt aufzuwenden, damit die Schweden im Hafen Pillau kein Einfallstor nach Preußen finden.

Abschrift
Lateinisch
1 Bogen 20 x 33 cm, S. 1—2 beschrieben, S. 4 Empfänger- und Eingangsvermerk zu Königsberg vom 1. August 1618, Vermerk: „Daß original ist Ihrer Churfürstlichen [Durchlaucht] zugeschicket worden".
HBA C 1 Nr. 2899. — Altsignatur fehlt; K. 489.

Nr. 2900

[nach 1621, o. O.]

Räte der bischöflichen Städte wegen der Wochenmärkte im Herzogtum Preußen:

Bezug auf ihre auf der Guttstadter Tagfahrt vorgebrachten Gravamina wegen der Sperrung der Wochenmärkte im Herzogtum; die ihnen damals zugesagte Interzession bei der herzoglichen Regierung sei wegen des Todes von Bischof Simon unterblieben; unfreundliches Verhalten Heiligenbeils gegenüber Braunsberg und Liebstadts gegenüber Wormditt; Bitte um Abschaffung der von den herzoglichen Städten eingeführten Neuerungen unter Berufung auf die Verträge von 1529 und 1598 (vgl. Reg.-Nr. 2771).

Abschrift
1 Bogen 20 x 32 cm, S. 1—2 beschrieben.
HBA C 1 Nr. 2900. — Altsignatur fehlt; K. 457.

Personen- und Ortsregister

Das Register enthält nicht die Namen Preußen, Polen, Ermland sowie Flur- und Gewässernamen. Die weltlichen und geistlichen Regenten sind nach ihren Vor- bzw. Rufnamen eingeordnet. Bei den erfaßten Namen ist jeweils die zugehörige Regesten-Nummer angegeben.